本书受中国社会科学院创新工程学术出版资助项目、
国家社科基金青年项目"借助'一带一路'构建中国的全球环境治理战略研究"
（项目编号：17CGJ005）资助。

中国社会科学院创新工程学术出版资助项目

全球绿色治理

直面经济增长与环境升级

GLOBAL GREEN GOVERNANCE
PROMOTING ECONOMIC GROWTH
AND ENVIRONMENTAL UPGRADING

周亚敏 著

社会科学文献出版社
SOCIAL SCIENCES ACADEMIC PRESS (CHINA)

序　言

经济增长与环境保护从矛盾冲突到和谐共融，是一个长期而艰难的历史性跨越。在开放经济条件下，随着世界经济的一体化和国际贸易的深化，具有强势地位的发达国家不仅可以将其环境成本转嫁给发展中国家而加速这一跨越进程，而且还通过占据价值链的高端地位和规制话语控制权，制约发展中国家的跨越发展。发达的经济与优质的环境是各国发展的目标指向；但在资源约束条件下，如何和能否实现经济与环境的双赢，是国际博弈和全球治理的核心议题。在学术层面，以气候变化问题为例，美国主流学界非常明确地将温室气体排放定义为外部性问题，强调效率优先，避免涉及公平和发展权益问题。而发展中国家的学者多考虑公平与发展权益问题。可见，关于环境问题的理论认知与经济分析，是有明确的国家发展权益和国际政治立场站位的。

发展低碳经济是全球各国的共同愿景，但不同国家面临不同的资源约束，特别是在全球化背景下，发展中国家面临更多机遇还是更多挑战？南北国家可能因此而站到同一条起跑线上，后发国家因此可以吸取发达国家的经验教训从而获得优势，还是因为因循发达国家过去的发展模式而被锁定在高碳发展的路径上？从南北竞争格局的视角来看，发达国家所期望实现的经济与环境双升级战略会对发展中国家带来复杂的影响，特别是将重构发展中国家发展低碳经济所面临的外部环境。对发展中国家而言，最关键的是要在各种约束条件下实现发展，提高生产力，低碳排放作为新的外部性约束条件，若要不重走发达国家过去"先污染后治理"的道路，则必须要创新发展路径。

通过创新路径实现人类发展向经济与环境双升级的方向转型，需要南北国家的共同努力。这种路径创新，不仅取决于微观层面的技术创新，更取决于宏观层面的制度创新。周亚敏博士从这一具体问题入手，从全球价值链的视角来探讨经济增长与环境保护之间国内矛盾的国际渊源和全球绿色治理的南北矛盾。特别是以贸易协定为载体所形成的环境规则的收敛化和非中性化，进一步挤压了发展中国家的议价空间，打压经济和环境双升级的能力。她的研究具备理论意义和现实意义，虽然不尽完善，但也可以引发读者对如何摒弃两个世界在绿色治理领域的"二分法"进行深入思考。

中国社会科学院学部委员

2019 年 3 月 2 日

摘 要

在国际分工和全球化日益深入的21世纪，任何环境问题都已不再是一国的国内问题，全球价值链的分割、转移和延伸已经将经济增长与环境保护的国内矛盾转化为国家间矛盾，特别是转化为南北矛盾。世界进入全球化时代以来，南方和北方国家都被纳入全球价值链分工体系，但只有北方发达国家收获了经济升级和环境升级的双重红利，南方国家却以沉重的环境代价只分得了全球分工的一小杯羹。总体而言，当今全球价值链仍然是由北方国家主导，南方国家虽然被纳入了全球生产分工体系，但主要承接的是价值链的灰色甚至黑色环节，即排放水平高、污染强度大、环境破坏程度明显的部分。与此同时，以欧美为代表的发达国家将根植于本土的环境规则和治理机制嵌入特惠贸易协定的环境章节中，以经济制裁"硬机制"或对话沟通"软机制"促成缔约国国内环境法律及政策的变化，造成了全球绿色治理的规则趋同化和政策收敛化。

虽然早在20世纪中叶，全球多边环境治理和多边气候治理就已经起步，但半个多世纪的进展并不理想。究其原因，既有国际政治对于关乎发展空间的环境议题的割裂，也有全球价值链转移本身所衍生的全球环境治理的结果碎片化和规则非中性化。虽然以规则为导向的多边环境谈判框架进展缓慢，但以市场权力和资本权力为导向的全球价值链构建中却嵌入大量环境治理的内容。嵌套式规则不仅将南方国家锁定在价值链的灰黑色环节，而且逐渐削弱了发展中国家在环境议题和发展议题上的议价能力，全球性绿色治理沦为空谈。发达国家所主导的全球环境基金并未真正促进发展中国家的环境治理，而是演变成为新自由主义改革的奖励。发展中国家面临的经济与环境双重压力的窘境非但没有改善，而且进一步恶化。南方国家必须探索出新机制、新路径来满足自身社会对于经济增长和美好环境的双重愿望。

全球绿色治理的内容分为两个维度，一方面立足于过去的针对已有环境问题的挽救性治理和恢复性治理，另一方面放眼于未来的针对实现绿色发展的创新性治理和公平性治理。人类在工业文明时代以库兹涅茨曲线为代表的发展路径，对气候环境容量造成了累积性的影响，有些是可以通过治理恢复原貌的，而有些则逼近临界值必须引起高度重视，并需要转型发展来扭转局面。生物多样性减少、臭氧层耗竭、全球变暖等问题，一旦破坏程度超越阈值，将会带来不可估量的影响，必须凝聚全球共识，汇集全球力量实施挽救性治理；大气污染、水污染、土壤污染、过度砍伐等问题，只要人类能够主动积极地采取措施加以遏制就能取得显著效果，可以采取恢复性治理；全球未来能否走上绿色发展道路，还取决于南方和北方国家是否能够在绿色治理框架下实现公平性治理，包括公平参与制定环境领域"游戏规则"的机制设计、依据发展阶段适用可承受的环境规则，以及绿色发展收益在南北方国家间公平共享的分配。

中国倡导的"一带一路"倡议，为全球各个国家参与欧亚基础设施建设提供了平台。绿色基础设施是"一带一路"倡议的重要内容，以亚洲基础设施投资银行为龙头的绿色融资机制，为保障绿色丝绸之路的建成提供资金。中国改革开放四十年来的发展经验表明，"要想富，先修路"，确保基础设施互联互通是沿线国家经济升级的前提条件；而"绿水青山就是金山银山"的新发展理念，则表明生态质量的提升本身就是一种无形财富。在绿水青山中铺就绿色基础设施，改变生产方式和消费方式，提升生态效率和绿色全要素生产率。只有在可持续发展理念指引下对全球绿色治理做出变革性创新，才能实现在当前资源和环境紧约束条件下的经济与环境双升级。

本书的结构安排如下：第一章"全球绿色治理：概念、路径与挑战"界定了相关概念、实现路径、历史成果回顾以及面临的挑战。第二章"自由贸易协定中的全球绿色治理"首先指明环境条款大量出现于南北贸易协定中，并分析美欧在贸易协定中嵌套绿色治理方案的做法，分析东北亚自由贸易协定中环境条款的进展，并指出气候治理条款也逐渐出现于新近签署的贸易协定中。第三章"全球价值链中的绿色治理"通过分析全球价值链分析框架中的绿色治理定位，来理解南北国家在全球绿色治理中的站位与相互关系，以及美欧环境规则沿全球价值链分工体系的外溢成就，指出南方国家迫切需要重塑全球价值链，而"人类命运共同体"理念为绿色重塑全球价值链提供中国方案。第四章"国际气候谈判中的全球绿色治理"首先分析了全球气候变暖引发的经济成本和潜在影响，简单回顾了联合国气候变化框架公约进程，分别以经济学框架和政治经济学框架来应对气候变化的困境，前者的核心难题在于气候问题的全球外部性，后者的关键则在于发达国家和发展中国家对于发展权益的争论。第五章"实现绿色治理的辅助路径"指出应该重视减排非二氧化碳温室气体在应对气候变化中的作用，并指出要积极在全行业各个层面推进绿色就业。第六章"绿色金融与全球绿色治理"对绿色治理的融资机制进行讨论，简要介绍了德国、英国、美国和日本的绿色金融实践，指出亚洲绿色能源项目发展的金融障碍，应通过机制设计释放私人投资对绿色金融的促进作用，并回顾了中国的绿色金融实践与政策。第七章"中国对全球绿色治理的贡献"概述中国绿色发展对全球实现可持续发展目标的贡献，中国参与全球绿色治理的历程，以及实现绿色发展的指导理念，特别是中国循环经济模式和理念的创新式发展。第八章"绿色丝绸之路"则从学术文献和政策文件两个方面，挖掘"一带一路"倡议蕴含的绿色治理思想，中国将国内和国外两个层面的绿色转型议题结合起来，以"绿水青山就是金山银山""共抓大保护、不搞大开发"等一系列深入浅出的理念为指引，致力于构建更具包容性的绿色价值链，强调生态效益与经济效益并重的发展模式，将中国绿色治理方案通过G20、APEC、金砖合作、国际产能合作融入全球价值链，并通过亚洲基础设施投资银行使绿色基础设施的倾斜性投资得以保障，使"一带一路"建设稳步朝着全球2030可持续发展目标迈进。

Abstract

In the 21st century, when the international division of labor and globalization are deepening, any environmental problem is no longer a domestic problem for a country. The segmentation, transfer and extension of global value chains have transformed the domestic contradiction between economic growth and environmental protection into a contradiction between countries. In particular, it turned into a North-South contradiction. Since the world entered the era of globalization, both the countries of the South and the North have been integrated into the global value chain system, but only the developed countries of the North have benefited from the dual dividends of economic and environmental upgrading. The countries of the South, however, took a small share of the global division of labour at a heavy environmental cost.

In general, the global value chain is still dominated by the northern countries. Although the southern countries have been incorporated into the global division of production system, they are mainly engaged in grey or even black parts of the chain, that is, with high emission levels, high pollution intensity, and a significant degree of environmental damage. At the same time, the developed countries, represented by Europe and the United States, embed environmental rules and governance mechanisms rooted in their own countries into the environmental chapter of preferential trade agreements. The "hard mechanism" of economic sanctions or the "soft mechanism" of dialogue and communication promote the changes of environmental laws and policies in Southern states parties, resulting in the convergence of environmental policy and the rules of global green governance.

Although the process of global green governance originated from the middle of 20th century, the progress of more than half a century has not been satisfactory. On the one hand, the international geopolitics regard environmental issues as development space and make a distinction between the North and the South. On the other hand, the dynamic transfer of global value chains leads to the fragmentation and non-neutralization of the rules of global environmental governance.

The framework of rules-based multilateral environmental negotiation moves at a slow rate, however, a great deal of environmental governance is embedded in the construction of global value chain based on market power and capital power. The nested rules not only lock the southern countries in the grey and black links of the value chain, but also weaken the bargaining power of the developing countries on the environmental and development issues. The Global Environment Facility (GEF), dominated by developed countries, has not really promoted environmental governance in developing countries, but has evolved into an incentive for neoliberal reform. The economic and environmental pressures faced by developing countries have not been improved but been worsened. The South have to explore new mechanisms and pathways to satisfy their society's dual aspirations for economic growth and a better environment.

The content of green governance contains two dimensions. On the one hand, the green governance is based on rescue and restorative solution for existing environmental problems; on the other hand, the green governance is focused on the future innovative and equity governance to achieve overall green development. The path of human development represented by the Kuznets curve in the age of industrial civilization has had a cumulative negative impact on the capacity of the climate environment, some of which can be restored to its original appearance through governance, while some must be highly valued and need transformation to reverse the situation. For biodiversity reduction, ozone depletion, global warming and other issues, once the degree of destruction beyond the threshold will bring incalculable impact. Then, it is necessary to pool global consensus to implement salvage governance. For the problems of air pollution, water pollution, soil pollution, excessive logging and so on, as long as human beings can take active measures to contain them, they can take restorative measures to control them.

In the future, human beings are bound to embark on the green development road of low carbon and sustainable path, so we must realize innovative governance for new fields and new technologies, including the transfer of low-carbon technology, recycling economy, green consumption, green production and so on. Whether the world can walk on the path of green development also depends on the ability of the countries of the South and the North to achieve equitable governance within the framework of green governance, including equitable participation in the design of mechanisms for "rules of the game" in the field of the environment. The principle should consider the different stage of development, the affordable environmental rules, and the fair distribution of green development benefits between the North and South.

The Belt and Road Initiative (BRI) provides a platform for countries around the world to participate in Eurasian infrastructure construction. Green infrastructure is an important content of BRI construction. The green financing mechanism led by the Asian Infrastructure Investment Bank (AIIB) provides funds for the construction of the Green Silk Road.

The development experience of China's reform and opening up over the past 40 years shows that "If you want to be rich, build a road first". The connectivity of infrastructure are the prerequisites for the economic upgrading of the countries along the BRI. China highly values ecological and environmental protection. Guided by the conviction that lucid waters and lush mountains are invaluable assets, the country advocates harmonious coexistence between humans and nature, and sticks to the path of green and sustainable development。 Green infrastructure built trough lucid waters and lush mountains will change production and consumption mode, and promote ecological efficiency and green total factor productivity. Only make transformative innovation to global green governance under the guidance of sustainable development concept, can we realize the economic and environmental upgrade under the current resource and environment constraints.

The book is structured as follows: Chapter 1— Global Green Governance: Concepts, Paths, and Challenges — defines the related concepts, paths, historical outcomes, and challenges. Chapter 2 — Global Green Governance in Free Trade Agreements — first introduces environmental provisions that occur extensively in North-South trade agreements, and analyses the practice of the United States and Europe nesting green governance programmes in trade agreements, and summarizes the progress of the environmental provisions in the Northeast Asian Free Trade Agreement, and points out that the climate governance provisions are also gradually appearing in the newly signed trade agreements.

Chapter 3 — Green Governance in Global Value Chains — analyzes the opinion of green governance in global value chain analysis to understand the position and relationship of the North and the South in GVC green governance. As well as the spillover achievements of environmental rules along the global value chain, the chapter points out that the southern countries urgently need to reshape the global value chain, while the concept of "a community of shared future" provides a Chinese scheme for green remodeling of global value chain. Chapter 4 — Global Green Governance in International Climate Negotiations — begins with an analysis of the economic costs and potential impacts of global warming, introduces a brief review of the process of the United Nations Framework Convention on Climate change, and adopts the economic framework and the political economic framework respectively to analyze the dilemma of addressing climate change. The core problem of the former lies in the global externality of the climate problem, while the latter lies in the debate on the development rights and interests between developed and developing countries.

Chapter 5 — Ancillary Paths to Global Green Governance — points out that the role of reducing non-CO_2 greenhouse gases in combating climate change should be emphasized, and that green jobs should be actively promoted at all levels of the industry. Chapter 6 — Green Finance and Global Green Governance — discusses the financing mechanism of green governance, briefly introduces the practices of Germany, Britain, the United States and Japan, and points out the financial obstacles to the green energy projects in Asia. The promotion effect of private investment on green finance should be released through mechanism design. Finally, the chapter review the green finance practice and policy of China.

Chapter 7 — Chinaund's contributions to Global Green Governance — outlines the contributions of China's green development to global sustainable development, the course of China's participation in global green governance, and the guiding concept of realizing green development. In particular, China's circular economy model and concept of innovative development are introduced. Chapter 8 — Green Silk Road — excavates the green governance ideas contained in BRI both from academic literature and policy documents. Guided by a series of convictions, such as "lucid waters and lush mountains are invaluable assets", China is committed to building a more inclusive green value chain. BRI put equal emphasis on ecological and economic benefits, manage to integrate China's green programme into global value chains through G20、APEC、BRICS and international capacity cooperation. Guaranteed by the Asian Infrastructure Investment Bankundefineds preferential investment in green infrastructure, BRI construction will steadily step towards the global 2030 sustainable development goals.

目 录

第一章 全球绿色治理：概念、路径与挑战 …………………………… 1
  一 全球绿色治理的概念及内涵 ………………………………… 1
  二 全球绿色治理的路径 …………………………………………… 10
  三 全球绿色治理的历史回顾 …………………………………… 12
  四 全球绿色治理应秉持的基本原则 …………………………… 23
  五 未来的全球绿色治理之路 …………………………………… 25

第二章 自由贸易协定中的全球绿色治理 …………………………… 27
  一 自由贸易与绿色治理的关系 ………………………………… 28
  二 环境条款大量出现于南北贸易协定中 ……………………… 31
  三 美国在自由贸易协定中嵌套绿色治理方案 ………………… 35
  四 欧盟通过自由贸易协定嵌套绿色治理方案 ………………… 46
  五 东北亚自由贸易协定中的绿色治理方案 …………………… 58
  六 自由贸易与气候治理 ………………………………………… 69

第三章 全球价值链中的绿色治理 …………………………………… 79
  一 经济增长与环境保护的辩证关系 …………………………… 79
  二 南北国家在全球绿色治理中的站位与相互关系 …………… 82
  三 全球价值链分析框架所隐含的绿色治理思维 ……………… 84
  四 美欧利用环境战略力求持续主导全球价值链 ……………… 86
  五 环境规制政策的扩散 ………………………………………… 94

1

六　南方国家迫切需要重塑全球价值链……………………… 99
　　七　"人类命运共同体"理念为绿色重塑全球
　　　　价值链提供中国方案……………………………………… 111
　　八　全球绿色治理重塑南北国家关系……………………………… 117

第四章　国际气候谈判中的全球绿色治理……………………… 123
　　一　全球气候变暖引发的经济成本和潜在影响…………………… 123
　　二　联合国气候变化框架公约进程………………………………… 126
　　三　从经济学框架看应对气候变化的困境………………………… 131
　　四　以政治学框架分析应对气候变化的困境……………………… 138
　　五　美国政府缘何逐渐缺位全球气候治理………………………… 143
　　六　应对气候变化的未来之路……………………………………… 150

第五章　实现绿色治理的辅助路径……………………………… 155
　　一　在气候变化领域重视非二氧化碳减排的协同效应…………… 155
　　二　在全球价值链中重视绿色就业………………………………… 172

第六章　绿色金融与全球绿色治理……………………………… 187
　　一　绿色金融的国别经验…………………………………………… 188
　　二　亚洲绿色能源项目发展的金融障碍…………………………… 194
　　三　释放私人投资对绿色金融的促进作用………………………… 200
　　四　亚洲绿色金融现状……………………………………………… 202
　　五　中国的绿色金融政策与实践…………………………………… 205

第七章　中国对全球绿色治理的贡献…………………………… 207
　　一　中国绿色发展的全球贡献……………………………………… 207
　　二　中国参与全球绿色治理的历程及理念………………………… 214
　　三　中国助力全球绿色发展的指导理念…………………………… 216
　　四　中国循环经济创新绿色治理模式……………………………… 219

五　中国发展循环经济的探索和经验……………………………… 229

第八章　绿色丝绸之路………………………………………………… 234
　　一　国内外研究动态……………………………………………… 234
　　二　中国国内的绿色转型关键议题……………………………… 238
　　三　"一带一路"构建更具包容性的绿色价值链………………… 242
　　四　将中国绿色治理方案融入全球价值链……………………… 249
　　五　实现国际绿色投融资多元化………………………………… 261
　　六　绿色基础设施是建设丝绸之路的核心节点………………… 262
　　七　丝绸之路与2030年可持续发展目标………………………… 277

参考文献………………………………………………………………… 281

后　记…………………………………………………………………… 300

第一章
全球绿色治理：概念、路径与挑战

本书所阐述的全球绿色治理思想，是以绿色发展和可持续发展为导向，以经济学分析工具和国际政治经济学分析框架为方法，剖析全球价值链中的环境治理和气候治理。在国际分工和全球化日益深入的21世纪，任何环境问题都已不再是一国的国内问题，全球价值链的分割、转移和延伸已经将经济增长与环境保护的国内矛盾转化为国家间矛盾，特别是转化为南北矛盾。无论是水资源管理还是土壤管理，都与全球价值链的全球布局和资本利益相关联，进而影响一国的国内治理政策。这一特征在气候变化问题中更为凸显，每个国家的谈判立场和能力与自身在全球价值链上的分工和发展水平息息相关。全球多边环境治理和多边气候治理虽然早在20世纪中叶就已经起步，但半个多世纪的进展并不理想。这其中既有国际政治对于关乎发展空间的环境议题的影响，也有全球价值链转移本身所衍生的全球环境治理的结果碎片化和规则非中性化。虽然以规则为导向的多边环境谈判框架进展缓慢，但以市场权力和资本权力为导向的全球价值链构建中却嵌入大量环境治理的内容。所以，有必要通过全球价值链视角来探讨绿色治理问题，因为环境和气候问题不再是单纯的某一学科的问题，而是必须要在政治、经济的互动框架下进行研究。

一 全球绿色治理的概念及内涵

全球绿色治理是指以多元化的治理主体、多层次的治理维度、多层级的法律体系、依靠多种性质的权威、在特定治理框架下解决全球生态矛盾冲突并实现全球绿色发展的理论与实践。在最普遍的意义上，治理是指一种致力于引导和激励人类群体（小到地方社团，大到国际社会）的行为，从而使得理想目标得以实现、非理想后果得以远离的社会功能。[1] 全球绿色治理因而具有两个维度的诉求：第一是远离非理想后果，即治理生态环境问题弥补生态赤字；第二是实现理想目标，即通过构建治理机制引导全球实现绿色和可持续发展。

从学科属性而言，全球绿色治理属于全球治理的范畴，与全球经济治理属于平行议题，都需要在国际社会的共同努力和共同参与下进行探讨。从可持续发展理念的三大维度（经济、社会、环境）而言，全球绿色治理更多涉及环境可持续发展维度，但随着人们对人类发展历史的深刻回顾与反思，逐渐意识到环境问题与经济可持续发展和社会可持续发展都息息相关。全球绿色治理源自全球生态矛盾冲突，全球生态矛盾冲突源自工业文明的过度发展，而工业文明的过度发展在于人类对经济与环境相互关系的错误理解。正确理解经济升级与环境升级的平衡关系，是全球绿色治理的应有之义，也是人类共同面对并解决全球生态矛盾冲突的必经之路。

全球绿色治理需要解决全球范围内的环境问题。全球生态矛盾冲突涵盖一系列广泛议题，解决这些问题必须依靠全球绿色治理。一般而言，全球生态矛盾冲突涵盖酸雨污染、全球气候变化、森林过度砍伐、臭氧层耗竭、淡水污染、土地荒漠化、生物多样性丧失、过度捕捞、化学品与废弃物污染以及氮过剩。[2] 伴随着经济全球化和国家间相互依赖加深，生态环境危机正以超出人类控制能力的速度和方式在全球蔓延，具有全球性、公共性和综合性特征。比如，气候变暖具有全球性特征，气候灾难没有人可以幸免于难；大气污染和水污染都具有跨界流动特征，不再是某一个部门或者国家面临的问题，属于全球公共问题领域；气候变化、生物多样性问题已被卷入国际政治和国际贸易领域，需要政治、经济、环境领域的政策

---

[1] Oran R. Young, "Governance for Sustainable Development in a World of Rising Interdependencies," in Magali A. Delmas and Oran R. Young, eds., *Governance for the Environment: New Perspectives*, Cambridge: Cambridge University Press, 2009, pp. 12–40.

[2] James Gustave Speth and Peter M. Haas, *Global Environmental Governance*, Washington: Island Press, 2006, p. 19.

协同。

全球绿色治理也需要解决代际和区域间的环境福利不平衡问题。全球生态矛盾冲突跨越悠长历史维度，具有由浅层到深层、由区域到全球、由量变到质变的累积性特征，因而也需要全球绿色治理采取共同行动解决代际不平衡和南北不平衡。生态矛盾冲突在工业革命前就已存在，但彼时人与自然是"依附与臣服"的关系。进入工业文明时代后，利润最大化的功利性追求推动人类对自然资源的疯狂掠夺，以及发达国家从贫穷落后地区进行的资源转移，人与自然的关系转化为"征服与惩罚"。高收入国家和地区（欧洲、加拿大和日本）的人均消耗水平是他们所占有可再生资源份额的三倍多；而中等收入国家（中国、俄罗斯和墨西哥）的人均消耗与他们拥有的可再生资源的份额大致相当；低收入国家的人均消耗比他们拥有的可再生资源份额的一半还低。[1] 作为世界第一经济强国的美国，其国民的人均消耗是他们拥有的可再生资源份额的五倍多。如果全世界都像美国一样消费的话，我们还额外需要三个地球，这显然是不切实际的。生态矛盾冲突的代际失衡和南北失衡，唯有在全球绿色治理框架下才能得到统一的解决。

全球绿色治理的经济学意义在于破解环境领域的集体行动难题，即克服个体成员的占有策略对群体成员产生的不良后果。集体行动难题在人类事务中无处不在，而在讨论人类与环境的关系时，最有代表性的便是"公地悲剧"和"搭便车"问题。"公地悲剧"最初由英国学者加勒特·哈丁（Garrett Hardin）1968年在《科学》杂志上发表的《公地的悲剧》一文中正式提出，[2] 已经发展成为分析人类与环境相互关系的最常用和最著名的分析框架。公地资源具有非排他性和竞争性，即群体中的部分成员使用公地不排斥其他人使用公地，但先行者对资源的使用将减少后来者可使用的资源或降低资源质量。公地资源的属性决定了由于每个人都有权使用，但无权阻止他人使用，因此每个人都倾向于过度使用，从而造成资源枯竭，而且都抱着"及时捞一把"的心态加剧环境恶化。森林过度砍伐、渔业过度

---

[1] 格雷姆·泰勒：《地球危机》，赵娟娟译，海南出版社，2010，第15页。
[2] Garrett Hardin, "The Tragedy of the Commons", *Sciences*, Vol. 162, 1968, pp. 1243-1248.

捕捞、河流污染、空气污染等都是典型的"公地悲剧"例子。如何避免"公地悲剧"成为绿色治理的核心挑战,关键在于引入可行的排他机制改变公地资源的非排他性,并引入恰当的分配机制分配产权。现有文献解决公地悲剧的策略主要有三种:(1)在集体财产制度下引导社会规范的产生;(2)在私有财产制度下鼓励个体用户保护资源;(3)在公有财产制度下形成监管制度。三类策略有利有弊,有些情况下甚至需要相互协同配合才能成功解决"公地悲剧"问题。

人类与环境相互关系中的第二类集体行动难题是"搭便车"行为,特别是在面临提供环境公共物品时。"搭便车"理论是 1965 年美国经济学家曼柯·奥尔逊在《集体行动的逻辑:公共利益和团体理论》一书中提出的,基本含义是不负担成本而坐享他人之利。[①] "搭便车"行为具有非排他性和非竞争性,即全部成员都得以在不减少他人对某一商品或服务享用的基础上从商品或服务的消费中获益。在绿色治理领域,"搭便车"主要体现为当人类需要采取统一行动来提供生态系统服务这类公共物品时,困难重重。群体中的个体成员如果承担一部分成本,也会从公共品的供应中获益,但如果其他成员承担了全部成本,则该个体可以轻松"搭便车"而不必付出任何成本。因此个体成员往往选择占优策略而逃避承担成本,最终使得生态服务类的公共物品提供落空,比如人类在减缓气候变化事务中停滞不前或时有间断的局面则反映出这一现实难题。解决"搭便车"问题通常有三种思路:(1)由主导者提供;(2)为群体的个别成员提供选择性激励鼓励他们负担公共物品的成本;(3)通过协商建立责任分担机制并形成守约机制。主导者提供环境公共品并不鲜见,比如某一国家采取行动消除跨界环境污染,但主导者并不是随时随地可以产生的。在环境治理领域,最典型的选择性激励实践就是对环境非政府组织的资助,定期为公众保护濒危物种、营造良好生态环境提供公共品,但这一激励只能针对部分群体而非全部成员,因此在面临全球性环境问题如气候变暖时则显得作用有限。鉴于上述两种思路在解决全球性环境问题时显得力不从心,因此未来对环境公

---

① Mancur Olson Jr., *The Logic of Collective Action*, New York: Harvard University Press, 1965, pp. 20 - 95.

共品的供应需要更多地从第三种思路入手,即通过协商建立责任分担机制。随着生态系统面临的非线性、不可逆转的风险和概率的逐渐加大,人类社会对全球维度下的绿色治理的诉求越来越紧迫。

全球绿色治理不仅仅意味着单纯的环境治理,环境与经济和社会的互动,还要求人们必须在可持续发展框架下协调处理经济、环境与社会的关系。在阐释可持续发展与绿色治理的关系之前,我们有必要回顾一下人类社会所处的地球物理环境的变化。1497年到达北美洲东岸的威尼斯商人约翰·卡波特(John Cabot),曾经感叹大西洋中的鳕鱼数量之多,以至于人们只需把篮子放入水中就可以捕获足够多的鳕鱼。19世纪80年代,英国著名科学家赫胥黎(T. H. Huxley)都认为"几乎所有大型海水渔场都是取之不尽用之不竭的"[1]。直到19世纪末期,仍有不少观察家认为人类不具备破坏大尺度、大规模生物物理系统的能力。当时之所以流行这样的观点,是因为全球人口数量相较于自然环境所提供的生态容量而言微不足道。人口的急剧增加出现在20世纪后半叶,其中1963的增速达到顶峰,为2.2%。世界人口从10亿增加到20亿用了123年的时间,但从60亿增加到70亿则仅仅用了12年。[2] 全球人口的急剧膨胀对生态系统造成了碾压性影响,随之而来的是淡水短缺、森林面积减少、大气中二氧化碳浓度上升以及生物多样性逐渐消失。如果说这些环境问题是从区域性逐渐扩展到全球性,那么逐渐发现的遥相关——地球系统中距离遥远的元素之间的关联,更是为人类敲响了警钟。比如,南半球高纬度地区出现的季节性臭氧层空洞与北半球中纬度地区的消耗臭氧层物质排放有关,喜马拉雅地区冰川融化和北极浮冰的消退与中纬度地区人为的黑碳排放有关。这些意想不到的关联使人类认识到必须将地球看作一个整体而非局部来处理人与环境的关系。无论是区域性的环境变化,还是遥相关的特征显现,都指向了人类需要遏制或者延缓临界因素的临界点的到来。临界点的意义在于如果系统一旦超越这一阈值,从此将面临非线性改变,而且永远也无法回到之前的状态。1984~

---

[1] T. H. Huxley, "Inaugural Address" at the London Fisheries Exhibition of 1883, http://aleph0. clarku. edu/huxley/SM5/fish. html, 访问时间:2018年3月23日。

[2] David E. Bloom, "7 Billion and Counting", *Science*, Vol. 333, 2011, pp. 562-569.

全球绿色治理：直面经济增长与环境升级

1985年的南极臭氧空洞、2007年北极海冰的消失、印度洋季风无序状态，以及未来可能出现的永久冻土消失所带来的突然的大量甲烷排放，都将是临界元素跨越临界点后所带来的不可承受之重的具体体现。区域性环境问题逐渐蔓延为全球性环境问题、破坏环境的因子不远万里全球迁徙，以及不可挽救的环境破坏状况，都迫使人类在可持续发展框架下考虑全球绿色治理。

全球绿色治理的目标是实现绿色经济进而实现可持续发展。2012年"里约+20"会议后发达国家开始主推绿色经济理念。绿色经济概念的起源和基础是20世纪60年代发达国家兴起的环境议题热，但其第一次被明确提出是在1989年皮尔斯（D. W. Pearce）所著《绿色经济蓝图》中。[①] 迈克尔·雅各布斯（Michael Jacobs）在他1991年的著作《绿色经济：环境、可持续发展和未来的政治》中也使用了这个术语。20世纪90年代中期，工会代表明确呼吁要认识到"绿色就业"促进经济发展的潜力。2008年全球金融危机背景下，绿色经济这一概念得到了普及。联合国发展集团发布的《绿色经济倡议》是联合国为应对经济危机而开展的九个方案之一。随着经济合作与发展组织（OECD）国家利用"绿色增长"重振世界经济、G20认可存在"包容性绿色增长"需求，绿色经济概念最终在"里约+20"会议上被国际社会普遍接受。2011年联合国环境规划署发布了《迈向绿色经济》的报告。2012年在巴西举行"里约+20"会议时将绿色经济作为一个核心主题进行讨论。与此同时，绿色经济也引起了学术界的广泛兴趣，开始出现关于中国、孟加拉国、阿拉伯国家、墨西哥、秘鲁、爱尔兰、中国台湾等国家和地区核算绿色经济的论文。

根据联合国环境规划署（UNEP）2011年所下的定义，绿色经济是指可以改善人类福祉、增进社会公平、减少环境风险和生态稀缺的经济，即具备低碳、资源高效利用和社会包容性的经济。[②] 绿色经济致力于通过绿色投

[①] Pearce, D. W., Markandya, A., & Barbier Eds., *Blueprint for a Green Economy*. New York, NY: Earthscan, 1989, p. 38.

[②] United Nations Environment Programme (UNEP), Towards a Green Economy: Pathways to Sustainable Development and Poverty Eradication. Report, United Nations Environment Programme, p. 68, https://web.unep.org/greeneconomy/sites/unep.org.greeneconomy/files/field/image/green_economy report_final_dec2011.pdf.

资和技术创新来提高资源利用效率、降低环境压力、为经济增长提供新机会、创造新就业并贡献减贫，其核心理念在于提高资源利用效率、使经济增长与环境外部性脱钩、以最小投入实现最大产出。绿色经济与可持续发展都强调社会、经济和环境的三维角度，但不同之处在于，绿色经济强调高效运转的经济是实现其他二个目标的先决条件，因此对技术创新和针对绿色经济部门的市场工具持乐观态度。此外，绿色经济支持者强调环境政策可以促进增长并有助于低成本实现可持续性。最后，与可持续发展议程强调公共—私人关系不同，绿色经济更加重视公共参与者特别是国家及相关部门的作用。政府针对绿色经济可以采取的政策措施包括减少或取消有害于环境行为的补贴、解决市场失灵、执行新的绿色政策、推动投资绿色技术和创新等。因此在绿色经济概念下政府被赋予了更重要的角色来推动实现转型。许多发展中国家和新兴经济体通过执行自上而下的低碳政策，比如可再生能源项目、节能制造、土地利用等，落实绿色经济实践。

全球绿色治理的更长远目标在于实现可持续发展。可持续发展不仅关注横向的可持续发展，也关注纵向的代际公平，强调要在不损害子孙后代发展需求的前提下满足当代人的发展需求。国际社会自20世纪90年代以来借助可持续发展这一框架将经济、社会和环境考虑纳入其中，即保护自然资源、生态服务和减贫应该在代内公平和代际公平框架下得到共同推进，认为环境、经济和社会三大维度的重要性是相同的。这一理念在1992年里约"地球峰会"上被国际社会接受为指导性原则。可持续发展原则更加强调人类福祉、社会公平是首要目标，更加注重公共—私人关系的二维治理方式而非绿色经济强调的国家主导方式。因此，绿色经济是实现可持续发展过程中的阶段性过程。绿色经济理念在宏观经济增长框架下运行，致力于实现对现有经济活动的"漂绿"，而可持续发展是在"地球承载力边界"下进行讨论，后者要求在生产和消费格局上实现根本性转变。

驱动全球绿色治理的因素有很多，最重要的则是技术改变和观念转变。技术驱动力是实现向绿色社会大规模转型的首要驱动力。经济增长的确可以促进绿色转型，这一论断已经被发达国家的实践所证明，但是否适用于发展中国家还有待研究，因为当前发展中国家的环境问题已经十分迫切。

观念转变对于规则制定和知识传播都非常重要，绿色治理可以通过环境政策工具的扩散来实现。迈向绿色经济的观念转变来自两个方面：一方面是发展建立在"服务型社会"基础上的经济社会，服务型活动不需要额外物质投入来支持社会和就业；另一方面是培育"可持续投资"，即能够对社会经济产生正向循环促进作用的投资。绿色经济的重要特征是生态、社会和经济问题应当纳入统一架构，各自产生不同类型的反馈效应。如果相互之间的作用是正向的，则可以认为二者具有协同效应；如果相互之间是此消彼长的关系，则认为二者需要权衡。因此，绿色治理需要识别各个因素之间可能的协同效应，同时也要做出权衡分清得失，如果处理不当则可能增加不公平性并背离公平获取可持续发展原则。

全球绿色治理不仅要实现针对环境问题的挽救性治理和恢复性治理，还要实现针对绿色发展的创新性治理和公平性治理。世界进入全球化时代以来，南方和北方国家都被纳入全球价值链分工体系，但只有北方发达国家收获了经济升级和环境升级的双重红利，南方国家却以沉重的环境代价分得了全球分工的一小杯羹。北方国家主导全球价值链时期，南方国家虽然被纳入了全球生产分工体系，但主要承接的是价值链的灰色甚至黑色环节，即排放水平高、污染强度大、环境破坏程度明显的部分。与此同时，以欧美为代表的发达国家将根植于本土的环境规则和治理机制嵌入特惠贸易协定的环境章节中，以经济制裁"硬机制"或对话沟通"软机制"促成缔约国国内环境法律及政策的变化，造成了全球绿色治理的规则趋同化和政策收敛化。北方国家一方面将南方新兴经济体国家极力锁定在全球价值链的灰黑色环节，另一方面又用超高环境标准要求全球南方国家实现环境治理。南方国家的价值链在经济升级和环境升级的双重夹缝中寻求出路。进入21世纪以来南方国家经济表现良好，出口接近世界一半，南南贸易额超过南北贸易额，逐渐打破了由北向南的单一全球价值链模式，呈现国家价值链、区域价值链、全球价值链多层共生格局。在这一背景下，全球南方国家对绿色治理机制的多元化诉求逐渐显现。人类面临的资源环境气候容量约束使得低碳发展、循环经济、可持续发展成为未来趋势，世界范围内低碳技术的转移有助于弥合北方国家和南方国家在环境治理领域的鸿沟。人类需要新的机制和体系来实现全球绿色治理的创新性治理和公平性治理。

从技术层面而言，无论是针对既有的环境问题，还是未来的发展之路，绿色治理的核心在于对生态效率的关注。资源配置的效率自古以来是经济学研究的中心问题，反映出资源和技术满足人类需求的状况。在现代经济增长理论中，生产函数一般完全不考虑自然资源，只将资本和劳动纳入其中，经济增长的效率是由资本生产率和劳动生产率来反映的，这决定了工业文明时代的技术创新的关注点在于节省劳动和成本。随着人类意识到自然资本同样也是一种稀缺资源，生态经济学理论要求把自然资本纳入生产函数，即经济增长的效率是由资本生产率、劳动生产率和生态效率共同决定的。一旦建立这样的生产函数，那么技术创新就会关注节约生态资本，生态效率的提升则水到渠成。关注生态效率并将自然资本纳入生产函数，将对全球绿色治理产生根本性的变革，技术体系和投入理念都将发生转变。

综上，本书关于绿色治理的讨论将沿如下分析框架展开（见图1-1）。绿色治理的内容分为两个维度，一方面立足于过去的针对已有环境问题的挽救性治理和恢复性治理，另一方面放眼于未来的针对实现绿色发展的创新性治理和公平性治理。人类在工业文明时代以库兹涅茨曲线为代表的发展路径，对气候环境容量造成了累积性的影响，有些是可以通过治理恢复原貌的，而有些则是逼近临界值，必须引起高度重视并需要转型发展来扭转局面的。对于生物多样性减少、臭氧层耗竭、全球变暖等问题，一旦破坏程度超越阈值将会带来不可估量的影响，必须凝聚全球共识汇集全球力量实施挽救性治理；对于大气污染、水污染、土壤污染、过度砍伐等问题，只要人类能够主动积极地采取措施加以遏制就能取得显著效果，可以采取恢复性治理；未来人类势必要走上低碳循环可持续发展的绿色发展道路，因此针对新领域新技术必须要实现创新性治理，包括低碳技术的转移、循环经济、绿色消费、绿色生产等内容；全球未来能否走上绿色发展道路，还取决于南方和北方国家是否能够在绿色治理框架下实现公平性治理，包括公平参与制定环境领域"游戏规则"的机制设计、依据发展阶段适用可承受的环境规则,以及绿色发展收益在南北方国家间公平共享的分配。

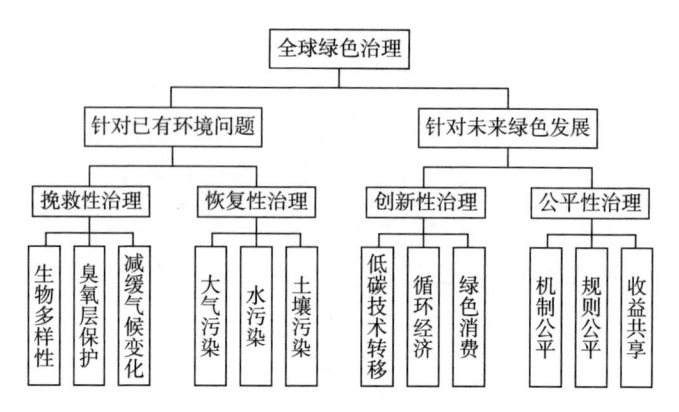

图1-1 绿色治理的理论分析框架

二 全球绿色治理的路径

全球绿色治理的主体有主权国家、政府间国际组织和社会群体,形成一个多层级的治理结构。多元化主体和多层级结构决定了全球绿色治理路径是多渠道、多维化的。无论是在国内层面还是国际层面,都存在一个相似的问题,即如何创建有效的绿色治理体系,如何实施相关绿色治理制度,以及如何保证治理体系的有效性问题。

主权国家是全球绿色治理的重要行为体并发挥核心作用,这主要体现为国家拥有环境主权、对全球环境治理机制和规则的创建发挥决定性作用、在国际环境法的形成和履约中发挥主导作用。从主权国家内部而言,实现绿色治理的路径分为自下而上型和自上而下型。自上而下方式往往具有执行力强、调动资源充分、实施效果明显等特征,自下而上方式则具备突出反映问题、形成强大凝聚力、调动广泛民意基础的特征。全球绿色治理需要主权国家协调推进国内和国际两个层面的治理行动,这就涉及主权国家之间的横向互动,牵涉经济、政治、环境安全三个维度的问题。

政府间国际组织对于构建全球绿色治理网络发挥关键作用,比如联合国气候变化委员会、联合国环境规划署、世界气象组织、联合国可持续发展委员会等诸多机构。政府间国际组织实现全球绿色治理的路径主要是通过吸纳各主权国家参与并履行国际环境协定来实现的。时至今日，有些国际协议在全球努力下取得了较好的成效，比如意在保护平流层臭氧层的《蒙特利尔议定书》，但有些国际环境协议持续数十年仍未有效遏制全球气候变暖趋势，比如意在解决温室气体排放的《京都议定书》。后者迟迟未能达成全球共识的根本原因，并不是简单的治理体系设计问题，而是触及了全球政治话语权、发展空间权和环境安全权三者汇集的敏感区域。但一个有趣的结果是，《蒙特利尔议定书》在温室气体减排方面发挥的作用远大于《京都议定书》，这是因为《蒙特利尔议定书》规定减排的部分化学物质同样也属于温室气体，有效执行该协定不仅成功保护了臭氧层，同时对温室气体减排产生了正向协同效应。

社会群体则包括非政府组织、私人部门、媒体、公民等，参与全球绿色治理的方式主要是通过自下而上推动治理改革，解决关乎自身利益的环境问题，推动国家治理体系和全球治理体系向更加现代化方向发展。2015年北京雾霾天持续严重引发的公众心理不安成为推动空气质量治理的一股强大的力量，进而帮助政府快速高效建立了空气监测体系、空气质量预警体系、紧急治污措施，以及痛下决心出台淘汰高污染高耗能企业的一系列措施，为北京及周边地区在短期内明显改善空气质量提供了自下而上的推动力。

全球绿色治理是由多元主体参与的，不同主体对同一问题的认知都存在差异，因此要形成共识统一行动具有高度不确定性。无论是国家之间的合作，还是国家与政府间国际组织，抑或是国家与社会群体之间的互动，都要在秉持可持续发展原则基础上，科学、全面地认识全球环境问题。当前全球环境问题的跨国界性和治理方式的跨国界性，都要求全球绿色治理体系必须通盘考虑时间差异、空间距离和代际公平。全球可持续发展原则一方面要求人与自然的和谐共生，另一方面强调当代人与后代人在资源消耗方面应享有同等权利。各主体参与全球绿色治理的优势各有不同，主权国家以召开环境会议、制定环境法案等正式途径见长，政府间国际组织多以共享信息、提供多边活动场地以及评价国家环境绩效等非正式途径参与，非政府组织则以对环境问题的灵活和快速反应见长，只有"利用不同参与方式获得比较优势为所有各方带来收益"①，才能为全球绿色治理的有效性和持续性带来活力。

大数据时代的到来也为全球绿色治理提供了新的途径。全球绿色治理的复杂性日趋增加，信息的碎片化现象日趋严重。伞形集团、欧盟、金砖国家和发展中国家对如何分配全球绿色治理的责任与义务持有不同意见，这一方面与发展权利有关，另一方面也与信息沟通不充分、数据共享不及时造成认知差异有关。目前，还未建立起在发达国家、发展中国家、国际组织和社会群体之间的科学的全球环境问题及数据共享机制，在多元数据搜集和关联分析应用这一领域存在严重不足。未来需要构建基于大数据共享的绿色治理激励机制。

三　全球绿色治理的历史回顾

环境挑战首次出现于全球政治议程是作为临时性议题登台的，比如DDT（一种有机氯类杀虫剂）对鸟蛋的影响、大熊猫或鲸鱼濒危以及砍伐森林等。当时主要由具体的政策对策来解决，比如国际社会签署《濒危野生动植物种国际贸易公约》和《国际捕鲸公约》等。随着研究的深入，发现不同的环境挑战相互关联，导致出现全面性的环境问题，国际社会开始对共同性环境问题做出政策反馈，比如1972年的《斯德哥尔摩宣言》和1997年的《马德普拉塔行动计划》。接下来的20年经历了环境问题与发展问题的相关关联，1992年联合国环境与发展会议使环境问题达成全球共识。2002年的世界可持续发展峰会上达成确定"可持续发展"的优先次序，2012年的"里约+20"峰会上再次重申了这一点。环境事故（1986年切尔诺贝利事件）、环境灾害（2005年卡特里娜飓风）和日益恶化的环境问题（干旱、化学污染、鱼类资源枯竭和气候变化）打断了固有的发展模式，为优先考虑基本需求和环境保护提供了新动力。但金融危机后全球经济的衰退在某种程度上又阻碍了这种努力。环境问题与能源（发展的关键要素）

---

① 〔美〕戴维·布朗、桑杰夫·凯哈格拉姆、马克·摩尔、彼得·弗鲁姆金：《全球化、非政府组织和多部门关系》，《马克思主义与现实》2002年第3期。

以及安全（从地区到全球）之间的关联使得环境问题越发复杂，开始与国际政治紧密关联。国际社会试图促成环境政策一体化、水资源综合管理、将环境问题纳入发展主流议题并推动绿色经济。① 但是，由于存在竞争力考虑、"搭便车"和碳泄漏等观点，同时又缺乏系统性工具，各国仍将"贫穷、传染病和环境退化视为各国单独的威胁"②。因此，环境问题与其他议题的相互关联很可能导致环境问题演变为一个高度政治化的议题。

（一）全球绿色治理的传统议题相互割裂

全球绿色治理的传统议题是水治理、森林治理和气候治理。全球水治理在1960年之前开始实施跨界体制化试验，并在1960～1962年达成了多项联合国水事政策倡议。1992～2003年非国家行为体和各种联盟进入水治理领域，并试图在全领域范围内与联合国水事组织架构保持一致。区域水公约和议定书生效、《水道公约》通过并在水争端方面做出裁决先例③，意味着全球范围内开始逐步巩固水治理。但是，由于《水道公约》并未生效，许多机构与联合国水事组织的接触只是很浅层面的协调，全球水治理仍然是分散而又碎片化的。④ 比如，"水资源综合管理"（WRIM）这样的概念仍然没有得到明确的界定，受贸易和投资规则的影响，各国仍倾向于将水资源认定为所经流域的私有物品。联合国框架和非联合国框架的混合治理模式并无清晰的规则流程，世界水资源论坛也没有达成具有约束力的协议。⑤

---

① UNEP, Towards a Green Economy: Pathways to Sustainable Development and Poverty Eradication (UNEP, 2010), http://www.unep.org/greeneconomy.
② UN, A More Secure World: Our Shared Responsibility, Report of the High-level Panel on Threats, Challenges and Change, 2004, p. 27, http://www.un.org/secureworld/.
③ Protocol on Water and Health to the 1992 Convention on the Protection and Use of Transboundary Watercourses and International Lakes (London, 17 June 1999), Convention on the Law of the Non-navigational Uses of International Watercourses (New York, 21 May 1997) ("Watercourses Convention"), The Human Right to Water and Sanitation (UN General Assembly Resolution, 28 July 2010).
④ Gupta J, Ahlers R, Ahmed L., "The Human Right to Water: Moving Towards Consensus in a Fragmented World," *Review of European Community and International Environmental Law*, Vol. 19, No. 3, 2010, pp. 294 – 305.
⑤ P. Gleick and J. Lane, "Large International Water Meetings: Time for a Reappraisal," *Water International* Vol. 30, No. 3, 2005, p. 410.

全球水治理真空导致政策缺乏连续性，供资战略也与受援国的实际需求不能较好匹配。

与水资源具备跨国属性不同，森林大多属于国家管辖范围。但森林治理也并非易事，因为并非所有的国家都将森林视为一个全球性议题或者环境公共产品。不同场合对森林的定义也不尽相同，对森林所有权的争议很大，而且维持森林的成本往往高于直接经济回报。全球森林治理可分为直接性和间接性，直接性全球森林治理可追溯到1985年国际热带木材组织的创建，旨在为热带木材生产国和消费国提供一个合作和磋商的框架，促进和扩大热带木材的国际贸易以及改进热带木材市场的结构条件。① 间接性全球森林治理则关注附属议题，比如国际劳工组织（ILO）对土著民的保护规则、濒危物种条约、生物多样性和气候变化等联合国以及非联合国倡议。2000年成立的联合国森林论坛和2001年建立的森林合作伙伴关系均汇集了森林治理的各方努力，促进了全球森林治理系统的一致性。虽然通过减少毁林和森林退化（REDD）增加碳汇的努力正在进行，但该进程还是存在不连贯特征并仍具有临时性属性。

气候变化则是最具全球性属性的治理议题。气候变化治理制度建立在全球科学评估基础上，于1992年通过《联合国气候变化框架公约》（UNFCCC）划分出附件一国家和非附件一国家这南北两大阵营，于1997年签署《京都议定书》将附件一国家区分为发达国家和经济转轨国家，2007年《京都议定书》第二承诺期和《联合国气候变化框架公约》下长期目标谈判奉行"双轨"并行的巴厘行动计划，最后于2015年签署了《巴黎协定》，强调不分南北、法律表述一致的"国家自主决定的贡献"。相比于水治理和森林治理，应该说全球气候治理的框架设计已经较为完善，但美国这一全球霸权国家拒绝批准《京都议定书》且退出《巴黎协定》，以及伞形国家集团在气候问题上的含糊其词，使得全球气候治理与国际政治紧密关联。国际社会也形成了以全球气候变化为缘由的新的利益格局，主要分为南北两大阵营，即发展中国家和发达国家。发展中国家包括利益可能受损的石油

---

① 中国于1986年加入国际热带木材组织。

输出国组织、小岛屿国家联盟、贫困的最不发达国家和其他发展中国家，这些国家在"77国集团+中国"旗号下，一致要求发达国家率先量化减排，并通过技术转让和资金援助帮助发展中国家减少温室气体排放。发达国家集团则包括经济转轨国家和经济合作与发展组织成员国（OECD），具体则细分为欧盟和非欧洲"伞形国家集团"（美国、日本、加拿大、澳大利亚和新西兰）。发达国家内部对气候变化的态度也截然不同，具体来说欧盟一直是积极应对气候变化的倡导者和先行者，形象比较正面。伞形国家集团中美国则以减排成本过高、生活方式难以改变等理由明确拒绝量化减排。这种南北分化以及北内分化的格局，使得全球应对气候变化的行动更为复杂和困难。

综上，全球绿色治理领域有如下一些特征：第一，国际环境治理是被动而非主动；第二，相关部门比如贸易和环境以及各部门（水、能源、森林）之间的互动并不连贯；第三，正逐渐从部门性机制转化为系统性机制，比如生物多样性评估采用生态系统视角、气候变化从技术官僚转向发展路径等；第四，虽然拥有部门管理工具，但缺乏综合和系统管理工具通过跨部门应用来实现社会重组，事实上这是由于各国立场不同进而缺乏政治意愿导致；第五，全球层面正在转向软法治理，比如生物多样性制度正在"变软"，气候治理的目标和时间表都逐渐软化为自主承诺和自主贡献。[1]

（二）全球绿色治理的法治化进程不连贯

虽然全球绿色治理体系有所进展，但还没有满足全球至少三分之一人口的基本需求，也未能充分处理当前的全球环境问题。通过对全球绿色治理的评估，可以看到其呈现被动、不连贯和碎片化特征，缺乏系统性的治理工具并且充满政治色彩，能否实现绿色经济并应对2050年的变革需求还充满变数。

在日益全球化、网络化和多层次的世界中，需要一个法律框架来支持

---

[1] S. Harrop and D. Pritchard, "A Hard Instrument Goes Soft: The Implications of the Convention on Biological Diversity's Current Tra-jectory," *Global Environmental Change*, Vol. 21, No. 2, 2011, p. 474.

全球绿色治理。法律框架必须要持续和系统地响应社会变化，参考新的科学知识，主要出于以下两个原因：首先，全球环境问题正在跨越边界并对生态系统造成压力，但是全球人口的最低需求并未得到满足，千年发展目标（MDGs）还未完全实现。环境问题会影响生存和生态系统服务，甚至危及未来发展。比如，如果不扭转目前的环境污染趋势，人类发展指数（HDI）在2050年有可能比现在降低8%~15%。[①] 其次，虽然全球绿色治理有所进展，但成效并不明显，气候变化、森林砍伐或生态恶化都没有得到有效控制，这些议题都是2012年联合国可持续发展大会（Rio+20）的核心议题。

环境议题的政治化趋势导致了全球绿色治理的法治碎片化。环境议题的政治化导致在不同的公约中特设不同的原则，比如《生物多样性公约》（CBD）采纳有限主权原则，而UNFCCC采纳其他有限原则，《国际水道非航行使用法公约》（简称《水道公约》）并未反映里约精神。特殊的治理标准通过渐进式发展并不总是能够实现"善治"，比如法律不成体系产生的政策不一致性，可能使合法性、透明度和问责制的效率大打折扣。对全球法律秩序的日渐侵蚀使得法律规则的重要性下降，取而代之的自愿性治理机制的兴起却无法有效促进全球绿色治理。要实现真正的"善治"，需要打破当前的治理模式趋势，来应对未来多元化的社会变化。

（三）全球绿色治理的资金机制演变为霸权工具

全球绿色治理的机制设计、治理体系固然重要，但最关键的还是决定资源分配的资金机制。发达国家在全球绿色治理的旗帜下，早在20世纪90年代就成立了全球环境基金（GEF），用于帮助发展中国家实现环境治理和可持续发展。但是，这一资金机制并没有发挥应有的作用，而是演变成为资本追求利益、要挟发展中国家接受自由主义意识形态、推行自由主义霸权的工具。这种演变使得全球环境基金与全球绿色治理初衷背道而驰，全球环境问题持续恶化。

[①] United Nations Development Programme (UNDP), Human Development Report, Sustainability and Equity: A Better Future for All, 2011, p.2.

第一章 全球绿色治理：概念、路径与挑战

1991 年，在少数发达国家的倡议下，成立了全球环境基金（Global Environment Facility，GEF）。GEF 被认为是全球范围内应对环境恶化的重要一步。GEF 的宗旨是帮助全球南方国家履行其对国际环境公约的承诺，为着眼于"全球利益"的环境倡议和项目提供资金，并允许国家主体和非国家主体共同参与。但是，GEF 是由少数北方国家主导的，而且成立时间早于1992 年联合国环境与发展会议（UNCED）的一项拟议的南方国家绿色基金，从而使得全球环境治理的关键环节——资金机制由北方国家主导。GEF 运行十余年后，人们发现作为实施全球环境决策的 GEF，事实上演变成为全球资本和霸权国家特别是美国的代言人，成为在全球范围内传播新自由主义政策的工具，倡导发展资本主义制度来解决利润和增长带来的结构性环境问题，削弱了其全球意义上的环境政策能力乃至信誉。[1] 换句话说，GEF 的职责在于解决资本主义发展所带来的环境问题，但恰恰它又同时依赖并强化这一体系且将其作为扭转环境恶化浪潮的灵丹妙药。因此，GEF 虽然是全球环境治理中的重要角色，但它没有能力就保护全球环境做出重大的变革性贡献。GEF 作为强势资本的代言机制，在某些情况下可能是绿色的，但在大多数情况下仍如同以往一样灰暗，因为它必须要确保收益和利润流返回本国，并将控制权扩大到海外市场。[2]

强权国家将国际机构作为经济治国的工具，推动国际机构的日程朝着促进本国资本利益的方向前进。西方国家通过将新自由主义议程锁定在国际机构中来推动国内资本获利。最具代表性的国家是美国，20 世纪 90 年代克林顿政府时期，美国主张"以积极行动改变多边机构日程"，事实上是将多边机构纳入新自由主义框架。比如，国际货币基金组织（IMF）要求所有国家彻底取消资本管制，世界贸易组织（WTO）则根据"国民待遇"和其他"改革"推行全面自由化金融服务。相应的结果是，美国借由国际机构之改革实现获利，要求世界各国采取"自由市场改革"使美国资本进入全

---

[1] Kate Ervine, "The Greying of Green Governance: Power Politics and the Global Environment Facility," *Capitalism Nature Socialism*, Vol. 18, No. 4, 2007, pp. 125 – 142.
[2] P. Gowan, *The Global Gamble: Washington's Faustian Bid for World Dominance*, New York: Verso, 1999, p. 65.

球市场。虽然美国并不是唯一参与的西方国家，但鉴于美国在规模、财富和对国际机构的影响力方面发挥决定性作用，美国的收益也是最大化的。美国的国内经济治国方略逐渐影响全球环境治理体系。

在全球环境治理体系中也呈现北方国家努力扩大新自由主义影响的趋势。1989年，法国政府在曼谷举行的世界银行会议上首次提出建立GEF的构想。创建一个全球性环境治理机构的设想最早来自1987年世界环境与发展委员会的报告《我们共同的未来》，为了应对日益恶化的全球环境问题，国际社会必须找到应对的办法。法国政府承诺提供1亿美元的资金，随后得到了一些工业国家的支持并做出了贡献。世界银行、联合国开发计划署和联合国环境规划署作为GEF的三个执行机构，负责GEF项目在全球南方国家落地。由于担心77国集团将在1992年的里约地球峰会上提出一项替代性资金方案（因为联合国投票规则是一国一票，77国集团的投票无疑具有决定性作用），因此23个OECD国家迅速承诺提供更多资金以巩固GEF的地位。"里约+20"峰会后，GEF作为支持发展中国家的资金机制帮助其落实《生物多样性公约》和《联合国气候变化框架公约》，并且对涉及国际水域和臭氧层的项目提供资金。2002年开始，GEF开始资助《联合国防治荒漠化公约》和《关于持久性有机污染物的斯德哥尔摩公约》的项目。GEF最初的投票结构延续世界银行的投票体系，投票份额与每个国家的资金贡献成正比，这一制度安排不利于发展中国家权益因而遭到反对，因此1994年GEF改组时采纳了混合投票制度。新制度体系以布雷顿森林体系和联合国系统为基础，"决策需代表60%以上的参与国和60%以上的资金时才能获得通过"。然而，有学者指出，由于GEF投票都是协商一致方式，因此该混合投票制度从未经受过考验，决策都是在闭门会议上作出的，排外性决策过程决定了捐助国（主要是G7，即七国集团，包括美国、英国、德国、法国、日本、意大利和加拿大）为GEF注资夹杂了政治意愿。[①] 随后的批评指出GEF与世界银行并无二致，GEF环境信托基金使设在华盛顿的世界银行总部具有至高的权力地位。

---

① K. Horta, R. Round, and Z. Young, "The Global Environment Facility: The First Ten Years—Growing Pains or Inherent Flaws?," *Environmental Defense Fund*, 2002, p. 7.

第一章 全球绿色治理：概念、路径与挑战

美国通过修改 GEF 注资游戏规则引导全球南方国家实施新自由主义改革，将 GEF 资金作为臣服自由主义霸权的奖励。GEF 每四年举行谈判进行充资。在第四次充资谈判期间，美国提出未来的捐款应取决于基于业绩的资源分配框架（Resource Allocation Framework，RAF），认为当时的 GEF 资金分配是临时性并且缺乏透明度和效率。美国声称 RAF 将确保 GEF 资金提升效率和透明度，而且能够保证 GEF 资金进入受援国后保障环境项目的成功。事实上，美国所谓的环境项目成功，具体指的是建立在"自由市场政策"基础上的，以成本收益为衡量标杆的政策组合。虽然很多国家都支持 RAF，但经过三年的艰苦谈判才达成实质性内容，主要是三大集团（美国和加拿大、日本和欧盟、中国和 77 国集团）的立场不同。美国和加拿大希望 RAF 在评估国家业绩时采用世界银行国家政策和机构评估（CPIA）的数据，认为任何拟议国家的业绩评估必须包含一项治理指标、一项宏观经济指标、一项环境政策指标和一组组合业绩指标。此外，美国坚持根据 RAF 评估体系核算的国家得分事先分配 GEF 资金，而不将现状基础上的政策调整作为资金分配依据。批评人士指出，CPIA 衡量了政府在多大程度上实施了新自由主义政策，即在严格预算约束下的自由化和私有化，以及是否发展保护财产权和有利于商业环境的制度。[①] CPIA 迫使各国进行自由市场改革以符合世界银行贷款的资格。与传统条件要求国家在贷款后满足条件不同，美国倡导的"先发制人"理念，即贷款国必须在满足条件后才能获得贷款，事实上演变成为对执行"正确"政策组合的国家的一种奖励。[②] 换句话说，只有那些为新自由主义政策和改革创造了有利环境的国家才有资格获得捐助方所认定的那些高需求而又稀缺性的资源。

全球南方国家意识到 GEF 注资和资金分配机制的倾斜性和裹挟性并提出抗议。2003 年 11 月，中国和 77 国集团写给 GEF 首席执行官莱纳德·古德（Leonard Good）的一封信中提出了这些问题："GEF 成功的秘诀在于它

---

① N. Alexander, "Judge and Jury: The World Bank's Scorecard for Borrowing Governments," Citizens' Network on Essential Services, 2004.
② S. Soederberg, "American Empire and 'Excluded States': The Millennium Challenge Account and the Shift to Pre-Emptive Development," *Third World Quarterly*, Vol. 25, No. 2, 2004, p. 3.

有别于其他多边融资机制,设立 GEF 的目的是为国际社会无条件改善全球环境的集体努力消除障碍,我们对基于业绩的评估框架深表关切,因为其偏离了第三次增资谈判的北京协定,更重要的偏离了指导原则。这种做法有可能损害 GEF 的绩效及信用。我们认为,这将从根本上改变 GEF 的运作方式和目标……因此,最终 GEF 资金限制将会改变 GEF 的实质和目标,是发展中国家不能接受的。"[①] 在第二封信中,中国和 77 国集团指出"如果发展中国家不信任 GEF,则最终将导致该机构的消亡"。虽然诸多国家表示反对,但由于美国作为 GEF 的最大出资方,其财政杠杆对 GEF 的影响是决定性的。2004 年 11 月的 GEF 会议上,RAF 已经取代了关键的议题,最终在 2005 年得以通过。事实上,比利时、阿根廷、玻利维亚、智利、秘鲁、乌拉圭等国家的代表都不支持此项决议。核准的 RAF 采用高度主观的 GEF 效益指数(GBI)和 GEF 业绩指数(GPI),来计算国家得分以确定其是否有资格获得资金。

  GEF 在美国主导下所坚持的这两个计算指标,凸显经济指标的重要性——经济发展情况好,才能获得高分并获得环境资金,这事实上与全球绿色治理目标大相径庭。世界银行历来认为经济增长是实现可持续发展的必要因素,增长不仅可以消除贫困,而且还将提供必要的资源和财富投资于绿色技术。因此,最终的挑战是消除妨碍自由市场顺利运作的结构性和制度性障碍。换句话说,GEF 所秉持的观念就是环境问题需要用市场办法来解决,用外部成本内部化的方式解决外部性问题。但事实上,环境问题不仅仅是一个外部性问题,也是一个公共物品问题,更是涉及公平发展权益的问题。发达国家更是将汇聚全球人才与资金的技术创新认为是自身理所当然的优势,对自身发展对全球南方国家的掠夺所造成的环境赤字和治理赤字视而不见。在现实中我们也往往可以观察到,世界银行所倡导的新自由主义增长方式,往往加速了全球南方国家的环境退化。经济全球化加速了资本在世界范围内的流动,以追求利润最大化为目标的资本全面提升了经济活动水平和能源消耗水平,因此全球碳排放总量不断上升并引致显

[①] Group of 77 and China, "Communication to GEF CEO/Chairman from Group of 77 and China," GEF, Washington, D.C., November 21, 2003.

著的全球气候变化。

美国通过将 GEF 的内核即 RAF 评审政治化，事实上使 GEF 继续受到世界银行、国际货币基金组织和世贸组织的政治议程的影响，并没有使其成为一个全新的全球治理机构。RAF 进程恰恰反映出美国只是将 GEF 作为一种能够将环境危机转化为积累机遇的机制。GEF 所声称的"平等地代表所有国家，并根据各国需要向它们提供援助"无疑成为一纸空文。新自由主义本身引发全球生态危机，但 GEF 回避这一点并且还在重新创造这种危机发生和扩大的条件。也许，GEF 正是通过再现环境危机的条件，来证明自身存在的正当性。在可预见的未来，碳市场、生物勘探、生态旅游都可能成为将环境危机转化为资本累积机会的可能。GEF 纳入 UNFCCC 框架后，并没有为公约注资，而且还新增了新自由主义的要求，高度政治化的考虑取代了对某个项目和国家的环境状况的评估，这是 GEF 最核心的问题。[①] 从 RAF 的评审进程可以看出，GEF 转变成为全球资本利益的代言机制，并且非常明确地倾向于美国资本。[②] GEF 和 WB（世界银行）、WTO、IMF 都从属于新自由主义议程，以前所未有的速度削弱全球生态可持续性，同时还在重置世界各地的权力关系以有利于资本利益，全球范围内的不平等和贫困仍然在增加。

（四）全球绿色治理面临的挑战

由于全球绿色治理的法律框架呈现碎片化特征，因此全球绿色治理面临一些结构性挑战。比如，自 1972 年斯德哥尔摩会议以来，一般性环境问题是由联合国环境规划署（UNEP）来处理的，但气候变化并未委托给 UNEP 而是交给了联合国大会。重新改组国际环境治理的诉求在 1992 年提上日程，在里约+20 可持续发展框架下引发多种讨论，主要有以下六种方案：（1）强化 UNEP；（2）强化可持续发展委员会；（3）创建联合国环境组织

[①] S. Soederberg, "American Empire and 'Excluded States': The Millennium Challenge Account and the Shift to Pre-Emptive Development," *Third World Quarterly*, Vol. 25, No. 2, 2004, p. 3.

[②] Global Environment Facility, "Joint Summary of the Chairs Annex Iii, Statement by Council Member from Germany on the Resource Allocation Framework," *Special Meeting of the Council*, 2005.

(UNEO);（4）监测和执行多边环境协定（MEAs）；（5）整合MEAs以实现一致性和提升效率；（6）改善国际环境仲裁。虽然已经针对上述方案涌现出一些智力支持，但如何在全球层面布局治理则是关键挑战。比如，现有机构拥有自身的法律授权和合同安排，不可能被轻易淘汰；设计新机构时需要降低费用；各国担心一个拥有实质性权力且高度集中的机构可能会干扰一国的主权权利；各国对于不同议题的属性划分和优先次序都有不同的看法。

全球绿色治理面临的一个重要挑战是如何协调环境保护与增长模式。环境压力和资本主义之间的意识形态压力催生了"绿色经济"概念。联合国秘书长对绿色经济做出了四种不同的理解：通过内部化环境外部性来减少市场失灵；从更广泛的系统性视角来看待经济秩序中的环境挑战；将社会目标比如创造就业与经济目标相联系；通过一个新的宏观经济框架设计一条通往可持续发展的道路。实施绿色经济的政策构想包括：重新创造经济；调整价格（内部化环境外部性、绿色税收、关联社会目标与经济目标等）；投资于可持续基础设施；提升基于科学的可持续商品链；社会的非物质化和去碳化进程；多种土地利用和可持续农业；改善用水并保护生态系统；国家的可持续采购政策；通过教育和沟通赋予人们权利，以确保基础性服务成为强制执行的选项，保护环境也在其列。虽然这些想法都非常好，但实际上要通过政策工具使其发挥应有的作用则并非易事，比如，作为绿色经济的一部分，去碳化进程就是说起来比做起来容易多了。

全球绿色治理在实践中往往面临一个重大挑战，就是如何确保包容性和公平性进程。如果说协调环境目标与经济增长是一个实践性矛盾的话，那么更为重要的政治性挑战在于南北关于全球治理现状的观点是不一致的。南方国家认为，战后阶段国际法成为促进和保护强国利益的霸权主义工具，所确定的经济机构使不公平的经济秩序制度化。"9·11"后阶段国际法变得更具侵扰性，美国退出《京都议定书》后，气候治理体系隐含实用主义倾向并侵蚀公平性。事实上，目前全球治理领域的条约大体采取了"以西方为中心"的方针，以或明确或隐含的规范，通过预先制定标准，来制度化和锁定不公平。在全球治理的法律框架中，必须要考虑发展中国家的利益,对普遍主义持审慎态度,并时刻警惕殖民主义和新殖民主义做法。①

四　全球绿色治理应秉持的基本原则

要实现全球绿色治理,必须有一个能够解决当前发达国家和发展中国家收入不平等且环境不平等现状,又能获得各方认可的总的原则指导。既要公平也要高效,即通过公平获取可持续发展加速低碳转型。水资源安全、生物多样性、能源安全、食物安全和气候安全是紧密联系的,能源不安全会导致食物等其他资源的不安全。无论是发达国家,还是发展中国家,抑或是快速工业化的国家,都会受到这种威胁,而贫穷国家是最脆弱的。可持续要素之间的相互关联会导致低碳发展与这些要素之间产生协同效应,这些协同效应会在国家与地区之间产生溢出效应。世界各国应该破除阻碍可持续发展的藩篱。虽然对于气候协定而言,保护气候是首要目标,但可持续发展的其他关联要素需要加以明确。这样可以在可持续发展关键要素所建构的关联安全框架中保护气候,不仅使应对气候变化更具经济和战略理性,而且会强化国际社会合作应对气候变化的政治意愿与社会响应。《联合国气候变化框架公约》《京都议定书》《巴黎协定》中均有可持续发展的相关内容,这是为全球减排提供动力。

低碳转型是一种历史必然。工业革命以前没有化石能源的消费,是零排放;未来少则50年,多则100年,化石能源将消耗殆尽,人类社会只能重返非化石能源。从地球物理学角度而言,人类在同一艘宇宙飞船上,地球承载人类活动的能力存在绝对的物理限制;从生物学角度而言,人生活所需的营养、期望寿命和体貌特征都存在生物学极限,只有欲望是无止境的;从哲学角度而言,人类社会可以征服和毁灭地球,可以无限扩张物质财富,但是,我们没有必要去这样做。200年前英国经济学家穆尔就提出了"稳态经济"的概念和构架;从伦理学角度而言,人类应该尊重自然,促进人与自然和谐相处。如果将减排作为公共物品,公平的分摊需要遵循能力

---

① M. Salomon, "Poverty, Privilege and International Law: The Millennium Development Goals and the Guise of Humanitarianism," *German Yearbook of International Law*, 2008, p.51.

原则。但问题是：如果有钱人只使用零碳能源，却要支付减碳成本，显然不公平。如果将排放视为消费品，成本分摊需要遵循市场效率原则。但是，在当前技术和能源结构下，碳排放涉及基本生存，剥夺穷人的排放权，也不可能公平。如果视排放为外部性，公平原则要求成本内部化。但是，排放是一个发展要素，是福利函数因子，内部化的结果还是排除低收入群体的排放需求，结果不公平。如果视排放为权益，每人应该享有，则应按人均分配；考虑到发展是一个过程，则应按人均历史累积分配。由于我们需要的不是碳，而是能源服务，追求的是可持续发展，因而必须遵循公平获取可持续发展的原则。

全球绿色治理事实上一直是由北方国家主导的，南方国家属于从属地位的治理领域。北方国家主导全球价值链时期，南方国家虽然被纳入了全球生产分工体系，但主要承接的是价值链的灰色甚至黑色环节，即排放水平高、污染强度大、环境破坏程度明显的部分。与此同时，以欧美为代表的发达国家将根植于本土的环境规则和治理机制嵌入特惠贸易协定的环境章节中，以经济制裁"硬机制"或对话沟通"软机制"促成缔约国国内环境法律及政策的变化，造成了全球绿色治理的规则趋同化和政策收敛化。北方国家一方面将新兴经济体国家极力锁定在全球价值链的灰黑色环节，另一方面又用超高环境标准要求全球南方国家实现环境治理。南方国家的价值链只能在经济增长和环境升级的夹缝中寻求出路。

进入21世纪以来南方国家经济表现良好，出口接近世界一半，南南贸易额超过南北贸易额，逐渐打破了由北向南的单一全球价值链模式，呈现国家价值链、区域价值链、全球价值链多层共生格局。在这一背景下，全球南方国家对绿色治理机制的多元化诉求逐渐显现、公平化诉求逐渐觉醒。中国作为最大的发展中国家，对外积极承担应对气候变化的大国责任，对内实施生态文明建设，走上了一条绿色发展之路。"人类命运共同体"的理念以共商共建共享为出发点，旨在构建一个持久和平、普遍安全、共同繁荣、开放包容、绿色低碳的世界，与南方国家绿色重塑全球价值链并实现公平绿色治理的诉求完全契合。少数发达国家主导全球绿色治理方案并强化自身在全球价值链中优势地位的时代正在逐步瓦解，而新型治理方案正在逐步清晰。"一带一路"倡议既是中国与世界各国分享绿色发展经验的合作基石，也为全球绿色治理体系变革指明了方向，为南方国家突破传统全球价值链束缚，共同实现绿色繁荣和绿色复兴提供了战略机遇。

五　未来的全球绿色治理之路

当前的全球绿色治理模式，以霸权国家的一己私利为目标导向，显然无法担负起未来之路。到2050年世界人口将超过90亿，约75%人口居住在城市，随着移民流动势必将多元化的价值观融合在一起。这种社会结构的趋势变化将受到气候变化、自然灾害、战争或流行病的影响。从经济发展趋势而言，2050年全球产出将至少增加三倍，前30个经济体中有19个来自新兴经济体国家组，新兴经济体阵营的产出将高于发达国家阵营。[①] 另一个重要趋势是贫困面板的变化，因为贫穷和收入不平等现象也可能出现于发达国家。其他趋势还包括贸易格局的变化，通过网络空间增加服务贸易，将就业外包给动态变化的最低成本经济体或者机器人，只有具有不可替代性能力的人仍有资格工作。金融全球化也会带来一些意想不到的全球变化，新兴国际化货币更加重要，比如人民币，特别提款权作为一种新的控制机制可能对当前金融体系形成变革。以生态技术、纳米技术、生物技术和信息技术为代表的技术变革将极大改变生活方式。上述这些不同领域的变革都会影响到环境。不断增加的人口、不断上升的预期寿命、技术进步和收入增加都会增加能源消费并倍增矿物需求（铝、铜、铂、稀有金属）。此外，取水量将大幅上升，从20%增加到85%，局部污染增加，全球气温比工业化前水平升高1.5℃~3℃。全球GDP增加3~6倍则需要将10%~20%的土地转化为农业用地，营养负荷增加三分之二，可食用鱼类比工业革命前减少90%，植物物种减少10%~15%。如果社会的资源消耗和废物排放呈现指数级增长态势，那么现有的全球绿色治理体系根本无法处理2050年的环境问题。

---

① HSBC, The World in 2050: Quantifying the Shift in the Global Economy, 2011.

未来所需要的全球绿色治理，是要在兼顾人口、发展和经济与环境的脱钩基础上，突破性实现可持续发展。虽然全球层面自1945年以来规则密集增长，但全球绿色治理的"法治化"进程并未见起色。"法治"是"善治"的必要组成部分，允许社会行为体参与治理进程，且进程本身是透明、高效和公平的。支持法治的人往往来自欧洲和发展中国家，而反对法治的主要是美国人。[①] 例如，美国前总统乔治·W. 布什认为的确要促进法治，"但在洗钱、生物武器和环境问题上排斥法治"[②]。已经走过的国际环境治理进程呈现被动、不连贯、碎片化、不公平临时性特征。缺乏政治意愿、路径依赖、技术和体制的锁定效应，以及强大的既得利益阻碍了新型治理进程。放眼未来，旧的问题会恶化，新的问题逐渐浮现。为了确保发展中国家的权利，确保国家间公平共享资源的权利，需要对全球绿色治理体系做出渐进式改革，将公平获取可持续发展纳入其中。

[①] A. Watts, "The International Rule of Law," *German Yearbook of International Law*, 1993, p. 15.
[②] G. Whittell, "Albright Attacks US Foreign Policy as Schizophrenic," *The Times*, May 2002, p. 8.

第二章
自由贸易协定中的全球绿色治理

关于贸易与环境的相互作用，相关研究通常认为其影响是双向的。既有环境规制对贸易的影响（McGuire，1982；Pethig，1976；Siebert，1977），[①]也有贸易自由化对环境带来的影响（Antweiler et al. 1998；Charnovitz，1996；Neumayer，2000；Tsai，1999）。[②] 长期以来，环境政策与贸易政策的融合在 WTO 层面上进展缓慢，但近年来在可持续发展原则的指引下，环境议题不仅出现在多边贸易体系的议程中，而且日益渗透到地区和双边自由贸易协定层面。近十年来全球范围内的双边自由贸易协定（FTA）飞速增长，已经生效实施的 FTA 超过 350 个，截至 2013 年底，正在进行谈判的协定也至少有 546 个，其中大多数协定均包含环境条款。[③] 这些双边协议针对有关非贸易问题的条款规定详细，[④] 某些环境条款的规范程度甚至远超

[①] McGuire, M. C., Regulation, Factor Rewards, and International Trade, *Journal of Public Economics*, Vol. 17, No. 3, 1982, pp. 335 – 354. Pethig, R., Pollution, Welfare, and Environmental Policy in the Theory of Comparative Advantage, *Journal of Environmental Economics and Management*, 1976, Vol. 2, No. 3, pp. 160 – 169. Siebert, H., *Environmental Quality and the Gains from Trade*, *Kyklos*, Vol. 30, No. 4, 1977, pp. 657 – 673.

[②] Neumayer, E., Trade and the Environment: A Critical Assessment and Some Suggestions for Reconciliation, *The Journal of Environment & Development*, Vol. 9, No. 2, 2000, pp. 138 – 159. Tsai, P. L., Is Trade Liberalization Harmful to the Environment? An Alternative View, *Journal of Economic Studies*, Vol. 26, No. 3, 1999, pp. 201 – 209. Charnovitz, S., Trade Measures and the Design of International Regimes, *Journal of Environment & Development*, Vol. 5, No. 2, 1996, pp. 168 – 196. Antweiler, W., Copeland, B. R. & Taylor, M. S, Is Free Trade Good for the Environment? *NBER Working Papers*, 1998, pp. 1 – 41.

[③] WTO, *Regional Trade Agreements*, 2013, http://www.wto.org/english/tratop_e/region_e/region_e.htm.

[④] Sikina. Jinnah et. al, "A New Era of Trade-Environment Politics: Learning from US Leadership and its Consequences Abroad," *Whitehead Journal of Diplomacy and International Relations*, Vol. 12, No. 1, 2011, pp. 95 – 109.

WTO 的相应条款。① 在双边自由贸易协定中嵌入详细的环境条款（EP），已经成为 WTO 多哈回合谈判之后打破贸易谈判僵局的一种趋势。环境问题在国际经贸关系中的突出特点是其"外部不经济"具有较高隐蔽性，即市场主体行为对环境的影响通常由当事主体以外的第三方承担，且这种情况不易被察觉。要避免环境问题这种隐蔽的"外部不经济"需要采取"环境成本内部化"策略，其中重要手段之一是建立多边环境协议（MEAs）。FTA 已经开始通过 MEAs 等途径深刻影响全球环境治理和全球贸易体系。②

一 自由贸易与绿色治理的关系

自由贸易和绿色治理之间的关系并不明朗，全球自由贸易到底是促进了全球绿色治理还是抑制了全球绿色治理，主要取决于环境规制的设置。目前为止关于自由贸易和绿色治理之间关系的理论主要有两个，其推演结论完全不同。"污染天堂假说"认为自由贸易阻碍了全球绿色治理，即一国严格的环境监管将推动排放密集型和污染密集型产业转向环境监管相对宽松的国家，事实上形成了污染转移而非污染减少，全球总体污染水平并未下降，因此可以通过监测有色金属和造纸等高污染行业的产品贸易是否增加来检验该假说的正确性。到目前为止，研究者做出的实证检验结果参差不齐。比如，Janicke（1997）等人并未发现全球贸易模式出现显著变化③，而 Cole（2014）等人确实发现贸易模式符合污染天堂假说。④ 与"污染天堂"假说相对立的是 20 世纪 90 年代提出的"波特假说"（Porter Hypothesis）⑤，该假说从效率和

---

① Sikina. Jinnah, "Strategic Linkages: The Evolving Role of Trade Agreements in Global Environmental Governance," *Journal of Environment and Development*, Vol. 20, No. 2, 2011, pp. 191 – 215.

② Sikina Jinnah et. al, "Environmental Provisions in US and EU Trade Agreements: A Comparative Analysis," *Review of European Comparative and International Environmental Law*, Vol. 22, No. 3, 2013, pp. 324 – 339.

③ Janicke, M., M. Binder, and H. Monch, "Dirty Industries: Patterns of Change in Industrial Countries," *Environmental and Resource Economics*, Vol. 9, 1997, pp. 467 – 491.

④ Cole, M. A., R. J. R. Elliott, and T. Okubo, "International Environmental Outsourcing," *Review of World Economics*, Vol. 4, 2014, pp. 1 – 26.

⑤ Porter, M. E., and C. van der Linde, "Toward a New Conception of the Environment-Competitiveness Relationship," *Journal of Economic Perspectives*, Vol. 9, No. 4, 1995, pp. 97 – 118.

生产力视角分析贸易和环境的关系，特别是环境政策为创新提供激励机制。该假说基于一个前提，即个人或公司出于规避风险、短视或其他原因无法识别有利可图的投资机会。环境规制有助于使这些潜在投资真正发生。通过设计适当的环境规制工具，不仅可以改进能效增加产品价值，也可以创造对节能和减污类环境产品的市场需求。有学者采用 1985~2010 年中国贸易数据来测算环境规制对国际贸易的影响，结果表明，一般而言，在大多数部门，严格的环境规制将减少初级产品（污染密集型）的贸易量，但会增加高附加值绿色产品的贸易量，是因为环境规制鼓励企业提供大量的绿色和环保产品。[①]另一项强烈支持"波特假说"的研究是 Costantini（2012）等人用欧盟能源和环境税作为环境规制变量，以专利研发为创新变量，来测算环境规制和创新对欧盟出口竞争力的影响。结果表明，欧盟环境政策培育和提升了产品在国际市场上的竞争力，有力支持了波特假说。此外，新的环境标准很可能会引发对某些特定产品的更大需求，在技术可得的情况下会提振国内生产。

"污染天堂"假说和"波特假说"在现实中都可以找到相关的案例，特别是从南北发展不平衡角度而言，发达国家确实将高污染高耗能的产业转移到发展中国家，造成"碳转移"和"碳泄漏"。尤其是当把国际环境规则主导权纳入视角的话，发达国家在完成自身的绿色治理后，往往致力于国内环境规则的国际化和标准化，不遗余力推动环境规则外溢，而不顾环境规则的非中性特征。比如美国人均碳排放为 20 吨，印度人均碳排放是 1.3 吨，如果以美国的减排标准要求印度，那么印度几乎连温饱都成问题。但另一方面，我们也要看到，全球环境规制行动已经催生了大批高能效、新能源产业及其供应链，可再生能源的迅猛发展带动了全球范围内涡轮发动机、太阳能光伏板的贸易量。因此，绿色治理是阻碍还是促进全球贸易，关键在于如何用环境规制这把剑。

贸易与环境的关系是全球绿色治理在全球化时代考量的一个重要方面。研究贸易和环境问题的经典框架是假设贸易自由化会导致规模、结构和技

[①] Wang, Z., B. Zhang, and H. Zen, "The Effect of Environmental Regulation on External Trade: Empirical Evidences from Chinese Economy," *Journal of Cleaner Production*, Vol. 114, 2016, pp. 55–61.

术发生变化，每一种变化都会产生不同程度和不同性质的环境影响。在这一经典框架下需要研究的问题是：自由贸易导致增加的经济活动是否会导致负面的环境影响（规模效应）；贸易结构中肮脏产品和清洁产品的比例及其工艺（结构效应）；清洁或肮脏技术是否会得到扩散（技术效应）。通常研究者会通过引入价格或取消工业品关税来量化这一分析框架，但针对具有环境影响的自然资源贸易则往往面临的是非关税壁垒，因此无法用基于价格的经济学模型来量化。同时，将贸易流动的数据与环境数据匹配更加困难，因为贸易数据来自国家层面和全球层面，而环境影响体现在自然资源开采和加工的地方一级。自20世纪90年代以来，区域自由贸易协定如雨后春笋般涌现，人们担心贸易和贸易带动的增长会对环境带来不利影响，即更多的贸易将导致更多的污染和自然资源消耗——贸易对环境的规模效应。为了澄清已经发生和阻止可能发生的贸易—环境问题，环境评估逐渐成为强制性措施，首先在美国和加拿大实施，后来被欧盟和欧洲其他国家所效仿。最受关注的部门是农业（林业、渔业和木材），其次是旅游业等服务部门，因此可以看到在部分区域贸易协定中出现了关于单个部门的特殊规定，有些还以附件的形式出现。比如，美国—秘鲁自由贸易协定包括关于非法木材贸易的附件，中国—秘鲁自由贸易协定包括关于采矿的规定，中国—哥斯达黎加自由贸易协定包括关于农业的条款。欧盟—加勒比论坛国经济伙伴关系协定列出优先合作事项清单，包括便利合法及可持续来源的木材产品贸易。在其他贸易协定中，甚至出现了设立单独执行机制或环境委员会来制定针对某一部门的工作方案。

虽然2015年联合国可持续发展目标（SDGs）所达成的17项目标中涵盖诸多领域，但没有具体的可持续发展贸易目标，只提及应该促进以规则为基础的多边贸易体系，以及为最不发达国家提供免税和免配额的市场准入，使其出口市场份额到2030年前增加一倍。但SDG目标中的第15项所涉及的环境问题比如生态系统（湿地、旱地、山区）；自然资源（森林、遗传资源）；环境敏感问题（土地退化、物种入侵、野生生物贩卖）都有可能借助贸易之手得到解决，比如贸易带来收入增长从而为环境部门提供资金支持（SDG 15.a），为发展中国家提供环境管理的激励（SDG 15.b），为地区提供可持续生计的机会（SDG 15.c）。总体而言，贸易促进环境可持续发展的路径有两条：一条是借助法律和执法机构进行监管，是政府采取的强制性措施；另一条是私人部门，比如非政府组织（NGOS）、企业等采取的自愿可持续标准，属于非强制性的行为。强制性措施主要涉及野生动植物及其制成品，为了避免出现过度采猎的行为，必须通过政府管制来实现有效监管。自愿性措施主要适用于国际商品贸易，如咖啡、大豆、棕榈油和木材等，具体标准则是由生产商、进口商或分销商来商讨共同决定的。

二 环境条款大量出现于南北贸易协定中

贸易协定内环境条款从20世纪90年代开始大幅增加。20世纪50年代至90年代自由贸易协定中的环境条款数目缓慢增长，但自1994年NAFTA生效后，全球范围内的贸易协定环境条款稳步增加（见图2-1）。原因有三：第一，《北美自由贸易协定》（NAFTA）开大幅增加环境条款之先河；第二，90年代后全球范围内的贸易协定数量本身快速增加；第三，新签订的贸易协定部分或全部复制了既有的环境条款。

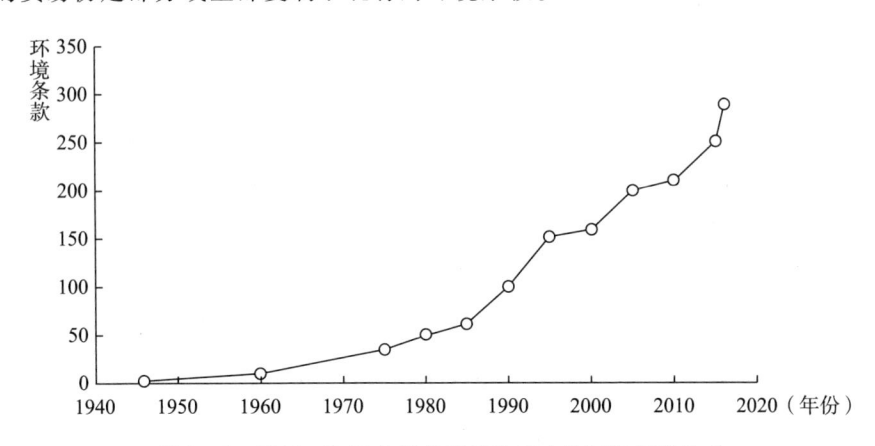

图2-1 1946~2016年世界贸易协定中的环境条款数目

资料来源：Jen Morin, Joost Pauwelyn, James Hollway（2016）。[1]

---

[1] Jen Morin, Joost Pauwelyn, James Hollway, "The Trade Regime as a Complex Adaptive System: Exploration and Exploitation of Environmental Norms in Trade Agreements," *Journal of International Economic Law*, Vol 27, 2017, pp. 365–390。

环境条款并不是均匀分布在各个区域贸易协定（RTA）中，而是大量出现于发达国家和发展中国家签署的 RTAs 中。根据 WTO 的分类统计，截至 2016 年 3 月纳入环境条款的南北 RTA 有 93 个，而北北 RTA 只有 9 个。[①]南北 RTAs 中环境条款平均数目（10 条）在 2008 年前已经高于北北 RTA（6 条）和南南 RTA（4 条），2008～2016 年南北 RTA 中的环境条款更是迅猛增加，在北北 RTAs 环境条款平均数并未增加的情况下，南北 RTAs 的环境条款平均数（21 条）增加一倍多（见图 2-2）。[②]

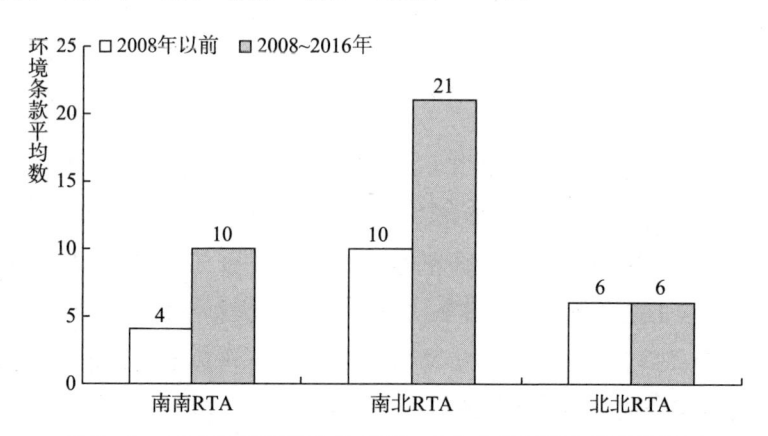

图 2-2　南北国家所缔结的 RTAs 中包含的环境条款平均数目

资料来源：WTO RTA 数据库。

欧盟和美国是贸易协定内环境条款的开拓者和主导者。1958 年生效的《欧洲经济共同体条约》是第一个纳入环境问题的 RTA，规定保护动植物健康和生命可以作为禁止或限制进口、出口或货物过境的理由。1960 年签署的《建立欧洲自由贸易联盟公约》（EFTA）是第二个纳入环境问题的 RTA，规定如果出现部门或区域范围内的严重环境问题，缔约方可以根据程序要求采取单方面措施。上述两个 RTAs 只是将环境问题作为例外情况对待，在序言和附件中有所提及。首次大篇幅在正文中纳入与环境有关的具体条款则是 1994 年生效的涵盖发展中国家（墨西哥）的《北美自由贸易协定》（NAFTA），该协定明确承诺有效执行环境法，不得采用降低环境标准的方

[①②] José-Antonio Monteiro, "Typology of Environment-Related Provisions in Regional Trade Agreements," World Trade Organization Working Paper ERSD – 2016 – 13, 2016, p. 7.

法吸引投资,并要求展开环境合作。更为重要的是,与环境争端相关的制度安排、审查程序和争端解决机制首次见于NAFTA。可以说,欧盟首次将环境议题纳入RTAs,但美国首次将环境战略纳入RTAs。

美国和欧盟贸易协定的环境规制辐射地区主要集中于发展中国家(见表2-1)。以环境条款数目排名的前八位自由贸易协定,其中三个由美国主导,其余五个由欧盟主导,辐射区域主要是以亚太、南北、非加太等南方国家为主的区域。相应的,在贸易协定中嵌入环境条款越多的国家则越频繁地涉及贸易—环境争端,如美国、欧盟和加拿大。美国是目前在贸易协定中嵌入环境条款最多的国家,同时也是卷入贸易—环境争端最多的国家。

表2-1 依环境条款数目排名的前八大自由贸易协定

贸易协定名称	时间	环境条款数目	主导国家和辐射地区
TPP	2016	136	美国—亚太
NAFTA	1992	48	美国—北美
美国—秘鲁协定	2006	18	美国—秘鲁
洛美协定 IV	1989	17	欧共体—非加太
洛美协定 III	1984	15	欧共体—非加太
洛美协定 II	1979	12	欧共体—非加太
单一欧洲法令	1986	12	欧共体—欧洲
欧盟—匈牙利协定	1991	9	欧盟—匈牙利

资料来源:Jen Morin, Joost Pauwelyn, James Hollway (2016)。

贸易协定内环境条款的内容逐渐多元化且独特化。2005年前签订的所有贸易协定中,70.4%的贸易协定已经涵盖至少十种不同类型的环境条款。[①] 南北贸易协定内环境条款的类型尤其多样,比如美国与阿曼、秘鲁、哥伦比亚和韩国分别签署的RTAs中环境条款呈现多样性特征,涵盖环境章节、具体条款、专门章节、生物多样性和环境合作协定等各种类型。虽然

---

① José-Antonio Monteiro, "Typology of Environment-Related Provisions in Regional Trade Agreements," World Trade Organization Working Paper ERSD - 2016 - 13, 2016, p. 7.

环境条款在贸易协定中越来越普遍,但某些特定的环境条款只出现于某些贸易协定中。比如,共同但有区别的责任原则、履行《京都议定书》《巴黎协定》等只出现于欧盟贸易协定中,"违反本国环境法的行为若不能提交罚款,则会面临贸易优惠中止的惩罚"只出现于美国贸易协定中。[①]

贸易协定内环境条款大幅增加且主要见于南北 RTAs,是由于部分北方国家通过立法强制推行 RTAs 环境条款。美国、加拿大、欧盟、新西兰和欧洲自由贸易联盟(EFTA)国家在与发展中国家签署 RTAs 时均纳入不同类型的环境条款,相比之下,一些发达国家如日本、澳大利亚、挪威、冰岛和瑞士纳入的环境条款相对较少。原因主要在于,进入 21 世纪后欧美发达国家通过国内立法要求在所有谈判的 RTAs 中加入环境条款。比如,美国 2002 年通过的《贸易法案》(Trade Act)要求在所有 RTAs 中纳入环境条款,欧盟 2001 年通过的《欧盟可持续发展战略》要求欧盟在世界范围内积极推进可持续发展,同样是在 2001 年,新西兰立法要求在所有国际谈判中纳入贸易—环境政策。

同时,北方国家也策略性地绕开了多边环境治理框架,从而成功地在与南方国家签署的 RTAs 中嵌入了大量环境条款。在 WTO 等多边贸易框架下以规则为导向的治理机制并没有成功纳入北方国家主导的绿色治理内容,是因为在这一框架下南方国家拥有程序性权力,可以抵制存在绿色保护主义隐患的环境议题。[②]北方国家热衷于在南北 RTAs 中推行环境规制还有两个策略性的考虑:一方面可以分而治之,通过一对一或"小多边"的谈判,充分利用优势议价能力强推自身环境规则,提高南方缔约国接受的可能性;另一方面可以避免现实阻力,在搁置环境历史责任的背景下,架空南方国家在多边框架下的程序性权力。北方国家大力推行并主导南北 RTAs 环境条款的做法,分散了南方国家在绿色议题上的凝聚力,削弱了缔约国对国内环境治理的独立性。从长远来看,南方国家需要团结一致争取贸易—环境

[①] Jen Morin, Joost Pauwelyn, James Hollway, "The Trade Regime as a Complex Adaptive System: Exploration and Exploitation of Environmental Norms in Trade Agreements," *Journal of International Economic Law*, Vol 27, 2017, p. 384.

[②] John Ravenhill, "Global Value Chains and Development," *Review of International Political Economy*, Vol. 21, No. 1, 2014, p. 268.

议题朝着向自身有利的方向演化，才能阻止当前经济增长与环境保护的国内矛盾持续蔓延为南北矛盾。

三 美国在自由贸易协定中嵌套绿色治理方案[①]

美国虽然在多边框架下协调贸易与环境问题的积极性不高，但在双边框架下的自由贸易协定中，却高度重视贸易与环境的融合，并在这一领域遥遥领先。通过关联 FTA 中的环境条款与 MEAs，美国在全球贸易政策与环境政策融合进程中扮演主导者角色。把握美国的做法和意图，将有助于中国有效认识与应对 FTA 环境条款的挑战。

（一）美国强化 FTA 环境条款的由来

美国首创在 FTA 中嵌入环境条款的做法，扭转了在 WTO 框架下难以推行环境标准的困局。随着美版环境条款的初战告捷和日趋成熟，美国开始在法理层面为 FTA 环境条款寻求依据和快速通道，并将逐渐完善的环境条款予以全面推广。美国将 MEAs 列入 FTA 的环境条款，不仅可以利用 MEAs 业已成熟的环境规则和执法机制，而且还可以在 FTA 争端解决机制的保障下强制未签署 MEAs 的国家履约，进一步强化 FTA 环境条款的约束力。

1. 在自由贸易协定中率先嵌入环境条款

早在 1994 年，在美国操纵下，《北美自由贸易协定》（NAFTA）就以附属协议《北美环境合作协定》（NAAEC）的形式首次大篇幅涉及环境问题，开 FTA 嵌入环境条款的先河。NAAEC 为日后诸多 FTA 嵌入环境条款奠定了基础，并厘清了 NAFTA 与《濒危野生动植物种国际贸易公约》《关于消耗臭氧层物质的蒙特利尔议定书》《控制危险废物越境转移及其处置巴塞尔公约》等三大多边环境协定，以及《美国与墨西哥关于保护和提高边境地区环境的合作协议》《加拿大和美国关于危险废物越境转移协定》两大区域协定之间的关系，即当 NAFTA 条款与上述环境协定的规定发生冲突时，以多

[①] 参见周亚敏《美国强化自由贸易协定中的环境条款及其影响》，载《现代国际关系》2015 年第 4 期。

边环境协定为准。① 目前美国签署并生效的 FTA 有 14 个,除《美国—以色列自贸协定》外,其余 13 个均设环境章节、环境技术合作章节或附属环境合作协议。② 至 2009 年《美国—秘鲁贸易促进协定》之时,已形成较为完善的、有约束力的美国环境条款范式,包括实体性环境条款(目标和保护水平、纳入 MEAs 清单、执行和不减损义务)、程序性机制(国内法律程序和软法机制)以及争端解决机制。

2. 从法理上为自由贸易协定嵌入环境条款寻求依据

2002 年美国国会通过《贸易促进授权法案》(TPA),为贸易谈判设定环境方面的目标:"确保贸易与环境政策相互支持,寻求保护环境和国际合作的做法,优化使用世界资源"。③ 这成为美国日后在自贸协定谈判中设定环境章节的法理依据,此后美国签署的所有自贸协定都依此设立单独的环境章节。2007 年 TPA 法案授权到期后,美国在 2008 年启动 TPP 谈判之时,将 TPA 法案中的贸易谈判目标更新为 2007 年《两党贸易政策协定》中所设立的贸易谈判目标,其中环境章节列出了未来美国 FTAs 应该包含的一系列 MEAs,指出缔约方必须执行这些 MEAs,并且服从 FTA 的争端解决机制。此外,一些参议员还敦促美国贸易代表办公室(USTR)超越《两党贸易政策协定》的目标,将自然资源和野生动物的可持续贸易目标纳入其中。2013 年 7 月 30 日,美国时任总统奥巴马第一次公开要求国会重新授权 TPA,2015 年 1 月 20 日他在国情咨文中重申关于 TPA 的请求。TPA 并不是启动或结束贸易谈判的必要条件,但它在通过贸易协定实施立法方面发挥关键作用。在《跨太平洋伙伴关系协定》(TPP)、《跨大西洋贸易与投资伙伴协议》(TTIP)和服务贸易协定(TISA)启动谈判之际,TPA 的重新授权成为一个更加紧迫的问题。④

---

① USTR, *North American Free Trade Agreement*, 条款 104.1, https://ustr.gov/trade-agreements/free-trade-agreements/north-american-free-trade-agreement-nafta#tab-reports(上网时间:2014 年 8 月 9 日)。
② USTR, *Free Trade Agreements*, https://ustr.gov/trade-agreements/free-trade-agreements(上网时间:2014 年 8 月 3 日)。
③ USTR, *Trade Promotion Authority*, https://ustr.gov/trade-topics/trade-promotion-authority2.
④ Ian F. Fergusson, "Trade Promotion Authority and the Role of Congress in Trade Policy," CRS Report for Congress, No RL33743, Congressional Research Service, 2015, http://www.fas.org/sgp/crs/misc/RL33743.pdf.

第二章 自由贸易协定中的全球绿色治理

3. 不断更新美国范式的环境条款并予以全面推广

2000年通过的美国—约旦FTA首次在贸易协定正文中直接纳入环境条款，使环境问题可以适用于与贸易问题相同的一般性争端解决条款，为全面推广美国范式的环境条款打开局面。此后，美国签署的各项FTA中进一步扩展了美国—约旦FTA中的环境条款。例如，美国—智利FTA（2004）和美国—新加坡FTA（2004）均在原有基础上包含了全面的环境章节，这些章节首次提出了一系列新的环境条款，包括通过MEAs实现国家目标等。① 美国与澳大利亚（2005）、摩洛哥（2006）、多米尼加共和国（2006）、巴林（2006）和阿曼（2009）等签署的FTA中均复制了这些条款。② 此外，这些FTA中还包括了一些创新性的环境条款，比如建立环境咨询机构以解决与环境章节有关的纠纷；创建环境事务委员会来监督环境章节的实施；建立环境专家名册作为FTA争端解决小组成员；等等。③ 于2012年生效的《美韩自由贸易协定》（KORUS）详细规定了缔约方实现七大MEAs职责时所需采取和实施的法律与规则。韩国是亚太地区的潜在TPP成员国家，KORUS为美国在TPP中的环境条款提供了最相关的范本。并不是所有的TPP成员都是MEAs的缔约方，但美国希望最终他们都能以贸易协定的方式参与进来。USTR也希望在TPP环境条款中将野生动植物贸易、非法伐木和渔业补贴包括进来。④

4. 开启FTA-MEAs相联系的新阶段

FTA与MEAs关联既可以使FTA争端解决机制适用于环境问题，又可

---

① USTR, *Chile FTA*, 条款19.9, https://ustr.gov/trade-agreements/free-trade-agreements/chile-fta; *Singapore FTA*, 条款18.8, https://ustr.gov/trade-agreements/free-trade-agreements/singapore-fta.

② USTR, *Australian Free Trade Agreement*; *Morocco Free Trade Agreement*; *Dominican Republic-Central America FTA*; *Bahrain FTA*; *Oman FTA*, https://ustr.gov/trade-agreements/free-trade-agreements.

③ USTR, *Chile FTA*, 条款19.3, 19.4, 19.6; *Singapore FTA*, 条款18.5, 18.7; *Australian FTA*, 条款19.5, 19.7; *Morocco FTA*, 条款17.6, 17.7; *CAFTA-DR*, 条款17.5, 17.10; *Bahrain FTA*, 条款16.6, 16.8; *Oman FTA*, 条款17.6, 17.8, https://ustr.gov/trade-agreements/free-trade-agreements.

④ Joshua P. Meltzer, "The Trans-Pacific Partnership Agreement, the Environment and Climate Change," 2014, http://www.brookings.edu/research/papers/2013/09/trans-pacific-partnership-meltzer.

以对未签署 MEAs 的国家形成强制履约。2009 年生效的美国—秘鲁 TPA 决定通过贸易制裁手段强制实施 MEAs,[①] 还出台关于生物多样性的详尽条款和森林治理附件。美国—秘鲁 TPA 的生物多样性条款几乎完全复制了《生物多样性公约》(CBD) 的内容。尽管仍缺乏实质性规定,但纳入生物多样性条款却是该 TPA 区别于美国以往 FTA 的重要特征,因为美国并不是 CBD 的缔约方。实际上美国政府在决定是否纳入该条款时曾犹豫不决,且其中部分内容在美国广受争议,因为美国担心这是在通过一个 FTA 来实际认可 CBD。[②] 美国—秘鲁 TPA 还包括一个"适用协议"列表[③],它包括的 MEAs 名单更长,包括《濒危野生动植物种国际贸易公约》《蒙特利尔议定书》《1973 年国际防止船舶造成污染公约》《国际捕鲸公约》《南极海洋生物资源养护公约》等。[④] 之后美国—哥伦比亚 FTA(2012 年 5 月 15 日生效)、美国—巴拿马 TPA(2012 年 10 月 31 日生效),以及美国—韩国 FTA(2012 年 3 月 15 日生效)中的环境条款都是在美国—秘鲁 TPA 的基础上略有增减形成的,并沿用其主要结构和核心内容。[⑤]美国—秘鲁 TPA 的环境章节允许双方将与环境有关的争端纳入相关的 MEAs 程序,要求在寻求 FTA 正式争端解决机制的补偿之前,必须进行全面的环境对话协商。如果协商不成功,则对可能的补偿不做明确限制。此外,完整的环境章节,包括森林治理附件中与《华盛顿公约》(CITES) 有关的条款[⑥],都从属于 FTA 争端解决程序和执法机制。[⑦] 以美国—秘鲁 TPA 为例,该协定从三个渠道建立起争端解决程序之间的联系:首先,通过将 CITES 相关条款纳入森林治理附件和适用

[①] S. Jinnah, "Strategic Linkages: The Evolving Role of Trade Agreements in Global Environmental Governance," *Journal of Environment and Development*, 2011, Vol. 20, No. 2, pp. 191 – 215.

[②] Jinnah Sikina, "Marketing Linkages: Secretariat Governance of the Climate-Biodiversity Interface," *Global Environmental Politics*, Vol. 11, No. 3, 2011, pp. 23 – 43.

[③] 该列表首次出现在 NAFTA 中,时隔 15 年后,在美国—秘鲁 TPA 中再次出现。

[④] USTR, *Peru Trade Promotion Agreement*, 条款 18.3.4, 18.11, https://ustr.gov/trade-agreements/free-trade-agreements/peru-tpa.

[⑤] 陈咏梅:《美国 FTA 中的环境条款范式论析》,《国际经济法学刊》2013 年第 1 期,第 111 页。

[⑥] CITES 是美国国内最为广泛支持的 MEA,因而得到了最为积极的推行。

[⑦] USTR, "Benefits for the Environment in the U. S.-Peru TPA," https://ustr.gov/peru-tpa/environment.

协议，使之与 FTA 相联系；其次，FTA 的成功运作取决于森林治理附件（包括与 CITES 相关的条款）的成功实施；最后，一旦森林治理附件和适用协议中与 CITES 相关的条款未能落实，则进入 FTA 争端解决体系的补偿程序。因此，通过战略性地将 FTA 和 CITES 的履约建立联系，美国成功地将基于强约束力的监管权威施加于较弱的 CITES 条款。2014 年 2 月 20 日 122 位民主党人联名给美国贸易代表迈克尔·弗罗曼的信中重申 TPP 必须包括强有力的环境措施："对 MEAs 的承诺必须是强有力的、有约束力的、可执行的，并适用与商业章节相同的争端解决机制，包括实施贸易制裁"。[1]

（二）美国 FTA 纳入环境条款的意图

美国在 FTA 中纳入环境条款，既有主导国际环境事务的战略考量，也有强化国内产业优势和经济利益的因素。随着国际环境治理格局的不断变化，美国立足于国内的竞争性利益，通过 FTA 环境条款的方式"出口"美国标准，力图实现国际主导和国内发展的双赢局面。

1. 继续主导国际环境事务

20 世纪 60 年代以来，美国在国际环境事务中一直占据主导地位，但近年来欧盟成为环境议题上强有力的倡议者和践行者，主导了 1989 年的《巴塞尔公约》、1992 年的《生物多样性公约》、1997 年的《京都议定书》、2000 年的《卡塔赫纳议定书》，以及 2001 年的《关于持久性有机污染物的斯德哥尔摩公约》。然而，美国没有签署上述任何一个公约，并因为其反对态度而广受批评。欧盟开始在国际环境事务中逐渐取代美国的主导者地位。美国在"竞争性自由化"政策的指引下，走上了"以区域撬动多边"的路径，并在此过程中加入自身具有优势的环境条款。美国试图通过双边 FTA 形成样本，将美版环境条款推广到多边框架下，重新掌握国际环境事务的主动权和主导权。美国作为一个规则体系较为成熟而且运行较为规范的发达国家，在环境指标的统计测量方法、监测等方面具有优势，而且还可以将这

---

[1] Madison Condon, "The Integration of Environmental Law into International Investment Treaties and Trade Agreements: Negotiation Process and the Legalization of Commitments," *Virginia Environmental Law Journal*, Vol. 33, No. 102, 2015, p. 145.

种优势转换为国内战略和经济利益,因此其环境条款的指向性和主动性十分明确。FTA 只是一个载体,美国会将所有有利于自身经济利益和战略利益的选项纳入其中,环境条款已经成为现实,气候条款也为时不远。气候变化问题已日益成为美国采取贸易保护主义政策的新薪火。[①] 2009 年的《美国清洁能源安全法案》规定,"与美国缔结国际协定的国家应符合美国标准的碳减排政策,并且该国际协定包含的缔约国减排义务至少与美国一致",这预示着是否满足美国的碳排放标准将成为未来与美国签订协议的前提之一。根据美国可再生能源标准,出售和进口到美国的能源必须包括一定比例的可再生能源,并根据相应的温室气体生命周期(GHG lifecycle)将其分成四大类。受美国影响,德国和英国等欧盟国家也已经制定法律,要求依据温室气体生命周期来规范可再生能源和交通能源。[②]

2. 为美国的环保产业和企业扩大市场

研究表明,一国政府的国际环境政策主要是由国内企业的竞争性利益决定的。[③] 因此,政府支持那些既可以增加国内企业的国际竞争力,又不产生额外成本的国际环境条款。由于自身的环境标准极为严格,美国乐见其他国家采取与本国相同的标准。美国环境质量委员会主席特雷恩曾称:"让其他国家提高环境标准(同时也就提高了它们的生产成本),强化它们对这些标准的实施是美国的竞争利益之所在……国际上对环境的关注为美国的污染治理技术出口提供重要机遇和潜在市场。"[④] 在这种理念和行为逻辑的驱动下,美国在与北约和经济合作组织的环境合作中获得了执牛耳之势。根据美国国内环境规范设计的环保产品和环保技术同样需要国际市场,而美国范式的环境标准的扩散为这些产品的出口提供了良机。通过在 FTA 中纳入环境条款的方式,美国成功"出口"美版环境标准,要求缔约国提高环境保护水平、采购环保产品、改进环保技术,为美国的环保产品和技术

---

① 李淑俊:《气候变化与美国贸易保护主义》,《世界经济与政治》2010 年第 7 期,第 83 页。
② Joshua Meltzer, "Trade and Climate Change: A Mutually Supportive Policy," *Harvard International Review*, 2011, pp. 64–69.
③ Desombre, *Domestic Sources of International Environmental Policy*, Cambridge: MIT Press, 2000, p. 49.
④ 夏正伟:《试析尼克松政府的环境外交》,《世界历史》2009 年第 1 期,第 52 页。

打开市场。比如，目前美国对智利的环境技术进口额不足 100 万美元，而出口额大约为 8000 万美元。在美国与智利签署的 FTA 中，智利将立即取消 100 多种环境商品与技术的关税，并承诺在 4 年内取消一种环境技术的关税，8 年内取消另外 4 种环境产品与技术的关税。智利目前对所有进口环境产品征收 6% 从价税的政策将会被这种关税结构取代。① 随着智利环境标准和法规的日益高标准化，其环境产品和技术的市场还会逐渐扩大，这种战略性安排为美国环境产品和技术的出口商提供了有利商机。

3. 遏制国际贸易中的竞次（Race to the Bottom）行为②，保护美国的市场和就业③

根据赫克歇尔—俄林（H-O）理论，一国要素禀赋丰富的产业会形成比较优势。将该理论应用到环境领域，可以认为在环境标准较低的国家，其污染能力要素是相对丰富的。近年来与美国签署 FTA 的主要是发展中国家，这些国家环境法制不健全，环境成本较低，因而产品具有价格优势。这些产品会冲击美国本土企业的市场占有率，同时还可能因为美国相关产业向环境法制不健全的国家转移而造成美国失业率的攀升。美国已经发现，将环保与贸易挂钩是一个非常成功的策略，因为这样可以使发展中国家承担起应有的环境义务，或者执行与发达国家对等的环境标准，与此同时，还可以利用贸易法规中的环境条款对发展中国家设置绿色壁垒，限制发展中国家进入美国市场。因此，美国通过 FTA 要求缔约国家提高环境保护水平，既迎合了环保主义者的要求，也保护了国内产品的竞争性，还有利于稳定国内就业，可谓一石多鸟。

（三）美国 FTA 纳入环境条款的影响

美国将 FTA 与 MEAs 建立联系并在贸易伙伴国中推行 MEAs 的做法已经

---

① 莫莎：《美国的双边自由贸易协定与环境问题》，《国际贸易问题》2005 年第 1 期，第 47 页。
② 即触碰底线的恶性竞争，指的是一国通过降低环境标准来吸引投资和贸易，进而形成竞争优势。
③ Jake Schmidt, "U. S. Trade Agreement with Asia-Pacific Countries must have Strong Environmental Provisions," 2014, http://www.huffingtonpost.com/jake-schmidt/us-trade-agreement-with-a_b_6075064.html.

取得了明显成果。这种做法在美国与秘鲁、哥伦比亚、巴拿马和韩国签署的 FTA 中均得以推广，其中涉及的诸多环境条款无疑将成为未来美国版 FTA 的样本，而且 USTR 还主张要在多边的 TPP 和 TTIP 中强化与 CITES 的联系。美国于 2010 年启动了 TPP 谈判，于 2013 年启动了 TTIP 谈判，为了避免一开始就遭到公众反对，这些谈判的细节极少公之于众。尽管其过程扑朔迷离，但美国的指向性很明确，即在 TPP 谈判中增加强有力的环境条款，包括提供高水平的环境保护、确保环境法律的有效实施和公众参与等。① 毫无疑问，美国的意图和做法将会带来重要影响。

1. 美欧间的国际环境主导权之争愈加激烈

美国与欧盟近年来都与发展中国家签署了大量 FTA，在争夺新兴市场方面展开激烈竞争。在 FTA 中嵌入环境条款，已不是美国独特的做法，欧盟近年来也启动了类似程序，只不过在运行机制和战略上有所不同。美国通过制裁方式来确保其环境条款在缔约方国家得以实施，而欧盟依赖软执法机制来确保实施，比如通过双方相关人员定期会晤追踪的方式。欧盟和美国的环境条款在运行机制上的差异，导致了截然不同的激励效果。美国的缔约伙伴会在 FTA 生效之前改进环境政策以避免制裁，而欧盟的缔约伙伴并不急于立即改革国内环境政策，而是通过协定执行过程中的对话机制和动态学习来逐步改变环境政策。因此，美国环境条款会产生积极的事前效应（ex ante effect），而欧盟环境条款会产生积极的事后效应（ex post effect）。② 美国方式会产生立竿见影的效果，而欧盟方式的影响可能更为深远和持久。从美国和欧盟就 FTA 环境条款的具体战略性差异而言，双方对国际环境话语权的争夺已经进入了深水区。

2. 针对环境法规的诉讼可能增加

TPP 早期的环境文本是"太平洋五国自由贸易区"协定（简称 P5，包括美国、新西兰、新加坡、智利和文莱五国）于 2005 年 6 月初步形成的包括 20 章环境和劳工合作的两个谅解备忘录的协定文本草案。TPP 的环

---

① USTR, "Overview of the Trans Pacific Partnership," https://ustr.gov/tpp/overview-of-the-TPP.
② Baccini, "Before Ratification: Understanding the Timing of International Treaty Effects on Domestic Policies." *International Studies Quarterly*, Vol. 58, No. 1, 2014, pp. 29 – 43.

境条款要求成员方承诺履行关于濒危野生动植物、消耗臭氧层物质、船舶污染、湿地、南极海洋生物、捕鲸和金枪鱼等七项多边环境协定（MEAs）的义务。据此，美国要求所有缔约方均须建立相关的环境仲裁机构，并允许其企业以相关环境问题为由提起针对其他企业或者国家的贸易仲裁，这将可能导致新兴经济体的同行企业遭遇大量的仲裁诉讼。过去除NAFTA之外，只有政府或国际机构可以针对特定国家侵害自由贸易的法规采用法律程序。① 根据NAFTA下已经发生的案例，TPP和TTIP下的关键条款很可能赋予个别总部在缔约国的公司一项权利，即当东道国的法规侵犯公司当前或潜在利润时，该公司可以直接起诉驻在国政府。在TPP或TTIP缔约方国家的常规司法系统之外，还将建立一个特殊的、秘密的三方仲裁法庭，它将脱离任何国家的监管系统，针对每个诉讼做出补偿决定，具体补偿取决于法庭的自由裁量权。② 如果TPP和TTIP均采取NAFTA的做法，那么各种各样的环境法规都有可能成为大量诉讼的主要目标。比如1998年7月，加拿大政府在一起由美国弗吉尼亚州乙基公司提出的诉讼中败诉，其起因是加拿大政府禁止生产化学物质乙酸乙酯（一种汽油添加剂，MMT），但却最终被判撤销对MMT的禁令，并支付法律诉讼费用和所造成的企业损失1300万美元。然而，即使是美国环保总局（EPA）也同样禁止在新配方汽油中使用MMT。③ 不难想象，大量企业都可能提出此类针对环境法规的诉讼，如果贸易协议具有了法律的效力，各级有关政府都有可能被淹没在诉讼案中。即使政府最终赢了诉讼，也不可避免地花费大量金钱，而且这极可能阻碍有关国家政府执行现行环境法规或出台新法规，实现可持续发展。

3. 缔约国将面临修改国内环境法的压力

把国内法律转为区域贸易规则，再通过区域贸易规则撬动多边贸易谈

---

① Grossmann et. al, "Environmental Impacts of a North American Free Trade Agreement," *The Mexico-US Free Trade Agreement*, MIT, Cambridge, Massachusetts, 1993, pp. 135 – 136.
② Voigt D, "The Maquiladora Problem in the Age of NAFTA: Where will We Find Solutions?" *Minnesota Journal of Global Trade*, Vol. 2, No. 2, 1993, pp. 323 – 357.
③ Philippe C. Baveye et. al, "Proposed Trade Agreements Would Make Policy Implications of Environmental Research Entirely Irrelevant," *Environmental Science & Technology*, Vol. 48, 2014, pp. 1370 – 1371.

判是美国沿用至今的手法。① 美国 FTA 环境条款范式对缔约方国内法律程序中的调查、诉讼程序和补救措施都进行了相应的规定，间接影响了缔约国的国内环境法律。例如，秘鲁、智利等国都在美国的压力下，对国内环境立法进行了修订。美国贸易代表苏珊·施旺曾说："就美国和其贸易伙伴而言，自由贸易协定可以使一个国家实施在政治上难以实现的改革，我们与秘鲁政府的合作就是为了实现这一目标。"② 美国—秘鲁 TPA 的森林治理附件要求秘鲁追踪向美国出口木材制品的生产商和出口商，以核验其是否符合相关的法律，并允许美国官员参与核查，且根据需要向美国提供确认信息。如果秘鲁未能核验此类信息，美国将可能采取"美国所认为合理的任何其他行动来核验出口商的木质产品"。这些条款的强制程度远超过 CITES 下的任何条款，对秘鲁的影响非常显著，因为该国在红木出口方面的法制措施远远落后于 CITES 的标准。此外，对同一种木制产品，TPA 要求也比 CITES 高得多。比如在 CITES 下，红木属于附件Ⅱ，雪松属于附件Ⅲ，附件Ⅲ的实施要求远比附件Ⅱ的宽松，但在 TPA 下二者的执行标准是统一的，因此 TPA 对雪松的执行要求会比 CITES 的更高。迫于美国压力，秘鲁修订了国内环境法。此外，美国还在森林治理附件中要求秘鲁就非常具体的环境目标建立新机构并开展新做法，这在一定程度上损害了秘鲁的环境治理自主权。因此可以说，在 MEAs 原有的法律机制基础上，美国通过将 FTA 与 MEAs 挂钩的方式，使得 FTA 中的环境条款具备法律约束力和贸易约束力，对缔约国的国内环境法的设立和修订构成压力。与之类似，根据 TPP 已有的环境文本，如果一国在环境分级中落后，则必须通过自身力量或借助他国支持，修订相关国内环境法规。

4. 影响 APEC 在地区环境问题上的立场及区域环境治理能力

亚太经合组织（APEC）自创建之初并没有建立起定期讨论环境政策的机制，但却把可持续发展纳入讨论议程。随着气候变化问题在全球治理体

---

① 樊勇明、沈陈：《TPP 与新一轮全球贸易规则制定》，《国际关系研究》2013 年第 5 期，第 14 页。

② Madison Condon, "The Integration of Environmental Law into International Investment Treaties and Trade Agreements: Negotiation Process and the Legalization of Commitments," *Virginia Environmental Law Journal*, Vol. 33, No. 102, 2015, p. 121.

系中的地位日益凸显，APEC对环境问题也给予高度重视，不过其关于气候变化的立场却因为美国作梗而自相矛盾。美国于2007年召集16个主要的温室气体排放国家发起了主要经济体能源安全和气候变化会议（MEM），截至2008年已经召开了三次会议。但显然，美国通过MEM建立对话不是为了促进《京都议定书》的落实，而是为气候变化问题寻找自愿解决方案，从而削弱联合国的影响。不过，APEC对MEM的倡议却持支持态度，认为应该把MEM看作对《京都议定书》的补充；同时APEC也在强调应通过联合国机构制定全面和有约束力的气候变化政策。APEC这种立场无疑显示了自相矛盾的政策取向。[①] 此外，只有在有发达国家参与的FTA中，环境问题才被提上议程或成为条款，而发展中国家之间的谈判往往不涉及环境问题。综观亚太地区的小型和双边FTA，东南亚国家之间签署的贸易协定几乎没有环境条款的身影，更没有追求贸易政策与环境政策一体化的一致性目标。由于各国实力不对等，致使美国在FTA中可以最大化实现自己的环境目标，而发展中国家为了避免失去发展机会，在明知存在不利影响的前提下，也会尽量向美国范式的环境条款靠拢。

5. 强势环境条款使发展中国家面临巨大压力

美国虽然标榜大力推进自由贸易，但它试图以环境问题为基础设置进口限制，将发展中国家社会政策中的缺陷作为限制贸易的借口。[②] 在经济发展仍处于相对落后的阶段时，发展中国家既没有能力也没有动力来处理环境和生态问题。发展中国家往往更加担忧与环境问题紧密相关的绿色保护，以避免贸易对象将环境政策当作贸易壁垒，进而作为实施贸易保护的合法依据。发展中国家这种对待环境问题的态度也是由其经济发展阶段决定的，只有当达到一定的收入水平后，环境、生态及相关社会问题才可能被提上日程。[③] 但随着发达国家主导全面铺开环境条款，发展中国家在国内环

---

① Astrid Fritz Carrapatoso, "Environmental Aspects in Free Trade Agreements in the Asia-Pacific region," *Asia Europe Journal*, Vol. 6, No. 2, 2008, pp. 229 – 243.

② I. M. Destler, "American Trade Politics," Washington D. C, Institute for International Economics, 2005, p. 270.

③ Hufbauer G. C., "Lessons from NAFTA," in Schott JJ (ed). *Free trade agreements: U. S. strategies and priorities*, Institute for International Economics, Washington, DC, 2004, pp. 37 – 50.

境立法执法、争端解决机制方面面临重重考验。表面上来看，环境条款针对环境问题；深层次挖掘，环境条款涉及国家产业结构调整、技术水平升级和要素禀赋转换。在面对美国自由贸易的"胡萝卜"和强制捆绑型履约的"大棒"之间，发展中国家必须要有清醒的认识。

虽然从环境保护的角度而言，在 FTA 中强化贸易与环境之间的关联性确实具有吸引力，因为它们可以有效地将监督管理权从较弱的 MEA 转移到较强的 FTA 下，强化环境政策的落实，但关于 FTA 中的环境条款的负面影响仍未被充分认识。对缔约国，特别是发展中国家而言，FTA 中的环境条款带来的净收益是正是负，需要进一步测算。此外，FTA 中的环境条款能够在多大程度上反映利益相关方的意愿和诉求，也存在疑问，这不仅关系到环境条款能否进入 FTA，甚至关系到 FTA 能否签署。由此产生的一个问题是，如何解决 FTA 中环境条款带来的不对称性，即由某一缔约方主导谈判的环境议题并分配相关的成本收益。

四　欧盟通过自由贸易协定嵌套绿色治理方案[①]

自 20 世纪 70 年代以来，欧盟逐渐活跃在全球环境治理的舞台上，欧盟的环境政策对国际社会的影响力与日俱增。欧盟一方面在多边环境协定的谈判与签订过程中发挥主导作用来体现欧盟环境意志；另一方面在自由贸易协定（FTAs）中嵌入环境条款，主要做法是在环境条款中关联多边环境协定（MEAs）的内容，来"出口"欧盟标准。欧盟在国际环境治理中力图发挥引领作用的同时，又将多边环境协定（MEAs）的内容融合到自由贸易协定中，构成一个立体化多维度的环境战略。鉴于环境议题将成为未来国际规则的新角力场，因此有必要探究欧盟如何在多边环境协定中实现其环境意志，欧盟如何最大限度地利用自由贸易协定影响伙伴国的环境政策。明晰欧盟环境政策的国际化进程，以期为我国"一带一路"倡议推进过程中部署内外环境策略提供借鉴。

---

① 周亚敏：《欧盟在全球治理中的环境战略》，《国际论坛》2016 年第 11 期。

（一）欧盟环境战略研究进展

欧盟的环境战略是其全球战略的重要组成部分。正是因为重视环境问题并推动全球性的环境合作，欧盟在争取全球环境主导权方面获得了先发优势。从欧盟内部而言，欧洲国家领土面积有限，多数国家的能源供应依靠进口，政府和民众普遍重视环境问题，最早接受"可持续发展"的观念，因此具有约束力的国际合作行动和国际条约容易被接受并得到支持。[①] 欧盟内部的环境治理也在不断深化，表现为：从最初仅提出欧盟环境法的一些基本原则，到引入环境影响评价、综合污染治理方法和成本效益分析等具体方法；从强调可持续发展到注重环境法律的执行；从关注欧盟边界内的环境保护延伸到国际环境问题，如全球气候变化等。[②] 欧盟的环境治理，对内通过政府支持、技术规范、法规约束、市场刺激，以多层治理为核心；对外谋求全球引领地位的要求，刺激欧盟内部的环境技术和标准得到进一步提升。[③] 就对外环境政策而言，欧盟的基本目标是：确立欧盟在国际环境保护领域的领导地位和道德权威，取得在国际环境政治领域的话语主导权，制定有利于欧盟的国际环境政治游戏规则。[④] 具体而言，欧盟不仅支持第三国实施业已签署的 MEAs，而且在自由贸易协定中从泛泛涉及环境问题，到明确规定落实一系列重要 MEAs。[⑤] 2015 年欧盟甚至以《联合国气候变化框架公约》为基础，提出了"环境友好型北极战略"[⑥]，以环境保护作为参与北极事务的突破口[⑦]，试图通过 MEAs 获取更多地缘利益。

目前学界对于欧盟如何形成内部统一的环境政策有深入研究，对欧盟的外部环境政策目标也有涉及，但对于欧盟如何将内部政策外部化乃至国

[①] 蒲俜:《欧盟全球战略中的环境政策及其影响》，《国际论坛》2003 年第 6 期。
[②] 傅聪:《试论欧盟环境法律与政策机制的演变》，《欧洲研究》2007 年第 4 期。
[③] 蒋蔚:《欧盟环境政策的有效性分析：目标演进与制度因素》，《欧洲研究》2011 年第 5 期。
[④] 王明进:《浅析欧盟对外环境政策及其实践》，《欧洲研究》2008 年第 5 期。
[⑤] Gracia Marĺn Durán, *Environmental Integration in the EU's External Relations: Beyond Multilateral Dimensions*, London: Bloomsbury Publishing, 2012, p. 280.
[⑥] European Parliament, *European Parliament Resolution on the EU Strategy for the Arctic*, Strasbourg, March 10, 2015, p. 5.
[⑦] 柳思思:《欧盟"环境友好型"北极战略的解读》，《国际论坛》2016 年第 3 期。

际化,缺乏具体的研究。本文主要剖析欧盟如何采用不同策略"引领"国际多边环境谈判,以及如何在 FTAs 中嵌入 MEAs 的内容,来实现欧盟环境标准的"出口",从而事实上掌握对全球环境治理的主导权。

(二) 欧盟环境意志的国际体现

欧盟环境意志的国际化表现为引领和主导 MEAs 进程,并积极地参与符合欧盟利益的多边环境产品谈判。目前全球和地区的环境条约超过 55 个,欧盟签署了约 40 个,美国签署的只有 7 个,因此可以说,欧盟对 MEAs 形成主导局面。[①]

1. 欧盟在 MEAs 中采取灵活的谈判策略

一般认为,欧盟扮演了国际环境治理的"领跑者"或"全球领导者"角色,对构建全球环境治理体系有重要贡献。不过欧盟的全球环境治理进程并非一帆风顺,比如 2009 年哥本哈根气候大会之后,欧盟形象大打折扣,有观点就认为症结在于欧盟成员国之间的分歧。时任欧盟主席巴罗佐将哥本哈根会议的失败归咎于欧盟内部凝聚力不足:"哥本哈根会议表明,当别人与我们的目标不一致时,如果欧盟成员国不能发出统一的声音,则注定要失败。"[②] 因此,欧盟推动 MEAs 的效率首先取决于欧盟在环境议题谈判中采取的谈判策略,谈判策略的选择决定了 MEAs 能否达成。总体来看,欧盟在 MEAs 中的谈判策略包括三种:"同口发声"(single voice through a single mouth,即集体发声)、"异口同声"(single voice through multiple mouths,即个体发声)和"貌似分化"(multiple voices through multiple mouths)。[③] 采用的策略不同,欧盟作为整体的凝聚力不同,谈判效率也不同。表 2-2 结合欧盟签署的部分 MEAs 展示了谈判策略与谈判效率之间的关联性。

[①] Selin H, *The European Union and Environmental Governance*, New York: Routledge, 2015, pp. 48 – 56.

[②] Barroso, "*State of the Union* 2010," Speech, Strasbourg, 7 September, 2010, http://europa.eu/rapid/press-release_SPEECH-10-411_en.htm.

[③] Tom Delreux, "EU Actorness, Cohesiveness and Effectiveness in Environmental Affairs," *Journal of European Public Policy*, Vol. 21, No. 7, 2014.

第二章 自由贸易协定中的全球绿色治理

表2-2 欧盟在MEAs中的谈判策略与谈判效率

谈判策略	协议名称	谈判时期（年份）	效率
同口发声	《鹿特丹公约》	1996~1998	高
	《名古屋议定书》	2005~2010	高
异口同声	《京都议定书》	1995~1997	中
	《卡塔赫纳议定书》	1996~2000	高
	《斯德哥尔摩公约》	1998~2001	高
貌似分化	《奥胡斯公约》*1	1996~1998	低
	《战略环境评价协议》*2	2001~2003	高

注：表中涉及欧盟1992~2012年的多边环境谈判。*代表地区性协议，其他为联合国框架（UN）下的全球协议，*1和*2是联合国欧洲经济委员会（UNECE）发起的。
资料来源：Tom Delreux（2014）。

"同口发声"策略体现在《鹿特丹公约》和《名古屋议定书》的谈判中。当时欧盟委员会是欧盟唯一的谈判代表，谈判效率高，实现了欧盟的理想目标。"异口同声"是欧盟运用最为频繁的谈判策略，在《京都议定书》《卡塔赫纳议定书》以及《斯德哥尔摩公约》的谈判中均有体现，即多个欧盟代表参与谈判并坚持同一个立场。"貌似分化"策略常常出现在欧盟相对谈判实力较强的情形中。比如在联合国欧洲经济委员会（UNECE）发起的《战略环境评价协议》和《奥胡斯公约》的谈判中，欧盟的最优策略并不是主导国际谈判，或者说不必"同口"或"同声"反而更有利于实现欧盟谈判目标。其原因在于，当欧盟谈判实力明显占优时，成员国声音过于一致有可能使少数谈判对手感觉被对立化和边缘化，从而易"激发谈判伙伴的逆向选择，可能引发报复行为"[1]，反而增大谈判阻力，不利于欧盟整体谈判目标的实现。通过制造内部分歧的假象，欧盟可以让谈判对手感觉自己像其他谈判对手一样，能够充分表达谈判意愿，从而顺利地推进谈判进程。这种谈判方式在地区性谈判中最为常见，也非常有效。正如在

---

[1] Van Schaik, *EU Effectiveness and Unity in Multilateral Negotiations. More than the Sum of its Parts?* Basingstoke: Palgrave Macmillan, 2013, p. 192.

《奥胡斯公约》的第八轮谈判中,其他国家的谈判代表反而有一种谈判分歧更多来自欧盟成员国之间的印象,从而认为经过前七轮多元化声音争辩后,如果欧盟最终能达成一致,那么就可以签约了。因此,"貌似分化"策略对欧盟的真实意图具有隐蔽性和掩盖性,造成一种"醉翁之意不在酒"的假象。

2. 欧盟主导下 MEAs 缔约的关键因素

欧盟推动 MEAs 成功缔约需要获得内部成员国和外部第三国的认同。[①]相对而言,欧盟成员国的政府和商业集团均希望非欧盟国家能够采用类似的高环境标准,用以平衡竞争利益格局,因此欧盟成员国利用 MEAs "出口"其环境标准自然是顺理成章的。不过,非欧盟国家是否愿意"进口"这些政策,从而实质上向欧盟标准靠拢却是一个问题。从根本上说,这种环境政策的"进出口"关系是一种利益交换,第三国批准这些代表欧盟标准的 MEAs 的动力在于欧盟能提供多种利益,主要包括三个方面:第一,获得欧盟成员国资格;第二,进入欧洲统一市场;第三,获得欧盟提供的各类援助。[②]

欧盟在推进 MEAs 进程中非常重视环境治理目标的现实可行性,主要体现在适当考虑发展中国家的利益,从而形成了相对保守的环境目标,这对 MEAs 的成功缔约具有直接促进作用。《获取与惠益分享名古屋议定书》(即《名古屋协定》)的签署就充分体现出这种逻辑。《名古屋协定》的签署背景是,随着生物技术和生命科学的发展,基因资源及其本土利用方法的"传统知识"的价值日益增加,各类化妆品和医药产品可以实现工业化生产。但是发达国家与发展中国家的分工也在逐步固化,具体体现为发达国家集中实现生物技术的工业化,而发展中国家则主要提供基因资源及相关传统知识。固化的分工格局导致利益分配不公问题日益突出。早在 2006 年,美国、欧盟、日本占有的与生物技术相关的专利就占全世界的 80%,而提

[①] Vogler & Stephan, "The European Union in Global Environmental Governance: Leadership in the Making?", *International Environmental Agreements*, Vol. 7, No. 4, 2007.

[②] Kai Schulze & Jale Tosun, "External Dimensions of European Environmental Policy: An Analysis of Environmental Treaty Ratification by Third States," *European Journal of Political Research*, Vol. 52, 2013.

供基因资源的发展中国家却因为专利原因无法获得市场及相应的利益分享。在这种背景下，发达国家无限获取基因资源的需求，与发展中国家坚持利益分享机制（ABS）的诉求形成了激烈的经济政治冲突。但是，欧盟在2005年之前对ABS的政策目标关注不多。2002~2005年，欧盟理事会在执行《生物多样性公约》（CBD）时极少提及ABS，仅关注生物安全、生物多样性保护和可持续利用等。可以说，欧盟当时的态度与大多数发达国家并无二致。由于美国并没有签署CBD，因此发展中国家实现ABS的诉求更多依赖欧盟，但由于ABS机制迟迟得不到落实，发展中国家在CBD议程中逐渐阻碍欧盟的其他核心议题。欧盟下决心要解开这一死结，于是开始推动成员国之间举行多边磋商，欧盟整体的环境目标也开始向发展中国家有所倾斜。在欧盟委员会的推动下，欧盟的环境立场终于在2006年发生了较大转变，表现为其环境政策目标逐步温和，介于其他发达国家和发展中国家之间。与此形成对比的是，大多数其他发达国家（澳大利亚、加拿大、日本和新西兰等）则完全拒绝有法律约束力的国际体系，而倾向于采取自愿措施和行为准则。通过改变立场，欧盟在发达国家和发展中国家之间架起了桥梁，也获得了主导谈判的优势。[1]《名古屋协定》的签署为基因资源供给国带来了至少20倍的经济收益。[2] 作为交换，欧盟不仅获得了《名古屋协定》的外交胜利，也确保了整个名古屋会议的成功。欧盟在名古屋会议上取得的成功，一方面是由于其及时改变了立场，另一方面是在兼顾欧盟核心利益的基础上综合考虑CBD的两个基本目标（生物多样性和可持续利用），从而获得了发展中国家的支持。

（三）欧盟环境政策在FTAs中的渗透

从世界范围来看，全球环境治理的效果并不理想，这主要是因为国际

---

[1] Sebastian Oberthur & Florian Rabitz, "On the EU's Performance and Leadership in Global Environmental Governance: the Case of the Nagoya Protocol," *Journal of European Public Policy*, Vol. 21, No. 1, 2014, p. 40.

[2] Buck M. & Hamilton C., "The Nagoya Protocol on Access to Genetic Resources and the Fair and Equitable Sharing of Benefits Arising from their Utilization to the Convention on Biological Diversity," *Review of European Community & International Environmental Law*, Vol. 20, 2011, No. 1.

环境法的约束力较弱，在实践中也往往依靠非政府组织（NGO）的"点名批评（naming and shaming）"方式进行监督。[1] 一些秉持更为积极和稳健的环境目标的国家或组织，试图将环境问题与其他领域的国际法关联起来，从而推动跨国环境治理。实际上，在WTO框架下将贸易和环境关联的尝试一直都有，不过由于WTO多哈回合谈判难有进展，这些尝试也难有实质成果，于是双边及多边的FTAs顺势蓬勃发展起来。欧盟和美国均签署了大量的FTAs，二者都非常注重在FTAs中嵌入有利于扩大自身竞争优势的环境内容。相对而言，在关联贸易政策与环境政策方面，美国走在了世界前列，但欧盟作为应对气候变化的领导者也不甘示弱，也在FTAs中嵌入有别于美国且有利于自身竞争优势的环境内容。[2]

目前欧盟签署的FTAs相对较多，已经实施的有37个，签署贸易伙伴的范围也比较广，涉及非洲、亚洲、北美洲、南美洲的国家或地区。因此，欧盟环境政策的国际推广及环境相关利益的实现也主要通过在FTAs中嵌入环境条款来实现的。整体而言，欧盟在FTAs中包含环境条款主要有三方面的考虑：首先，FTAs考虑了环境问题才能实现高水平的环境保护，从而"促进可持续发展"；其次，由于"一个国家宽松的环境规则和低效的执行情况会为其创造不合理的竞争优势"，因而"促进公平竞争和改善环境合作"就十分必要；最后，通过FTAs"形成一个国际环境议程"比达成其他国际环境协议更为快速和顺畅。[3]

1. 欧盟在FTAs中嵌入与MEAs相关的环境条款

欧盟环境政策在FTAs的渗透主要表现为，在FTAs中嵌入体现欧盟环境意志的MEAs。欧盟在2005年后签署的FTAs均引入了贸易与可持续发展的章节，并关注MEAs在缔约国内的环境表现。2006年通过的《全球欧洲：在世界范围内竞争》（*Global Europe—Competing in the World*）对FTAs中的

---

[1] K. Raustiaia, "NGOs and International Environmental Institutions," *International Studies Quarterly*, Vol. 41, No. 4, 1997.

[2] 周亚敏：《美国强化自由贸易协定中的环境条款及其影响》，《现代国际关系》2015年第4期。

[3] OECD, *Regional Trade Agreements and Environment*, document number COM/ENV/TD（2006）47/FINAL, 12 March, 2007.

环境条款提出了一般性的法律要求,因而成为一个关键性文件,标志着欧盟将环境政策在国际竞争中的地位提升到战略高度。在该战略提出之前,欧盟在FTAs中的环保要求的体现形式可谓多种多样,包括环境标准、环境合作的优先事项、环境一体化的领域等。全球欧洲战略则明确提出,由"竞争力驱动"的FTAs必须包括针对环境保护的合作条款,同时贸易与可持续发展章节要更加注重环境问题与MEAs的关联,将MEAs的环境标准作为标尺来评估国内环境表现。在此背景下,欧盟列出了MEAs列表,包括:《生物多样性公约》《卡塔赫纳议定书》《巴塞尔公约》《斯德哥尔摩公约》《鹿特丹公约》《濒危野生动植物种国际贸易公约》《联合国气候变化框架公约》,以及《京都议定书》等。

2. 可持续发展是欧盟环境条款的侧重点

欧盟签署的FTAs中涉及的环境内容主要体现在可持续发展框架下,比如《欧盟—加勒比共同体经济伙伴协定》《欧盟—喀麦隆自由贸易协定》《欧盟—巴布亚新几内亚—斐济自由贸易协定》《欧盟—韩国自由贸易协定》《欧盟—哥伦比亚和秘鲁自由贸易协定》《欧盟—新加坡自由贸易协定》中均包含了可持续发展章节或内容。[①] 从欧盟签订的包含环境条款的FTAs中可以发现,其中与环境相关的可持续发展条款并没有固定模板。但这些协定无一例外地涉及环境标准,均要求贸易伙伴达到一定的环保水平后才能参与到贸易协定当中。1995年生效的《欧盟—土耳其自由贸易协定》是欧盟签署的第一个包含环境条款的FTAs,明确要求缔约方实施充分的环境保护。2006年欧盟委员会提出"全球欧洲:在世界范围内竞争"战略以来,欧盟FTAs的新一代环境条款出炉,特别是2010年签署的《欧盟—韩国自由贸易协定》包含了一整章关于可持续发展的且有法律约束力的内容,涵盖了环境和劳工标准两个方面。同时,这些环境章节还要求缔约方遵循MEAs。表2-3列举了欧盟自成立以来所签署的包含环境条款的FTAs,不过它们均未包含制裁措施。

---

① 李丽平、张彬、原庆丹:《自由贸易协定中的环境议题研究》,中国环境出版社,2015,第31页。

表 2-3　欧盟所签署的包含环境条款的 FTAs

国家	签署年	生效年
以色列	1995	2000
突尼斯	1995	1998
土耳其	1995	1995
摩洛哥	1996	2000
约旦	1997	2002
巴勒斯坦	1997	1997
南非	1999	2000
墨西哥	2000	2000
克罗地亚	2001	2005
埃及	2001	2004
马其顿王国	2001	2004
马达加斯加	2001	2004
阿尔及利亚	2002	2005
智利	2002	2003
黎巴嫩	2002	2003
阿尔巴尼亚	2006	2009
黑山共和国	2007	2010
波黑	2008	2008
安提瓜和巴布达、巴哈马、巴巴多斯、伯利兹、多米尼加共和国、格林纳达、圭亚那、海地、牙买加、圣卢西亚、圣文森特和格林纳丁斯、圣基茨和尼维斯、苏里南、特立尼达和多巴哥	2008	——
塞尔维亚	2008	2010
博茨瓦纳	2009	——
喀麦隆	2009	——
莱索托	2009	——
毛里求斯	2009	2012
莫桑比克	2009	——
巴布亚新几内亚	2009	2011

续表

国家	签署年	生效年
塞舌尔	2009	2012
斯威士兰	2009	——
津巴布韦	2009	2012
韩国	2010	2011
哥伦比亚	2011	2013
秘鲁	2011	2013

资料来源：作者整理。

3. 欧盟 FTAs 环境条款的改进方向

虽然欧盟在 FTAs 中嵌入环境条款的力度在不断加大，但其实现机制也存在明显缺陷。欧盟 FTAs 中的环境条款，通常涵盖在可持续发展内容下。对于欧盟来说，可持续发展已经成为引领其内外政策的一个重要目标。从欧盟内部而言，《欧洲联盟条约》（TEU）强调欧盟成员国需将可持续发展原则纳入考虑，根据 TEU 的条款 3.3，"欧盟应该为欧洲的可持续发展服务"；根据条款 3.5，"欧盟应该为地球的可持续发展服务"。从欧盟外部而言，《欧洲联盟运行条约》（TFEU）要求欧盟在对外政策（包括贸易政策）中"帮助建立改进环境质量和促进全球资源可持续管理的国际措施，以实现可持续发展"。TFEU 的条款 11 甚至明确要求欧盟政策（包括贸易政策）中必须包含环境保护要求，"欧盟的政策和行动中必须包括环境保护的定义及其行动，特别是从促进可持续发展的角度出发"。但即便是 TEU 和 TFEU 都做出了明确规定，欧盟的贸易政策依然未能给环境保护和可持续发展以充分考虑。现有的欧盟 FTAs 对可持续发展原则只是点到为止，其贸易与可持续发展章节仅仅关注未来的环境合作，并没有强制执行的要求或违约制裁机制。

恰恰是这一点使得欧盟的 FTAs 具备双重结构，即在商业自由化章节有强制性要求和制裁机制；而在可持续发展章节，却缺乏强有力的执行措施，重要性明显不如商业章节。这种章节安排背离了可持续发展的三大支柱（1987 年的《布伦特兰报告》），即环境责任、社会凝聚力和经济发展，更谈不上契合《2030 年可持续发展议程》提出的 5P 愿景（People，Planet，

Prosperity，Peace，Partnership），导致欧盟可持续发展路径与外部贸易伙伴合作存在明显的脱节。欧盟新一代贸易协定的可持续发展章节不适用于国家争端解决机制，导致的直接后果是一方无法对另一方违背环境承诺的行为进行有效制约。欧盟最近几年与韩国、哥伦比亚、秘鲁签署的FTAs中，环境章节的地位要次于其他领域，因此环境承诺在事实上是很难起作用的。《欧盟—韩国FTA》中虽然明确促进可持续发展，但仍缺乏强制性争端解决机制，这种安排也在《欧盟—新加坡FTA》和《全面经济和贸易协定》（CETA）中得以延续。因此，欧盟在FTAs嵌入的环境条款的实际效果需要依赖更为严格的执行措施和约束机制。

4. 欧盟与美国在FTAs环境条款方面的差异

推动环境问题在国际合作中的地位不断上升的国家主要是欧盟和美国，二者都非常注重在FTAs中嵌入环境条款，但也存在明显的差异。与美国不同的是，欧盟并没有一个"FTAs模板"作为与伙伴国谈判的基础。欧盟推行FTAs的动机依据不同国家而有所不同。第一种是欧盟以外交政策和安全为主导因素而与东部和南部邻国签订的FTAs，如1990年后与中东欧国家签订的FTAs是为了创建冷战后稳定的欧洲经济与政治秩序。《欧洲—地中海协议》是欧盟与南部邻国签署的，以此来促进地中海地区的经济和政治稳定。第二种是由商业利益驱动的FTAs，包括中和第三国相互签署的FTAs带来的贸易转移效应，或与经济快速增长的地区建立关联，并强化实施国际贸易规则。《欧盟—墨西哥FTA》就是典型的中和贸易转移的例子，因为随着《北美自由贸易协定》（NAFTA）的生效，欧盟和墨西哥之间的贸易额急剧下降。为了中和美国与第三国之间的FTAs带来的贸易转移效应，欧盟还签署了《欧盟—中美洲FTA》，《欧盟—韩国FTA》，《欧盟—智利FTA》，《欧盟—东盟FTA》。欧盟与东南亚国家和印度签署的FTAs则是为了把握新兴市场。第三种是为了促进欧洲一体化模式而签署的FTAs。欧盟之所以没有采用"FTAs模板"，原因在于其与伙伴国之间可以针对特定情况实现弹性谈判。[1] 欧盟从一开始不采用"FTAs模板"的做法，就决定了其FTAs中

---

[1] Stephen Woolcock, "European Union policy towards Free Trade Agreements," *ECIPE Working Paper*, No. 3, 2007, p. 8.

的环境条款也会因缔约对象国的具体情况而存在差异。

欧盟与美国在 FTAs 中嵌入环境条款的内容多有重叠，但最大的不同在于，这些环境条款与 MEAs 关联的广度与深度有差异。欧盟环境条款与 MEAs 关联的广度较宽，特别是 2006 年全球欧洲战略提出之后，主要通过上述 MEAs 列表来涵盖。然而，美国 FTAs 环境条款的深度更深，主要体现在对缔约方国内环境政策的干预。此外，欧盟在贸易与可持续发展方面也提出了制度创新，设立了专门的委员会来监督环境章节实施情况，对解决贸易—环境争端启动特别程序，要求环境专家参与，并从 MEA 秘书处征求意见。但欧盟 FTAs 中的环境争端主要通过磋商解决，没有制裁条款，更多的是基于一种合作而不是对抗的方式来实现争端解决。虽然欧盟环境列表中的 MEAs 更多，但就如何在缔约伙伴国内实施的细节，欧盟并没有过多干预，而是让伙伴国自己决定，欧盟只在能力建设方面提供帮助。美国 FTAs 中的环境条款通过制裁来保障落实，而欧盟避免采取强制方式，代之以软法机制。所以可以说，欧盟的环境条款更具合作性，而美国的环境条款更具对抗性。欧盟依赖"公民社会对话"这一机制，在欧盟及其贸易伙伴的政府部门和社会团体之间举行定期会晤，追踪环境标准的实施情况。欧盟的这种方式在促进发展中国家的可持续发展方面会产生有效的事后效应，但这需要该国具有强大的公民社会才能发挥效力。也不排除欧盟今后为了提高伙伴国的重视程度，会采取美国的基于制裁的争端解决机制。

（四）欧盟全球绿色治理方案的未来前景

欧盟建立统一市场的努力，在事实上促进了欧盟环境政策的统一。在绿色领导成员国的推动下，欧盟环境标准不断升级，使其在环境治理领域的权威性和影响力远大于其成员国，这也是欧盟"软实力"的一种表现。欧盟积极将自身的环境标准"出口"到全世界，主要通过在全球和地区性 MEAs 中嵌入能够体现欧盟意志的环境标准来实现，形成引领全球环境标准的局面。欧盟通过采取不同的谈判策略，以集体发声、个体发声或貌似分化的方式，实现 MEAs 的成功缔约。同时，欧盟在国际环境治理的成功与失败历程中，逐渐积累了设定恰当环境目标的经验，这对于在国际议程中获得广大发展中国家的支持十分重要。欧盟在非成员国中推广环境标准是通过综合捆绑其他政治或经济利益来实现的，因而并未形成一个统一模板，而是根据不同国家的环境治理能力进行相关的环境合作。

欧盟通过融合FTAs和MEAs，尽可能扩大欧盟环境标准的辐射范围。由于单纯在MEAs中推行欧盟环境标准并不能形成强有力的约束，因而在FTAs这块"大饼"中撒入MEAs"馅料"就成为最有效的路径。欧盟FTAs环境条款的最大特色是将其涵盖在可持续发展内容下，涉及广泛的环境议题。欧盟FTAs的环境条款目前均未启动制裁机制，只是一种"软法约束"，对缔约国国内的环境法律体系干预较少。这种做法虽然容易获得对象国的接纳，但也成为欧盟推广环境标准的一个致命缺陷，未来不排除欧盟环境条款适用于基于制裁的争端解决机制的可能性。

五　东北亚自由贸易协定中的绿色治理方案

亚洲内部，特别是东北亚地区的环境合作一直处于松散状态。[①] 有学者认为，"东北亚和欧洲具有相似的条件和问题，与欧洲制度化较高的合作相比，东北亚的环境合作非常混乱"[②]。研究人员普遍认为在20世纪末东北亚（中国、日本、韩国和俄罗斯）的环境合作进展缓慢并且未能形成制度结构，特别是当与欧洲进行对比时，[③] 甚至也不如东南亚的环境合作。[④] 亚洲环境合作松散的更深层次原因，是亚洲价值链的需求终端并不在区域内。中日韩的主要出口市场依然集中于亚洲之外的经济体，三国间经济相互依存度指标只有19.4%，而北美国家是40.2%，欧盟国家更是高达63.8%。[⑤] 只有在价值链治理中具有重要地位的生产商或购买商牵头，才能推动整个

[①] 薛晓芃、张海滨：《东北亚地区环境治理的模式选择》，《国际政治研究》2013年第3期。

[②] Anna Borshchevskaya, "North East Asia: Environmental Reform Needed," *SAIS Review*, Vol. 28, No. 2, 2008, pp. 173–174.

[③] Che, Yeon-Koo, and Tai-Yeong Chung, "Contract Damages and Cooperative Investments." *The RAND Journal of Economics*, vol. 30, No. 1, 1999, pp. 84–105.

[④] Harris, P. G. (Ed.), *International Environmental Cooperation: Politics and Diplomacy in Pacific Asia*. Colorado: University Press of Colorado, 2002.

[⑤] 杨伯江：《东北亚地区如何实现与历史的"共生"》，《东北亚论坛》2016年第4期。

第二章　自由贸易协定中的全球绿色治理

供应链中所有企业共同发生行为转变。[①]

东北亚松散而又多元的区域环境合作自 20 世纪 90 年代以来迅速增加，形成诸多多层次和多边的合作框架。既有在各种区域合作机制下举行环境部长会议的安排，比如亚太经济合作组织、东盟+1 对话、东盟+3、东盟+6、东亚首脑峰会、中日韩三方首脑会议，探讨全面和针对具体问题的环境合作机制；也有全面环境合作机制，比如东北亚次区域环境合作项目、亚太环境大会、中日韩三方环境部长会议，探讨加强各领域环境合作的路线图；还有针对具体问题的合作机制安排，比如针对空气污染有三个正式合作机制（东北亚酸沉降监测网、中日韩黄沙沙尘暴总干事会议、东北亚远距离越境空气污染物联合研究项目）和两个非政府组织合作机制（东北亚森林论坛和三方环境教育网络），针对水污染有"西北太平洋行动计划"和"亚洲水环境伙伴关系"。

随着东亚区域经济一体化进程的开启，中国、日本、韩国与东盟所签署的自由贸易协定开始倾向于加强参与国之间的环境合作。东亚区域的贸易进展与合作情况对应的国内协调部门、目标以及相关政府文件的总结见后文中的表 2-4。根据亚洲开发银行（ADB）数据库，亚洲自由贸易协定的数量自冷战后大幅增加，2014 年底已增至 2781 项。[②] 可以看出，从 1990 年到 2015 年，亚洲的自由贸易协定和环境合作不约而同地出现大幅提升。尽管东亚自由贸易协定缔约国在 FTA 中未能嵌入具体的环境条例，但通过自贸协定发展起来的地区经济网络有助于加强环境合作，因为无论是经济发展还是环境合作都是建立在区域命运共同体这一共识之上。东亚国家也逐渐意识到自由贸易协定可以作为环境合作的可信承诺。将贸易与环境建立战略联系的原因有两点：一方面可以促进可持续发展的总体目标，通过出口绿色技术带来潜在的经济收益；另一方面可以给竞争性经济体施加环境规制。

（一）东盟—日本经济合作中的环境议题演化

2003 年东盟—日本特别首脑会议通过的"东京宣言"主要侧重于经济

[①] 谢来辉：《APEC 框架下的绿色供应链议题：进展与展望》，《国际经济评论》2015 年第 6 期。
[②] 包含特惠贸易协定（PTAs），自由贸易协定（FTAs）和区域自由贸易协定（RTAs）。

合作，在促进经济合作（贸易和投资）的前提下提及环境保护，将其定性为一个全球性而非具体的区域问题。"东京宣言"也成为东盟—日本第八届至第十三届首脑会议（2004~2010）的关系路线图，因为未能包括任何关于环境合作的具体建议。但在2011年这一状况得到改变，第14届东盟—日本首脑会议通过的"巴厘宣言"和"2011~2015东盟—日本行动计划"明确包含环境内容，"巴厘宣言"的经济合作部分明确将加强环保合作与绿色技术转移和环境基础设施投资联系起来，呼吁建立"东亚低碳增长伙伴关系对话"加强区域环境合作，并注意到急需加强区域管理来确保能源和粮食安全。"巴厘宣言"的社会文化合作部分商定促进共同努力以解决气候变化带来的问题，如生物多样性丧失、可持续水资源管理、可持续发展和环境保护等，旨在促进联合研究和开发方案，加强清洁技术和绿色技术等方面的技术转让。"2011~2015东盟—日本行动计划"将环境问题与经济合作区分开来，关于可持续发展、环境保护和环境合作的章节表明，日本和东盟都承认有必要在生物多样性保护和可持续发展方面开展合作，保护海洋环境，解决跨境污染问题等。将环境保护作为单独章节列出这一进展表明，东盟和日本都已将环境合作视为优先事项。因此，我们可以看到在东亚不断提升的区域一体化背景下，环境合作领域出现了值得注意的动态变化。

为了抗衡中国2001年11月与东盟开始的FTA谈判，日本在2002年1月匆忙发起了《东盟—日本经济伙伴关系协定》（AJEPA）。AJEPA的发起除了中国与东盟建立联系这一外部刺激因素外，在日本国内也出现了内部驱动力，那就是时任首相小泉纯一郎提出的建设"东亚共同体"构想，"经济伙伴关系协定"（EPA）被视为促进"东亚共同体"建设的对外经济政策工具。作为早期的EPA之一，AJEPA并没有太多专门涉及环境问题的内容，仅限于与经济活动相关的环境内容，具体表现为对促进"多层次经济增长"型环境合作的兴趣。

最早觉察到国际贸易与环境有关联的是日本环境省（MOE），2004年5月MOE发布了一份题为《展望日本环境和经济的良性循环：迈向健康、富裕和美丽的环境先进国家》的报告，指出应该摆脱必须在经济和环境之间二选一的思维，并提出了两点建议：一是发展和利用环境友好型技术，包括使用清洁能源生产节能产品或提供节能服务,采用清洁技术回收和处理废物等;二是倡导改变生活和服务方式,鼓励成为"绿色消费者"(做出消费决策时考虑到环境影响),主要行为体是日本国内的消费者、投资者、企业、民间团体和政府机构。这份报告显示出日本政府对环境问题的认知变化,为日本政府将国际贸易与环境问题联系起来做好认知铺垫。2007年,MOE将这一愿景扩展到国境之外,MOE在报告《成为21世纪的环境大国:日本的可持续社会战略》中明确指出要将日本的环境技术推广应用至东亚乃至整个世界,这一目标被日本首相和内阁定为国家战略性环境政策的未来发展方向。观念改变之后,东亚国家间深化环境合作的政治动力增强。日本首相安倍2007年在国会发表的政策讲话阐述了日本"世界最高水平"技术如何在能源和环境领域做到领先。这一政治表态不仅支持了环境省的环境政策,也催生了其他部门的环境政策。2008年日本外务省(MOFA)发布的《外交蓝皮书》将2007年定义为能源、气候变化和其他环境问题的"重大发展年"。

将贸易与环境问题关联后,最重要和最具体的变化体现在日本经济产业省(METI)。2006年METI发表《全球经济战略》报告,指出东亚是当前和未来日本经济发展最为重要的地区,东亚(东盟、中国、日本和韩国)被定义为"世界增长中心""全球生产基地""增长市场"和"投资机会"。事实上,很早之前日本经产省就承认东亚的经济重要性,但从未确定过东亚是日本的经济中心,且建议日本以东亚区域一体化为目标。在该报告中,日本经产省认为东亚一体化变得可行,因为区域各国的经济发展、1997年东亚金融危机和东盟+3机制、FTA/EPA网络使得贸易流动制度化。日本EPA被认为是扩大和加强"东亚全面经济伙伴关系协定"的重要工具,日本促进东亚一体化的目标不仅限于通常强调的贸易和投资领域,而且延伸到贸易和金融事务,以及能源和环境领域。日本意识到东亚区域一体化不同于欧洲一体化进程,后者是以"一个欧洲"理念为驱动的集中性和系统性进程,而前者要考虑政治制度的多样性、发展差距、各种社会和文化价值观,因而日本提出东亚区域一体化是"多层次、多方面、多领域的功能性合作",这一观点为合作领域从经济扩展到环境奠定了基础。

2007年11月21日东盟成员国、澳大利亚、中国、印度、日本、韩国和新西兰的国家元首和政府首脑在新加坡举行第三届东亚峰会,签署了《气候变化、能源和环境新加坡宣言》,这是东亚地区第一个区域性环境合作协定。紧接着,2008年随着东盟—日本全面经济伙伴关系的达成,旋即举行了第一届东盟—日本环境合作对话。2008年日本的METI白皮书认为,区域性环境合作将从两方面为日本经济带来益处:一方面,区域性环境合作有望建立一个生态友好型和能源节约型市场,而日本在经验、技术、组织和体系方面都比区域内其他国家更有优势,日本寄希望于"清洁亚洲倡议"来培育区域性环境市场并将日本的可持续经济增长方式扩展到东亚,从而发展出经济和环境相互支持的关系;另一方面,区域性环境合作可以改善软硬基础设施、法律体系(民法诉讼和商法诉讼)、经济法律制度(知识产权、反垄断法、税收法)等,为商业和贸易创造有利条件,日本也将从中获益。总而言之,对于日本来说,区域性环境合作的出发点依然是经济利益,其手段主要是通过与区域内其他国家签署自由贸易协定,如EPA。此外,日本的经济利益和对更广泛、更深入区域一体化的偏好,成为发展环境合作的原始驱动力。

(二) 东盟和中国的环境合作

中国和东盟的环境合作经历了一个从松散宽泛到具体细化的过程,"东盟—中国和平与繁荣战略伙伴关系联合宣言"2005~2010计划和2011~2015计划关于环境合作的差异表述则充分证明了这一点。2003年第七届东盟—中国峰会通过的"2005~2010行动计划"非常简短地讨论了环境合作是几个职能合作领域之一,列出了关于环境的五项一般性声明,但没有规定任何具体的行动要求,比如,声明东盟和中国将加强现有的沟通渠道,以落实现有的合作领域,并促进与非政府组织和公众的合作。相比之下,2010年东盟通过的"2011~2015行动计划"不仅将一般性声明从5项增加为9项,并且详细说明了行动内容,特别针对联合研究和培训列出了详细目标和具体方案,比如联合培训课程、人员交流、研究生奖学金等加深区域环境管理。这种渐进式转变表明中国与东盟之间的环境合作逐渐从意愿落实为行动，已经超越了共享基本信息的初级阶段。东盟 2009 年提出的"同一个愿景、同一个身份、同一个共同体"构想为加强东盟一体化、推动东盟共同体建设、加强东盟驱动区域结构演变等提供了目标，也为在这一框架下推动区域环境合作提供了平台和架构。

中国与东盟的环境合作一定程度上为建立东盟—中国相互信任和相互理解发挥了积极作用。在第 15 届东盟—中国峰会上，东盟领导人对中国在国内六个省份建立的 10 个东盟—中国教育和培训中心的成就表示赞赏，认为这将有助于东盟共同体建设并促进东亚团结（ASEAN，2012）。习近平主席在 2013 年的南洋之行中表示，中国希望建立一个更紧密的"中国—东盟命运共同体"，并致力于"双赢合作"①。中国的睦邻友好外交政策与区域环境合作相互关联取得了良好效果。21 世纪初以来，中国与东盟通过各种渠道和协议进行环境合作，2002 年"10 + 3 峰会"举行了环境部长会议。"中国—东盟国际环境合作战略"表明，东盟与中日韩部长级会议对"加强东亚环境合作，促进本地区国家可持续发展发挥了积极作用"（中国—东盟环境合作中心，2002）。为进一步深化环境合作，中国与东盟 2004 年启动了中国—东盟环境政策对话，关于环保政策交换意见，并对双方环境合作的优先领域达成共识。在中国—东盟环境政策对话安排下，召开了一系列研讨会。2006 年由中国环保部主办"中国—东盟环境管理研讨会"，重点讨论环境立法、环境影响评价和环境教育和可持续发展。2007 年中国环保部和外交部主办"中国—东盟环境标签与清洁生产研讨会"，重点就各自国内环境标签方案和体系、清洁生产技术交换信息和经验。同年召开的中国—东盟环境影响战略评估研讨会的重点是与东盟国家分享中国在环境影响评估方面的实践。也是在 2007 年，时任中国总理温家宝在第 11 届中国—东盟环境合作第 6 次会议上提出"中国—东盟环境保护合作战略"。2009 年，东盟和中国正式通过"中国—东盟环境保护合作战略"。2010 年 3 月中国环保部正式启动中国—东盟环境合作中心来实施这一战略。此外，2011 年通过了"2011~2013 东盟—中国环境合作行动计划"，建立了双方的环境合作机制，

---

① 新华网，http://www.xinhuanet.com//world/2016-09/07/c_1119528086.htm.

比如东盟—中国部长级会议和环境合作论坛等，促进环境产业内部的联合研究与合作。

综上，2007年的"中国—东盟环境合作保护战略"和2011年的"东盟—中国环境合作行动计划"在贸易与环境之间建立了联系，比如清洁生产技术和产品政策研讨会就是一个很好的例子，支持人们共同关注环境问题，并发展以清洁生产和生态标签为重点的环境产业。中国—东盟博览会也加强了环境—贸易关联，该博览会由时任总理温家宝在2003年第7届中国—东盟峰会上提出，自2004年以来每年举行一次，目的是通过建立中国—东盟自贸区来促进共同繁荣，尤其值得一提的是，2011年第8届中国—东盟博览会的主题就是环境保护与合作，为中国和东盟分享"绿色经济发展"经验提供平台。作为博览会的一部分，东盟—中国环境合作论坛以"创新促进绿色发展"为主题，东盟副秘书长米斯兰认识到，与中国在绿色经济技术和政策方面开展可持续发展和环境合作的重要性，东盟自贸区有助于东盟和中国将更多的环境合作纳入经济一体化努力中。尽管东盟—中国自贸协定（ACFTA）本身并没有对环境问题做出详细规定，但ACFTA体制设计鼓励区域环境合作，并为贸易—环境关联提供了各种平台。中国的睦邻友好外交政策支持东盟命运共同体建设，是东盟与中国发展环境合作的积极因素。

（三）东盟与韩国在自由贸易协定下的环境合作

韩国与东盟1989年就建立了部门对话合作伙伴关系，1991年发展成为全面对话合作伙伴关系，2010年升级为战略伙伴关系。在此过程中产生的两个里程碑是2004年的《全面合作伙伴关系联合宣言》（JDCCP）和2010年的《东盟—韩国和平与繁荣战略伙伴关系联合宣言》（JDARSP）。东盟与韩国的经济合作从初期就包含了环境合作，首先是在首脑一级的宣言中表达相互理解，然后提出行动计划确定环境合作的范围和开展合作的方式。继JDCCP之后的2005东盟—韩国行动计划和继JDARSP之后的2010东盟—韩国行动计划关于环境合作的内容存在显著差异，前者只是笼统界定，而后者制定了具体的环境合作方案。比如，后者涵盖分享韩国"低碳绿色增长"的经验,与东盟生物多样性中心分享韩国本土知识,在 UNFCCC 框架下加强合作,特别是减少发展中国家毁林和森林退化所增加的碳排放量。韩国在 2010 行动计划中所做的其他贡献包括短期培训方案、东盟学生的硕博学位课程设置、能力建设、技术转让、减少森林破坏、预防海洋和海岸线污染等。

与东盟—日本经济合作协定框架不同的是,东盟—韩国协定框架包括一条涉及环境考虑的条款,即命名为"环境产业"的条款 11,呼吁在环境技术和政策方面加强合作,在环境产业间交流经验,交换人力资源,以及其他形式的环境合作。但条款 11 仍然是一个非常模糊的界定,只是简单指出缔约方应该"探讨"促进密切合作的方式,并未包括任何具体行动。形成鲜明对比的是,韩国与美国签署的自由贸易协定(KORUS)用整整一章而非一个条款来阐述环境保护问题,详细规定了通过法律、法规和其他措施保障的环境义务。条款 11 的模糊不清事实上反映了韩国外贸部(MOFAT)的政策趋势,因为在 21 世纪头十年韩国外贸部发表的白皮书中都提到了东北亚环境合作,但没有提及韩国与东南亚国家之间可能采取的环境合作行动。自 2004 年以来,韩国环境部(MOE)明确指出 FTA 与环境议程存在关联,并在 2005 年强调东盟是世界主要市场之一,是韩国环境产业的一个巨大潜在市场,呼吁调研可能的环境合作议程。这一表态反映出韩国的区域环境合作导向从最初的以研究和教育为目的的项目合作转向以市场为导向的项目合作。韩国最主要的动机在于建立更强大的东盟和韩国的信息网络,以便更多了解东盟环境状况和市场潜力,为以市场为导向的环境项目合作开辟道路。

综合东盟与中国、日本和韩国开展环境合作的历程,可以梳理出三个影响区域环境合作机制的重要因素,即政府间组织网络、政治领导人的强烈意愿(通常体现为构建区域机制的国家战略)、贸易和环境的制度化联系(通过 FTAs)。第一,东盟与中日韩三国分别建立的区域性环境合作,是在制度化对话渠道(10+1 或 10+3)的支持下建立起来的,得到了区域内国家领导人或部长的支持;第二,东盟、中国、日本和韩国都对东亚区域一体化有更大愿景,往往体现在区域贸易协定中;第三,东亚日益增长的经济相互依存通过 FTAs 更加制度化，而 FTA 被认为是国家经济发展和区域建设的重要的外交经济政策工具。贸易协定的签订深化了经济一体化，经济一体化的深化为绿色工业开辟了新的市场，为解决贸易—环境关联问题寻求新的路径。区域经济结构的变化和区域内国家经济往来的增加，使得区域环境合作更加顺畅。

表 2-4 东亚区域的贸易进展与环境合作

	自由贸易协定	国内协调	共同体建设	与环境合作有关的政府文件
日本与东盟	东盟—日本全面经济伙伴关系协定框架（2003）	促进经济伙伴关系部长理事会	东亚共同体（2002）	日本环境省"日本环境与经济良性循环愿景"（MOE, 2004）； 日本经产省"全球经济战略"（METI, 2006）； "成为21世纪的环境领先国家"（2007）； "气候变化、能源和环境新加坡宣言"（2007）； 第1届东盟—日本环境合作对话（2008）； "巴厘宣言"（2011）； 2011-2015东盟—日本行动计划
中国和东盟	东盟—中国全面经济合作协定（2002） 货物贸易协定（2004） 服务贸易协定（2007） 投资贸易协定（2009）	国家发展和改革委员会	党的十七大报告提出的"命运共同体"（2007）	中国—东盟环境政策对话（2004）； 中国—东盟环境保护合作战略（2007）； 中国—东盟环境保护合作战略 2009~2015（2009）； 中国—东盟环境合作中心（2010）； 东盟—中国和平与繁荣战略伙伴关系联合宣言行动计划（2010）； 东盟—中国环境合作行动计划 2011~2013（2011）； 第八届中国—东盟博览会（2011）
韩国与东盟	全面经济合作协定（2005） 货物贸易协定（2006） 服务贸易协定（2006）	对外经济事务部长级会议	无	全面合作伙伴关系联合宣言（2004）； 环境部声明（2005）； 环境部白皮书（2006, 2007, 2008）； 东盟—韩国执行 JDARSP 行动计划（2010）； 东盟—韩国和平与繁荣战略伙伴关系联合宣言（2010）

资料来源：Tae Yoo and Inkyoung Kim（2016）.[①]

[①] Tae Yoo and Inkyoung Kim, "Free Trade Agreements for the Environment? Regional Economic Integration and Environmental Cooperation in East Asia," *International Environmental Agreements Politics Law & Economics*, Vol. 16, 2016, pp. 735-736.

（四）东亚贸易—环境关联议题新动向

二战后东亚经济快速发展创造"东亚奇迹"，在世界贸易中的份额大幅增加。1970~2010年，东亚地区的全球贸易份额从15%上升到30%，出口增速是世界其他地区平均水平的三倍。经济的快速增长带来了高昂的环境成本，根据亚洲开发银行1997年的报告，在过去的30年中，亚洲失去了一半的森林覆盖率和无数独特的动植物物种，三分之一的农业用地退化，鱼类资源减少了50%，河流和湖泊是世界上受污染程度最高的。虽然亚洲的经济发展创造了活力和财富，但与此同时，亚洲也变得更加肮脏且环境更加脆弱。[1] 以出口为导向的工业化对环境造成的破坏被低估，东亚区域内的很多国家都无法将全球环境标准纳入贸易体系。同时，东亚国家对关联贸易政策和环境保护的做法持怀疑态度，担心绿色保护主义和生态帝国主义对自身的不利影响。具体而言，东亚国家更加关心直接影响生活条件和身体健康的环境问题，而全球变暖和生物多样性等全球尺度的环境问题往往对贸易政策有重大影响。但事实上，东亚地区针对贸易—环境关系的构架已经基本建立，环境政策的跨国转移和扩散正逐渐发生在包括东亚在内的非西方国家，西方和非西方国家在环境政策领域的差距正在逐渐缩小。[2] 东亚国家也开始利用世界贸易组织（WTO）和自由贸易协定作为促进贸易伙伴之间环境合作的有效平台。东亚国家意识到，要使贸易议题与环境问题脱钩已经变得越来越困难，这些国家都高度依赖贸易，无论是区域内的发达国家还是发展中国家，都必须通过实施更高的环境标准来满足国外消费者对生态友好型产品的偏好。东亚国家开始积极参与WTO贸易和环境委员会的谈判。同样重要的是，东亚国家开始通过自由贸易协定关联环境与贸易问题，在东亚区域经济一体化的诉求下，特惠贸易协定已呈扩散态势。截至2018年6月，东亚区域内已经缔结了23个自由贸易协定，如果将东亚国家与域外国家达成的FTA包括在内，则达到87个。大部分东亚国家签署的FTAs

---

[1] Asian Development Bank, *Emerging Asia: Changes and challenges*, 1997.
[2] Sommerer, T., & Lim, S., "The environmental state as a model for the world? An analysis of policy repertoires in 37 countries," *Environmental Politics*, Vol. 25, No. 1, 2016, pp. 92 – 115.

里包括力度和范围不同的环境条款。①

对于贸易和环境相互关系的争论一直未有定论。新古典主义理论认为，贸易收益带来的收入增加将提升对环境质量的需求和政府投入环保技术的能力，正如环境库兹涅茨曲线所呈现的，随着贸易增加带来的增长将提升环境质量。生态经济学家则提出相反的观点，认为不受限制的商品和服务贸易只会造成严重的环境损害，贸易工具并没有为环境保护提供适当措施。后者否认环境库兹涅茨曲线，认为经济增长可能导致不可逆转的环境退化。除了远距离运输所产生的排放对环境的负面影响，贸易自由化也可能使政府放松环境管制以获得竞争优势。此外，贸易也可能导致污染工业从环境规制严格的国家转移到规制宽松的国家。同时，发展中国家也担心环保组织操纵环境问题来形成保护主义。

多边环境协定在解决贸易—环境问题时行动力不足，促使各国利用自由贸易协定作为链接环境与贸易的替代机制，在贸易利益的牵制下，可以促使低环境规制国家接受高环境标准。东亚地区就贸易协定关联的环境条款的数量和范围而言，韩国走在最前列（见图2-3），中国台湾、中国香港、新加坡次之，日本、东盟再次，中国大陆居于队尾。

东亚国家在区域内和区域外签署的双边自由贸易协定数量大幅增加。东亚国家在具体的贸易协定中嵌入环境条款，使贸易与环境关联的方式主要有三种（见表2-5）。第一种是战术联系，由主导方提供威胁或奖励来驱动缔约方接受其本来并不感兴趣的选项，战术联系与政策扩散文献中的胁迫机制密切相关；第二种是实质性联系，即通过对相关知识达成共识从而决定采取一致行动，实质性联系与政策扩散文献中的学习机制密切相关；第三种是零碎联系，即为了维持联盟并实现某些社会目标，可能出现强国主导弱国被动接受的情况，也可能出现弱国提出，强国为了维持声誉而接受的情况。因此，国际贸易是否可以提升环境质量，关键看贸易政策如何解决跨国环境问题。与环境治理良好的国家进行贸易可能会提升发展中

---

① Morin, J. F., Pauwelyn, J., & Hollway, "The Trade Regime as a Complex Adaptive System: Exploration and Exploitation of Environmental Norms in Trade Agreements," *Journal of International Economic Law*, Vol. 20, No. 2, 2017, pp. 365-390.

家的环境治理绩效。

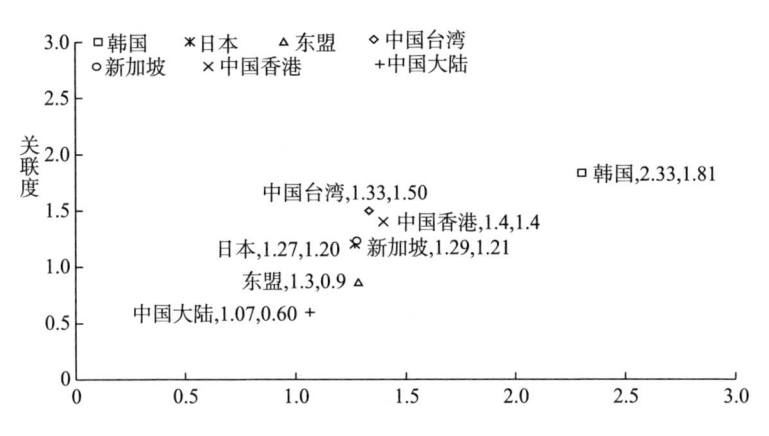

图 2-3 东亚经济体对贸易—环境关联的偏好

资料来源：闵庆古（2018）。①

表 2-5 贸易—环境关联类型和说服基础

关联类型	强国观点	弱国观点	说服基础	结果
战术联系	无联系	无联系	不对称权力	潜在不稳定议题
实质性联系	相联系	相联系	共识	稳定议题
零碎联系	相联系	无联系	弱国担心被挤出联盟	临时方案
	无联系	相联系	强国担心声誉受损	不稳定议题

来源：阿加瓦尔（1998）。②

六 自由贸易与气候治理

近年来在自由贸易协定中陆续出现了气候条款，是全球绿色治理的一个新趋势。贸易协定的主要诉求在于实现经济收益，而环境协定的主要诉求在于保证环境收益，因此在贸易协定中嵌入环境条款成为保障经济与环

---

① Min Gyo Koo and Seo Young Kim, "East Asian Way of Linking the Environment to Trade in Free Trade Agreements," *Journal of Environment & Development*, 2018, pp. 1-33.

② V. K. Aggarwal (Ed.), *Institutional Designs for a Complex World: Bargaining, linkages, and nesting*, Ithaca, New York: Cornell University Press, 1998, pp. 1-31.

境双赢的一种手段，是全球绿色治理的一种实践路径。本节主要研究特惠贸易协定中的气候条款，试图一窥全球绿色治理的难度与前景。国际贸易影响全球温室气体排放格局也可以从上文的规模效应、结构效应和技术效应来分析。[①] 针对贸易—气候变化问题时，规模效应是指贸易增加导致运输增加，从而增加排放；结构效应是指一国为了适应自由贸易要求对部门资源重新分配，从而改变排放格局，因为一国在贸易中发挥比较优势使得某些部门扩张某些部门收缩，从而引起整体排放的增加或减少；技术效应是指通过贸易引进的低碳技术和商品的传播引发生产创新，从而改善排放强度。"内涵排放"也是通过贸易活动来实现的，即在生产国生产商品产生排放，而贸易活动将其出口到其他国家进行消费，使得碳排放的环境成本和消费收益出现地域上的分离。与贸易—气候变化相关的另一个现象则是"碳泄漏"，指某个国家或地区采取二氧化碳减排措施，该国或该地区的一些产品生产（尤其是高耗能产品）可能转移到其他未采取二氧化碳减排措施的国家或地区，成为发达国家要求对发展中国家征收碳关税以及其他边境调节措施的重要依据。但是，目前对于贸易—气候变化问题的解决还没有达成国际共识。2015年缔结的《巴黎协定》作为气候变化国际合作的里程碑，并未提及贸易问题，而协调全球贸易的世界贸易组织的任何协定也未提及气候变化。1992年《联合国气候变化框架公约》（UNFCCC）关于贸易倒是有一段明确阐述："为应对气候变化而采取的措施，包括单边措施在内，不应构成任意或物理歧视或变相限制国际贸易的手段。"由于《巴黎协定》属于 UNFCCC 框架，我们可以认为这一规定仍然有效。此外，自由贸易原则和比较优势理论表明，长期内自由贸易会促进更低碳更节约资源的经济产出，但必须基于气候外部性正确定价的基础上。

（一）WTO 多边协定中的气候治理

WTO 的前身《关税与贸易总协定》（GATT）本身并不妨碍各国执行气

[①] Grossman, G. and A. Krueger, "Environmental Impacts of a North American Free Trade Agreement," NBER Working Paper, No. 3914, Cambridge, MA: National Bureau of Economic Research, 1993.

候政策，GATT规定了自由贸易的核心原则，关键在于确保不同贸易伙伴（最惠国待遇）和国内外（国民待遇）的"同类产品"不受歧视原则。目前WTO判例法所争论的焦点是，仅在生产过程中排放的不同量温室效应气体（GHG）的类似产品是否应视为文案中的"同类产品"。同时，GATT也允许各国基于第二十条以环境和其他理由为违反核心原则进行豁免辩护。虽然豁免没有具体提到气候变化，因为文案起草于1947年，也没有迹象显示WTO采取任何相关行动阻止各国执行与气候变化有关的政策。关于气候变化是否为一个豁免辩护的合理理由，目前来看，为数不多的几个判例中的裁决是比较乐观的。[1] 一些更为具体的WTO协定与气候变化目标相关，比如"补贴和反补贴措施协定"（SCM）。由于实施碳定价制度面临重重障碍，因而为低排放技术提供补贴成为政府快速推进低碳转型的少数几个政策工具之一。就补贴而言，WTO授权成员可以采取单方面贸易补救办法以应对有害的倾销。近年来在低碳行业已经发生了单边补救措施案例，美国首先对中国的太阳能电池板征收反倾销税和反补贴税；作为回应，中国对美国的多晶硅前驱体采取了类似措施。但这一升级的结果是两国总体贸易量减少。中美相关低碳行业的供应链成本上升，投资者面临的不确定性增加。因此针对低碳领域和气候变化相关的补贴设计一定要符合WTO原则。

（二）环境产品贸易自由化与气候治理

环境商品的贸易大幅增加有助于缓解环境问题，同时推动经济增长。大多数OECD国家已经逐渐降低环境产品进口关税，包括那些与减缓气候变化有关的关税。但是在经合组织以外的区域和国家，仍然存在大量基于关税的贸易壁垒，导致那些有助于减缓气候变化的重要低碳技术存在扩散障碍，推高了相应国家应对气候变化的成本。自2001年以来，WTO曾多次讨论环境商品关税问题，但目前正式谈判进展甚微。[2] WTO之外的诸边谈判倒

---

[1] Tran C., "Using GATT, Art XX to Justify Climate Change Measures in Claims Under the WTO A-greements," *Social Science Electronic Publishing*, Vol. 27, No. 5, 2010.

[2] J. Sauvage, "The Stringency of Environmental Regulations and Trade in Environmental Goods," OECD Trade and Environment Working Papers, 2014.

是在环境商品问题上取得了进展,亚太经合组织(APEC)商定了APEC环境商品清单,承诺在2015年底前将所列产品的使用税率降至5%以下。2014年部分WTO成员方,既有OECD国家也有非OECD国家,开始了新一轮谈判争取达成一项环境商品协定(包括减缓气候变化的商品),如果缔结成功,该协定在适当时候可能被WTO正式采纳。非关税壁垒(NTBs)也阻碍了环境商品的扩散,某种程度上其影响比关税壁垒更为明显,如烦琐的海关程序、认证要求、本地化要求,等等。目前关于环境商品的谈判仅聚焦于关税削减,并不涉及非关税壁垒,可以预计未来更全面的环境商品协定必将要扩展到非关税壁垒领域。

(三) 特惠贸易协定 (PTAs) 与气候治理

在WTO之外各国政府多年来也在寻求双边或诸边贸易与投资协定,目的是与伙伴国建立更紧密的贸易关系并加深区域经济一体化。区域贸易协定逐渐增加了具体环境条款或环境附属协议,以促进更加严格的环境行动(OECD,2007)。近年来区域贸易协定旨在以更全面的方式来解决边境内贸易壁垒,并非简单借鉴WTO"技术性贸易壁垒协定"。除了涵盖相关的环境和可持续发展章节,区域贸易协定也包括监管合作条款,旨在简化规章降低开展国际业务的成本。

在《联合国气候变化框架公约》(UNFCCC)中的气候谈判进展缓慢,实际减排效果不尽如人意。学者开始将目光转向全球气候治理的多中心,即不同的行为者通过跨组织的多环节架构来加大减缓气候变化的力度,比如区域政府、城市网络、私营企业、非政府组织和跨国伙伴关系在应对气候变化方面的努力。在全球气候治理领域出现了不同层级的制度丛结,有学者探讨世界贸易组织(WTO)在促进气候治理方面的潜在作用,也有学者探讨特惠贸易协定(PTAs)对气候治理的贡献。事实上,特惠贸易协定中的全球绿色治理方案也是在不断演进的,早期阶段的特惠贸易协定中并不包括环境条款,后来复制WTO的部分环境条款,近年来签署的PTAs中设置专门的环境章节明确规定各环境领域的强制义务,比如《美国—秘鲁PTA》推动实施了《濒危物种国际贸易公约》中关于红木保护的条款,近年签署的某些PTAs中关于遗传资源和保护传统生态知识的条款力度甚至超过了《名古屋议定书》。因此可以看出，PTAs在阐明新的环境规范和跨国界传播环境政策两方面发挥了积极作用，但对这种作用的力度和范围还有待研究。多边气候谈判步履蹒跚，因此PTAs很可能在多中心的全球气候治理格局中发挥重要作用，PTAs的某些环境条款强度已经超出了《多边环境协定》的要求，那么PTAs的气候条款在减缓和适应气候变化方面也有可能力度超过《巴黎协定》的要求。

贸易协定的四个特征决定了其对气候治理的潜在贡献不可低估。第一，贸易协定涉及有限的几个国家商讨许多不同的问题，与《巴黎协定》将诸多国家聚拢在一起讨论单一问题不同，更容易缔结协定；第二，PTAs建立在直接互惠和对等的基础上，因此原则上如果一国违反了气候条款，就可通过贸易制裁等措施来解决争端；第三，PTAs为志同道合的国家在有限规模下设计和测试气候条款提供了制度实验室，因为每年都会谈判或缔结新的PTAs，涉及不同的类型和成员，无疑为气候条款的设计提供了实验机遇；第四，PTAs在解决与贸易有关的减缓问题时具备独特地位，比如低排放技术的出口、污染生产过程中的边境税调节、化石燃料补贴、碳信用交易等。贸易协定的上述特征有可能使其在气候治理中发挥积极作用。

根据Sikina Jinnah等人的统计，在1947~2016年签署的PTAs中包含气候条款的有688个。这些气候条款具有制度创新特征，并非简单复制UNFCCC框架下的条款，有些甚至比《京都议定书》和《巴黎协定》中的条款更具体和易于执行。但是这些条款的"立法化"程度还很低，无法在全球贸易体系中广泛复制，对全球气候治理的贡献仍然较弱，而且也未得到全球温室气体排放大国的一致认可。PTAs中的气候条款虽然具有制度创新性，但由于立法薄弱、可复制性差、涵盖国家有限，因而目前仍是PTAs中最薄弱的环境条款。

业已签署的PTAs气候条款涵盖诸多绿色领域：可再生能源和能源效率、气候治理合作、减少温室气体排放、适应气候变化、批准或执行气候协定、协调气候规则、与气候变化间接相关的条款（见表2-6）。PTAs中关于可再生能源和能源效率的条款是最常见的气候条款，中国、日本、印度、韩国、墨西哥、美国和欧盟接受的此类气候条款高达138条。能源条款也是PTAs中最古老的环境条款，早在1979年，欧洲经济共同体与ACP（非洲、加勒比海和太平洋）发展中国家签署的《洛美公约Ⅱ》就包含了促进太阳能、地热、风能和水力发电技术的内容。随后，许多国家还列入了关于可再生能源和能源效率的科研、合作、援助、共享信息等内容。2014年澳大利亚和韩国签署的PTAs呼吁缔约方加强关于"与气候变化有关的能源效率措施"的科学交流，组织联合活动并交换政策意见（条款16.14）。2011年韩国和秘鲁的一项协议更进一步，条款20.4 "鼓励与中小企业有关的公共和私营机构在可再生能源上开展合作"。

表2-6 PTAs气候条款的覆盖范围和首个条款

条款类型	第一个包含该条款的PTAs	年份	包含该条款的PTAs数目	摘录译文
促进可再生能源	《洛美公约Ⅱ》	1979	70	缔约方将通过实施风能、太阳能、地热、水能项目来执行能源替代战略
提升能源效率	《洛美公约Ⅱ》	1979	68	缔约方协助非加太国家生产和分配应用节能技术的设备
气候治理合作	欧盟—波兰—匈牙利	1991	38	合作应以"全球气候变化"为中心
减少温室气体排放	《洛美公约Ⅳ》	1989	31	缔约方认为在当前磋商机制下交换关于全球尺度的重大生态危险（如温室效应）的看法意义重大
适应气候变化	中国—哥斯达黎加	2010	14	缔约方应合作在农业综合产业链中促进有效风险管理以纳入适应气候变化举措
批准和执行《京都议定书》	欧盟—黑山共和国	2007	13	应特别重视和批准《京都议定书》
批准和执行《联合国气候变化框架公约》	东部和南部非洲共同市场	1993	7	成员国同意加入环发大会（UNCED）关于气候变化和生物多样性的公约

续表

条款类型	第一个包含该条款的PTAs	年份	包含该条款的PTAs数目	摘录译文
协调气候规则	欧盟—乌克兰	2014	2	乌克兰承诺逐步建立温室气体排放限额交易体系

资料来源：Jean-Frédéric Morin 和 Sikina Jinnah（2018）。①

气候治理合作的条款相对较多，甚至在《联合国气候变化框架公约》缔结之前就已经有38个PTAs包含了气候治理合作条款。比如，1991年欧盟与波兰、匈牙利缔结的贸易协定要求在贸易伙伴之间开展气候变化事务合作并鼓励对话。近年来一些贸易协定要求各国在"与贸易相关的国际气候变化机制"方面开展合作，比如澳大利亚—韩国贸易协定第18.8条款，"与贸易相关"则意味着可能采取贸易保护措施来支持国内可再生能源生产者（如补贴），或与不减少温室气体排放的国家公平竞争（如边境税调节）。

在特惠贸易协定中关于温室气体减排的内容从无到有，从笼统到具体，共有31个PTAs直接涉及温室气体减排问题。特惠贸易协定最初只是提出关于减缓气候变化的一般性合作，比如1999年欧盟和南非签订的贸易协定邀请缔约方就"减少温室气体排放"问题展开合作（条款84），而2012年欧盟与中美洲达成的协议则稍显具体，指出"应特别注重加强碳市场机制方面的合作"（条款50），有些贸易协定如印度尼西亚—日本经济伙伴关系协定则直接提及"京都议定书"的清洁发展机制（2007年，条款39）。一些PTAs促进与温室气体排放有关的环境商品和服务的贸易，2014年欧盟和格鲁吉亚之间的协定规定，"缔约方应努力消除与减缓气候变化相关的货物和服务的贸易及投资障碍"（条款231），"欧盟和格鲁吉亚应在研究、开发、示范、部署和推广安全和可持续的低碳技术方面促进实施国际措施"（条款308）。2012年澳大利亚和马来西亚之间的贸易协定详细规定了两国间转让碳捕获能力的条款。

与减缓气候变化的条款相比，适应气候变化条款出现的频率较低，只有14个PTAs直接涉及适应气候变化，大部分是呼吁加强适应气候变化合

---

① Jean-Frédéric Morin & Sikina Jinnah, "The Untapped Potential of Preferential Trade Agreements for Climate Governance," *Environmental Politics*, Vol. 27, No. 3, 2018, pp. 541–565.

作。2011年韩国和秘鲁签署的PTAs规定，每一缔约方"应采取措施评估脆弱性并适应气候变化"（条款19.8）。2014年欧盟和摩尔多瓦间的协议要求缔约方就"适应气候变化"和"开发适应技术"开展合作（条款93）。还有一些PTAs专注于气候变化对特定部门如农业、渔业和森林的影响。农业适应是气候治理领域的重要课题，因为在许多发展中国家农业具有经济中心地位，同时也是高度气候脆弱的部门。中国和哥斯达黎加协定要求缔约方"在农业综合经营链中促进有效风险管理，纳入适应气候变化的措施"。韩国和澳大利亚间的PTAs同样也突出了农业适应的重要性，呼吁各方在农业领域促进适应气候变化的合作活动（2014，条款16.4）。

在批准或执行气候协定方面，总共有13个PTAs要求缔约方批准或执行一项具体的气候协定。早在1993年，东南非共同市场（COMESA）是第一个规定其缔约方必须加入UNFCCC的优惠贸易区。当时的17个东南非共同市场国家尚未批准UNFCCC，但在他们签署COMESA后的几个月内全部批准了UNFCCC。相比之下，京都议定书（1997）签署十年后，才进入PTAs成为一项条款。首次纳入京都议定书的是欧盟—黑山贸易协定，规定"应特别重视批准和执行京都议定书"。但是，总体而言这些关于气候协定的规定与贸易法的契合仍然十分模糊和笼统。

此外，PTAs中还有一些与气候变化间接相关的条款，主要是一些环境条款。比如对保护自然资源，尤其是全球大气资源的行为予以例外条款，不应削弱环境保护水平以吸引贸易和投资。与空气污染有关的条款也可以间接减少温室气体排放，因为大多数空气污染物也属于温室气体。有46个PTAs涉及空气污染和车辆排放，一些国家统一参加联合工作计划协调彼此的战略（COMESA，1993），一些协议重申了解决空气污染双边协定的现行条款（如中韩2015），欧盟—黑山协定则定期提供特定车辆的排放标准。另一类与气候变化间接相关的条款是与自然灾害有关的条款，其重要性将随着气候变化的频率及强度的增加而增加。全球气候制度的核心原则是共同但有区别的责任（CBDR），虽然这一原则有悖于全球贸易制度的核心原则即非歧视原则，但已有两个欧洲贸易协定将CBDR原则纳入其中，即欧盟—哥伦比亚—秘鲁贸易协定和欧盟—中美洲贸易协定。

PTAs在纳入气候条款方面具有独特的优势，比如参与谈判的缔约方有限、具备强有力的执行机制、可以实现某种程度上的政策试验等。因此，在PTAs中加入气候条款是一种具有创新性的做法，但仍然在合法化、可复制性和广分布上十分薄弱。由于气候条款的模糊性和薄弱的争端解决机制，气候条款的法制化程度较低；与其他环境条款相比，气候条款的可复制性受到限制；最后，气候条款的可推广性较低，气候排放大国和不易受气候变化影响的国家对此不太在意。目前业已签署的PTAs气候条款都未能击中贸易—气候联系的核心问题，即与贸易相关的碳税、化石燃料补贴、碳信用或排放交易。虽然欧盟与摩尔多瓦和格鲁吉亚签署的贸易协定（2014年）提及碳交易，但未能就相互合作达成明确共识。欧盟—新加坡（2014年）贸易协定是目前唯一一个提及化石燃料补贴的协定，但也只是规定"各方共同的目标是逐步减少对化石燃料的补贴"（条款12.7）。上述现状表明PTAs气候条款并不是与贸易问题紧密相关的。与PTAs其他环境条款实现环境治理的结果不同，PTAs气候条款并未能充分地作为气候治理的一种途径加以探讨。也许各国拒绝将强有力气候条款加入PTAs的原因与他们拒绝接受多边谈判中的气候条款相同，即减缓温室气体的成本太高，应由富国来承担。这与生物多样性等环境条款在PTAs中得到迅速而广泛的采纳形成鲜明对比，归根结底还是因为气候治理的收益外部性和成本本地化特征。生物多样性丰富的国家往往都是比较贫穷的发展中国家，放开市场准入的好处将大于保护生物多样性的成本，因此在PTAs中嵌入生物多样性条款容易对缔约双方都有效用。减缓气候变化是一个长期过程，而贸易谈判倾向于注重短期内的经济效益，因此二者之间很难达成一个交叉点。

随着新兴经济体在气候变化问题上将发挥更多引领作用，未来有可能在这些国家签署的贸易协定中引入越来越多的气候条款。即便是排放量较高的加拿大，早期在气候变化多边框架下表现不佳的"差等生"，最近也表示希望其贸易协定"全力支持应对气候变化的努力"。[1] 未来与能源问题挂

---

[1] Freeland C., "Address by Foreign Affairs Minister on the modernization of the North American Free Trade Agreement," 2017, https://www.canada.ca/ en/global-affairs/news/2017/08/address_ by _foreignaffairsministeronthemoderni zationofthenorthame. html.

钩的PTAs气候条款将可能增加。对气候变化减缓成本的日益担忧将促使各国通过补贴或者其他保护主义措施来提高可再生能源比例和能源效率,"随着可再生能源部署范围的扩大,可再生能源政策和贸易政策之间的冲突可能升级"[1],PTAs在管理这些潜在冲突方面将发挥关键作用。那么,PTAs是否能够成为实现环境目标的合适通道？这取决于PTAs是否能够保证全球环境治理的公平性和合法性,即确保弱小国家不是在受到强大国家威胁下才接受环境条款的（不接受环境条款就无法获得市场准入）。如果这种权力不对称能够得到引导,则在PTAs中纳入气候条款的条件则已具备。全球单极治理的时代已经结束,人类目前所面临的全球环境问题的规模和范围都在扩大,而解决问题的可用资源在缩减,因而要求治理体系间的相互合作与协调逐步加深。对于调节碳税和促进节能减排技术的关税削减的需求已是箭在弦上。北美自由贸易协定（NAFTA）已经开始就适应规划和部门减排展开合作,世界贸易组织（WTO）也在积极推进"环境商品协定"谈判,这些工作无疑都是非常明智和前沿的,部分做法也是值得PTAs谈判人员借鉴的。

---

[1] Lewis. J. I. , "The Rise of Renewable Energy Protectionism: Emerging Trade Conflicts and Implications for Low Carbon Development," *Global Environmental Politics*, Vol. 14, No. 4, 2014, pp. 10 - 35.

第三章
全球价值链中的绿色治理[①]

协同促进经济发展与环境保护不仅体现在国内层面，也体现在国际层面。在全球价值链分工体系中，北方生产"清洁品"、南方生产"污染品"的环境不平等问题凸显，并呈现新的趋势。北方国家在区域贸易协定中大量嵌入环境条款，以环境规则外溢来建立并强化符合自身利益的全球绿色治理体系。这类环境条款因其非中性特征而成为北方国家干预南方缔约国国内环境政策的有效手段。北方国家策略性地绕开多边框架，并因其权力优势而在贸易协定谈判中居于主导地位；南方国家难以在谈判中公平合理地表达自身环境利益诉求，更难以实现经济与环境的双升级，能否迈过库兹涅茨曲线最高点仍未为可知。随着南方国家整体实力上升，构建体现南北整体利益的新型绿色治理体系已初具条件。南方国家应抱团争取绿色知识和绿色技术在价值链上的自由流动，反对借助贸易协定干预国内环境治理主权。"一带一路"倡议通过聚力与保护机制提升南方国家在全球价值链中的地位，改变全球绿色治理的不平等关系。中国在"一带一路"框架下倡导贸易协定的自愿性环境条款，为沿线国家的内生性绿色治理创新营造有利条件，符合实现全球价值链绿色化的根本方向。

一 经济增长与环境保护的辩证关系

经济增长与环境保护似乎是一枚硬币的两面，难以得兼。1972 年罗马

[①] 周亚敏：《全球价值链中的绿色治理：南北国家的地位调整与关系重塑》，《外交评论》2019 年第 1 期。

俱乐部提出的"增长极限说"指出：经济增长不可避免地损害环境，高速经济增长因最终受自然资源存量的制约不能长期持续，因此必须人为降低经济增长速度。[1] 1993年Panayotou首次将"污染—收入"之间的倒U形发展轨迹命名为环境库兹涅茨曲线（EKC）。[2] EKC假说认为增长极限说是在假定技术和环境支出不变的前提下得出的结论，事实上随着经济增长、环境管制加强、技术进步和环境投入的增加，环境终将得到改善。根据EKC假说的发展路径，一个国家改善环境的根本途径就是变得富有。[3] EKC假说符合各国追求财富的愿望，也符合全球化时代南方国家迫切加入全球价值链发展经济的需求，具备强烈的现实意义而得到广泛认可。但是，EKC曲线是根据世界多国样本数据描绘出来的，发展中国家处于曲线上升阶段，而发达国家处于曲线下降阶段，前者生产"污染品"，后者生产"清洁品"。从静态角度看，建立在国际分工基础上的EKC曲线恰恰反映了南北环境不平等。

随着全球化的深入和国际分工的细化，越来越多的国家试图通过自由贸易和嵌入全球价值链（Global Value Chains, GVC）来实现经济增长，环境保护与经济增长的国内矛盾逐渐转化为南北矛盾。在开放型经济背景下，经济活动产生的环境成本将会发生空间转移（贫穷国家）和代际转移（子孙后代）。世界贸易组织（WTO）框架下并未就环境规制形成强有力的约束，但根据分工优势签署的诸多双边和诸边自由贸易协定（FTAs）、区域贸易协定（RTAs）中均嵌入了大量的环境条款，尤其见于南北贸易协定中。20世纪90年代开始，在发达国家推动下，环境议题作为新议题被纳入国际贸易规则讨论的范畴，但环境议题又是涉及一国国内政策的议题。在GVC上通过贸易政策推动全球绿色治理已经成为发达国家的主要方向。然而，发达国家沿着价值链以贸易政策推行的外生性环境规制，并未使发展中国

---

[1] Meadows, D. H., D. L. Meadows, J. Randers, and W. W. Behrens, *The Limits to Growth*, Universe Books, New York, 1972.

[2] Panayotou, T., "Empirical Tests and Policy Analysis of Environmental Degradation at Different Stages of Economic Developmen," ILO, Technology and Employment Programe, Geneva, 1993.

[3] Beckerman, W., "Economic Growth and the Environment: Whose Growth? Whose Environment?" *World Development*, No. 20, 1992, pp. 481–496.

家实现经济与环境的双升级,反而丧失了环境治理主导权和国内环境政策独立性。

国内外文献对于贸易协定中的环境规制条款研究较多,但缺少从南北国家共同利益的角度来分析这一动向。比如对 TPP 环境条款的监管框架和外溢效应的研究认为,TPP 确立的环境监管框架在议题领域、机构设置、环境贸易争端解决机制的规定,与多边环境条约关系的处理,对民众与企业参与的强调等维度上都更为深化。[1] 还有些研究认为环境议题是贸易规则发展的新趋势,发展中国家要把握机遇,共求环境治理话语权。[2] 也有研究指出发展中国家的环境标准受制于国际分工地位的限制,也无法承担高标准环境规制所增加的成本,发达国家往往能抢先占领附加值高的生产环节,并抢占环境治理的制度优势和话语优势。[3] 但这些研究并没有解释以 GVC 为依托的环境规制大量出现于南北贸易协定的深层次原因,也未能明晰这种嵌套式环境规制将为南方国家带来何种影响。事实上,国外文献已经关注如何将贸易体系作为开发和推广环境规则的动态体系[4],而且还探讨了如何将贸易收益、环境政策成本与国家声誉相结合,通过双边贸易协定促进环境规制在发展中国家的趋同。[5] 美国学者认为将环境条款嵌入贸易协定,实现了贸易协定与全球环境治理的战略性链接,极大地促进了美式环境治理的有效性。[6] 但是,这种"有效性"是否真的代表南北国家的共同利益呢?国外文献并未触及。

环境条款大量出现于南北贸易协定,从表象看是由于南方国家与北方

---

[1] 林迎娟:《TPP 环境条款的监管框架与外溢效应》,《当代亚太》2016 年第 6 期,第 95 页。
[2] 东艳:《全球贸易规则的发展趋势与中国的机遇》,《国际经济评论》2014 年第 1 期,第 46 页。
[3] 谢来辉:《全球价值链视角下的市场转向与新兴经济体的环境升级》,《国外理论动态》2014 年第 12 期,第 27 页。
[4] Jean Frederic Morin, Joost Pauwelyn, James Hollway, "The Trade Regime as a Complex Adaptive System: Exploration and Exploitation of Environmental Norms in Trade Agreements," *Journal of International Economic Law*, 2017, No. 20, pp. 365 – 390.
[5] Michael M. Bechtel, Jale Tosun, "Changing Economic Openess for Environmental Policy Convergence: When Can Bilateral Trade Agreements Induce Convergence of Environmental Regulation," *International Studies Quarterly*, 2009, No. 53, pp. 931 – 953.
[6] Sikina Jinnah, "Strategic Linkages: The Evolving Role of Trade Agreements in Global Environmental Governance," *Journal of Environment & Development*, 2011, No. 20, Vol. 2, pp. 191 – 215.

国家的环境治理水平存在差距,必须通过明确的条款来促成南方国家达标;从深层次看则为北方国家的环境治理规则外溢创造契机。问题在于,根植于北方国家的环境规制适合南方国家国情吗?北方环境规则的趋同化真的有助于实现全球绿色治理吗?为何部分北方国家热衷于贸易协定内环境条款,而对真正的全球绿色治理框架如多边环境协定、气候协定置若罔闻?本章正是要厘清这些问题,在此基础上探讨南北国家在全球绿色治理中的地位调整与关系重塑。

二 南北国家在全球绿色治理中的站位与相互关系

南方国家承接的有形生产环节是 GVC 中环境负面影响最高的环节。在一条完整的 GVC 中,通常包括前生产环节(研发、设计和采购)、生产活动和后生产环节(分配、营销和售后)(见图 3-1)。前生产环节和后生产环节都属于无形活动,环境影响较低且附加值高,在国际分工中主要由北方国家承接。生产环节属于有形活动,环境负面影响最高且附加值低,主要由南方国家承接。价值链分工的确将南方国家纳入了国际分工体系,但因其承接的有形生产环节不仅附加价值低,而且环境负面影响高,对南方国家的长远发展是不利的,却代表了北方国家价值链升级的"成就"。因而,构建于南北不平等分工理念上的 GVC 思想体系,只是通过污染产业转移的方式解决北方国家的环境问题,但在面对全球环境挑战比如气候变暖、污染因子远距离迁徙等问题时则无能为力。这种全球价值链分工的不平等格局被包装在互利贸易的外衣之下,既使南方国家承受了无法体现在贸易收益之中的巨大环境影响,又使北方国家增添了强化南方国家不平等地位的有力工具。之所以出现这种局面,原因在于南方国家在全球价值链中的市场权力长期不够强大。

劳动和资源密集型的南方国家在 RTAs 的签订中处于议价劣势,在预期经济利益的引导下对南北 RTA 中的环境条款做出迎合性接纳。南方国家需要嵌入 GVC 来实现经济增长,由于 WTO 多边贸易框架无力提供适应 GVC 快速发展的规则,因而携带高标准的双边或诸边 FTAs、RTAs 成为乌拉圭回

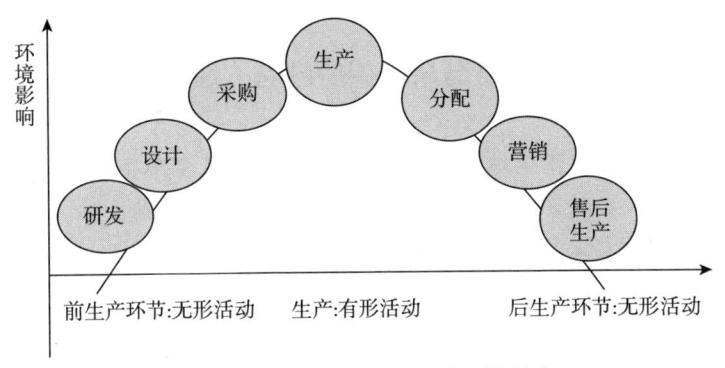

图 3-1 全球价值链分工的环境影响

资料来源：作者制。

合后的主要谈判路径。① 南方国家能否进入南北价值链，主要由北方终端市场所携带的高标准来决定，其中环境标准成功扮演了"拦路虎"的角色。北方国家根据自身公民社会和经济发展所孕育的环境治理需求，形成了根植于本国环境法的环境治理体系和规则。环境治理规则从北方发达国家沿着价值链外溢到南方发展中国家，推动环境规则的全球趋同化，沿着北方国家的利益标准构筑环境治理机制。在 GVC 分工框架下，资本和技术密集型的北方国家相对于劳动和资源密集型的南方国家具有优势议价权，南方国家为了吸引外商直接投资（FDI）并嵌入 GVC，对"权力导向"的特惠贸易协定做出迎合性接纳②，被动接受来自北方国家的环境规制条款和履约承诺。欧美主导的双边或区域 FTAs，以提供丰厚利润市场准入为"胡萝卜"，捆绑自身成熟的环境治理模式，力求实现欧美环境规则的国际化。1957~2016 年签署的 270 个 RTAs 中有 263 个纳入了环境条款，意味着环境治理议题已经覆盖了 97% 的 RTAs。北方国家通过贸易关系形成由北向南的全球价值链，借助不对称权力实现了全球绿色治理的规则西方化和收益非均衡化。北方国家实现了经济升级和环境升级的双重红利，南方国家却以沉重的环境代价获得了全球分工红利的一小杯羹。

---

① Richard Baldwin, "The World Trade Organization and the Future of Multilateralism," *Journal of Economic Perspectives*, Vol. 30, No. 1, 2016, p. 111.

② 管传靖：《全球价值链扩展与多边贸易体制的变革》，《外交评论》2018 年第 6 期，第 31~71 页。

三 全球价值链分析框架所隐含的绿色治理思维

全球绿色治理属于全球治理的范畴,一旦谈及全球治理,南方国家和北方国家是绕不开的主体。将GVC分析框架引入全球绿色治理,在于其前身是基于南方—北方关系定位的全球商品链(Global Commodity Chain,GCC)。GCC用于理解中心国家和边缘国家的劳动分工和生产一体化,描绘了自殖民时代以来南方国家出口原材料交换北方国家工业制成品的全球贸易模式。① 全球价值链则是加里·杰里菲(Gary Gereffi)及其同事沿袭GCC思路开创的,描绘了全球买家、零售商和设计者在形成包括亚洲低成本劳动密集型制造业在内的供应链的权力分配。② 与早期GCC分析框架强调GCC如何复制一个不平等的世界体系不同,GVC分析转而关注在价值链中的升级可能性。③ 20世纪90年代后,关于全球价值链的主流文献认为,由跨国公司主导的全球价值链为发展中国家参与全球经济提供了可能性,因此华盛顿共识体系下的国际机构不遗余力地推动全球价值链深入南方国家。④ 但是,在过去的半个世纪中,全球只有极少数国家成功实现了从低收入到中高收入的转型,而他们所采纳的路径与华盛顿共识有着根本区别。有学者选取125个国家1997~2013年的数据分析表明,参与全球价值链并不能为经济发展带来持续驱动,最重要的驱动力来自国家创新体系。⑤ 对于南方国家而言,全球价值链的吸纳和分工并未带来显著的经济升级,相反,以极

---

① Terence K. Hopkins, Immanuel Wallerstein, "Commodity Chains in the World-Economy Prior to 1800," *Review*, Vol. 10, No. 1, 1986, pp. 157 – 170.
② Gary Gereffi, Miguel Korzeniewicz, *Commodity Chains and Global Capitalism*, London: Praeger Press 1994, pp. 20 – 80.
③ Jennifer Bair, "Global Capitalism and Commodity Chains: Looking Back, Going Forward," *Competition and Change*, Vol. 9, No. 2, 2005, pp. 153 – 180.
④ World Bank, "Global Value Chain Development Report: Measuring and Analyzing the Impact of GVCs on Economic Development," 2017, http://www.worldbank.org/en/topic/trade/publication/global-value-chain-development-report-measuring-and-analyzing-the-impact-of-gvcs-on-economic-development.
⑤ Jan Fagerberg et al., "Global Value Chains, National Innovation Systems and Economic Development," *Papers in Innovation Studies*, No. 15, 2017, pp. 6 – 10.

微小的经济利益为诱惑将南方国家纳入全球价值链后给当地所带来的环境后果是极其严重的，致使全球绿色治理踟蹰不前。

早在 20 世纪初人们已经开始关注南南贸易，但仍将其看作最终为北方终端市场服务的生产体系。南方国家能否进入南北价值链并实现升级，主要由北方终端市场所携带的高标准来决定，其中环境标准成功扮演了"拦路虎"的角色。北方国家根据自身公民社会和经济发展所孕育的环境标准以及法律准则，形成了根植于本国环境法的环境治理体系和规则。环境治理规则从北方发达国家沿着价值链外溢到南方发展中国家，出现环境规则的全球趋同化趋势。其中，实现北方环境规则外化的重要载体便是特惠贸易协定。欧美主导的双边或区域特惠贸易协定，以提供欧美丰厚利润市场准入为"胡萝卜"，捆绑自身成熟的环境治理模式，以求实现欧美环境规则的国际化。与此同时，全球价值链上所隐含的环境治理战略存在明显的不公平性，即西方国家通过产业升级和转移实现国家价值链绿化的同时，还通过契约控制将发展中国家锁定在全球价值链的灰色甚至黑色阶段。以欧美为代表的北方国家通过全球化形成的由北向南的全球价值链，成功实现了全球环境治理的规则西方化和收益非均衡化。

南方国家特别是新兴经济体的经济快速增长逐步撼动全球治理格局。南方国家在全球生产、国际贸易和国际援助中逐步发挥构建性作用的同时[1]，开始影响国际贸易"游戏规则"，特别是与环境相关的标准与规则的制定。一个公平合理的全球绿色治理体系的建立，首先需要重塑全球价值链。南方国家的经济增长和南方消费市场的扩大为构建多中心、多层次的价值链提供了基础。中国提出的"一带一路"倡议打破了传统区域价值链的固有模式和地域限制，既注重核心国家的引领带动，又注重价值链各经济体的联系互动，并吸引辐射域外经济体积极参与，逐渐探索形成全球价值链的开放建构路径。[2] 这种开放型重塑并非复制性地做大做强，而是要在

---

[1] J. Henderson, "China and Global Development: Towards a Global-Asian Era?", *Contemporary Politics*, Vol. 14, No. 4, 2008, pp. 375 - 392.
[2] 苏庆义：《推进"一带一路"战略 构建线性价值链》，http://news.hexun.com/2016-04-28/183600438.html。

"人类命运共同体"理念的指引下实现绿色重塑。中国在被纳入世界生产体系的很长一段时间内,经济增长成就与环境资源破坏并存。党的十八大以来,生态文明建设被纳入"五位一体",中国由此走上了绿色发展道路。生态兴则文明兴。中国是世界上最大的发展中国家、第二经济大国、最大的货物贸易国、第二大对外直接投资国、最大外汇储备国、最大旅游市场,在全球治理中占据十分重要的地位。[①]"人类命运共同体"理念所蕴含的针对已有环境问题的挽救性治理和恢复性治理,以及对未来绿色发展的创新性治理和公平性治理,将在"一带一路"互联互通和产能合作的支撑下为建设绿色丝绸之路提供思想源泉,为推动全球绿色治理向更加公平合理的方向发展贡献中国方案。

四 美欧利用环境战略力求持续主导全球价值链

北方国家一直试图利用环境战略持续主导全球价值链,但由于在多边机制框架WTO下未能提出明确的环境目标,且关于环境政策一体化的讨论因发展中国家所担心的绿色保护主义而被搁置[②],因此北方国家将这一构想付诸双边和诸边贸易协定,形成先发优势并逐渐扩展。2016年,南北贸易额占世界贸易比重达36%,美欧与发展中国家签署的相当数量的特惠贸易协定(PTAs)功不可没。南北PTAs得以成功构建的首要原因,在于南北市场存在互补性。北方国家提供终端消费市场,南方国家提供中低端制成品,因此南北PTAs是由北方国家主导的。为了持续地长久地实现对南北价值链的主导地位,北方国家在PTAs中嵌入环境治理战略以实现对南方国家的污染锁定和升级遏制。基于南北双方综合实力的现实差距,北方国家以开放消费市场为诱惑、以贸易制裁为胁迫,成功迫使南方国家接受了根植于北方社会的环境治理方案。美国和欧盟PTAs纳入独立环境章节的比例分别为

[①] 张宇燕:《全球治理的中国视角》,《世界经济与政治》2016年第9期,第5页。
[②] Tana Johnson, "Information Revelation and Structural Supremacy: The World Trade Organization Incorporation of Environmental Policy," *Review of International Organizations*, Vol. 10, No. 2, 2015, pp. 207 – 229.

86%和90%。① 与环境治理相关的非关税措施主要有卫生和植物检疫标准（SPS）和贸易技术壁垒（TBT），两者占比85%以上且主要由北方国家发起。② 对于试图进入南北PTAs的南方国家而言，必须要达到指定的环保水平，而美国和欧盟对发展中国家的某些环境要求等于甚至高于现有的多边环境协定（MEAs）。③

（一）美国首创环境规则嵌入贸易协定做法

美国首次在PTAs中嵌入环境战略体现为1994年《北美自由贸易协定》（NAFTA）的附属协议——《北美环境合作协定》。NAFTA对构建美国区域贸易协定具有标杆意义，因为首次环境条款连同竞争条款、工业标准条款、知识产权条款一并纳入，意味着美国第一代高标准自由贸易协定模板的形成。④ 自此之后，诸多美国PTAs均嵌入环境章节或环境条款。2002年的《贸易政策法案》（*Trade Policy Act*）则更为强硬，要求PTAs必须包含环境条款才能获得国会批准，因此不执行环境承诺的国家就会丧失贸易特权。2007年的《两党贸易法案》进一步强化了美国PTAs的环境内容，要求贸易伙伴不仅要执行修订后的国内环境法，而且必须履行已签署的MEAs，同时涵盖国内和国际环境标准。最重要的是，环境条款开始具备法律约束力，环境问题与贸易问题同等强制执行，适用于相同的法律条款和争端解决机制。⑤

2018年10月达成的《美加墨贸易协定》（USMCA）作为NAFTA的改

---

① Ida Bastiaens and Evgeny Postnikov, "Greening Up: The Effects of Environmental Standards in EU and US Trade Agreements," *Environmental Politics*, Vol. 26, No. 5, 2017, pp. 847–869.

② Alessandro Olper, "The Political Economy of Trade-Related Regulatory Policy: Environment and Global Value Chain," *Bio-based and Applied Economics*, Vol. 5, No. 3, 2016, pp. 287–324.

③ Sikina Jinnah and Elisa Morgera, "Environmental Provisions in American and EU Free Trade Agreements: a Preliminary Comparison and Research Agenda," *Review of European Community and International Environmental Law*, Vol. 22, No. 3, 2013, pp. 324–339.

④ David A. Gantz, *Regional Trade Agreement: Law, Policy and Practice*, Durham: Carolina Academic Press 2009, p. 105.

⑤ Sikina Jinnah and Julia Kenedy, "A New Era of Trade-Environment Politics: Learning from US Leadership and its Consequences Abroad," *Whitehead Journal of Diplomacy and International Relations*, Vol. 12, No. 1, 2011, pp. 95–109.

进版和升级版，其环境条款代表了美国在价值链中的最新绿色治理要求。[①]第 24 章"环境"文本内容是在《跨太平洋伙伴关系协定》（TPP）环境章节的基础上扩充得到的，将后者的 23 条内容扩充为 32 条，篇幅长达三十多页。涵盖议题十分广泛，涉及环境法执行、公众参与、环境影响评估、MEAs、保护臭氧层、保护海洋环境免受船舶污染、企业社会责任、提高环境绩效的自愿机制、贸易和生物多样性、可持续森林管理、环境商品和服务、环境合作等 30 个议题。USMCA 环境章节除了强调要履行认可的 MEAs 之外，还增设"就已签订的 MEAs 进行信息沟通、磋商谈判新的 MEAs、以及各缔约方对加入其他 MEAs 的看法"（条款 24.8）。USMCA 继续强调公众参与和环境合作的重要性，比如确保在环境影响评估中有公众参与（条款 24.7），要求根据《环境合作协定》来展开三方环境合作项目以改善环保技术和实践（条款 24.26）。最重要的是，"基因资源"这一概念虽然首次出现于 TPP 文本，但在 USMCA 的生物多样性条款中得到复制和扩充，"缔约方可以在事先告知、相互同意收益分配前提下获取另一缔约方的基因资源"（条款 24.26 第 4 条），意味着生物多样性遗传资源开始进入贸易协定环境条款规制的范畴。从美国贸易协定环境条款的演化历程看，涵盖议题的广度和深度都在持续加强。

美国环境规则通过 PTAs 扩散到缔约国实现"国际化"之后，则面临如何制度化的问题，即如何具体体现为缔约国国内环境政策的变化。根植于美国国内环境法的"有效执行"（effective enforcement）和"公众参与"（public participation）是其环境治理原则的两大抓手，《贸易政策法案》明确指出有效执行和公众参与是"环境谈判的主要目标"。回顾 1994 年的 NAFTA、2006 年的《中美洲自由贸易协定》（CAFTA-DR）、2009 年的《美国—秘鲁贸易促进协定》（TPA）以及胎死腹中但也可能重启的《跨太平洋伙伴关系协定》（TPP），均发现上述两原则已从美国国内环境法律和政策范畴扩散到贸易伙伴国的国内政策与实践中。美国资助的环境合作在环境规则制度化进程中发挥了重要作用。美国为了支持上述三个 PTAs 环境条款的

[①] USTR, https：//ustr.gov/trade-agreements/free-trade-agreements/united-states-mexico-canada-agreement/united-states-mexico#.

执行,从 1995 年开始投入了近 2 亿美元用于支持与贸易相关的环境合作项目,其中大部分聚焦于有效执行和公众参与。[①] 上述三个 PTAs 的缔约国,在与美国签署贸易协定之前,与其他国家业已签署的贸易协定中都未包含有效执行或公众参与的内容,同时在缔约国的国内环境法中也未见相关内容,充分表明其后来国内政策实践中的这两项环境准则是美国规则直接扩散的结果。[②] 综上,根植于美国环境法的"有效执行"与"公众参与"两大规则,通过嵌入美国 PTAs 的环境条款中得以扩散和"国际化",再通过丰厚资金支持的"环境合作"推动缔约国国内环境法律和政策的转变,最终实现两大规则在更大范围和更广地理上的"制度化"。美国通过贸易政策实现环境治理的做法由来已久,随着时间的推移,这些环境条款的力度仍在加大。[③] 值得思考的是,美国历来在提供全球环境公共品方面无所作为,但热衷于在贸易协定中嵌入美版环境条款,因此其动机不在于实现全球绿色发展的美好图景,而在于以环境治理之名来行持续掌握全球价值链主导权之实。

与中国甚至亚洲相比,美国崇尚逻辑思维和机械思维,强调以适用于所有人和所有情况的普遍原则指导行动,要求其他国家与某种所谓的"普世性"国际规则保持一致。[④] 这一思维模式反映到全球环境治理中则体现为美国将体现自身利益的环境标准沿着价值链外化,具体操作形式是通过双边和多边贸易协定以经济利益为交换来实现美国环境规则的全面推广。这也是美国外化思维在环境治理领域的集中体现,与二战后美国为保证自身在国际政治领域和经济领域的至上地位,组建联合国和国际货币基金组织的做法本质上是相同的。价值链分工貌似是将南方国家纳入国际分工体系,但因其承接的有形生产环节不仅附加价值低,而且环境负面影响高,对南

[①] United States Government Accountability Office, "U. S. Trade Representative Should Continue to Improve Its Monitoring of Environmental Commitments," 2014, pp. 3 – 40, https://www.gao.gov/assets/670/666782.pdf.

[②] Sikina Jinnah and Abby Lindsay, "Diffusion through Issue Linkage: Environmental Norms in US Trade Agreements," *Global Environmental Politics*, 2016, Vol. 16, No. 3, pp. 41 – 61.

[③] Gerda Van Roozendaal, "The Inclusion of Environmental Concerns in US Trade Agreements," *Environmental Politics*, Vol. 18 No. 3, 2009, pp. 431 – 438.

[④] 潘忠岐:《例外论与中美战略思维的差异性》,《美国研究》2017 年第 2 期,第 10 页。

方国家的长远发展是不利的。继20世纪80年代美国以国际发展援助为条件推动美国环境规则扩散的第一波浪潮后，第二波环境规则扩散以双边和多边PTAs为载体、以贸易制裁为胁迫展开。

（二）欧盟主导国际环境谈判并扩散环境规则

欧盟历来试图在全球环境治理领域扮演领导者角色，一方面希望将影响力施加到国际环境谈判和日程设定中；另一方面希望将其主导的国际环境条约用于改善自身和第三国的环境状况。[1] 通过帮助南方国家执行环境合作项目，欧盟改善了伙伴国保护环境的能力，同时也使欧盟的环境法律规则得以扩散。以中欧环境合作为例，欧盟环境治理规则得以部分扩散到中国，原因在于环境规则不触及政治内容。[2] 中国需要向欧盟学习成功经验，欧盟也需要与中国合作来应对跨境环境问题，双方存在共同利益。因此，欧盟与中国在环境领域展开了密切互动，如开展环境政策对话，举办年度峰会，组织双边环境合作与倡议等。政策对话意在达成环保共识，双边项目则承担了能力建设和规则扩散的责任。代表性的项目有：欧盟—中国环境治理项目（EGP）、欧盟—中国环境可持续性项目（ESP）、中国—欧盟水平台（CEWP）。从规则扩散途径来看与美国方式存在相似之处，即自上而下的有效执行和自下而上的公众参与。[3]

20世纪70年代以来，欧盟试图在全球环境治理领域扮演领导者角色，主要表现为欧盟力求主导国际MEAs的谈判和签订，由于MEAs不具备强有力约束且实际执行效果不佳，因而欧盟也借鉴美国做法在贸易协定中嵌入MEAs，来实现自身对全球绿色治理规则的主导。截至2016年5月，全世界范围内签署的MEAs超过470个，签署的270个RTAs中有126个纳

---

[1] M. Leann Brown, "European Union Environmental Governance in Transition-Effective? Legitimate? Ecologically Rational?" *Journal of International Organization Studies*, Vol. 4, No. 1, 2013, pp. 109–126.

[2] Gisela Grieger, "EU-China Summit-Building New Connections," European Parliament Think Tank, June 2015, http://www.europarl.europa.eu/thinktank/en/document.html?reference=EPRS_ATA(2015)564356.

[3] Yifan Yang, "How Do EU norms Diffuse? Rule of Law Promotion in EU-China Cooperation on Environmental Governance." *Journal of European Integration*, Vol. 39, No. 1, 2017, pp. 63–78.

入了 MEAs。① 目前在 RTAs 中纳入频次最高的 MEAs 是《濒危野生动植物种国际贸易公约》（CITES）、《蒙特利尔议定书》和《巴塞尔公约》，分别在 36 个、34 个和 29 个 RTAs 中出现，其次是《生物多样性公约》和《京都议定书》，分别在 22 个和 15 个 RTAs 中被提及。② 欧盟在上述五个 MEAs 的签署和生效过程中都发挥了决定性作用。

第一个包含环境章节并要求缔约方保持充分环保水平的欧盟 PTAs 是 2000 年生效的《欧盟—南非贸易、发展和合作协定》。2000 年欧盟与拟加入欧盟的潜在成员国和非加太国家达成的贸易协定（《科托努协定》）内环境条款则更为强化，原因在于潜在成员国为了成为欧盟正式成员国，在法律框架上必须向欧盟靠拢，而非加太国家依赖于欧盟的援助。③ 2006 年发布的《全球欧洲：在世界范围内竞争》（Global Europe—Competing in the World）包含了一个有法律约束力的可持续发展章节，纳入环境标准和劳工标准。虽然欧盟环境标准具有法律约束力，专家小组也会定期审查违规案例，但不实施专家小组的裁决不会带来任何具体的惩罚。欧洲通过说服而非胁迫形成规范力量的理念在此可见一斑。④ 此后欧盟 RTAs 的环境治理内容进一步强化和细化。比如，2010 年《欧盟—韩国 PTA》第 13 章规定各方必须"按照国际公认的标准或协定，提供和鼓励高水平的环境保护……并应继续努力改进这些法律和政策"，要求各方履行已签署的 MEAs，并落实《京都议定书》各项目标。2018 年签署的《欧盟—日本经济伙伴关系协定》则首次对履行落实《巴黎协定》提出具体要求。

欧盟和美国在全球价值链下实现绿色治理的思路大致相同，都希望借助贸易协定来扩散环境规则，但二者有相似也有不同。相似之处在于都将

---

① Mitchell, International Environmental Agreements Database Project, 2016, http://iea.uoregon.edu.
② WTO RTAs 数据库。
③ G. Marín-Durán and E. Morgera, "Environmental Integration in the EU's External Relations: Beyond Multilateral Dimensions," American Journal of Epidemiology, Vol. 175, No. 1, 2011, pp. 43–53.
④ Ian Manners, "Normative Power Europe: A Contradiction in Terms?", Journal of Common Market Studies, Vol. 40, No. 2, 2002, pp. 235–258.

PTAs作为实现环境治理的平台，以有效执行和公众参与为抓手；[1] 不同之处在于欧盟采取对话沟通的软机制来解决环境违约，而美国采取对抗性的制裁措施来解决，比如美国21个PTAs中环境条款适用于制裁机制的高达18个，而欧盟PTAs完全不涉及针对环境条款的制裁机制。欧盟环境条款也更注重可持续发展理念，《欧盟—哥伦比亚自由贸易协定》指出要"促进自然资源可持续利用、推动贸易和投资措施有利于转移适应和减缓技术、消除阻碍气候商品流动的贸易和投资壁垒、提高能效并推动可再生能源"。此外，欧盟首创将气候变化条款纳入PTAs的先例，《欧盟—哥伦比亚—秘鲁自由贸易协定》是纳入气候变化条款最多的FTA。欧盟与乌克兰签署的RTA也纳入了气候条款，并要求乌克兰在规定时间内使其立法与欧盟立法相兼容。与欧盟有贸易关系的136个国家自《京都议定书》生效后排放的二氧化碳和二氧化硫均有所下降。[2] 欧盟—中美洲RTA纳入与气候变化合作相关条款，涉及碳市场合作、能源合作、提高能效等方面。

2018年7月签署的《欧盟—日本经济伙伴关系协定》（EPA），是世界第一大经济体和第四大经济体之间签署的自由贸易协定，生效后有望成为一个贸易自由化水平达97%的高标准、高水平贸易自由区。这种高标准、高水平也体现在环境条款方面。在欧盟—日本EPA的序言部分，就明确提出"要在可持续发展目标兼顾经济、社会、环境三大维度的前提下加强双方的经贸和投资关系"，"要通过双方都认可的多边协定和标准推动高水平环境保护"[3]。第十六章"贸易与可持续发展"的"规制权和保护水平"（条款16.2）指出，"各缔约方必须明确国内环保水平，确保国内的法律、规则和政策能够提供高水平环境保护"。由此可见，欧盟在与发达国家签署的贸易协定内环境条款重点关注"高水平环境保护"。欧盟—日本EPA也非常重视MEAs的作用，"多边环境协定"（条款16.4）明确列出了四个主要议题：（1）缔约方重视MEAs，特别是双方已经签署的被国际社会认可的能

---

[1] Yifan Yang, "How Do EU norms Diffuse? Rule of Law Promotion in EU-China Cooperation on Environmental Governance," *Journal of European Integration*, Vol. 39, No. 1, 2017, pp. 63 – 78.

[2] Assem Prakash, Matthew Potoski, "The EU Effect: Does Trade with the EU Reduce CO_2 Emissions in the Developing World?", *Environmental Politics*, Vol. 26, No. 1, 2017, pp. 27 – 48.

[3] 日本外务省，https://www.mofa.go.jp/files/000382106.pdf.

实现多边环境治理的能够应对地区或全球环境挑战的 MEAs；（2）双方再次承诺高效执行法律、法规和政策来履行所签署的 MEAs；（3）每一缔约方都应告知另一缔约方在批准、接受或加入 MEAs 方面取得的进展、做出的修订和执行情况；（4）缔约方重视实现《联合国气候变化框架公约》（UNFCCC）的最终目标以应对气候变化的紧迫威胁，贸易活动也要为这个目标服务。缔约方重申积极落实 UNFCCC 和《巴黎协定》，缔约方将合作推进贸易对低碳转型和气候韧性发展的积极作用。欧盟高水平 FTA 强调贸易活动要为可持续发展和低碳转型服务，在美国退出《巴黎协定》背景下强化申明欧盟对气候治理的承诺。欧盟列举的 MEAs 范围最广，比如将《卡塔赫纳生物安全议定书》《巴塞尔公约》等都纳入其中。相比之下，美国则借助 MEAs 更为深入地影响缔约方的国内环境政策，比如在《美国—秘鲁 TPA》的森林管理附件（Forest Annex）中列举出秘鲁必须满足的特定条款多达 8 页。

欧盟—日本 EPA 的绿色治理创新还体现在环境合作的内容和机制两个方面。"可持续发展合作"（条款 16.12）章节指出：（1）不仅要实现双边层面的环境保护合作，也要通过双方都参与的国际机构来实现多边环境保护合作；（2）双方合作评估贸易与环境的相互影响，并共同探讨推进积极影响、减缓负面影响的路径，在评估方法上借鉴欧盟所推行的可持续性影响评估（sustainability impact assessment，SIA）（3）双方合作促进对环境产品和服务的贸易与投资，包括信息交流；（4）在标签机制方面展开合作，包括交换生态标签信息和其他能够促进可持续性的方法与倡议，比如兼顾公平和伦理的贸易机制。作为欧盟签署的最高水平的经贸协定，欧盟—日本 EPA 文本的环境内容再次印证了欧盟对于 MEAs 的重视，同时也反映出欧盟未来环境条款的标准和内容都将呈现高水平特征，比如对贸易—环境影响的评估方法要采取欧盟所认可的 SIA 方法，在环境合作领域方面拓展到生态标签、兼顾公平和伦理的贸易机制等，在政策规制方面强调双方的兼容性，"提升兼容性的规制路径并减少不必要的规制分歧，为缔约方设计可以有效实施的规制方法、实践和路径，在协定内和国际平台上加强双方合作"（条款 18.1）。

（三）美欧环境治理规则外溢成就

美国通过制裁"硬机制"确保环境规则的实施，而欧盟通过"软机制"，如加强社会和政府对话实现规则扩散。两种方式均对贸易伙伴国的环境治理产生了积极效果，但美国方式促使发展中国家在PTAs签署之前采取事前改革，而欧盟方式通过PTAs签署后的对话和学习形成动态政策以促成事后改革。缔约伙伴国实施环境治理改革的时机之所以不同，是因为两种方式提供的激励结构不同。美国缔约伙伴由于担心被排除在利润丰厚的美国市场之外，且面临数额巨大的罚款，以及美国采取强制措施的可信度，都迫使缔约国积极采取事前改革推动环境治理。比如，《美国—秘鲁贸易促进协定》于2009年生效，但早在2007年秘鲁就新成立环境部、森林管理部，制定法律执行《华盛顿公约》（CITES）等，以期美国批准这一贸易协定。从欧美略有差异但总体相似的全球环境治理模式来看，北方国家通过PTAs将南方国家网罗在由北向南且收益分配不均的全球价值链中，在强大的综合实力的威慑下，重现了当前全球治理领域一贯的"制定—接受"关系。世界各国参与全球治理的路径主要有两种：一种是全球治理的规则外溢型参与，另一种是全球治理的规则内化型参与。[1] 在环境治理领域，欧美环境标准的国际化是其规则外溢的具体体现，而制度化则是缔约国规则内化型参与的结果。在北方国家的引导下全球环境治理规则出现趋同现象，对37个非西方国家的25项环境政策的分析结果表明，环境规制在西方国家与非西方国家的差距随时间推移逐渐缩小。[2]

五 环境规制政策的扩散

自20世纪50年代，几乎所有的OECD国家和东欧国家逐步在水资源、

---

[1] 徐秀军：《规则内化与规则外溢——中美参与全球治理的内在逻辑》，《世界经济与政治》2017年第9期，第70页。

[2] Thomas Sommerer and Sijeong Lim, "The Environmental State as a Model for the World? An Analysis of Policy Repertoires in 37 Countries," *Environmental Politics*, Vol. 25, No. 1, 2016, pp. 92–115.

空气质量和废弃物管理方面采取了相似的法律体系[1]，相应的，在60年代末，所有工业化国家开始就环境保护设立新的政府部门。进入21世纪以来，环境政策的趋同开始从部门和监管方式的趋同转向更为灵活的综合环境政策，比如自愿协议、生态标签或碳税等。全球环境治理模式中的政策趋同已经越来越明显，环境规制政策的发展很大程度上是由发达国家主导的。

对于全球环境政策及监管模式的趋同化，通常有三种解释：其一是虽然世界各国都力求政策独立性，但面临的环境压力具有相似性，因而环境政策具有相似性；其二是由于各国都执行国际或多边环境协定，因而形成环境政策趋同；其三是各国模仿并适应已经存在的最佳实践。全球环境政策的趋同很大程度上可以解释为环境保护领域的思想、方法、制度和工具在全球范围内的传播。总体而言，环境政策的趋同取决于三个因素：国际体系的动态变化、国家特质和政策工具的特点。不同国家之间的经济、政治和社会联系为环境政策的转移提供了渠道。通常认为经济联系对改变环境政策造成压力，因为这涉及国家在全球经济中的竞争力，但通常监管竞争会促进尽快采取创新性措施来获得"先发优势"。但无论是制度领域还是经济领域的先发优势，只有在技术创新或制度创新扩散到其他国家时才能体现出来。但是创新并不是自动扩散的，全球化的动态演进表明，政策驱动并不完全由"力争上游"（Race to the Top）策略驱动，对政策扩散而言，国际体系的垂直一体化，即跨国沟通渠道是至关重要的，为政策前景的传播提供了可能性。全球化过程中的国际组织、跨国宣传联盟、全球科学讨论等为知识、最佳实践、问题的共同看法等的传播提供了良好的渠道。联合国在环境政策的扩散中起到了非常重要的作用。1972年在斯德哥尔摩举办的第一次联合国会议起到了标杆作用，随后许多国家将环境政策作为一个独立的政策领域进行研究。除联合国外，世界银行和经合组织等许多国际组织已将环境问题列入日程，并对相关思想、方法和政策措施的国际传播发挥了积极作用。此外，还存在一些特殊的环境治理网络，比如地方环

---

[1] Weale, A., *The New Politics of Pollution*, Manchester, New York: Manchester University Press, 1992.

境事务国际理事会（International Council of Local Environmental Initiatives）、全球生态标签网络（Global Eco-labelling Network）、国际绿色规划网络（International Network of Green Planners），以及各种非政府环境治理网络，如地球之友（Friends of the Earth）、世界野生动物基金（World Wildlife Fund）和绿色和平组织（Greenpeace）等。上述组织都在传播思想、方法和实践方面积极作为，但它们的权力、资源、目标和战略不尽相同。一些国际组织比如 IMF 和世界银行能够利用不对称权力关系或结构性依赖（structural dependencies）来实现环境政策从自愿扩散变为强制扩散。相反，NGOs 和科学组织通常提供和传播知识来改变观念，即主要方式是"说服"。

有些国际组织的目标不止于应对集体行动问题，而是通过设定"高"环境标准，利用机构的说服力量来改善国家的实践。多伦多会议关于"我们不断变化的大气"的最后声明指出，2005 年要在 1988 年二氧化碳排放基础上减少 80% 的排放。多伦多目标虽然只是一项建议，但不仅将公众注意力成功集中到气候问题上，也促进了德国、荷兰、加拿大和挪威等国家在 20 世纪 90 年代初期制定国家气候政策的政治努力。说服的效果之所以明显，还在于有一种观念是具备趋同性的，那就是领导人担心如果不采取类似政策，他们就会看起来像落后者。[①] 经合组织和联合国等国际机构利用了这种竞争力，通过定期比较各国在环境问题上的具体表现，在强调目标、愿望和规范是共同商定的前提下，这种平行比较事实上为各国提供了"同伴压力"。综上，促进环境政策扩散的机制主要有两种：首先，监管竞争导致向上趋同而非理论预测的"竞次竞争"，从而获取先发优势；其次，技术创新和制度创新在全球范围内的蔓延促进政策扩散。无论哪一种机制，都与国家之间日益增长的经济和政治联系分不开。先行国家的环境政策创新逐渐扩散，因为其他国家为了确保自身成为负责任的环境友好型的国际社会成员，就会接受特定的方法、战略和目标，从而在环境政策领域出现"强者引领"和"规则倾泻"。

---

① Drezner, D. W., "Globalization and Policy Convergence," *International Studies Review* Vol. 3, 2001, pp. 53 – 78.

（一）国家可持续发展战略

国家可持续发展战略通常是在广泛征求公众意见的基础上，为不同部门制定优先事项及长期环境政策目标。国家可持续发展战略是国家层面实施"21世纪可持续发展议程"的重要尝试，主要包括制定协商一致的长期环境目标，目标源自可持续性原则，将所有相关政策领域涵盖在内，提供关于执行情况的强制性报告等。20世纪80年代以来，以目标为导向的战略性环境规划在发达国家、新兴经济体和发展中国家均快速发展。在丹麦（1988年）和荷兰（1989年）执行第一个国家可持续发展战略的十年内，几乎三分之二的经合组织国家和约五分之四的中东欧国家也通过了国家可持续发展战略。[1]

20世纪80年代末，世界范围内的国家可持续发展战略快速增加，这一政策创新迅速传播。在英国和荷兰国内推行环境战略规划的步骤推进很快，与此同时国际进程也进步明显，《布伦特兰报告》（1987年）和《21世纪议程》（1992年）颇具影响力。影响最大的当属1992年在里约热内卢举行的联合国环境与发展会议以及"21世纪议程"行动计划，呼吁所有签署国制定国家可持续发展战略。1997年，在纽约举行的联合国大会特别会议上通过这项决议，并确定了2002年是制定国家环境战略的最后期限。自1992年以来，经合组织系统性地根据全面环境指标评估成员国的环境绩效，有时还尖锐地批评其为"落后者"。除了国际层面的驱动力外，国家和区域活动也影响到国家环境政策规划的国际传播。最突出的例子当属1989年的荷兰环境政策规划，为其他欧洲国家的类似倡议和欧洲联盟的第五个环境行动方案提供了范例。此外，环保组织"地球之友"也向荷兰、欧盟和德国提交了自身的可持续发展战略草案。1991年波兰通过的国家环境规划为中东欧国家提供了模板。欧洲环境政策创新进程为该地区国家层面的环境政策规划奠定了基础。

---

[1] Jänicke, M. & Jörgens, H., "Strategic Environmental Planning and Uncertainty: A Cross-national Comparison of Green Plans in Industrialised Countries," *Policy Studies Journal*, Vol. 28, No. 3, 2000, pp. 612 – 632.

（二）生态标签

生态标签是为了将环境信息尽可能多地传递给消费者，从而影响后者的消费决策，同时也间接影响生产者不仅在价格和质量上取胜，也要兼顾环境影响。第一个实行国家生态标签计划的是德国，1978年的"蓝色天使"计划是欧盟国家生态标签计划的典范。1988年加拿大宣布了自己的"环境选择"，开始实施生态标签。1989年北欧日耳曼语系的四个国家采取了跨国生态标签的"北欧天鹅"计划，日本和美国也制订了自己的国家计划。大多数生态标签都是公共政策，但美国的"绿色印章"并不是政府项目，而是由一个全国性的非营利组织提供私人自主和指导。[①] 生态标签项目在全球范围内的扩张推动欧盟部长理事会于1992年引入"欧洲花卉"作为欧盟范围内的生态标签。从1988年到1992年，生态标签在短短四年间大幅增长，主要得益于北欧理事会和欧盟的推崇。"欧洲花卉"的出现可被视为纵向"自下而上"的扩散机制。纵向政策扩散是美国和欧盟等多层级体系中普遍存在的一种现象，其特点是政策创新从下一层级向上一层级转移。欧洲生态标签计划的灵感来自已经存在的欧洲国家生态标签计划，如德国、法国（1991）和奥地利（1991）和跨国"北欧天鹅"计划。欧盟内部的政策制定是多层级治理，因此，环境政策扩散过程与超国家决策交织在一起。虽然大多数欧洲国家没有建立自己的国家生态标签，只限于执行欧洲理事会的决定，但国家生态标签项目在全球仍蓬勃发展。欧盟之外通过国家生态标签方案的国家有新西兰（1990）、澳大利亚（1991）、韩国（1992）、克罗地亚、捷克共和国、匈牙利（1993）、立陶宛（1995）、斯洛伐克（1996）和拉脱维亚（1997）。此外，还有两个欧盟成员国（荷兰1992年，西班牙1993年）不仅实施欧盟生态标签，也通过了自己的国家生态标签。受德国推广"蓝色天使"计划的影响，到2000年底，经合组织23个国家和6个中东欧国家都实施了生态标签方案。但由于各国的生态标签方案存在巨大差异，因此需要花大力气进行国际协调。在这一背景下，类似"全球环境标志网络""国际

[①] OECD, "Eco-labeling: Actual Effects of Selected Programmes," 1997, p.27.

标准组织"(ISO)、OECD 和联合国环境规划署等国际组织开始发挥越来越大的协调作用,致力于实现生态标签的国际协调和相互认证。此外,生态标签在一定程度上也受到国际贸易的推动,因而被广泛接受和传播。

(三) 碳税

碳税是通过对能源使用进行征税来提高能源的市场价格,目的是在节约能源的同时刺激提升可再生能源产量。第一个对化石燃料征收碳税的国家是芬兰(1990 年),之后是挪威(1991 年)、瑞典(1991 年)、丹麦(1992 年)和荷兰(1992 年)。丹麦奉行以身作则策略,单方面出台国家碳税以影响欧洲的碳税政策。德国和意大利 1999 年采用能源税,英国 2001 年引入气候变化税,表明欧洲三个有影响力的国家都开始接纳这项政策创新。碳税作为一种经济工具是有效的,但往往会使能源密集型利益集团受损,在将碳税引入能源和运输部门时尤其如此。尤其引人注意的是,只有北欧和西欧较为富裕的国家得以成功征收碳税。对竞争力的关注是反对征收碳税的主要原因,即碳税会导致国际竞争力下降,因而降低了碳税的政治可行性。克林顿政府 1993 年征收燃料能源税(BTU 税)[①] 和澳大利亚 1994 年征收温室税的努力都告失败,因为能源密集型行业认为这将使其在全球市场中处于不利地位。欧洲也意识到碳税对竞争力的影响,为了提高碳税的可接受性和避免经济负面影响,几乎所有收取能源税的政府都为能源密集型产业提供了豁免或退税政策。但是碳税在国际范围内的扩散并不广泛,虽然碳税的环境有效性被经济学家广为肯定,OECD 和联合国也积极推行国家层面的碳税政策,但我们看到这一政策创新并未能大面积扩展。

六 南方国家迫切需要重塑全球价值链

南方国家特别是以中国、印度和巴西为代表的新兴经济体国家的高速

[①] 该税收针对所有的燃料征收能源税,基本税率与其能源容量成比例,而这个能源的容量是根据英国热量单位(BTUs)来计算的。BTU 税虽然被众议院采纳,但是稍后被参议院以每加仑征收 0.43 美元汽车燃油税代替。

经济增长重构了世界经济轮廓。全球消费需求和生产中心逐渐南移，南方国家在国际经贸谈判中的地位日益上升。大多数国际环境标准与国际经贸问题相关，是在国际场合中通过谈判达成的。随着国际谈判议价能力的提升，南方国家逐步尝试参与制定环境治理的"游戏规则"，试图实现从"规则接受者"到"规则制定者"的转变。但是，这一过程注定是艰难而又曲折的。北方国家利用环境治理持续主导全球价值链的立场不会改变，南方国家摆脱全球分工的从属地位还需时日。

（一）全球价值链中的绿色治理对南方国家造成的影响

首先，北方国家施加于南方国家的环境标准具有强制性。全球价值链的扩张历程是北方国家绿化国内价值链从而将高环境影响的环节切割转移给南方国家的历史。在以南北贸易为主的相当长历史时期内，北方国家借助技术进步绿化自身国家价值链，将高污染、高耗能生产环节转移。价值链传导带来的碳排放转移的效果惊人，就出口内涵排放占国内总排放的比重而言，中国为28.80%，俄罗斯为44.68%，荷兰为60.29%；从进口内涵排放占国内总排放的比重而言，美国为20.03%，德国为62.24%，而比利时高达156.57%。[①] 从微观层面的企业供应链而言，"污染转移"效应也十分明显。比如以金融指标进行评估，苹果公司无疑是当今最成功的企业之一，但它也未能解决零部件生产中的环境问题，特别是其在亚洲价值链中的环境表现。在苹果公司的供应商中，中国供应商数量高居榜首，高达349家，其次是日本139家，再次是美国60家。[②] 据中国公众与环境研究中心2011年的测算，超过27%的苹果供应商都面临环境问题，主要是无法恰当处置有毒废弃物、忽视有毒废弃物运输条例，以及有毒废弃物下落不明等。[③] 即便以苹果公司乐观的自查报告来看，2016年对705家供应商的环境

---

① 王文举、向其凤：《国际贸易中的隐含碳排放核算及责任分配》，《中国工业经济》2011年第10期，第56–63页。
② Thomas Clarke and Martijn Boersma, "The Governance of Global Value Chains: Unresolved Human Rights, Environmental and Ethical Dilemmas in the Apple Supply Chain", *Journal of Business Ethics*, Vol. 143, No. 1, 2017, pp. 111–131.
③ Institute of Public & Environmental Affairs, "The Other Side of Apple: Pollution Spreads through Apple's Supply Chain", 2011, http://www.ipe.org.cn/Upload/Report-IT-V-Apple-II.pdf.

履约的平均得分仅为87分，主要违约问题仍集中于亚洲供应商的废弃物管理和环境许可。[①] 全球南方国家能够进入全球价值链的原因，从分工角度而言，在于它们承接了全球价值链中非绿色的部分。北方国家及其企业设定国际环境标准的初衷，主要是为了满足北方消费者和社会组织的诉求。[②] 北方国家通过PTAs扩散环境标准，但这些标准是"北方价值"的集中体现，是强加给南方国家的，并非后者自身环境治理发展的产物，因此在反映全球南方环境治理诉求、绿色治理多元化模式，以及绿色治理收益分配上，这些标准无所作为甚至起到相反的作用。此外，北方国家还强行利用环境标准阻止南方国家在全球价值链中的升级。比如，由北方市场发起的"有机认证"和"企业社会责任"就成功迫使非洲农产品在全球市场中"低价推销"。[③]

其次，南方国家在价值链分工体系中对北方国家有依赖性，经济目标和环境目标很难双赢。北方国家的国家价值链经济竞争力的增强和环境绩效的优化是同步进行的，但对南方国家而言，经济竞争力往往和环境绩效呈反向关系。本书选取美国、德国、金砖五国为例来阐述这一现象（见表3–1）。美国和德国经济竞争力分别排名世界第2位和第5位，同时其环境绩效的世界排名分别为第26名和第30名，在所研究的7个国家中属于既有经济竞争力又具备良好环境绩效的前两名国家。中国和印度的经济竞争力在全球排名第27位和第40位，属于全球经济发展势头强劲的南方国家，但环境绩效排名分别为第109位和第141位。中国和印度以处于全球末位的环境绩效支撑了处于全球中上水平的经济竞争力。俄罗斯的经济竞争力和环境绩效在世界的排位基本保持同步。南非和巴西的经济竞争力分别列第61位和第80位，环境绩效排名分别为第81位和第46位，以较好的环境绩效保持了一个中下水平的经济竞争力。如果将经济竞争力和环境绩效比作鱼和熊掌的话，那么全球北方国家实现了鱼和熊掌兼得的神话，而全球南方国家则面临着

---

① Apple Inc, "Supplier responsibility 2018 Progress Report", https://images.apple.com/supplier-responsibility/pdf/Apple_SR_2018_Progress_Report.pdf, 访问时间：2018年2月9日。
② Hughes et al., "Global Production Networks, Ethical Campaigning, and the Embeddedness of Responsible Governance", *Journal of Economic Geography*, Vol. 8, No. 3, 2008, pp. 345–367.
③ Khalid Nadvi, "Global Standards, Global Governance and the Organization of Global Value Chains", *Journal of Economic Geography*, Vol. 8, No. 3, 2008, pp. 323–343.

鱼和熊掌不可兼得的现实选择。正如20世纪90年代经济学家劳伦斯·萨默斯在《让他们吃下污染》中所表达的观点：第一，欠发达国家的个体生命价值远远低于发达国家；第二，欠发达国家与发达国家相比还处于"欠污染"状态；第三，只有发达国家才有资格享受清洁环境的权力。进入全球价值链时代，北方国家经济设计家们所秉持的依然是这样一种根深蒂固的观念，将价值链中下游的国家和企业看作是承包污染物的接受者。① 因此出现了一种奇怪的现象，那就是参与全球价值链程度越深的发展中国家，其国内的环境破坏程度越高。

表3-1 国家价值链的经济竞争力、贸易物流绩效与环境绩效

指标		美国	德国	中国	俄罗斯	印度	南非	巴西
环境绩效指数[1]	得分（满分100）	84.72	84.26	65.1	83.52	53.58	70.52	78.9
	排名	26	30	109	32	141	81	46
经济竞争力[2]	得分（满分7分）	5.85	5.65	5.00	4.64	4.59	4.32	4.14
	排名	2	5	27	38	40	61	80

资料来源：
1. 美国耶鲁大学，《2016年环境表现指数报告》，主要通过测度指标得分，从保护人类健康和保护生态系统两方面进行了环境绩效指数（EPI）的排名。
2. 世界经济论坛，《2017~2018年度全球竞争力报告》，全球竞争力指数（GCI）https://cn.weforum.org/reports/global-competitiveness-index-2017-2018。

再次，北方国家在全球价值链分工中对南方国家具有掠夺性，收益分配严重不均。在全球价值链演进过程中，呈现由西方大型企业主导、发展中国家企业盘踞链条中下游环节的单向模式。研究全球价值链的主流观点重点关注南北贸易流动，即起始于全球南方国家的初级生产服务于全球北方国家的终端市场。② 发达国家将外围的、低价值的、高污染的生产环节外

---

① 约翰·贝拉米·福斯特：《生态危机与资本主义》，耿建新、宋兴无译，上海译文出版社，2006，第53-55页。
② Rory Horner, "A New Economic Geography of Trade and Investment? Governing South-South Trade, Value Chains and Production Networks", Territory, Politics, Governance, Vol. 4, No. 4, 2016, pp. 400-420.

包给发展中国家和地区，而把价值创造的核心节点留在本国。全球价值链的大部分收益都进入了主导链条的跨国公司，而发展中国家获得的无论是资金溢出还是技术溢出，都是微乎其微的，甚至比它们将这些资源投入别处所获得的收益更少。全球化的收益被不公平地分配，主要流向教育水平更高、技能更高、更富裕和更有权力的国家。① 全球价值链为南方国家企业嵌入链条从而实现产业升级提供了一个渠道，但是并不意味着整个国家获得了长远经济发展。在特定条件下主导企业会帮助供应商企业实现升级，比如沃尔玛对高质量牛仔裤的需求会推动墨西哥供应商的升级，或者苹果公司需要高品质或新的组件进而推动中国供应商的技术升级。但是，主导企业在分享知识和能力建设方面的意愿并不强烈，特别是在品牌和市场准入方面。沃尔玛不希望墨西哥供应商发展成为独立的品牌竞争者，同样，苹果公司只会分享不属于商业核心的技术知识。主导型企业一定会非常谨慎地避免供应商变成竞争者。北方国家对价值链主导权的把握，注定了其只能把无关紧要、利润微小的环节让渡给南方国家，使后者长期处于无法平起平坐讨论"游戏规则"的境地。

最后，北方国家主导下的全球价值链对南方价值链的凝聚力具有破坏性，导致南方国家间的环境合作内容松散、环境合作层次较低、环境合作成效有限。以东北亚为例，虽然国家间环境合作不断加强，但环境问题依旧恶化，尤其是酸沉降和空气污染。东北亚地区的环境合作一直处于松散状态。② 如果我们追溯这一现象的根源，关键还在于中、日、韩的主要出口市场依然集中于亚洲之外的经济体，三国间经济相互依存度只有19.4%，相比之下，北美国家间为40.2%，欧盟国家间更是高达63.8%。③ 巧合的是，欧盟和北美的环境治理无论是内容和机制都走在世界前列。经济合作

---

① Gereffi Gary and K. Fernandez-Stark, "Global Value Chain Analysis: A Primer: 2nd Edition", 2016, p. 37, https://gvcc.duke.edu/wpcontent/uploads/Duke_CGGC_Global_Value_Chain_GVC_Analysis_Primer_2nd_Ed_2016.pdf.
② 薛晓芃、张海滨：《东北亚地区环境治理的模式选择——欧洲模式还是东北亚模式？》，《国际政治评论》2013年第3期，第53－63页。
③ 杨伯江：《东北亚地区如何实现与历史的"共生"——从"大历史"维度思考中日韩和解合作之道》，《东北亚论坛》2016年第4期，第13页。

凝聚力为环境合作凝聚力奠定了前期基础。反观南南价值链，虽然2012年南南贸易额超过南北贸易额，被誉为南方世界一个里程碑式的转折点，但南南贸易仍然是为北方终端市场服务的生产体系。当环境治理内容与南方国家在全球价值链的利益存在冲突时，无法形成一致对外的环境共识，从而缺乏治理环境的凝聚力。

（二）南方国家领导型企业的成长为实现自身绿色诉求创造条件

南方领导型企业的迅速成长为重塑全球价值链创造前提条件。近年来全球领导型企业从国别属性而言呈现从集聚向分散的转变趋势，北方领导型企业一家独大的时期已一去不返，越来越多的南方领导型企业进入全球价值链并发挥越来越重要的作用（见表3-2）。2016年G7国家在全球500强企业的比例为52.6%，虽然仍占半壁江山，但与2000年的84%相比，收缩态势明显。中国2000年进入全球500强的企业只有10个，所占比例为2%，但到2016年已经达到109个，占比21.8%，从微观层面显示中国深度嵌入全球价值链的动态变化。印度和巴西的主导型企业占比也分别从2000年的0.2%和0.6%增加到2016年的1.4%。新兴经济体的增长不仅体现在宏观经济指标上，也体现在微观层面跻身世界500强企业的数量上（见图3-2）。另外，南方国家企业不仅实现了跻身世界500强的目标，而且在其中的排名也逐渐进阶。2016年在排名前十的世界500强企业中，美国企业占据第1、8、9、10位，中国企业占据第2、3、4位，日本企业占据第5位，德国企业占据第6、7位。南方国家的领导型企业进入世界500强，并不断实现排名进阶的趋势，为南方世界逐步尝试重塑全球价值链提供了基础。

表3-2 世界领导型企业的地理转变：全球500强企业

国家	2000年（个数）	2016年（个数）	2000年（占比,%）	2016年（占比,%）
G7国家	420	263	84.0	52.6
中国	10	109	2.0	21.8
巴西	3	7	0.6	1.4
印度	1	7	0.2	1.4

续表

国家	2000年（个数）	2016年（个数）	2000年（占比,%）	2016年（占比,%）
其他国家	66	114	13.2	22.8

资料来源：世界500强企业统计网站，http：∥fortune.com/global500/list/。

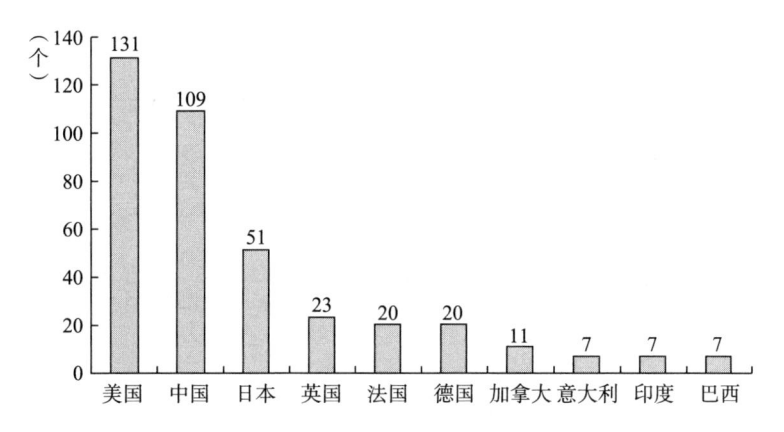

图3-2 2016年世界500强企业的国家分布情况

资料来源：世界500强企业统计网站，http：∥fortune.com/global500/list/。

南南贸易的迅速增长撼动了北方国家在全球化进程中的绝对主导地位，为南方国家重塑全球价值链奠定贸易基础。当前世界贸易呈现三个主要趋势：第一，根据联合国贸易和发展会议（UNCTAD）的数据，2016年全球商品出口的47%来自全球南方国家，而2006年这一指标为41%；[1] 第二，全球南方国家的消费急剧增加，麦肯锡预测其占全球消费的比重将从2010年的32%上升到2025年的47%；[2] 第三，全球贸易流动中南南贸易与北北贸易的差距在缩小，2016年两者占比分别为27%和37%[3]，而1995年这两个指标分别为11.7%和51.2%（见表3-3）。随着南方国家的崛起和南方市场容量的扩大，世界经济的地理图景在发生变化。全球经济出现多中心贸易趋势，价值链呈现多层共生模式，微观上有国家价值链、中观上有区

---

[1] UNCTAD Handbook of Statistics 2017, p. 22, http：∥unctad.org/en/pages/PublicationWebflyer.aspx？publicationid=1931.

[2] Yuval Atsmon et al., "Winning the $30 Trillion Decathlon: Going for Gold in Emerging Markets", *McKinsey Quarterly*, August, 2012, p. 4.

[3] UNCTAD Handbook of Statistics 2017, p. 21, http：∥unctad.org/en/pages/PublicationWebflyer.aspx？publicationid=1931.

域价值链、宏观上有全球价值链。① 区域价值链中有南南贸易（非洲内部）、南北贸易（美国—墨西哥、日本—其他东亚国家），同样全球价值链也离不开南方国家的辅助和支撑，因此南方国家重塑全球价值链的诉求和机遇并存。

表 3-3　南南贸易和北北贸易的历史比例比较

单位：%

	彼时	2012 年	2016 年
南南贸易占全球贸易的比重	11.7（1995 年）	25.5	27
北北贸易占全球贸易的比重	51.2（1995 年）	33.9	37
南方出口占全球出口的比重	29.6（1980 年）	44.7	46.6

资料来源：2016 年数据引自 UNCTAD，2017 *Handbook of Statistics*，其他年份数据引自 Rory Horner（2016）。②

（三）北方国家主导的 GVC 绿色治理绩效

区域贸易协定（RTA）环境条款已经蓬勃发展了 20 余年，北方国家的绿色全要素生产率在大幅提升，而南方国家的相应指标却停滞不前。经合组织为了量化环境服务对经济增长的贡献，将自然资本纳入生产函数，结果表明在过去 20 余年间，许多经合组织国家经济增长是通过提高绿色全要素生产率③来实现的，而金砖国家则在更大程度上依靠要素投入的持续增加。俄罗斯、沙特阿拉伯、智利和以色列等国经济增长对自然资本投入的依赖最大，而英国、匈牙利、丹麦等国则已实现了经济增长与资源消耗的脱钩。④

---

① Jeffrey Neilson et al.，"Global Value Chains and Global Production Networks in the Changing International Political Economy: An Introduction"，*Review of International Political Economy*，Vol. 21，No. 1，2014，pp. 1 – 8.

② Rory Horner："A New Economic Geography of Trade and Investment? Governing South-South trade，Value Chains and Production Networks"，*Territory*，*Politics*，*Governance*，Vol. 4，No. 4，2016，p. 406.

③ 与传统要素生产率相比，绿色全要素生产率指标更具包容性，不仅考虑劳动力和资本投入，还考虑自然资本投入；不仅衡量 GDP 产出，还衡量污染产出。

④ Miguel Cárdenas Rodríguez，Martin Souchier，2016，"Environmentally Adjusted Multifactor Productivity: Methodology and Empirical results for OECD and G20 countries"，OECD Green Growth Papers，2016.

在全球自然资本约束趋紧的背景下，提升绿色全要素生产率成为未来的核心竞争力。几乎所有经合组织国家和 G20 国家在过去 20 多年中都实现了绿色全要素生产率的提升，而新兴经济体国家的高速增长是以自然资本的高投入为代价的。

北方国家通过贸易协定内环境条款推动的全球环境规制的趋同，未能实现全球绿色治理绩效的趋同。北方国家设定的环境规则源自北方消费者和社会组织的诉求，是"北方价值"的集中体现[1]，并非南方国家自身环境治理需求的产物，无法反映全球绿色治理的真实需求。全球可持续发展能否实现更多地取决于后发国家能否实现绿色发展，但南方国家不可能再沿袭北方国家"先污染后治理"的老路，南方国家需要用更少的资源和污染实现北方国家的经济成就，提高绿色全要素生产率是唯一出路。提高资源利用效率的关键要素——技术创新——往往诞生于高收入国家，对南方国家而言是外生的。外生的技术和知识的流动，辅以内生的系统性创新，才能够促使后发国家实现经济与环境的脱钩。[2] 巴西的生物质燃料、中国的太阳能光伏都是南方国家结合外生技术知识在内生性创新基础上形成的新型绿色优势。因此，全球绿色治理的真正要义在于通过全球价值链促进绿色知识和绿色技术的南北流动，内生的制度性创新应该依据本国的国情做出自主性调整。

（四）南方国家改革 GVC 绿色治理的路径

南方国家需要结合不断上升的市场权力，借助多边框架下的程序性权力推动绿色知识和技术在价值链上的流动。南南价值链的延展和南方消费市场的扩大，使南南合作的内涵和外延不断扩展，从传统的经贸合作延伸到理念交流、经验分享和在国际重大问题上的相互支持。发展中国家在发展中面临很多相似的问题，环境问题的共性尤为突出，绿色治理经验的交流和分享成

---

[1] Hughes et al., Global Production Networks, Ethical Campaigning, and the Embeddedness of Responsible Governance, *Journal of Economic Geography*, Vol. 8, No. 3, 2008, pp. 345 – 367.

[2] Fans Berkhout et al., "Avoiding Environmental Convergence: A Possible Role for Sustainability Experiments in Latecomer Countries?", *International Journal of Institutions and Economics*, Vol. 3, No. 2, 2011, pp. 367 – 385.

为新型南南合作的重要内容。南方国家向全球价值链上游不断攀升的动力在于工业化，这种工业化不是传统意义上的工业化，而是将可持续发展要求嵌入其中的低碳工业化。在绿色治理赤字和国际权力赤字的双重压力下实现低碳工业化，成为南方国家摆脱全球绿色治理被动地位的战略选择。

要改变世界范围内呈现的"北绿南灰"图景，首先需要在界定历史责任的前提下以规则为导向推动公平，获取可持续发展，促进绿色技术和知识在全球价值链上的流动。目前以双边或多边贸易协定内嵌环境条款的做法，事实上成为权力导向型治理下的捆绑选择。北方国家凭借资本和技术优势在 GVC 分工中具有议价优势，南北国家贸易谈判的权力基础由市场转为资本，美欧大国的议价权得到大幅度提升，借由 RTAs 实现环境收益和经济收益的双赢。南方国家随着经济增长和人均收入上升在消费市场中的比重增加，借助市场规模而影响谈判对象行为的市场权力在上升，但是市场权力在 GVC 分工框架下被相对弱化。随着联合国 2030 年可持续目标的推进，南方国家的低碳工业化进程将创造出更多的绿色市场需求。如何将这种上升的市场权力转化为贸易谈判中的绿色议价能力，需要回归到以规则为导向的多边贸易框架下，运用南方国家的程序性权力推动绿色议题朝着有利于南方国家的方向发展。多边框架下搁置绿色议题只会使南方国家滑落进入"权力导向"的 RTAs，从而更为被动。

南方国家要在坚持区分历史责任的前提下参与全球绿色治理，无论是贸易内环境条款还是多边环境框架，都必须充分考虑发展中国家的国情和实际能力。在全球贸易格局由以往的南北贸易为主转变为南南贸易后来者居上这一背景下，南方国家在全球价值链中的地位和议价能力有所提升，应抱团推动绿色知识和绿色技术在全球价值链上的流动。如果贸易协定中的环境条款限制了绿色知识和技术的流动，则可视为与全球绿色治理逆向而动之实。北方国家之所以能够将环境规则成功外溢至南方国家，是因为双边乃至诸边贸易协定环境条款是在抛弃环境问题"历史责任"的前提下，以环境成本内部化为指导原则要求南方国家实施环境规制，殊不知，南方国家对环境成本内部化的承受能力较弱的根源在于长期以来的南北不平等发展。以中国、印度和巴西为代表的新兴经济体国家的高速经济增长重构了世界经济轮廓,全球消费需求和生产中心逐渐南移,南方国家在国际经贸谈判中的地位日益上升。随着国际谈判议价能力的提升,南方国家应逐步尝试参与制定环境治理的"游戏规则",努力实现从"规则接受者"到"规则共同制定者"的转变。全球绿色治理的出发点必须要考虑环境问题的历史责任,在这一前提下,需在多边框架下来讨论环境成本内部化对签约国生产和贸易的影响,尤其是在考虑南北双方经济技术水平不同背景下,对南方国家实现环境成本内部化的步骤和时限予以适当优惠,通过技术合作、经济援助以及培训等方式增强南方国家环境成本内部化的能力,而非以市场准入为要挟来侵蚀南方国家环境政策的独立性。北方国家应主动促进绿色知识和绿色技术在全球价值链上的流动,而内生的制度创新和系统创新则应立足于一国的绿色禀赋,并由本国人民完成。

  南方国家也要更加积极主动地应对贸易协定内环境条款这一新挑战,以国情和共赢为准纳入自愿性和互利性环境条款,坚持自身的环境政策独立性。中国在这一方面进行了具有借鉴意义的探索。中国并不拒绝贸易协定内的环境条款,而是努力引导环境条款更尊重发展中国家的实际情况,避免成为发达国家环境规则的被动接受者,而是与贸易协定缔约方成为全球环境治理机制的共同制定者。2018 年 1 月签署的《中国—瑞士自由贸易协定》文本中纳入的环境条款,充分考虑中国作为一个发展中大国的基本国情,将 1972 年斯德哥尔摩《人类环境宣言》、1992 年《里约环境与发展宣言》、1992 年环境与发展《21 世纪议程》、2002 年《约翰内斯堡可持续发展宣言》和 2012 年"里约+20"峰会成果《我们希望的未来》纳入双方共同认可的国际文件(条款12.1)。① 双方明确承诺要共同促进可持续发展,同意"环保标准不得用于贸易保护主义之目的"(条款 12.2)。在该文本中特意关照了国家环境政策的独立性,指出要"根据国家的环境政策目标和各自均为成员的多边环境协定中的义务提升环保水平"(条款 12.5),并没有附加其他未签署的 MEAs。中瑞双方都认识到环境合作和知识流动的重要性,并同意"环境合作将重点关注信息和专业知识交流、能力建设和培训、研讨会和讲习班、实习和

---

① 中国海关总署,《中国—瑞士自由贸易协定文本》,http://www.customs.gov.cn/customs/302249/302310/302319/302312/zg-rszymyxd/1417004/index.html.

奖学金，以及关注国际上此方面动态等"（条款12.5）。中瑞 FTA 文本还特别强调，"考虑到缔约双方不同的经济和社会发展水平，实施环境合作所必需的资源应由缔约双方的主管机构和组织及私营部门提供"（条款12.6）。在环境争端解决方面，"其仅可诉诸在联合委员会下举行的双边协商和对话"（条款12.7），没有将制裁机制泛化到环境议题。在中国同发达国家最新签署的中瑞 FTA 文本中，可以看到中国对于环境政策独立性的坚持居于首位，同时也将 MEAs 的范围界定在双方都已签署的 MEAs 义务内，并且强调环境服务对相关信息和知识的交流，最重要的是将环境争端的解决限定于双方协商解决，并未扩展到贸易制裁。可以说，中国意识到贸易协定中环境议题的领先性和高标准性，开始讨论能力范围内的环境议题和环境合作，在 MEAs 议题和争端解决方面为自己留有充足政策空间。欧盟国家大范围纳入 MEAs 的行为并未在中瑞 FTA 文本中得到体现。

中国也在多边环境治理框架下积极为发展中国家发声。巴黎气候大会召开之前，西方学界普遍对达成全球协议持悲观态度。发展中国家坚持的"共同但有区别的责任"得不到美国的认可，甚至一部分面临较高气候风险的岛屿国家也认为新兴经济体国家排放量大、排放增速快，要承担更多责任。不同国家在气候变化产生过程中的历史责任存在差别，而西方学者往往有意忽视这一点，只是从各国现实排放量出发来考虑达成减排协议。[1] 美国一直游离于国际气候谈判之外，拒绝承担发达国家的责任，因而在巴黎气候大会上奥巴马政府的积极参与为世界各国达成一个涵盖所有国家的气候协定提供了希望。但是发达国家在巴黎气候谈判中高度团结，回避适应议题，重点关注"减缓（mitigation）议题"[2]，将减排行动必须具有高度的国际透明度这一规定纳入协议。中国一直主张在联合国框架下开展全球气候治理。首先，在中国的坚持下，"共同但有区别的责任"和"各自能力"原则在《巴黎协定》中得以保留，中国始终坚持发达国家必须在2020年后

---

[1] David Victor, "Toward Effective International Cooperation on Climate Change: Numbers, Interests and Institutions", *Global Environmental Politics*, 2006, Vol.6, No.3, pp.90–103.
[2] 减缓与适应是应对气候变化的两大方向，减缓主要致力于如何有效削减温室气体排放，适应主要致力于如何应对全球升温所带来的各种灾害。

承担每年1000亿美元的资金义务。其次，为了达成一个全球性的气候协议，中国最终接受了美国提出的盘点机制，但反对经常性盘点，改为五年一次，为发展中国家保留行动空间和政策灵活性。最后，在减缓行动的透明度问题上，南北双方一直存在较大分歧，西方国家一直要求发展中国家的自愿减缓行动必须接受"可量化、可报告、可核查"的外部评审，这事实上将对国家的气候治理主权构成威胁。为了不至于在透明度问题上致使谈判破裂，以中国为代表的发展中国家做出了让步，但要求加入"以促进型、非侵入性、非处罚性和尊重国家主权的方式实施"对该机制进行软化，以避免实质性损害发展中国家的主权。中国在多边气候谈判框架下，为了抓住美国愿意参与气候谈判的窗口期，达成一个覆盖全球各国的气候协定，并没有一味地在美国霸权的压力下进行妥协，而是成功地实现了有原则的妥协和有底线的坚持。中国对发展中国家的号召力，以及中国在关键问题上与发达国家的较量，背后是由中国的市场权力和排放权力作为支撑的。

七 "人类命运共同体"理念为绿色重塑全球价值链提供中国方案

伴随着全球环境问题的大尺度、遥相关、跨越临界点等新特征的出现，以及全球价值链中下游环节向南方国家移动所造成的全球排放格局变化和相应的排放权力之争，世界需要全球共同行动来应对挑战。中国提出的"人类命运共同体"理念为全球绿色治理指明了方向，即建设一个清洁美丽、绿色低碳的世界。"一带一路"倡议作为中国参与全球治理的顶层设计，以共商共建共享为原则，通过恢复性治理和挽救性治理、创新性治理和公平性治理，为绿色重塑全球价值链提供了中国方案。

（一）全球环境问题新特征呼吁全球共同行动

全球环境问题的紧迫性、关联性、破坏性迫使人类在共同体理念下采取应对行动。联合国《2030年可持续发展议程》所界定的"环境"，包括气候变化、海洋生态、森林生态与生物多样性，即人类所共有的地球生态系统环境，具备大尺度、公共性、渐进性和不可逆性等典型特征。美国国家情报委员会在《全球趋势2030》中指出，到2030年全球人口将从目前的71亿人增加到80亿人，粮食需求增加35%，能源需求增加50%，全球半数人口将面临极端缺水问题，因此是否能够有效管理、广泛运用技术、建立有效绿色治理机制将成为关键。① 回顾人类发展历程，世界人口从10亿人增加到20亿人用了123年的时间，但从60亿人增加到70亿人则仅仅用了12年。② 全球人口的急剧膨胀对生态系统造成了碾压性影响，随之而来的是淡水短缺、森林面积减少、大气中二氧化碳浓度上升，以及生物多样性逐渐消失。如果说这些环境问题是从区域性逐渐扩展为全球性，那么"遥相关"——地球系统中距离遥远的元素之间的关联，更是为人类敲响了警钟。比如，南半球高纬度地区出现的季节性臭氧层空洞与北半球中纬度地区的消耗臭氧层物质排放有关，喜马拉雅地区冰川融化和北极浮冰的消退与中纬度地区人为的黑碳排放有关。这些意想不到的关联使人类认识到必须将地球看作一个整体而非局部来处理人与环境的关系。无论是区域性的环境变化，还是遥相关的特征显现，都要求人类尽快遏制或者延缓临界因素、临界点的到来。临界点的意义在于如果系统一旦超越这一阈值，从此将面临非线性改变，而且永远也无法回到之前的状态。区域性环境问题逐渐蔓延为全球性环境问题、破坏环境的因子不远万里全球迁徙，以及突破临界点的环境破坏状况，都促使人们在可持续发展框架下将人类作为一个共同体来考虑全球绿色治理。

（二）全球价值链南移改变全球排放格局

南南贸易在世界贸易格局中发挥越来越重要的作用，但同时也是全球碳排放增速最快的主体，南北双方在相对地位发生变化后更应以共同体理念为指引携手减缓和适应全球气候变化。国际金融危机后南北贸易对全球贸易的火车头作用大大降低，新兴经济体之间，特别是以中国和印度为代

---

① US National Intelligence Council, "Global Trends 2030: Alternative Worlds", 2012, p.3, https://info.publicintelligence.net/GlobalTrends2030-TalkingPoints.pdf.

② David E. Bloom, "7 Billion and Counting", Science, Vol.333, 2011, pp.562-569.

表的南南贸易成为世界贸易的重要推动力量,随之而来的是全球碳排放的地理增量变化。发展中国家出口引起的碳排放从 2004 年的 2.2 吉吨（碳储量单位）增长到 2011 年的 3.3 吉吨,其中南南贸易隐含的碳排放年均增速接近南北贸易中的 5 倍。南南贸易碳排放增量中,印度和中国是最大的贡献者,印度出口产品中隐含的碳排放年均增长率从 2004~2007 年的 7.7% 增长到 2007~2012 年的 12%,这主要是因为印度在劳动密集型和资源密集型产品方面已经成为中国的竞争者乃至替代者。中国对其他发展中国家出口中隐含的碳排放量虽然在上升,但增速已经放缓,从 2004~2007 年的 11% 降低到 2007~2011 年的 5%。[①] 随着中国调整产业结构和能源结构,中国经济增长已经实现与碳排放脱钩,中国的出口隐含碳排放已经达峰。因此下一阶段能否实现减缓全球气候变化的目标,与目前处在工业化和城镇化的新兴经济体的碳排放强度密切相关。北方国家主导下的价值链,其生产活动逐渐向减排政策较为宽松的区域转移,全球必须警惕由生产成本差异引发的碳泄漏转变为由于减排政策乃至减排成本差异引发的碳泄漏。北方国家更应该在"人类命运共同体"理念下,解除对南方国家低碳环保技术的封锁和清洁高科技创新的压制。

（三）"人类命运共同体"以建设清洁美丽、绿色低碳世界为目标

"人类命运共同体"理念为绿色重塑全球价值链提供了思想源泉。党的十八大报告首次提出"命运共同体"理念,其核心内容是:实现共赢共享,建设一个持久和平、普遍安全、共同繁荣、开放包容、绿色低碳的世界。习近平主席在联合国日内瓦总部发表题为《共同构建人类命运共同体》演讲时,提出要坚持绿色低碳,建设一个清洁美丽的世界,并指出工业化创造了前所未有的物质财富,但也产生了难以弥补的生态创伤,而出路就在于不断开拓生产发展、生活富裕、生态良好的文明发展道路。[②] 从人类作为一个不可分割的共同命运承担者、独一无二的自然生态系统的维护者,以

[①] Jing Meng and Dabo Guan, "The Rise of South-South Trade and Its Effects on Global CO2 Emissions", *Nature Communications*, Vol. 9, No. 1871, 2018, pp. 18-30.

[②] 习近平:《共同构建人类命运共同体》,人民网,2017 年 1 月 19 日。

及追求"代际公平"保证后代人利益的代理人而言,"人类命运共同体"都具有理论价值和实践价值。理论价值在于对人类过往的工业文明集聚人造财富的方式进行反思,实践价值在于指导人类迈向绿色低碳的生态文明。"人类命运共同体"理念指出,在生态上要坚持环境友好,合作应对气候变化,保护好人类赖以生存的地球家园,因此可以看出包容与可持续发展是这一理念的目标。[①] 无论南方还是北方,无论西方还是东方,只要认同自身同属于"人类命运共同体",就会自觉共同致力于全球绿色治理。从最普遍的意义上而言,治理是一种致力于引导和激励人类群体的行为,使理想目标得以实现、非理想目标得以远离的社会功能。[②] 中国所倡导的全球绿色治理,不仅涵盖以环境问题为导向的恢复性治理和挽救性治理,而且涵盖以绿色发展为导向的创新性治理和公平性治理。

"人类命运共同体"理念反映了中国历来参与全球治理的理念,即"关系治理"。在国际关系中,中国倾向于求同存异,既不追求将自己的发展模式向他国推广,也反对被他国同质化,而美国更倾向于去异求同,旨在让其他国家跟自己保持一致,实现美国化。[③] 美国遵循"规则治理",而中国崇尚"关系治理"。[④] 未来全球绿色治理的诉求趋同,但是实现方式将是多元化和本土化的,需要各个国家依据不同的国情采用最适合的方式,中国所能做的,就是提供一种可供借鉴的能够实现环境升级与经济增长的经验与实践。中国在全球价值链的转移过程中,经历过承接低端下游产业所带来的环境之痛。承接全球价值链转移的国家处于相对落后位置,其在能源效率和低碳技术上都与发达国家存在巨大差距,因此这种价值链的转移在为承接国带来经济福利的同时,加剧了该价值链和承接国的温室气体排放

---

① 杨洁篪:《推动构建人类命运共同体》,《人民日报》,2017年11月18日。
② Oran R. Young, "Governance for Sustainable Development in a World of Rising Interdependencies", in Magali A. Delmas and Oran R. Young, eds., *Governance for the Environment: New Perspectives*, pp. 12–40, Cambridge: Cambridge University Press, 2009.
③ 潘忠岐:《中国人与美国人思维方式的差异及其对构建"中美新型大国关系"的寓意》,《当代亚太》2017年第4期,第39–64页。
④ 陈伟光、王燕:《共建"一带一路":基于关系治理与规则治理的分析框架》,《世界经济与政治》2016年第6期,第93页。

和环境恶化。① 也正是由于北方国家一以贯之的以遏制为主要目的的"规则治理",未能在转移低端价值链的同时转移低碳清洁技术,致使全球温室气体排放峰值迟迟未到,人类整体面临的气候容量和环境容量不断缩小。北方国家在全球治理中通过转移污染、远离污染而非解决污染的方式实现自身环境改善,导致南北之间隐藏了多维度的环境不平等,涵盖环境—增长、环境—贸易、环境—就业、环境—迁移等诸多议题。② 这些历史遗留问题不能再以南北对立、划清界限的方式去解决,而是需要用全新的理念即"人类命运共同体"思想来携手共同应对。

(四)"一带一路"倡议为中国参与全球绿色治理提供顶层设计

"一带一路"倡议秉承"关系治理"思路,既尊重合作国家的自主选择,也从共同环境容量考虑出发推动相互之间的绿色技术与经验的交流,是中国在"人类命运共同体"理念指引下为全球绿色治理做出积极贡献的抓手。"一带一路"的起步阶段是一种区域合作机制,但它以构建多边合作机制、服务于全球贸易投资自由化为最终目标。③ "一带一路"的建设以基础设施互联互通和国际产能合作双轮驱动的模式,为构建行之有效的区域价值链提供基础,为区域绿色治理乃至全球绿色治理提供载体。"一带一路"倡议将中国优质产能,技术和价格优势与广大亚、欧、非国家的市场、劳动力,发展转型需求等结合起来,实现市场经济规律下生产要素在沿线国家间新的流动和分配,有助于形成以中国为核心的新型区域价值链和全球价值链。④ 中国作为"一带一路"的发起方,在引领区域价值链构建过程中提供力所能及的绿色公共产品,即有益的绿色发展知识、在中国取得成功的绿色经验和需要汲取的教训、软硬件基础设施迈向低碳清洁建设的必

---

① Xuemei Jiang and Christopher Green, "The Impact on Global Greenhouse Gas Emissions of Geographic Shifts in Global Supply Chains," *Ecological Economics*, Vol. 139, 2017, pp. 102 – 114.
② 陆旸:《从开放宏观的视角看环境污染问题——一个综述》,《经济研究》2012 年第 2 期,第 146 – 158 页。
③ 李向阳:《"一带一路":区域主义还是多边主义?》,《世界经济与政治》2018 年第 3 期,第 34 – 46 页。
④ 王亚军:《"一带一路"倡议的理论创新与典范价值》,《世界经济与政治》2017 年第 3 期,第 9 页。

要帮助，以及容易入手和见效的绿色融资机会等。

中国在"人类命运共同体"理念指引下以"一带一路"倡议为抓手，以两条并行轨道推动全球价值链的绿色重塑和绿色延展，即针对既有环境问题的恢复性治理和挽救性治理，以及针对未来发展的创新性治理和公平性治理。"一带一路"沿线大部分地区存在环境脆弱的先天弱点，是全球气候变化影响的敏感地区，绿色治理的重要性和紧迫性不亚于经济治理。恢复性治理旨在解决生态破坏、环境退化、空气污染等问题，挽救性治理则针对生物多样性消失、水资源枯竭、热带雨林退化等问题。借鉴世界范围内的成功经验固然重要，但更重要的是资金投入与智力支持。中国在"气候变化南南合作"框架下持续为发展中国家提供应对气候变化所需的培训和资金，体现了大国责任和共同担当。"一带一路"倡议作为一个开放的区域合作机制为未来开展更广范围的气候合作提供了可能性，随着气候资金、专业人员、相关知识的流动，有望在沿线地区构建生态服务价值链、生态产品价值链，实现针对既有环境问题的恢复性治理和挽救性治理。创新性治理旨在用创新的方法解决发展中的问题和培育创新产业价值链。以基础设施建设为核心的互联互通是"一带一路"建设的前提，但这并不意味着是工业文明时代基础设施的翻版，而是要将气候变化风险考虑在内。按照亚洲开发银行的估算，亚洲地区到 2030 年将适应气候变化成本考虑在内的基础设施投资需求达到 26 万亿美元，比不考虑气候变化的基建投资需求高 3.4 万亿美元。[1] 这主要是因为"一带一路"沿线大部分地区处于欠发达状态，系统不仅缺乏应对常规气候风险的基础设施，还需要额外投入以应对新增气候风险，面临增量型适应和发展型适应的双重需求。[2] 创新性治理还包括从微观层面在沿线国家培育并发展节能环保、可再生能源、新能源汽车等"绿色产业"价值链，从宏观层面将低碳、循环、智能的理念融入工业化与城镇化进程，对涵盖投资、生产、消费和贸易的经济系统进行"绿

---

[1] Asian Development Bank: "Meeting Asia's Infrastructure Needs", February 28, 2017, p. 23, https://www.adb.org/publications/asia-infrastructure-needs.
[2] 潘家华、郑艳：《适应气候变化的分析框架及政策含义》，《中国人口·资源与环境》2010 年第 10 期，第 1-5 页。

色改造"。公平性治理旨在实现绿色治理的"人际公平"[①]，即弥补历史适应赤字，共享未来绿色发展权，推动南北国家实现人均适应投入、人均碳排放空间的扁平化趋势。"一带一路"倡议所秉持的开放包容和多元化合作的治理机制，所设定的命运共同体的目标，均有助于实现全球价值链的绿色重塑和全球绿色治理的公平化。

对南方国家而言，全球绿色治理的公共产品供给不足，现行环境治理规则和机制的"非中性"色彩浓重，全球绿色治理的治理结构长期没有变化，改革和完善全球绿色治理的重要性凸显。中国作为发展中大国参与全球绿色治理，一方面是基于世界第二大经济体的基础上承担合理的国际责任；另一方面，中国是发展中国家的一员，通过引领绿色重塑全球价值链为发展中国家和最不发达国家争取合理的发展权益和发展空间。中国倡导以共商共建共享的方式，充分发挥广大南方国家对环境保护、绿色发展的能动性和积极性，体现参与各方的生态关切和诉求，为推动形成更加完善的全球绿色治理机制奠定基础。"一带一路"倡议作为中国参与全球治理的顶层设计，以政策沟通、设施联通、贸易畅通、资金融通、民心相通为主要内容，以坚持正确义利观为基本原则，为逐步提高南方国家在全球环境事务、环境规则形成、环境治理机制中的话语权和决策权提供平台。

八 全球绿色治理重塑南北国家关系

全球绿色治理是世界人民的共同事业，由某几个国家主导全球环境事务在历史的长河中终归是昙花一现。南方国家在全球价值链分工体系中发挥越来越重要的作用，随着21世纪新兴发展中国家在经济领域的崛起，叩响全球绿色治理之门、跻身环境标准制定之舞台的诉求便接踵而至。以北方国家的规则外溢和南方国家规则内化为特征的全球治理方式已不符合时代要求，全球绿色治理的多元化、本土化、公平化诉求，要求发展中国家必须实现对现有环境规则的建设性接纳和制度性突破。在全球价值链网络

[①] 潘家华、陈迎：《碳预算方案：一个公平、可持续的国际气候制度框架》，《中国社会科学》2009年第5期，第83-98页。

南移的背景下，以中国为代表的南方国家如何把握世界潮流、结合本国国情和需求发挥能动性，对于开创绿色价值链、实现有效全球绿色治理至关重要。

中国生态文明建设成就为参与全球绿色治理奠定了国内基础。中国面临的资源环境形势比发达国家更为严峻和复杂，但是中国并没有沿袭西方发达国家的老路，而是反思工业文明发展弊端，思索新型发展道路。中国积极探索更为智慧、更有效率、更加环境友好和资源节约的发展路径，寻求增长方式和发展路径的创新，坚持人与自然和谐共生，从而走出了中国的绿色发展道路，即"生产发展、生活富裕和生态良好"这一具有中国特色的文明发展道路。未来随着收入水平的提高，中国将在全球绿色治理中发挥越来越重要的作用。中国人均收入水平的持续快速上升，为推行生态文明建设、践行绿色发展之路提供了基础保障，将为全球实现绿色转型和可持续发展做出重大贡献。正如习近平主席所言："良好的生态环境是中国梦的重要内容。"

"人类命运共同体"理念为中国参与全球绿色治理指明了方向，而"一带一路"倡议是实现全球绿色治理目标的重要抓手。"一带一路"倡议覆盖超过65%的世界人口，国民生产总值总和约占全球1/3。中国是世界上邻国最多的国家，尽管很多国际关系学者认为这是中国面临错综复杂国际关系的先天劣势，但从基础设施互联互通而言，这种邻国既小又多的局面为中国成为地区乃至全球的互联互通枢纽创造了有利条件。邻国间经济发展不平衡也创造了区域价值链网络化的条件，依次分布着第一梯队如日本、韩国、中国和新加坡，第二梯队如越南、泰国和马来西亚，第三梯队如菲律宾、印度和印度尼西亚，以及第四梯队如柬埔寨、老挝和缅甸。沿线大部分国家均面临互联互通需求和国际产能合作需求的巨大缺口，同时又要解决资源紧约束、环境容量缩减的现实问题。"一带一路"倡议的初衷之一是通过投资和贸易推动全球范围内的生态进步，参与国对绿色、可持续发展理念的认同是"一带一路"倡议推进全球生态进步这一目标成功实现的基石。"人类命运共同体"理念指引下的全球绿色治理方案，以恢复性治理和补救性治理、创新性治理和公平性治理为两大特征，为真正实现人类共同繁荣做出贡献。在"人类命运共同体"理念指引下，中国将率先垂范、推己及人，引领全球绿色治理体系变革的前进方向。

布热津斯基曾说，在历史上，判断某个大国的制度成功与否的标准之一，就是这个国家基础设施的状况与独创性——不管是罗马人的公路和灌渠还是英国人的铁路。[1] 如果说英国借由煤炭和铁路实现繁荣、美国借由石油和航空实现繁荣，那么中国借由清洁能源和互联互通实现绿色繁荣和绿色复兴的历史机遇正在浮现。更重要的，这也是在传承中国传统哲学智慧"己欲立而立人，己欲达而达人"的思想指引下，引领南方国家践行"人类命运共同体"理念，共谋全球生态文明建设、重塑传统全球价值链、实现新型绿色治理、形成世界环境保护和可持续发展方案的战略机遇。

全球绿色治理的目标是实现经济升级的同时确保环境升级，实现《2030年可持续发展议程》涵盖的17大领域和169项具体目标。目前欧美在贸易协定中嵌入环境条款的流行做法，通过环境规则的外溢实现环境治理的趋同化，但未能帮助南方国家实现经济与环境的双赢，甚至侵蚀缔约国的环境治理独立性。以联合国发布的可持续发展指数来衡量，全球排名前20的国家均为OECD成员，排名后100位的均为南方不发达国家。[2] 在全球环境容量紧约束前提下，南方国家势必要通过转型发展来实现可持续发展，即实现经济增长与环境消耗的脱钩，脱钩能否实现则取决于技术创新和制度创新。鉴于北方国家在技术创新上的先发优势，我们认为，在全球价值链上促进绿色知识和绿色技术由北向南的流动是全球绿色治理的要义所在，制度创新则应该由一国根据自身的绿色禀赋自主完成，才能发展出适合南方国家的绿色治理模式，而非照搬和套用北方国家的环境治理模式。《2030全球可持续发展议程》已经为世界各国指明了方向，但实现方式将是多元化和本土化的，需要各个国家依据国情采用最适合的方式。

结合世界人口峰值、能源约束、气候容量等因素，到2052年中国人均年GDP将达到56000美元，而同期美国水平为73000美元，除美国之外的

---

[1] 布热津斯基：《战略远见——美国与全球权力危机》，洪漫等译，新华出版社，2012，第52页。
[2] 潘家华、陈孜著：《2030可持续发展的转型议程——全球视野与中国经验》，社会科学文献出版社，2016，第66-69页。

OECD国家为63000美元。① 2011年东亚和东南亚国家的出口中，美日欧市场提供的最终消费需求占41.9%，而区域内市场提供的最终消费需求只占22.2%。② 中国发起的"一带一路"倡议为本地区经济增长提供最终消费市场，为依附于北方终端市场的亚洲区域价值链提供了重塑可能性。"一带一路"倡议的开放性为发展中国家尤其是最不发达国家提供了参与经济一体化的机遇。③ 全球价值链的重塑进程为新型全球绿色治理提供了历史机遇，即在经济一体化的同时兼顾绿色一体化，促进绿色知识与绿色技术在价值链上的流动，形成促进南方国家实现经济与环境共赢的治理方案。同时，也要在G20框架下、APEC框架下积极探索弥合南北绿色治理差距的方案，摒弃两个世界在绿色治理领域的"二分法"，共同实现全球价值链的绿化和世界的绿色发展。

全球可持续发展进程越来越多地受非经合组织国家的经济增长和社会发展，特别是亚洲国家的影响。新古典经济增长模型表明，工业化进程中的国家首先得经过资源和污染密集型发展，才能进入资源集约型和污染减少型发展，即会跟随高收入国家的发展路径，意味着后发国家要实现经济趋同则必须经历环境污染趋同的历程。但是目前的地球环境容量已经不可能再允许其他国家跟随美国的发展路径，那么通过可持续创新和能力建设实现绿色增长成为后发国家的唯一选择。目前在许多后发国家已经出现了通过创新实现绿色增长的案例，比如中国的太阳能光伏发电、巴西的生物质能源等。在全球绿色知识和绿色技术的流动下，后发国家通过制度创新，可以实现经济与环境的脱钩式发展。

亚洲和拉丁美洲新兴经济体的快速城镇化和经济增长为全球可持续发展提出了前所未有的挑战。这些快速增长的经济体对自然资源的需求大增，对全球环境问题，包括气候变化在内的议题有重要影响。传统增长模型表

---

① 乔根·兰德斯：《2052：未来四十年的中国与世界》，秦雪征等译，译林出版社，2016，第72页。

② Young park, "Decoupling Asia Revisited", *ADB Economics Working Paper Series*, No. 506, January 2017.

③ 李向阳：《亚洲区域经济一体化的"缺位"与"一带一路"的发展导向》，《中国社会科学》2018年第8期，第41页。

明，资源需求和污染压力在可预见的未来将持续增加。这些模型认为增长需要分阶段进行，最终与发达国家在经济结构、增长速度等方面长期趋同。经济趋同的预测也折射出资源消耗和环境污染的"环境趋势"，也就是环境库兹涅茨假说所阐述的人均收入与环境质量存在倒 U 形关系，那么则意味着成功实现追赶的后发国家必须要经历相似的资源强度和污染强度。那么是否存在一种新的增长模式，能够使后发国家尽快实现资源集约型和污染减少型发展？这种转变带来的社会效益显而易见，降低环境污染有关的健康支出，同时形成新型绿色产业和绿色就业。根据经济增长模型，技术创新和能力建设对后发国家而言，是实现新型生产和消费模式的关键。

那么全球范围内的环境趋同是不可避免的吗？环境污染与经济增长的脱钩是否可能？什么因素可以决定经济与环境的脱钩？这些因素对后发国家而言是内生的还是外生的？传统经济增长模型认为在经济—环境模型中决定增长的关键是技术创新，能够实现资源的高效转化并降低环境影响。但传统增长模型中技术创新往往诞生于高收入发达国家，进而转移给后发国家。换句话说，能够实现经济与环境脱钩的关键要素——技术来源——对后发国家而言是外生变量。主要原因在于一般认为后发国家的企业不具备创新和扩散技术的能力，后发国家缺乏在国际市场上吸引资本和吸收技术的条件，因而企业缺乏从模仿到创新跃升的条件。由此推导出，后发国家注定要遵循与发达国家同样的路径。但我们所观察到的事实并非如此，后发国家的绿色创新技术和组织模式如雨后春笋，并取得了不菲的成绩，其中原因何在？

后发国家的学习过程所产生的创新有助于实现环境与经济的脱钩，使其经济发展与发达国家趋同的同时实现环境的非趋同。外生的技术创新与内生的制度创新相结合，能够使经济发展与环境污染尽早脱钩。社会—技术体制是实现经济结构性转变的最根本要素，是一系列技术、规则、实践和准则的累积。众所周知，创新是社会、制度和技术相互作用的结果，不仅仅可以发生在工业化国家的领导型企业，也能够出现于后发国家。根据传统增长模型，后发国家通过学习和模仿接近技术前沿，既有优势也有劣势。优势在于可以减少技术创新过程中的成本，劣势在于远离国际研发资源和高端市场，而使用者和生产者之间的联系是创新的关键。如果说这是一种静态的技术学习和转移的话，当下更多发生的是动态的创新。全球国家间的政治和经济的互动为技术转移和制度创新提供了可能性，比如外国技术专家指导、海外发展援助和国外技术支持等。后发国家的生产者既是环境知识和技术的接收者，也是新型技术的创新者，世界领先技术如风能发电和生物质燃料等技术创新都发生于非 OECD 国家。绿色知识和技术在全球范围内的流动是外生条件，而后发国家内部的能力建设、制度创新和机制创新起内生性决定性作用，二者相互结合能够推动后发国家探索适合自身发展的绿色路径。

第四章
国际气候谈判中的全球绿色治理

全球绿色治理议题中最为典型的议题是应对全球气候变化，但在确凿的科学证据和现实的气候困境之下，这一议题迟迟得不到全球统一行动的应对，在拖延和无所作为中全球变暖问题变得更加紧迫。那么，为什么全球层面在一个明明具备首要紧迫性和重要性的问题面前迟迟无法达成统一认知和行动？这需要从政治经济学分析框架下来探讨这一问题。因为应对气候变化不仅仅是一个经济问题，更是一个发展问题，涉及国家间政治和地缘政治利益。

一 全球气候变暖引发的经济成本和潜在影响

目前大气中的二氧化碳浓度超过了410ppm（parts per million，百万分比浓度，在农药应用中表示喷洒液的浓度），地球表面平均温度比工业革命前高1.2℃，目前科学界达成的共识是在21世纪末避免危险气候变化的最大升温幅度为2℃。人类还有20年的时间来做出努力阻止全球升温超过这一阈值，但很多预测显示有很大概率升温幅度会超过这一阈值。虽然在升温和具体影响之间并没有清晰的预测，但可以肯定的是，升温2℃与2.5℃、3℃，甚至4℃是完全不同的效果。随着全球气温的上升，气候现象布局会出现变化，以往可能100年才发生一次的洪水50年或者20年就有可能发生；极端天气现象更加频繁，比如2018年夏威夷24小时内降雨量达到50英寸的事件将多次出现。目前有记录的最热的17个年份里，有16个是2001年以后发生的。2017~2018年冬季北极部分地区温度比正常水平高出

25℃。"全球气候异常"一词被高度引用。比如，季节发生变化，气象学家预期会发生降雨的地方却出现了干旱，缺乏雨水增加了森林火灾的风险，比如2017年加利福尼亚州的火灾；而降雨地区经常暴雨如注，比如"哈维"飓风来临时的休斯敦；海水上涨淹没沿海基础设施，比如迈阿密投入数百万美元用于安装暴雨抽水系统。图4-1显示过去和未来的全球GDP与CO_2（二氧化碳）排放示意图，左图是1960~2010年的全球历年GDP和CO_2排放量，表明技术进步自然而然地降低了单位GDP的CO_2排放量，只是效果相对比较缓慢；右图预测了到2050年的全球历年GDP，以及将全球升温控制在1.5℃~2℃这一良性（Virtuous）范围内所要求的CO_2排放量。对比两图可以发现，要实现这一环境目标必须大幅降低单位GDP的CO_2排放量。

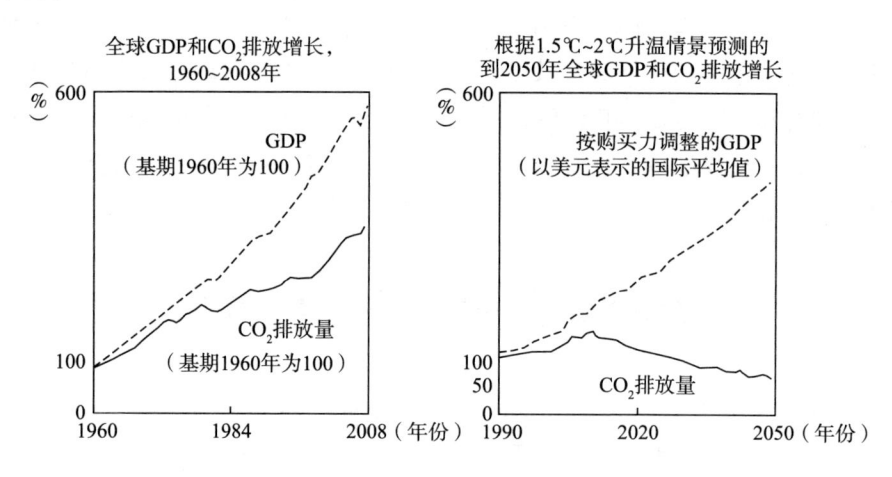

图4-1 碳排放与生产总值的相对发展趋势

资料来源：帕斯卡尔·康范与阿兰·葛朗让（Pascal Canfin-Alain Grandjean）委员会的报告，2015年6月。

世界各国为应对全球变暖所带来的灾难性后果，付出了巨大的经济成本、人力成本，有些沿海岛国甚至不得不选择背井离乡，作为气候难民整体迁徙。以美国为例，2017年由于气候原因造成的损失高达3000亿美元，美国政府在紧急时刻甚至调动军队来抢救生命。中国也同样面临气候变化的考验，东南沿海城市如广州和上海深受雨水困扰，而北部工业城市则面临缺水困扰。中国所实施的南水北调工程耗资至少480亿美元，有效惠及

5000万人口并保障了北京的供水安全。为了解决上海等城市的涝灾问题，中国积极推行"海绵城市"计划，促进自然排水。自2015年以来，中国已经投入了120亿美元用于建设"海绵城市"。对于美国和中国这样庞大富足的国家而言，尚且要花大力气应对这些气候挑战，对于不发达的穷国而言，气候变化所带来的影响更可能是致命的、引发政治动荡的导火索。比如2010年印度河洪水造成巴基斯坦2000多万人流离失所，2000多人丧生。海平面上升、海水入侵会对一些岛屿国家的生存造成威胁。2017年"厄玛"飓风侵袭巴布达岛，致使加勒比岛的所有1800人全部撤离。基里巴斯（西太平洋上的一个共和国）涵盖太平洋诸多岛屿，大部分岛屿仅比海平面高出几米，在海平面上升背景下不得不从邻国斐济购买土地作为最后的避风港。全球气温上升改变了全球降雨格局，一些国家深受涝灾之苦，而一些国家面临干旱、降雨不足，甚至颗粒无收的困境。气候变化对全球政治格局的影响之大超乎想象。自1945年以来，虽然总有国家分裂或失败的案例，但很少有国家消失。但在未来一个世纪，气候变化将会通过海水入侵和海平面上升促使部分国家消亡。

气候变化也引发了一些气候战争，比如印度和巴基斯坦共用印度河之水，虽然1960年签订的《印度河条约》为两国共同管理河流提供了解决方案，但随着需求增加而水资源短缺双重压力持续加大，印度河地区的紧张局势进一步放大，印度在上游建设大坝、取消参与共同治水会议等事件表明，未来印巴关于水资源和平合作的难度在逐渐增加。湄公河区域也存在类似的问题，随着沿线地区干旱频现，关于湄公河的争夺也越来越激烈。埃及和苏丹对尼罗河的争夺也将由于气候变暖而加剧。此外，一个国家出于气候变化制定的政策很有可能引发其他国家的政治动荡，气候变暖在主权国家之间投射的"蝴蝶效应"正逐渐显现出来。比如，2010年干旱天气导致俄罗斯小麦减产五分之一，因此俄罗斯政府颁布了谷物出口禁令。由于阿根廷和澳大利亚同样受干旱影响导致大幅减产，致使全球谷物价格激涨，加速瓦解了某些国家原本动荡的政权，比如2011年初埃及食物价格通胀达到19%，引发了推翻总统穆巴拉克政权的抗议活动。北极海冰融化为航运、油气开采提供了新的场所，导致加拿大、俄罗斯、美国和其他极地国家展开了新一轮争夺资源的角逐。因此,气候变暖所带来的全球政治经济格局的变化,未来将愈演愈烈。

在气候变暖背景下各国减排行动也拉开了新领域的竞争序幕。随着清洁能源需求增加,各个国家都在关税和补贴方面调整政策以占领新型绿色经济的高地。新能源产业的发展也导致对一些非传统资源的争夺。比如制造电动汽车电池所需的钴、锂和镍等稀有矿物,目前探测到的富集地是冲突不断的刚果共和国。而全球广泛推动电力汽车制造无疑将推动新一轮资源竞争。由于气候变化涵盖交通、能源、建设、农业等问题,因此需要同时开拓不同的途径来解决不同的问题,人类社会目前已经取得了一些进展。比如在联合国安全理事会讨论安全问题,在G20讨论化石燃料补贴问题,在《蒙特利尔协定》下讨论短寿命温室气体如氟化气体的减排问题,在《纽约森林宣言》下讨论森林砍伐问题。这虽然造成了一定程度上的碎片化管理,但与一个庞大而又低效的单一全球协定相比较而言,能够快速推动相关部门采取行动。

中美两国作为世界上温室气体排放最大的两个国家,能否就应对气候变化做出联合行动关乎世界未来。奥巴马政府时期摒弃巨大政治分歧与中国就《巴黎协定》达成双边共识,但随着特朗普政府宣布退出《巴黎协定》,中国面临国内减排压力和国际减排责任的双重压力。中国在"一带一路"倡议下与沿线国家共建绿色丝绸之路,在亚洲基础设施投资银行(AIIB,简称亚投行)下鼓励绿色投融资等理念,是中国应对国内国外双重减排压力的积极作为。

二 联合国气候变化框架公约进程

(一)《联合国气候变化框架公约》

20世纪80年代以来,人类逐渐认识并日益重视气候变化问题。为应对气候变化,1992年5月9日通过了《联合国气候变化框架公约》(以下简称《公约》)。《公约》于1994年3月21日生效。截至2016年6月底,共有197个缔约方。我国于1992年11月7日经全国人大批准加入《联合国气候变化框架公约》，并于1993年1月5日将批准书交存联合国秘书长处。《公约》自1994年3月21日起对中国生效。《公约》自1994年3月21日起适用于澳门，1999年12月澳门回归后继续适用。《公约》自2003年5月5日起适用于香港特区。

《公约》核心内容是：（1）确立应对气候变化的最终目标。《公约》第2条规定："本公约以及缔约方会议可能通过的任何法律文书的最终目标是：将大气温室气体的浓度稳定在防止气候系统受到危险的人为干扰的水平上。这一水平应当在足以使生态系统能够可持续进行的时间范围内实现。"（2）确立国际合作应对气候变化的基本原则，主要包括"共同但有区别的责任"原则、公平原则、各自能力原则和可持续发展原则等。（3）明确发达国家应承担率先减排和向发展中国家提供资金、技术支持的义务。《公约》附件一国家缔约方（发达国家和经济转型国家）应率先减排。附件二国家（发达国家）应向发展中国家提供资金和技术，帮助发展中国家应对气候变化。（4）承认发展中国家有消除贫困、发展经济的优先需要。《公约》承认发展中国家的人均排放仍相对较低，因此在全球排放中所占的份额将增加，经济和社会发展以及消除贫困是发展中国家首要和压倒一切的优先任务。

（二）《京都议定书》及其修正案

为加强《公约》实施，1997年《公约》第三次缔约方会议通过《京都议定书》（以下简称《议定书》）。《议定书》于2005年2月16日生效。截至2016年6月底，共有192个缔约方。我国于1998年5月29日签署并于2002年8月30日核准《议定书》，《议定书》于2005年2月16日起对中国生效。《议定书》于2005年2月16日起适用于香港特区，2008年1月14日起适用于澳门特区。

2012年多哈会议通过包含部分发达国家第二承诺期量化减限排指标的《〈京都议定书〉多哈修正案》。第二承诺期为期8年，于2013年1月1日起实施，至2020年12月31日结束。2014年6月2日，中国常驻联合国副代表王民大使向联合国秘书长交存了中国政府接受《〈京都议定书〉多哈修正案》的接受书。《多哈修正案》尚未生效，目前已批准的国家有111个，在获得另外 30 个国家批准后才能生效。

《议定书》内容主要包括：(1) 附件一国家整体在 2008～2012 年应将其年均温室气体排放总量在 1990 年基础上至少减少 5%。欧盟 27 个成员国、澳大利亚、挪威、瑞士、乌克兰等 37 个发达国家缔约方和一个国家集团（欧盟）参加了第二承诺期，整体在 2013～2020 年承诺期内将温室气体的全部排放量在 1990 年的水平上至少减少 18%。(2) 减排多种温室气体。《议定书》规定的有二氧化碳（CO_2）、甲烷（CH_4）、氧化亚氮（N_2O）、氢氟碳化物（HFCs）、全氟化碳（PFCs）和六氟化硫（SF_6）。《多哈修正案》将三氟化氮（NF_3）纳入管控范围，使受管控的温室气体达到 7 种。(3) 发达国家可采取"排放贸易""共同履行""清洁发展机制"三种"灵活履约机制"作为完成减排义务的补充手段。

(三)《巴黎协定》

2011 年，气候变化德班会议设立"加强行动德班平台特设工作组"，即"德班平台"，负责在《公约》下制定适用于所有缔约方的议定书、其他法律文书或具有法律约束力的成果。德班会议同时决定，相关谈判须于 2015 年结束，谈判成果将自 2020 年起开始实施。2015 年 11 月 30 日～12 月 12 日，《公约》第 21 次缔约方大会暨《议定书》第 11 次缔约方大会（气候变化巴黎大会）在法国巴黎举行。包括中国国家主席习近平在内的 150 多个国家领导人出席大会开幕活动。巴黎大会最终达成《巴黎协定》，对 2020 年后应对气候变化国际机制做出安排，标志着全球应对气候变化进入新阶段。截至 2016 年 6 月底，签署和批准《巴黎协定》的《公约》缔约方分别达到 178 个和 18 个。中国于 2016 年 4 月 22 日签署《巴黎协定》，并宣布于 2016 年 9 月 G20 杭州峰会前批准《巴黎协定》。

《巴黎协定》主要内容包括：(1) 长期目标。重申 2℃ 的全球温升控制目标，同时提出要努力实现 1.5℃ 的目标，并且提出在 21 世纪下半叶实现温室气体人为排放与清除之间的平衡。(2) 国家自主贡献。各国应制定、通报并保持其"国家自主贡献"，通报频率是每五年一次。新的贡献应比上一次贡献有所加强，并反映该国可实现的最大力度。(3) 减缓。要求发达国家继续提出全经济范围绝对量减排目标，鼓励发展中国家根据自身国情逐步向全经济范围绝对量减排或限排目标迈进。（4）资金。明确发达国家要继续向发展中国家提供资金支持，鼓励其他国家在自愿基础上出资。（5）透明度。建立"强化"的透明度框架，重申遵循非侵入性、非惩罚性的原则，并为发展中国家提供灵活性。透明度的具体模式、程序和指南将由后续谈判制定。（6）全球盘点。每五年进行定期盘点，推动各方不断加大行动力度，并于 2023 年进行首次全球盘点。

（四）《巴黎协定》能否有效促进全球减排

《巴黎协定》（*Paris Agreement*）是由联合国 195 个成员国于 2015 年 12 月 12 日在 2015 年联合国气候峰会上通过的气候协议，以取代《京都议定书》，冀望能共同遏阻全球变暖趋势。协议第二条指出将通过以下内容加强《联合国气候变化框架公约》：把全球平均气温较工业化前水平升高控制在 2℃ 之内，并为把升温控制在 1.5℃ 之内努力；提高适应气候变化不利影响的能力，并以不威胁粮食生产的方式增强气候抗御力和温室气体低排放发展；使资金流动符合温室气体低排放和气候适应型发展的路径。

《巴黎协定》确定了明确的温控目标，并针对可再生能源进行投资，同时将世界多数发展中国家和地区纳入。但这项协定是由各方以"国家自主贡献"（INDCs, Intended Nationally Determined Contributions）的方式参与，并未设定强制约束力，对于各国的遵守情况只能通过每五年检视减排成绩的方法，因此是否能够达到目标充满未知数。从全球绿色治理进程来看，《巴黎协定》的最大贡献在于明确了全球共同追求的"硬指标"，但所遵循的自愿承诺措施在应对气候变化挑战时显得力不从心，其主要缺陷有如下两个方面：首先，因各缔约国国内减排成本不同，因此很难判断各种 INDCs 的真实魄力。比如，各国按照自身条件来选择有利的基准年，美国选择 2005 年，德国选择 1990 年，因为美国 2005 年以后页岩气开发推动煤炭替代，显著降低美国 GHG 排放，而德国在 1990 年接手了东德的高污染电厂，各国显然都选择高污染年份作为基准年，人为夸大了自主减排的雄心，即所谓的"漂绿"，在环境问题上表现得比实际更有担当，这使得评估实际贡献的工作变得更加复杂。这种"漂绿"的行动还体现为各国选择自身的时间跨度和度量标准,比如有些国家采用排放峰值,有些国家采用人均减排或 GNP 强度①,所以更加凸显缺乏评估可比性这一困难。还有一些国家采取了条件性承诺,比如日本削减高耗煤的行动要视核电的恢复情况而定,而有些欠发达国家则以获得充足的国外补贴为前提。综合上述各种情况,INDCs 是一种自助式的减排方式,没有任何施加约束的条件,事实上有可能延缓全球应对气候变化的实质性行动。其次,INDCs 自愿行动无法解决"搭便车"这个根本性问题,正如约瑟夫·斯蒂格利茨(Joseph Stigligz)所指出的,自愿行动还从来没有在其他领域内成功地解决过公共品供给不足的问题。

《巴黎协定》由 196 个国家代表一致通过,大会意识到目前的全球排放水平已十分危险,需要采取强有力的行动和新型技术来保护环境,并承诺要在 2050 年之后达到负排放水平(届时"碳汇"须超过碳排放),并资助贫困国家。虽然 1992 年《联合国气候变化框架公约》(UNFCCC)已经在一定程度上体现出这种判断,但获得如此多国家的一致认可仍然是一种进展。关于碳定价依然没有得到热烈响应。在公平性问题上,发达国家承诺给发展中国家一个整体性补偿,但却没有明确的责任贡献,因此存在发达国家之间在这一问题上的"搭便车"行为,可以预见没有哪个发达国家会严格执行这一承诺。况且,在是否设立新的基金补偿穷国、是否设立贷款机制、是否为未来不确定收入提供担保这些问题上都没有明确界定,很难避免发达国家将已有的环境资助项目包装一番重复计算,即"绿瓶装旧水"。最后,通过每五年审查一次协定来寻求良性运行虽得到一致赞同,但却忽视了经济学中的"棘轮效应"(ratchet effect),即各个国家为了实现每年都能比上年减排更多的效果,往往在一开始就拖拖拉拉有意降低减排水平,从而为未来的谈判争取有利地位。伴随着 2017 年 6 月 1 日特朗普政府退出《巴黎协定》,其他国家参与全球气候治理的主动性和积极性也受到影响,排放外流的可能性增加。英国《卫报》(Guardian)在《巴黎协定》签署日 2015 年 12 月 12 日刊文评价该协定,认为"相比于原有的样子,这是一个

---

① GNP 强度,即国民生产总值强度,表示产生单位国民生产总值所需要的能源量。

奇迹；相比于应该有的样子，这是一个灾难"，较为准确地界定了《巴黎协定》的历史传承和实际不足。

三 从经济学框架看应对气候变化的困境

（一）气候变化问题的全球外部性是核心难题

从经济学分析框架看来，应对气候变化属于典型的"公地悲剧"，因为单个国家所做出的减排努力，其大部分收益会归于其他国家，或者说单个国家的减排收益全球共享。所以虽然大多数国家会从GHG减排中显著获益，比如巨大的经济、政治和生态影响，但单个国家的减排激励严重不足，每个国家都希望从他国减排行动中受益，因此存在严重的"搭便车"心态和行动。经济学家解决外部性问题的方法是将其成本或者收益内部化，但这仅对于一个相对封闭的局部范围奏效，通过实施非正式的激励和制裁机制，能够实现管理共同的本地资源而不再重复上演"公地悲剧"。但是限制"搭便车"行为的常规做法不适用于气候变化，气候变化的利益攸关方是生活在地球上的70多亿人口以及没有投票权的子孙后代。目前还没有一种有效的办法来解决全球性的外部性问题，因为不存在超越国家的权威能够通过将外部性成本内部化这一经济学方案解决应对气候变化的难题。换句话说，减缓气候变暖的收益是全球性的，且遥遥无期，而减缓气候变化的成本是局部性的，且就在当下，这违背了经济"理性人"所坚持的"效用最大化"原则。

另一个制约全球应对气候变化行动迟滞的原因是碳泄漏。各个国家或地区采取单边减排行动（比如对碳排放征税），都会增加民族工业成本，特别是那些具有国际竞争力的本国企业，而这些企业往往同时也是GHG排放大户，征收排放税会增加企业成本，削弱竞争力。因此国家采用高碳税应对气候变化会促使一些企业远赴海外选址建厂，即转移到能够廉价污染的地区或国家，这种做法符合企业的成本—收益核算并增加企业利润。在缺乏全球统一行动的前提下，势必会造成碳泄漏和碳转移的局面，因为如果上述企业不这样做，就相当于把市场和出口拱手让给来自更容忍排放的国家的竞争对手。国家或地区的单边政策在缺乏全球统一行动的前提下，只可能是将污染生产转移到排放容忍度高的国家，对于全球环境收益而言没有实质性的正向贡献。另外一种形式的碳泄漏反映在全球燃料价格上，比如排放大国通过提价或增税方式来抑制汽油和燃油需求，但有可能降低了世界范围内的燃料价格，增加了其他国家对化石能源的需求和消费，形成单个国家排放下降但全球整体燃料排放上升的局面。1997年建立的"清洁发展机制"（CDM）在实践中反映出碳泄漏问题。CDM的设计初衷是通过让实施碳排放惩罚措施的国家（如欧洲国家）的企业在不惩罚碳排放的国家（如印度尼西亚）实施减排项目，从而获得碳信用，企业的努力程度按当时碳市场也就是欧洲碳排放权交易市场价格来衡量。CDM因欧洲碳排放交易市场价格下跌而中止，但评估其成果时我们发现，这一机制对洁净环境效应的作用微乎其微，一方面是因为其复杂的管理程序（为了获得碳信用，必须证明减排项目是"增量"，即不实施该项目将不会减少污染）很难实现事实观测；另一方面则是因为CDM项目可能会导致碳泄漏而增加全球碳排放，比如，在某一个国家实施的森林保护项目，很可能由于大豆或木材的国际市场价格上涨，从而导致其他地方砍伐森林以林换田的行为，即在CDM项目实施过程中出现第三国甚至第四国的碳泄漏情形。

（二）碳定价缘何失败

依据"谁污染谁付费"原则，政策制定者出台了碳定价政策，对污染者排放到大气中的每吨碳进行收费，具体形式则包括征收碳税或者实行限额与交易机制（cap and trade）。在加拿大、韩国、欧盟国家、中国以及美国的部分州已经采取类似的举措。从理论上而言，碳定价是一种有效的方式，因为它引入了市场机制来应对气候变化，鼓励社会转向低碳技术。碳定价也获得了国际多边机构的支持，比如国际货币基金组织、联合国和世界银行等。2017年IMF总裁克里斯蒂娜·拉加德（Christine Lagarde）也公开表示应对二氧化碳的最简易方法就是合理定价、灵活征税并且马上行动。通过定价来控制碳排放的思路可追溯到一个世纪以前，即1920年英国经济学家亚瑟·庇古（Arthur Pigou）提出的经济"外部性"概念，对某一特定经济活动征收"庇古税"以反映未计入价格的收益或成本。经过半个世纪，到20世纪60年代，两位经济学家托马斯·克罗克（Thomas Crocker）和约翰·戴尔斯（John Dales）提出了一种不同的定价机制来限制排放：政府规定排放限额并允许交易，即"限额与交易"。在限额与交易制度下，政府确定排放上限并在各个经济部门之间分配，与此同时创造了一种可交易的碳许可证。在某些案例中，初始碳许可证是免费发放的。如果污染者的预期排放超过所持有的排放许可，则它要么通过安装更高效的设备或转向清洁能源以削减碳排放，要么到市场上购买更多的碳许可证，而排放低于许可的污染者可以在市场上出手许可或者根据预期长期持有。限额与交易的基本理念有两方面：一方面通过迫使污染者向超额碳排放付费来实现其向清洁能源转移或者提高能源效率，鼓励其投资于清洁技术和低碳解决方案；另一方面通过将减排负担分解到整个行业乃至整个经济体，来帮助经济参与方找到减排的最低成本途径。

限额与交易制度在区域尺度或国家尺度取得过成功。比如美国曾在20世纪八九十年代用限额与交易制度分别成功削减含铅汽油的使用和对抗酸雨。但是在全球尺度上限额与交易这一碳定价方式并没有有效减少温室气体增加的速度。尽管越来越多的国家实施了碳定价政策，但大气中的碳排放累积速度并未下降，反而有所上升，也就是说碳定价在切实解决气候变暖问题上无能为力。2017年，全球与能源相关的温室气体排放量在前三年平缓的基础上再次达到历史最高，国际能源署（IEA）预测如果没有新的有效措施出台，与能源相关的温室气体排放将在2040年前持续增加。为什么一个在理论上可行的政策，在现实中并没有带来预期的效果？碳定价是如何从应对气候变化的灵丹妙药演化为公众麻醉剂的？经济学家普遍认为导致这一市场失灵的原因有三点，其一是碳定价太低，无法带来真正的环境改变，而碳定价过低的原因在于政府担忧碳定价过高所带来的政治风险；其二是碳定价的适用范围太窄，只适用于某些行业，因而无法有效遏制全球排放；其三是未形成一个全球统一的碳定价体系，因此存在碳泄漏情况，一个严格实施碳定价的国家所减少的碳排放很可能转变为一个宽松环境的国家的碳增量。根据世界银行的统计，目前有42个国家和25个地区已经或正在推进碳定价机制（限额交易或碳税），名义上覆盖全球一半以上的GDP和四分之一的碳排放，但由于某些区域的碳定价只涵盖特定行业，因此实际覆盖率约为全球排放量的15%。如果将实施全国范围内碳定价的中国纳入考虑，这一覆盖比例将上升到20%~25%。如果要实现《巴黎协定》的减排目标，全球碳定价的覆盖范围在十年内需要达到50%。

目前为止，碳定价机制运行良好的部门是那些大量使用化石能源的行业，比如电力部门和供暖部门，因为这些行业便于利用提高能效的技术，而且不存在通过碳泄漏将碳排放转移到其他地方的可能性。电力和供暖部门可以采用的控制碳排放的方式是多种多样的，比如使用更高效的化石燃料设备、从煤炭等高碳化石燃料转向天然气等低碳化石燃料、增加可再生能源份额、捕获二氧化碳技术、鼓励客户减少电力浪费等。但是碳定价在建筑部门和交通部门的减排效果并不明显，这两个部门分别占全球碳排放的6%和14%。碳定价机制是否有效减少排放不仅与部门有关，也与每吨CO_2的价格有关。根据高级别碳价格委员会的经济学家2017年得出的结论，要实现《巴黎协定》的减排目标，到2020年碳价必须在每吨40~80美元，到2030年碳价必须在每吨50~100美元。在目前碳定价机制所涵盖的全球排放中，只有1%的碳排放定价等于或高于40美元的生态底价，超过四分之三的碳价低于10美元。因此，无论是从碳定价的覆盖范围而言，还是从碳的价格水平而言，目前的实际运行情况都远远不能完成《巴黎协定》所设定的减排目标。

现实世界中能够支撑高碳价的主要是富裕的国家或者地方政府，并且这些区域往往拥有丰富的可再生能源，如光照和水资源。《巴黎协定》签署两年后，只有约0.15%的全球排放量的碳定价达到了经济学家所认为的能产生显著环境改进效果的足够高的水平。根据世界银行统计，目前只有芬兰、列支敦士登、瑞典和瑞士这四个国家的碳价高于每吨40美元。很显然，这四个国家都是拥有深厚环保文化的富裕国家，并且拥有丰富的水电资源，在核电发展领域也处于优先地位，才得以支撑如此高的碳价。美国自行选择限额与交易体系的加利福尼亚州、缅因州、纽约州和佛蒙特州也是如此，这些州往往拥有充足的太阳能、风能或水力发电，对高碳煤的依赖程度较

第四章　国际气候谈判中的全球绿色治理

低。根据世界银行估算，要实现巴黎协定的减排目标，到2030年全球对低碳技术的年度投资需要达到7000亿美元，而一个国际碳市场每年可激励实现2200亿美元，即三分之一的低碳投资。

碳定价理论很"完美"，但实践有"缺憾"，这表明在减排实效、经济收益和政治意愿之间很难兼得。欧盟案例就提供了一个很好的视角。欧盟碳排放交易系统于2005年启动，涵盖发电、水泥、钢铁制造等能源密集型行业。交易系统运行之初为相关企业配发了大量免费许可，部分程度上是欧盟官员为安抚工业界所做出的妥协，即只有排放意外增加超过配额的企业才需要为污染付费。2008年金融危机爆发后，欧洲的经济活动及相应的排放水平都有所下降，企业所持有的排放配额充沛，远大于所需，因此欧洲碳价格从2008年的每吨25欧元一路下跌到2013年的不到5欧元。此外，欧盟交易机制第一阶段（2005~2008年）存在设计缺陷，规定持有者对排放许可的持有时间不超过2007年底，这意味着没有一个长期预期的排放许可交易，一旦面临些许过剩就会导致价格下降为零。近年来欧盟也为调整这一交易体系做出了努力，要求更多企业购买碳许可，并且将系统的涵盖范围扩大到欧盟内部的航空公司。但是碳价依然很低，不足以支撑欧盟所设定的长期减排目标。2015~2016年，欧盟碳排放量下降了0.7%，这一减排速度可以支撑欧盟实现其2020年达到比1990年水平低20%的目标，但不足以支撑其长期目标，如2050年前达到比1990年水平低80%的目标。2017年欧盟碳交易系统涵盖的碳排放量在七年内首次实现增长，欧盟碳价已经出现了增长趋势，但距离世界银行评估的理想碳价仍有很大差距。欧盟重新设定的碳交易系统将于2021年生效，旨在收紧碳排放限制，减少发放免费许可证，在碳价低于一定水平时将其撤出市场等。加利福尼亚州作为世界第五大经济体[①]，同样面临碳交易系统下碳价过低现象。虽然加州碳排放只占全球排放的1%，但长期以来它在环境政策规制和立法方面处于领先地位。加利福尼亚州于2012年建立限额与交易系统，旨在到2020年前将排放量降到1990年水平——虽然不及欧盟目标，但比美国联邦政府的目标显得

[①] 2017年美国加利福尼亚州经济总量超2.74万亿美元，超过英国的2.62万亿美元，其经济总量可使加州位列世界第五大经济体。

135

雄心勃勃。2016年，加州限额与交易系统涵盖的发电排放有所下降，但该州最大的排放部门——交通部门的碳排放有所上升。事实上，发电厂的碳排放下降与碳价并没有太大关系，主要是水电、风电、太阳能发电的比例上升了。加州希望实现更深层次的减排，到2030年比1990年水平低40%，到2050年比1990年水平低80%。但目前约每吨15美元的碳价显然不足以支撑实现这一目标。加州政府正在考虑到2030年前将碳价提高到每吨81～150美元，但目前尚处于讨论和博弈阶段。加州考虑引入一种新的定价方法来获取企业和社会支持，即"收入中性"碳定价或"碳红利"，基本思路是将出售碳许可证所得直接返还给消费者（以退税形式），来补偿因碳价上升引发的能源价格及其他商品价格上升给消费者带来的损失。这样一方面可以获得公众的支持，另一方面也可以敦促排放大户切实减排。从理论上而言，将部分碳价返还消费者广受欢迎，从而为政策制定者提供政治掩护——施加足够高的碳价进而对气候变化产生影响，但在现实中会受到被碳价冲击较高的利益集团的强烈反对。加拿大不列颠哥伦比亚省2008年实行了收入中性的碳价格，最初实现了碳排放下降趋势。2012年因利益集团政治反对，该省政府冻结了碳价格，即每吨30加元，继而排放量开始上升。2018年春天，该省将碳价格提高到每吨35加元，其政策效果还有待观察。

碳定价的另一种方式是征收碳税，政府根据一定税率对每吨CO_2排放征税，瑞典是最先践行这一方法的国家，早在1991年就开始对家庭每吨二氧化碳排放征收100欧元的碳税；法国于2015年开始对化石燃料排放的每吨CO_2征收14.5欧元的碳税。此外，日本和墨西哥也有几种视具体情况而定的碳税。显而易见，要实现将全球变暖控制在1.5℃～2.0℃的范围内，除了瑞典外，其他国家的碳税水平远远不够。碳社会成本，即能够激励经济主体做出充分的一致的努力实现控温1.5℃～2.0℃的碳价。从理论上而言，实施的碳税必须要等于碳的社会成本，才能切实减缓全球变暖。根据罗卡尔委员会（Rocard Commission）采用的报告，2010年的全球碳社会成本是每吨$CO_2$45欧元，2030年是100欧元，2050年为150～350欧元。[1] 但现实

---

[1] Alain Quinet, La Valeur Tutélaire du Carbone (Paris: La Documentation Française, "Rapports et Documents", 2009).

情况是，目前欧洲和美国的碳价平均而言仅仅介于5~10欧元之间。

（三）公平获取可持续发展

经济学对造成气候变化的历史排放所给出的药方是对历史排放进行折现，在"共同而有区别责任"原则下实现公平而高效获取可持续发展的路径。公平获取可持续发展要求考虑历史责任，但并不要求将历史排放等量对待。这是因为，一方面历史排放的碳是当前气候变化的原因，是发展的基础；另一方面，我们需要的是发展而不是碳。由于碳生产力在不断提高，而且科学上的影响也在衰减，需要对历史排放加以折扣。不同时期的碳生产力不同，发展中国家作为后发者享受了技术进步的外溢效应，因而应该对历史碳排放进行折现，也能体现公平原则。通过自动能源效率指数（AEEI）对排放和责任进行贴现，按年均1.5%的AEEI计算，100年前的排放，责任可以衰减80%。这样，历史责任可以转化为资金来源，一方面用于发展中国家的低碳发展；另一方面发达国家可以从发展中国家换取碳盈余额度，通过交易和市场方式实现公平高效的可持续发展。在这种机制下，我们才能拥有碳交易市场。更重要的是，要从观念上进行创新，将责任分担变成机遇分享。零碳的能源生产与服务可以带来就业增长、经济繁荣和能源安全。

经济学知识引导我们需要在全球建立碳排放预算机制，以实现公平获取可持续发展的空间。实现2℃温升目标的碳预算刚性约束，可以确保可持续性；根据人均历史累积排放原则分配，可确保碳排放权益公平；建立起基于初始分配的有效的国际合作机制，使得那些有排放赤字或预算不足的国家，可以通过交易、技术转让等方式从碳盈余的国家购买额度，以平衡自身的碳账户，从而实现碳效率。低碳转型不是"零和游戏"的成本分担，而是抢抓机遇的多赢方案。零碳能源发展可以增加就业，促进增长，保障能源安全。低碳发展提供机遇，人类需要转变观念，从责任分摊到机遇分享。在这一点上，发达国家需要率先垂范，做出榜样，从而增进发展中国家低碳转型的信心和能力。无论是发达国家，还是最不发达国家，抑或是快速工业化国家，碳只是表象，真正的国家利益乃至全球利益，在于高效而公平地实现可持续发展。

四 以政治学框架分析应对气候变化的困境

收入不公平与碳不公平之间存在联系。发达国家的碳排放与人均 GDP 之间存在库兹涅茨倒 U 形曲线，但在发展中国家呈现线性关系。发达国家已经出现了碳排放的拐点，而发展中国家还没有这种迹象，因此发展中国家应该利用发达国家的帮助和技术实现低碳发展。从理论上而言，缩小发达国家与发展中国家的收入差距，有助于实现全世界的低碳发展，这对双方而言都是有益的。低收入国家在减排能力和效率方面都相对较低，因此就低碳发展而言，发达国家和发展中国家都需要做出进一步的努力。比如，基础四国的排放起始在总量和人均水平均处于较低状态，而随着工业化、城市化进程，排放迅速上升。发达国家的排放经过工业革命以来的历史积累，总量和人均处于高位，增长趋缓，甚至出现快速下降。统计数据表明，人类碳足迹与经济发展水平和生活品质存在一定的关系，碳足迹较低的国家其发展程度也较低，但美国等高碳足迹的发展方式对非洲等贫穷国家的人口而言不可复制，也是不可持续的。如何分担历史责任、本地成本、外部成本等问题，人类必须找到一条路径。

国际气候谈判在过去 26 年中取得的进展并不令人鼓舞，因为涉及发展权益、政治利益、国家战略，以及地缘政治等复杂问题，国际气候谈判成果达成尚且困难，至于谈判成果是否能"靴子落地"得到实施，更是一个模糊不清的问题。《巴黎协定》所达成的"国家自主减排目标"和五年检查制度，因为缺乏统一的衡量标准，使得各国的真实减排贡献持续保持模糊化。发达国家是全球历史累计排放的主要责任方，而发展中国家是全球当前以及未来的主要排放者（见图 4-2）。总体来看，北方国家实现了"又富又绿"的目标，而南方国家还在"又穷又脏"的境地中挣扎。以中国、印度为代表的发展中国家，伴随着快速经济增长的同时也出现了快速增长的碳排放。发展中国家坚持"共同但有区别"原则，要求发达国家为历史排放责任"买单"，而发达国家坚持以当前排放过多为由迫使发展中国家削减排放，挤压发展空间。发展中国家普遍存在环境标准宽松、环境治理不严的问题，也为全球跨国公司实现碳泄漏提供了目的地。发展中国家将自身环境恶化普遍归咎为"以环境换经济"，但事实上，将全球价值链引入分析框架后，我们会发觉，发展中国家在全球经济蛋糕中所得份额甚少，但环境代价相当大，所承接的经济活动环节往往都是附加值低但环境污染高的部分。因此，发展中国家需要直面的一个问题是：环境代价并未换取高价值经济收益，未来面临经济升级与环境升级的双重压力。虽然从长期而言，人类有可能实现零碳发展。但在这一美好世界到来之前，全球如何分配排放配额，需要在国际政治框架下分析应对气候变化这一议题。

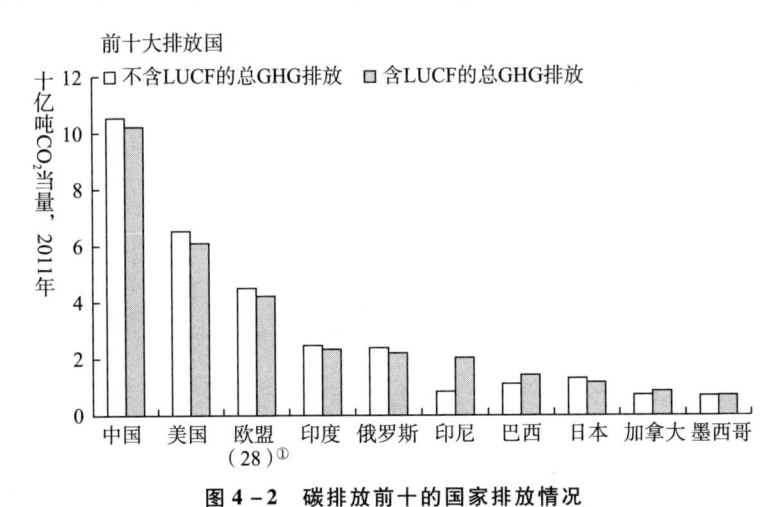

图 4-2 碳排放前十的国家排放情况

注：LUCF（土地利用的变化和林业）指土地和森林配置变化所造成的排放。
资料来源：世界资源研究所。

首先需要明确的是，温室气体排放具有历史累积效应，因此需要认定历史责任。根据目前科学界的主流认识，当下的气候变化主要是由发达国家在长期工业化进程中造成的，从18世纪中叶工业革命开始到1950年，发达国家排放的二氧化碳量是人为排放的95%；从1950年到2000年的50年中，发达国家的排放量占人为排放量的77%。历史累积效应的含义在于，二氧化碳在大气中具有"驻足"性，一旦排放到大气中，可以停留几十年甚至上百年，意味着当前人类头顶上的二氧化碳分子，很有可能来自工业

① 指欧盟有28个成员国。

革命时期的蒸汽机排放。根据历史累积排放计算，截至2010年美国占全球的29%，中国约占8%，和英国、德国大体相当。工业革命前大气中二氧化碳浓度约为287ppm，2014年夏威夷观测站的最新数据显示这一数值已突破400ppm，距离气候界公认的450ppm临界值已经很近了。西方国家应该承担主要责任，因为其工业化时期没有任何碳排放约束，挤占了后来者的碳排放空间。进入全球化时代以来，全球价值链和产业链的分布使得发展中国家承接了高污染、高耗能产业，即承受了所谓的"碳泄漏"。发展中国家冒着黑烟的工厂为发达国家输送源源不断的绿色清洁产品。以光伏产业为例，光伏面板生产环节是污染排放最高的部分，中国在给其他国家提供光伏产品打造光伏产业的同时，将制造生产环节的污染留在了国内。西方国家通过全球化输出工业化，就意味着全球难以避免"先污染、后治理"的模式。中国、印度和非洲国家等在经济尚未起飞的时刻，又加上了"碳排放"的重担，经济收益与环境收益同时拷问发展中国家的治理水平。

全球分配排放配额的难点在于世界各国的减排成本不同（见图4-3），生产同是1美元的GDP，在中国所需要的排放就比欧洲或者美国都高，这与一个国家的发展阶段、技术水平有密切关系。由此，应对全球变暖问题可简化为如下命题：在全球未来排放配额既定水平下，如何在减排成本各不相同的国家间"公平地"分配配额，以保证人类和地球处于风险阈值以下？

国际政治学之所以开始关注气候变化问题，是因为人类赖以生存的气候条件发生变化之后，不可避免地影响人与人之间的资源分配、经济活动的布局和政府应对巨变的能力。比如，气候变化加剧了水资源分配的紧张局势，很多争端或者军事紧张开始源自争夺最基本的生存资源。一旦涉及资源在国与国之间的分配，就必然要涉及其中隐含的国际权力和国际安全的内容。气候变化问题之所以需要国际政治学的知识支持，也在于气候问题是典型的跨国界议题，本身不受地域和边界的限制，虽然诞生了像《联合国气候变化框架公约》这样的多边跨界组织，但这一新组织形式的出现并未能有效解决气候变化这一新问题，国际社会还未找到应对这一巨大挑战的有效方式，仅凭经济学手段和工具是不够的，还需要用国际关系的理论和实践进行指导。未来随着全球变暖引发的地球表面资源分布变化足以

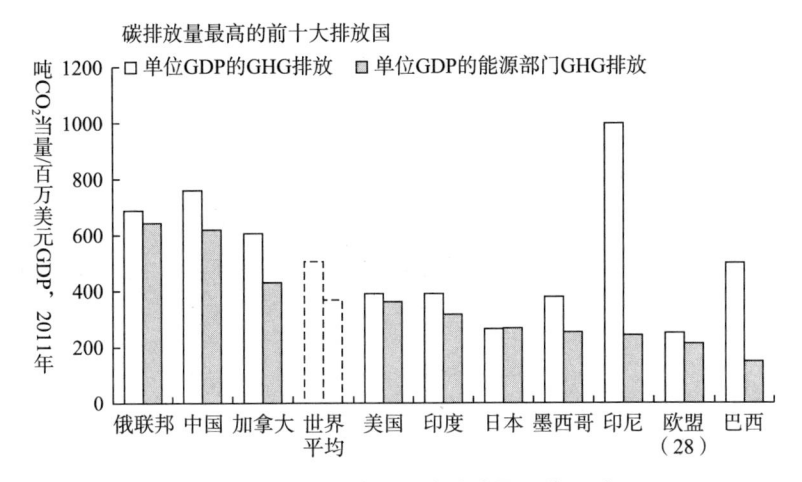

第四章 国际气候谈判中的全球绿色治理

图4-3 单位生产总值的排放量（按国别）

注：印度尼西亚排放中非能源占比较高是因为其国内森林砍伐十分严重。
资料来源：世界资源研究所。

改变国家间的现有关系，即气候变暖跨越一定阈值后，不仅会引起地球客观物理条件的质变，也会引发国际关系领域的质变。比如，作为"亚洲水塔"的喜马拉雅山脉—青藏高原地区，是长江、黄河、雅鲁藏布江等的发源地，冰川融化量决定亚洲各大河流的年径流量。这些河流目前存在很多国际冲突，比如水电站建设所带来的截流问题、上游污染问题，往往成为沿河流域国家关系好坏的风向标。假如气候持续变暖带来上述河流流量的显著变化，各国拥有的水资源增加，则中国与南亚和东南亚各国间的合作将会加强；但如果面临更加短缺的水资源，则合作会越发困难，而冲突会持续加剧。在喜马拉雅冰川融化这一具体问题上，就涉及国际安全问题、主权问题（水的主权）、公共物品问题和责任如何分担问题。因为水是一种特殊的资源，能够自由地跨界流动，不存在国界之分，不像煤炭或铁矿石属于某一领土之内的资源，因此冰川融化后河流径流量增加将进一步复杂化水主权问题。

国际社会所致力于构建的气候变化多边体系一直以来并未取得真正的成功，在我们讨论应当建立一个什么样的国际气候制度之前，需要认真思考为何应对气候变化的行动演化成如今的碎片化和丛结化？自由制度主义学派的代表性人物罗伯特·基欧汉（Robert O. Keohane）与气候变化问题专家戴维·维托克（David G. Victor）于2011年3月在《政治视点》（Perspectives on Politics）上发表《气候变化的制度丛结》一文，认为全面的统一的减排框架成本过高无法实施，目前来看一个松散连接且有效运行的气候变化制度体系更为可取。气候变化的制度丛结具体表现为：2005年小布什政府创建"亚太清洁发展与气候新伙伴关系"以应对全球对美国抛弃《京都议定书》的批评[①]；2007年小布什政府创建"主要经济体能源安全和气候变化会议"（包括16个国家和欧盟，后更名为"主要经济体能源和气候论坛"）希望推行更为灵活的减排战略；2005年以来八国集团（G8）领导人与最关键的五位发展中国家领导人在分会上碰头商议气候变化问题（即G8+5）；20国集团（G20）每次峰会都会讨论气候变化议题并达成减少化石燃料补贴协议；工业化大国之间创建各种形式的双边协定，中英建立伙伴关系试验先进燃煤技术、美印在核裂变技术领域合作、挪威和印度尼西亚在联合国"减少毁林和森林退化的排放"（REDD）议题上签署双边协定等；《蒙特利尔议定书》在减少消耗臭氧层物质方面对减排产生了巨大的协同效应；世界银行所设立的原型碳基金（Prototype Carbon Fund，PCF）等若干个不同的正式基金促进减排；美国加州和东北部各州在次国家层级建立排放贸易体系；持续增长的技术投资流向"地球工程"，海洋处理技术受《伦敦条约》规制，生物多样性影响受《保护生物多样性公约》规制，臭氧层技术受《蒙特利尔公约》规制。因此，现有的国际气候制度安排并没有一个核心和统一的架构，而是局部的等级式制度的组合，这些制度丛结以松散方式与《联合国气候变化框架公约》一同构成了现有的国际气候制度实践。气候变化涉及的议题领域之宽泛、问题之具体，已经超出了人类在参与全球治理中积累的经验。气候变化问题是由许许多多个合作问题组成的，一旦涉及"合作"，便天然地存在"搭便车"激励。如果回顾已经取得过成功的多边贸易体系WTO，在起步之初也只是限定在很窄的范围内，如关税，

[①] 2005年7月，中国、美国、日本、澳大利亚、印度和韩国共同发表了成立"亚太清洁发展与气候新伙伴计划"（Asia-Pacific Partnership on Clean Development and Climate，APP）的意向声明。该计划（APP）是与会各国为应对气候变化而建立的一个有建设性的合作框架，是伙伴国携手推进清洁发展，实现发展、能源和环境目标的积极步骤。

但由于贸易问题具有很强的连接性，因此现今的多边贸易体系的治理议题已经从关税扩展到一系列贸易壁垒，从最初的窄议题到统一架构，WTO走过了将近半个世纪的时间。回顾全球气候治理进程，这一过程目前进展了26年，仅从制度演化的时间来类比，人类在全球绿色治理领域下的气候治理还有很长的路要走。如果用中国传统哲学的思路去理解，要"立"起全球统一的气候治理制度，一点一横代表全球气候治理法律和框架，下面的一长横，则可以代表分散平行的制度丛结，而中间两点则表明需要强化竖向连接，才有可能在全球范围内构建起一个全面的、综合的气候治理制度框架，彼时一个真正的有效力的全球气候治理框架才会"立"起来。

美国掌握全球霸权的时段是1991~2008年，诞生于1992年的《联合国气候变化框架公约》美国是缔约方，但决定全球应对气候变化进程的关键性文件《京都议定书》（1997年）却遭到了美国的拒绝。1997年，正是美国作为世界霸主的时点，根据基欧汉对霸权的定义——单一国家具备为世界特定领域制定和实施最重要的规则的能力，美国本可以借助霸权完全主导气候治理规则，却拒绝扛起应对全球变暖这面大旗，由此可见全球气候治理的复杂性和艰难性。在美国的全球霸权消退之后，更没有单一国家能够主导全球气候变化议题，富裕国家和发展中国家都需要重新定位发挥作用，中国则可以从一个规则接受者或规则抵制者转变为一个合法规则的创制者，促进在气候变化等新议题上建立新的更可行的制度。比如将气候变化议题与运行良好的国际多边机构挂钩，通过债务或税收的方式建立"气候财政制度"，使其成为全球减排的合法监督人和利益相关者，切实将应对气候变化的长期收益和短期激励结合起来。

五 美国政府缘何逐渐缺位全球气候治理[①]

美国作为世界超级大国，在其霸权统治的单极世界中，理应把握全球绿色治理的主动权和话语权，但恰恰相反，美国热衷于将基于国内法的环

---

① 周亚敏：《美国重启〈巴黎协定〉谈判对全球气候治理的影响分析》，《当代世界》2018年第1期。

境条款渗透到国际环境协定和自由贸易协定中，但对于多边框架下的全球气候协定一直相当冷淡。美国公众基于自身生活体验，也承认气候变化的客观存在，比如华盛顿的樱花每年都比上年开得更早，而美国人对于北极熊数量的观测值减少也印证了气候变暖的实际后果。在生活感受和科学证据充分表明全球气候在加速变暖的背景下，2017年6月1日，美国特朗普政府甚至冒天下之大不韪悍然宣布退出国际社会艰难达成的《巴黎协定》，众国哗然。国内成本与国际收益的长期不对称，是导致美国意欲退出并要求重启《巴黎协定》谈判的深层次原因。退出《巴黎协定》或将打破美国历来"以联盟为中心"参与全球治理的传统路径，但这并不意味着美国会放弃对《巴黎协定》后续谈判施加影响的权力，也不代表美国会放弃其在全球气候治理领域的实质性话语权。美国以退出为要挟要求重启谈判的做法或将对《巴黎协定》的普遍履约带来负面示范效应，甚至延缓实现温控目标的时间，但不会导致全球气候治理进程的逆转。

2017年6月1日，美国特朗普政府宣布退出气候变化《巴黎协定》；8月4日，美国国务院通过书面文件向联合国正式确认将退出《巴黎协定》；9月17日，在特朗普的联合国首秀前夕，欧盟官员称美国政府对《巴黎协定》的态度"有所软化"，但随即遭到白宫发言人否认。美国国务卿雷克斯·蒂勒森表示，美国退出的立场并没有改变，除非协议条款对美国更为有利。这一微小波澜似乎并没有显示美国的根本立场有所变化，但特朗普政府已经从6月强硬的"先退出，再谈判"转变为当前的"先谈判，再退出"。特朗普政府对《巴黎协定》摇摆不定的态度对全球气候治理格局带来了结构性影响。作为全球第二大温室气体排放国，美国的退出使气候治理从"全球治理"进入"半球治理"状态。以欧盟、美国、金砖国家三足鼎立为特征的全球气候治理格局不复存在。美国既不能接受《京都议定书》框架下的"自上而下"模式，也无法实施让各国迁就美国国内政治而创新形成的以"自下而上"为特征的《巴黎协定》，这意味着美国从根本上就不愿意在全球气候治理领域有所担当，而是试图摆脱全球气候变化对世界经济社会发展形成的刚性约束，反映出其权力与责任的严重失衡。本书试图从美国国内治理和全球治理两个角度来解释美国意欲退出《巴黎协定》的深层次

第四章　国际气候谈判中的全球绿色治理

原因，预判美国下一步参与全球气候治理的方式，并分析美国意欲退出或重启《巴黎协定》谈判对全球气候治理的影响。

（一）美国退出《巴黎协定》的原因

依据美国总统特朗普所言，《巴黎协定》让美国处于不利地位，而让其他国家受益。特朗普声称，"《巴黎协定》会导致2040年美国GDP下降3万亿美元，650万个工业工作岗位流失，特别是煤炭产量将下降86%"[①]。特朗普同时也质疑《巴黎协定》设定的降温目标，认为"即便《巴黎协定》得到全面实施，到2100年全球气温也只会相对下降0.2℃"。特朗普更是认定这是一份对美国不公平的协议——"《巴黎协定》允许中国新建数百座煤电站，允许印度煤炭生产加倍，而美国却不行"[②]。《巴黎协定》在特朗普眼中成了一个使美国丧失有利地位、承担不可能完成的任务以及对美国不公平的协定，与其主导的"美国优先"战略背道而驰，所以特朗普认为美国理应退出。但特朗普也提出要重开谈判，修改《巴黎协定》直至美国满意，或者另行缔结新的"对美国公平"的气候条约。换言之，特朗普政府正在以牺牲全球气候治理秩序为代价来保证"美国优先"目标的落实。

不过，特朗普提出的上述理由仅仅是表面原因，甚至可以称之为借口，因为他所引用的预测数据没有得到国际社会的认可，也有意回避了美国依然是目前全球最大的累积碳排放国这一事实。应对气候变化是典型的全球治理议题，以退出为要挟重启《巴黎协定》谈判反映出美国在全球气候治理领域的收缩态势。有学者认为，美国在全球气候环境治理中的领导地位不断下降是因为美国强大的谈判能力和日趋分化的决策体制出现了失衡。[③] 但对一个国家而言，全球治理是国内治理的延伸，国内治理是全球治理的基石。因此，有必要从国内治理角度探究美国退出的深层次原因。

[①] 特朗普2017年6月1日在白宫玫瑰花园发表的演讲内容，数据援引自美国国家经济研究协会（NERA）的报告，但该报告的假设受到美国学界的广泛质疑，且结论忽略了降低碳排放、减缓气候变化带来的收益。
[②] 同上。
[③] 于宏源：《体制与能力：试析美国气候外交的二元影响因素》，《当代亚太》2012年第4期，第113~129、159~160页。

美国主张利益导向型全球治理战略,强调全球气候治理不能影响美国国内事务。特朗普用民粹主义的语言和政治风格来动员中下层白人,并成功地冲破了两党建制派的狙击。但由此造成的问题是,由于对国内选民承诺在先,因此美国外交决策的独立性被国内的政治不确定性所侵蚀。特朗普做出退出《巴黎协定》的姿态,首先考虑的是迅速回报选民和获取国内支持,对气候变化这一全球事务本身的呼应在次。尤其在草率解雇美国联邦调查局局长科米、深陷"通俄门"旋涡的五月,特朗普用退出并重启《巴黎协定》谈判这一事件来转移国内注意力,再合适不过。甚至有学者将特朗普退出《巴黎协定》与1933年德国退出国际联盟相提并论,认为二者都是逃避对全球合作的初步尝试,为国内发展经济和扩充武力争取空间和时间。[①]

从经济层面而言,美国不愿意在"共同但有区别的责任原则"下承担减排所带来的国内社会成本。从科学层面,特朗普直接否定"气候变化主要是人为原因造成的"这一共识。从伦理层面,特朗普不仅忽略"水平正义"(horizontal justice,贫穷和沿海地区更易受气候变化影响,但缺乏有效应对手段),更是对"垂直正义"(vertical justice,代际公平和累积排放)避而不谈。气候变化不仅仅是一个"是否真实"的科学问题,更是一个"成本多少"的经济问题和"如何分配"的政治问题,以及"责任在谁"的伦理问题。

对美国而言,履行《巴黎协定》的两大重担是减排承诺和资金援助。《巴黎协定》签署之初,美国承诺到2025年将在2005年的基础上减排26%~28%,从2020年起发达国家每年提供不少于1000亿美元的补偿基金。这是美国参与全球气候治理的成本,这种成本体现在国内治理领域。相对应的全球治理收益,在美国人的账本上却无法核算,美国既没有成为全球气候治理领域的领导者,也未能实现以气候变化为借口来钳制新兴大国的崛起。国内成本与国际收益的长期不对称,是导致美国意欲退出《巴黎协定》的深层次原因。因此,在气候怀疑论的支持下,特朗普政府大幅削减了美国

---

① Bob Berwyn, "Trump's Paris Decision is a Challenge to Global Governance", June 3, 2017, https://psmag.com/environment/donald-trumps-dangerous-nationalist-rhetoric-on-climate.

环保署（EPA）和核心科学机构的预算，如掌握气候和环境关键信息的国家航空航天局（NASA）和国家海洋与大气管理局（NOAA）的科研经费。

（二）美国参与全球气候治理的范式转换

美国意欲退出并要求重启《巴黎协定》谈判的做法直接打破了美国历来"以联盟为中心"参与全球治理的传统路径，凸显美国对责任赤字的逃避——不愿意提供并有效管理全球气候治理的公共产品。因为提供和管理全球公共产品不仅意味着要有资金、物力、人力的投入，还要勇于进行制度设计与协调，敢于提出引领全球治理的新的价值与理念，是一件费时、费力、费财还未必讨好的事情。美国历来在全球气候治理议题上的做法就清晰表明了这一认知。美国在20世纪80年代到90年代中期曾引领过全球气候治理，但从小布什上台宣布退出《京都议定书》后，美国就放弃了这一领域的领导权。此后，美国一直在减排问题上采取游离态度，并不接受全球协议对自身的约束。1990～2015年美国的温室气体排放不降反增，较1990年上升了3.5%。[1] 近年来，美国页岩气开发明显降低了温室气体排放，但页岩气所依赖的水力压裂法会产生其他环境风险，如地下水污染和甲烷泄漏，因此大范围推广页岩气存在国内阻力。美国不愿减排有意识形态、科学态度和党派政治的影响，但最关键的还是经济因素，特别是煤炭和石油行业强大的游说团体所表达的政治意愿，支持了美国在减排领域无所作为的现状。回顾全球气候治理的历史就可以发现，经济视角、经济利益和经济战略从国际气候政治孕育之初就扮演着重要角色。

不过，要求重启《巴黎协定》谈判只表明美国拒绝履行协定规定的义务，并不代表美国要放弃对《巴黎协定》后续谈判施加影响的权利，也不代表美国会放弃其在全球气候治理领域的实质性话语权。《巴黎协定》第28条规定，缔约方只能在协定生效满三年后申请退出，并在收到正式通知满一年后真正退出。在2020年11月正式退出之前，美国仍然可以参加所有关于《巴黎协定》的谈判，仍然可以维护"美国优先"利益并影响谈判进程。

---

[1] U. S. Environmental Protection Agency（EPA），"Inventory of U. S. Greenhouse Gas Emissions and Sinks: 1990-2015", April 15, 2017, EPA 430-P-17-001.

即使四年后美国真正退出了《巴黎协定》，但由于其仍是《联合国气候变化框架公约》缔约方，美国依然可以对气候治理领域的重大事宜指手画脚。从成本收益角度出发，美国以退出《巴黎协定》作为修改条款的要挟是无本万利之事。

在2017年6月1日的发布会上，特朗普并未排除重新谈判《巴黎协定》的可能性，这一做法符合美国历来在多边合作框架下偏好"小多边合作"形成先发优势的传统做法。无论是在世界贸易组织和联合国正式机制下的贸易与环境议题，还是平行于正式机制的自愿谈判框架如《跨太平洋伙伴关系协定》，都可以看到美国"小多边合作"的影子。因为有效的多边合作最初都是由一些关键核心国家初步达成协议，再说服或拉拢其他国家参与。在处理气候变化问题时，美国也曾发起过"主要经济体论坛"，试图用"小多边合作"来达成共识。重开气候谈判的提法也是这一行为逻辑的体现。不过，各缔约方目前都明确拒绝了重开谈判的可能性。

美国《自然》杂志在特朗普于玫瑰园宣布退出《巴黎协定》的第二天，即刊出了一篇气候变化领域的16位顶级科学家的看法。无一例外的是，这些科学家都认为美国这一做法重创全球气候治理体系，使2℃温升目标变得更加难以实现，给海洋环境和地球生态带来了极大的不确定性，同时科学家们对美国地方政府的积极减排行动给予高度评价。有科学家甚至引用莎士比亚名言，认为美国退出《巴黎协定》是错过了世界涨潮，此后美国将与世界无关，其他国家在前进而美国在后退。[1]

（三）美国缺位下的全球气候治理

由于美国依然是世界第二大碳排放国和传统意义上的全球治理领导者，毋庸置疑，退出或重启《巴黎协定》谈判会对全球层面减排温室气体的集体行动带来挫折。历史地看，全球气候治理方案曾多次被美国阻碍。小布什总统在上任百日内就宣布退出《京都议定书》，当时这一事件被认为是

---

[1] Jeff Tollefson and Quirin Schiermeier, "How Scientists Reacted to the US Leaving the Paris Climate Agreement", June 02, 2017, https://www.nature.com/news/how-scientists-reacted-to-the-us-leaving-the-paris-climate-agreement-1.22098.

"京都的死刑令",但其他国家的坚持使得全球气候治理的脚步一直稳步前进。同样,特朗普宣布退出《巴黎协定》不会扭转世界迈向更加绿色经济和更少依赖化石燃料的整体趋势,全球气候治理依然会向更有效的方向迈进。G20汉堡峰会上除美国以外的其他19个成员方在履行《巴黎协定》的问题上达成共识,显示国际社会应对气候变化、推动国际合作的决心与共识并未受到美国退出《巴黎协定》的影响。继美国展示出对《巴黎协定》摇摆不定的态度后,法国总统马克龙于2017年9月19日在联合国大会一般性辩论环节的讲话中称,不会重新谈判《巴黎协定》,尊重美国"退出"的决定,但如果美国改变主意,协定的大门仍向美国敞开。

不可否认,美国的退出意图不可避免地将对《巴黎协定》的普遍履约带来负面示范效应。美国应该承担的减排承诺和资金援助出现缺口,增加其他国家的碳减排负担和资金困难,最终会增加实现《巴黎协定》的难度和成本。虽然美国的退出不会导致全球气候治理进程的逆转,但会延缓实现温室气体控制目标的时间。美国退出后,全球实现2℃温升目标的减排缺口持续扩大。即便美国目前有14个州组成的联盟在继续履行奥巴马时期的减排承诺,也仅占美国总人口的36%,据估计到2025年实现比2005年减少15%~19%,距离奥巴马时期承诺的26%~28%还有很大差距。根据巴黎气候大会的决议,综合缔约国提交的自主贡献减排目标后,距离2℃温升目标仍有150亿吨CO_2当量的缺口。而美国真正退出后,将有可能导致2030年的排放量与2015年相比不降反升,为全球减排额外增加8.8%~13.5%的新缺口。[①] 据《联合国气候变化框架公约》常设委员会统计,发达国家2013年和2014年通过双边、区域和其他渠道提供给发展中国家的专属资金为231亿和239亿美元(其中美国提供的资金分别为26.96亿和27.70亿美元,占比达到11.7%和11.6%),距离每年1000亿美元的目标还相去甚远,而美国的退出则使得本就拮据的气候治理资金更加捉襟见肘。这无疑增加了发展中国家实现自主减排目标的难度,为实现2℃温升目标增加了极大的不确定性。

---

① 柴麒敏、傅莎、徐华清等:《特朗普政府宣布退出〈巴黎协定〉的分析及对策建议》,《中国发展观察》2017年第12期,第55页。

美国学者罗伯特·基欧汉认为,"全球有效治理更有可能通过国家间合作与跨国网络实现"[①]。应对气候变化更是如此,没有国家间的有效合作并形成一个扁平的网络化管理,是不可能实现的。在美国缺位的情况下,中国和欧盟必须通过深化合作来应对不确定性。事实上,中欧联手更多地是应对美国退出所造成的"多米诺骨牌效应",避免更多国家放弃气候保护宣言并取消国内的减排措施。全球气候治理的重心开始向欧亚大陆转移。《巴黎协定》能否成功推进取决于美国之外的国家是否能够互相信任并全力参与。《巴黎协定》谈判过程中采取的"多个双边主义"策略促成了协定的达成,那么协定的落实也需要继续贯彻这一策略,即建立中国—欧盟、中国—印度、欧盟—印度以及其他国家之间的互信和共同解决危机的责任感。

在气候变化领域,传统的北方国家和南方国家的分野不再明显,取而代之的是发达国家、新兴经济体和其他发展中国家三足鼎立的谈判格局。中国、欧盟、加拿大、印度,以及其他国家都表达了坚决执行《巴黎协定》的意愿。法国、德国以及其他若干重要缔约国则拒绝了特朗普提出的重新谈判建议。美国气候领导者缺位造成的真空会造就全球集体领导力新格局的出现。此外,印度在其他积极进取的发展中大国如巴西、印度尼西亚等国的支持下,已经成为气候谈判桌上与发达国家讨价还价的重要力量。全球气候变化是全球性议题,必须通过全球合作来共同应对。无论美国采取何种策略,应对气候挑战的进程不会结束,对可持续繁荣的追求和竞赛仍将继续。

六 应对气候变化的未来之路

从研究领域来看,气候变化问题的研究涉及环境、经济、政治、科学等各个学科,横跨地区到全球的空间与历史到未来的时间视野,研究主体多元化,视角多样化。对气候变化问题稍有关注的人对历史责任这一说法并不陌生,即富裕国家的工业化是靠污染支撑起来的,在工业化阶段排放了大量的温室气体,以至于对现阶段和未来的地球生态系统产生持久影响。

[①] Robert O. Keohane, *Power and Governance in a Partially Globalized World*, London: Routledge, 2004, p. 214.

但新兴经济体如中国、印度等正进入快速的城镇化和现代化阶段，势必面临大量的温室气体排放。"共同但有区别的责任"原则："共同"是指每个国家都要承担应对气候变化的义务，"区别"是指发达国家要对其历史排放和当前的高人均排放负责，它们也拥有应对气候变化的资金和技术，而发展中国家仍在以"经济和社会发展及消除贫困为首要和压倒一切的优先事项（公约原文）"。

从 20 世纪 80 年代起，"共同但有区别的责任"逐渐被国际谈判所接纳，进而成为一项规范用语，1992 年《联合国气候变化框架公约》第四条明确了"共同但有区别的责任"，1997 年《京都议定书》第十条确认了这一原则并以法律形式予以明确和细化，规定了发达国家应该承担的量化减排义务，未严格规定发展中国家应该承担的义务，这是"共区"原则的具体体现。2002 年《德里宣言》最终确定了"共区"原则，明确要在可持续发展框架下解决气候变化问题，认为发展经济和消除贫困是发展中国家的首要任务。但是"道阻且长"，发达国家在履行《京都议定书》方面进展缓慢，美国甚至在 2001 年退出了《京都议定书》。为了督促美国重新进入减排"朋友圈"，履行"共同但有区别的责任"，2007 年的巴黎气候大会设立"双轨制"，即迁就美国，对其特殊照顾，除美国外的其他发达国家履行《京都议定书》规定的减排义务，美国则参加"长效合作行动"（LCA）的减排，最终得以勉强通过。随后 2009 年的哥本哈根气候大会并未能按"巴黎路线图"的设计完成谈判，总体陷入失败。2012 年多哈气候大会上"双轨制"寿终正寝，《京都议定书》也名存实亡。美国不断加强 LCA 的权力，压缩《京都议定书》的空间，一方面弱化发达国家的减排责任，另一方面加强发展中国家的减排义务，最终实现了"双轨并一轨"，即发达国家和发展中国家都在一个机制下减排。

2016 年签署的《巴黎协定》为全球各个国家重回应对气候变化共同之路开启了大门，这扇大门的打开离不开奥巴马时期中美两国的共同努力，但 2017 年特朗普以"不公平"为借口宣布退出《巴黎协定》，则又一次动摇了应对气候变化的全球信心。回顾这 25 年来的国际气候谈判历程，不难发现，美国自始至终都在极力摆脱其应该承担的"气候债务"，从逃避《京都议定书》谋求 LCA 特殊待遇，给发展中国家施加压力实现"双轨变一轨"，事实上是降低了自己承担的责任，提升了发展中国家的减排压力。

根据"共区"原则，发达国家率先减排，并给发展中国家提供资金和技术支持；发展中国家在得到发达国家技术和资金支持下，采取措施减缓或适应气候变化。如图 4-4 所示，美国和欧盟在世界历史排放中占据重要位置，两者排放量合计在 1900 年左右占世界排放量的 95% 以上，虽然时至 2010 年该比例下降为 51%，但仍然占当年世界排放量的一半以上。因此不难勾勒出世界排放的责任分布图：即当前发达国家具有义不容辞的责任，但新兴经济体也要勇于担当，因为它们的未来排放份额将快速增加。基于发展中国家和发达国家需要承担不同的历史责任，有人主张"有差异才公平"（fair because differentiated）的方法，主张在发达国家采取高碳价，在发展中国家采取低碳价。这一主张看似十分完美，但却忽视了一个重要问题，在发达国家和发展中国家实行差别碳价只会进一步加大碳泄漏情况，促使发达国家的高碳排放企业将工厂迁往排放容忍度更高的地方，对于全球温室气体减排没有实质性意义。

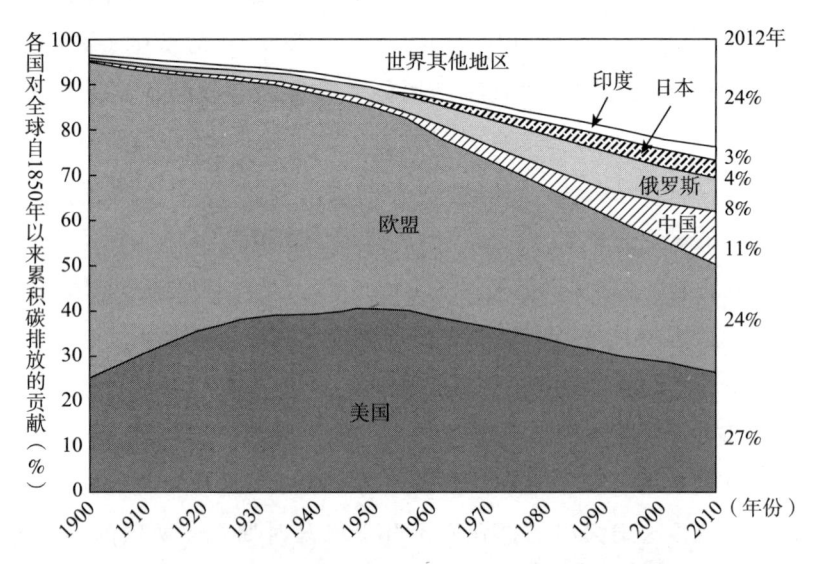

图 4-4 自 1850 年以来的 CO_2 排放：历史责任的扭曲

资料来源：气候经济学讲座，见于世界资源研究所的 CAIT 数据库。

由此产生的下一个问题是，如果全球实行统一碳价，发展中国家能否

第四章　国际气候谈判中的全球绿色治理

负担得起？答案是，富国应该向穷国提供金融转移支付来解决统一碳价下的公平问题，正如哥本哈根协议上所达成的共识一样，同样这也是巴黎气候大会所重申的原则。但在现实中，到目前为止，通过解决穷国补偿问题以争取实现共同努力的谈判均以失败告终。这一方面是因为发达国家在提供补偿资金时口惠而实不至，所统计的资助并不是惠及发展中国家的增量资助，而是各种现有环境项目的再包装，属于"绿瓶装旧水"。在气候变化议题上，政治家通常在国际会议上开空头支票，一旦会议结束就偃旗息鼓，甚至出尔反尔，这种政治意愿上的"搭便车"行为拖累着绿色气候基金的发展进程。另一方面，即便各发达国家有意坐下来仔细商讨分摊资金责任问题，也缺乏统一的口径使各方都心悦诚服。鉴于应对气候变化议题的公共品属性，每个国家都有可能抱着少付出、多收益的算盘。尤其是特朗普政府退出《巴黎协定》后，使中美在奥巴马政府时期弥合巨大差异达成的共同应对气候变化的努力化为泡影。

纵观国际社会应对气候变化的行动历程，不难看出，从《京都议定书》到《巴黎协定》，对于气候变化问题本身的紧迫性和全球应该采取的行动，国际社会是能够达成共识的。但达成的协定无论多么好，仍缺乏执行的手段，这是目前国际气候谈判最致命的一个问题。国际社会关于气候变化问题能够达成共识，但缺乏行动力，也缺乏强制执行的机制。这就引发了另外一个问题，即怎样才能够使国际气候协定真正落到实处？仅凭喊口号或者号召或者点名批评（naming and shaming）的方式是无法奏效的，无数案例已经证明未能履约的国家总能找到这样或者那样的借口来推卸责任。

因此，对国际气候协定的履约并不能仅仅依靠道义或者责任来执行，而是应该将其与各国切实关心的政治利益或者经济利益挂钩，在国际多边机构的配合下推动国际气候协定的履约。第一个能发挥作用的是世界贸易组织（WTO）。各国都关心自由贸易，如果在WTO条款中把不遵守国际气候协定的行为视为环境倾销并以此为由施加制裁，各国对于气候协定的态度就会截然不同，同样，对于不签署气候协定的国家则施加惩罚性进口关税。第二个能发挥作用的是国际多边金融机构，比如将国际气候协定视为具有主权债务的性质，对一国未来的各届政府都具有约束力，年末出现排放权赤字的国家会增加国债（以现行汇率计算市场价格）。综上，当气候政策与运行良好的国际机构连带在一起的时候，国际机构便天然地具备了监督意愿和执行具体行动的能力。鉴于气候协定的公共物品属性和各国政府的"搭便车"意愿，仅靠诚意和危机意识不足以达成集体行动，当应对气候变化行动与阶段性的利益考核联系在一起时，人们便有了当机立断采取行动的决心。一个具有行动力的国际协定必须满足三个标准：经济效率、对履约行为的正向激励、公平性问题。在针对国际气候协定时，这三个标准有实现的路径：通过全球碳市场实施全球统一碳价实现经济效率，通过连带国际多边机构对"搭便车"行为进行惩罚，通过实施一次性转移支付解决公平性问题。这三个标准必须同时推进，任何单方面的推进都于事无补，就像必须有三个点才能构建起一个稳定的三角结构一样，构建有效的国际气候协定也必须具备上述三个条件。

客观而言，虽然应对气候变化的国际行动时有波折，但总体是向前推进的。目前世界上已经有40多个国家，包括几个最重要的国家和地区（美国、欧洲、中国）都建立了排放权交易市场，虽然由于机制设计和预估不足的缺陷导致碳价过低，不足以实现控温2℃的目标，但毕竟展示出为应对气候变化所做出努力的正确方向。尽管形成全球性统一碳市场面临种种困难，但毕竟人类已经迈出了这一步。未来就全球统一碳价，在195个国家和地区之间达成默契似乎遥不可及，但首先在小范围内达成一致可以先行先试，比如美国、中国、欧盟、印度、俄罗斯等国家和地区（占全球排放的70%左右）率先就这一议题达成一致，再吸收别的国家逐步接纳则是有可能的。这一逻辑也符合美国向来在国际议题中通过"小多边合作"达成共识采取统一行动，再通过规则逐步外溢来扩大影响力和辐射范围，最终形成一个覆盖面广、涉及成员多、实施力强的国际规则。

第五章
实现绿色治理的辅助路径

全球绿色治理在正式和非正式框架安排下,在多种形式、多种平台、多种机制的安排下平行推进,虽然取得了一定的成果并推动全球各个国家参与其中,但治理收益并未能在南北国家间公平分配,同时,整体的治理绩效也有待改进。事实上,我们观察到,还存在诸多加速实现全球绿色治理的辅助路径,比如在气候变化领域重视非二氧化碳温室气体减排的协同效应,在全球价值链中重视发挥和挖掘绿色就业的潜力并释放其经济收益、环境收益和社会收益。

一 在气候变化领域重视非二氧化碳减排的协同效应[①]

"协同效应"(Co-benefit)一词正在越来越多地被运用于气候变化领域。不同的机构组织对协同效应有着不同的理解、定义与解释。政府间气候变化专业委员会第三次评估报告(IPCC TAR)对"协同效应"做了如下定义:因各种理由而实施相关政策的同时获得的收益。OECD认为:协同效应指温室气体减缓政策制定中明确考虑了影响,并把影响货币化了的部分。美国环保局的《综合环境战略手册》中认为,协同效应应包括由于当地采取减少大气污染和相关温室气体的一系列政策措施所产生的所有正效益。这里理解的协同效应包括两个方面:一方面是在控制温室气体排放的过程

---

① 周亚敏:《非二氧化碳温室气体控制的战略与技术选择》,《气候变化研究进展》2013年第7期。

中减少了其他局域污染物排放（例如 SO_2、NO_X、C_O、VOC 及 PM）；另一方面，在控制局域的污染物排放及生态建设过程的同时也可以减少或者吸收 CO_2 及其他温室气体排放。正如《京都议定书》未能有效实现减排，但旨在消除臭氧层消耗物的《蒙特利尔协定》反而对减缓全球变暖做出了突出贡献，再现了"有心栽花花不开，无心插柳柳成荫"。

（一）非二氧化碳温室气体概要

国际社会应对气候变化的一个关键着力点是减少温室气体的排放，但对温室气体的科学认识却是一个不断深化的过程。1990 年联合国气候变化框架公约构建之初，只是泛泛地讲温室气体，并没有明确界定温室气体的具体种类。1994 年生效的《联合国气候变化框架公约》提出要控制大气中二氧化碳（CO_2）、甲烷（CH_4）和其他造成"温室效应"的气体排放。1995 年根据第一次缔约方大会的授权（柏林授权），缔约国经过近 3 年的谈判，于 1997 年签署的《京都议定书》中，明确界定除 CO_2 外的其他五种温室气体，即甲烷（CH_4）、氧化亚氮（N_2O）、氢氟碳化合物（HFCs）、全氟化碳（PFCs）、六氟化硫（SF_6）。2011 年德班谈判时，关于《京都议定书》第二承诺期的内容中，又增加了三氟化氮（NF_3）。至此，联合国气候变化框架公约下总共有六种非 CO_2 温室气体。近年来，科学界讨论的黑碳排放也受到了一些国家政府的关注，但尚未纳入国际协议。

这些气体根据化学元素可分为三大类：甲烷（CH_4）、氧化亚氮（N_2O）、含氟气体［包括氢氟碳化合物（HFCs）、全氟化碳（PFCs）、六氟化硫（SF_6）和三氟化氮（NF_3）］。其中，CH_4 和 N_2O 是自然界中本来就存在的，由于人类活动而增加，而含氟气体 HFCs、PFCs、SF_6 和 NF_3 则完全是人类活动的产物。根据这些气体的形成来源，可分为两大类：与化石能源相关的非 CO_2 温室气体，以及与非化石能源相关的非 CO_2 温室气体。根据 EPA（2012）的数据，中国 2010 年与化石能源相关的非 CO_2 温室气体只占 27%，而与非化石能源相关的非 CO_2 温室气体占 73%。由此可以看出，非化石能源部门是非 CO_2 温室气体产生的主要来源。我们把与非化石能源相关的非 CO_2 温室气体称为"两非"温室气体，表 5-1 中有"√"标识的即为"两非"温室气体。农业活动为面源污染，工业活动为点源污染，废弃物处理为末端治理，均与环境保护有着明确的、直接的协同效用关系。因此，在战略性政策安排以及恰当的技术选择下，可以一箭双雕式地实现环境保护与温室气体控制。

表 5-1 "两非"温室气体的来源分布

类别	与化石能源相关的	与农业生产相关的	与工业生产相关的	与废弃物处理相关的
CH_4	煤层气、油田开采气等	√	-	√
N_2O	-	√	√	√
HFCs	-	-	√	-
PFCs	-	-	√	-
SF_6	-	-	√	-
NF_3	-	-	√	-

为了便于衡量这些非 CO_2 温室气体的全球变暖效应，政府间气候变化专门委员会（IPCC）第三次评估报告中引入了"CO_2 当量"这一概念。一种气体的 CO_2 当量是通过把该气体的吨数乘以其全球增温潜势（GWP）后得出的，通过这种方法可把不同温室气体的效应标准化。一种气体的 GWP 值取决于它的红外辐射吸收带的强度和它在大气中的寿命。所以，同一种气体，对不同时间尺度的气候变化而言，GWP 是不同的。对于 100 年时间尺度的气候变化，CH_4 和 N_2O 的 GWP 分别为 21 和 290，HFCs、PFCs、SF_6 和 NF_3 的 GWP 值达到 $10^3 \sim 10^4$，也就是说，对于 100 年时间尺度的气候变化，加到大气中的一个 PFCs 分子所引起的温室效应比加上一个 CO_2 分子的大 6000~9000 倍。因此，尽管它们的浓度与其他温室气体（如 CO_2）相比是很低的，但却具有重要的温室效应，且有些在大气中寿命极长，必须引起足够的重视。根据 IPCC 第五次评估报告，非 CO_2 温室气体的 GWP 存在不确定性，且随着时间尺度的推移在增加，100 年时间尺度下的 GWP，其不确定性超过 50%（IPCC，2013）。

在谈及非 CO_2 温室气体时，也绕不开著名的《蒙特利尔议定书》。由于有科学证据表明氯氟碳化物（CFCs）和其他消耗臭氧层物质（ODSs）与全球臭氧层耗损有关联，导致在《蒙特利尔议定书》（1987 年）下开始控制和逐步淘汰这些化学品；其修正案（1990年）增加了更多的ODSs，并加速了其淘汰进程。这一国际进程导致：（1）大多数CFCs、甲基氯仿和哈龙生产的停止；（2）现有氢氯氟碳化物（HCFCs）使用的增加；（3）开始各种工业含氟化学品的生产，包括新型的HCFCs、HFCs和PFCs。《联合国气候变化框架公约》讨论了未受《蒙特利尔议定书》控制的所有温室气体源的人为排放源，一方面，《京都议定书》控制二氧化碳（CO_2）、甲烷（CH_4）、氧化亚氮（N_2O）、氢氟碳化合物（HFCs）、全氟化碳（PFCs）、六氟化硫（SF_6）和三氟化氮（NF_3）的排放。另一方面，《蒙特利尔议定书》并不控制其他消耗臭氧层物质（ODSs）的排放，而只是控制ODSs的生产和消费。因此，由于现有PFCs和HCFCs库存（例如制冷设备、泡沫材料）释放而产生的排放既不受到《蒙特利尔议定书》的控制，也不受到公约及其《京都议定书》的控制。这些排放可能对未来全球增暖做出重大贡献。

非CO_2温室气体的不断增长将带来多重危害。首先，由于非CO_2温室气体的GWP是CO_2的数十倍乃至数百万倍，因此这些气体对全球增温的作用十分显著。其次，非CO_2温室气体对生态环境有较为严重的破坏作用，非化石能源相关的CH_4和N_2O以及含氟气体造成环境污染、生态退化。更为严重的是，一些非CO_2温室气体对人体健康有巨大隐患，已经有研究表明PFCs可以在动物及人类的血液、肝脏和肾脏等器官内积累，且由于PFCs具有远距离传输能力，因此污染范围十分广泛：全世界范围内被调查的环境和生物样品中都存在典型PFCs，甚至在人迹罕至的北极地区和我国青藏高原的野生动物体内，都发现了PFCs。经济合作与发展组织（OECD）及美国环境保护署（EPA）也已将PFCs列为"可能使人致癌的物质"。

控制非CO_2温室气体可以带来多重效益。第一，非CO_2温室气体相比CO_2温室气体，在大气中的存续时间短，而其GWP较高，因此减排这些气体可以在短期内有效实现减缓全球变暖的目标。北欧国家（丹麦、芬兰、法罗群岛、冰岛、挪威、瑞典和奥兰群岛）于2012年3月签署了针对短寿命气候因子的"萨瓦尔巴特群岛宣言"，并于2012年12月26日发布报告《北欧工作小组针对短寿命气候因子的行动》。第二，控制非CO_2温室气体会缓解环境污染问题，特别是对土壤、水域和空气的污染。第三，控制非

CO_2温室气体还将带来改善健康的协同效益。第四，在恰当的产业政策和部门政策的配合下，控制非CO_2温室气体还将带来就业效益，特别是在绿色就业方面大有作为。第五，控制非CO_2温室气体排放，可以产生能源和资源效应，例如垃圾填埋气可以作为能源，增加能源供给和能源安全。第六，控制非CO_2温室气体可以带来直接经济收益，如能源收益，或节约成本，如减少化肥施用量，单位含氟气体的减排成本不足化石能源燃烧排放CO_2的1/100。

（二）中国的非二氧化碳温室气体排放历史及趋势

2010年中国排放的非CO_2温室气体占全球该类气体的13.6%，是非CO_2温室气体排放最多的国家。在所有非CO_2温室气体中，人为CH_4排放的主要来源有种植水稻、垃圾填埋、废弃物处理、能源开采和利用过程、饲养反刍动物和生物质燃烧，人为N_2O排放主要来自农业耕作、氮肥施用、交通排放、尼龙生产和有机物燃烧，含氟气体是在制冷设备、绝缘泡沫、气雾剂、灭火器这些产品的制造、使用及报废过程中释放到大气中的。总体而言，这些非CO_2温室气体来源于四大类：农牧业生产、工业生产过程中的含氟含氮化学物排放、交通工具排放、废弃物尤其是污水和固废处理过程。农牧业为面源污染，工业和交通为点源污染，废弃物处理为末端治理，均与环境保护有着明确的、直接的协同效用关系。因此，在战略性政策安排以及恰当的技术选择下，可以一箭双雕式地实现环境保护与温室气体控制。

根据EPA的数据，2010年中国排放的非CO_2温室气体占全球该类气体的比重最高（13.6%），其次是美国（9.84%），然后是印度（8.59%）、巴西（6.12%）、俄罗斯（5.54%），中国的非CO_2温室气体排放位居全球之首，远高于其他国家（见图5-1）。

根据EPA所预测的数据，对全球在2030年前非CO_2温室气体的排放趋势进行分析，由图5-2可以看出，无论是从排放总量角度，还是从排放增速而言，中国在进入21世纪的重化工发展阶段后，非CO_2温室气体排放量迅猛增加，跃居世界第一，并远高于其他国家。非CO_2温室气体的存续时间

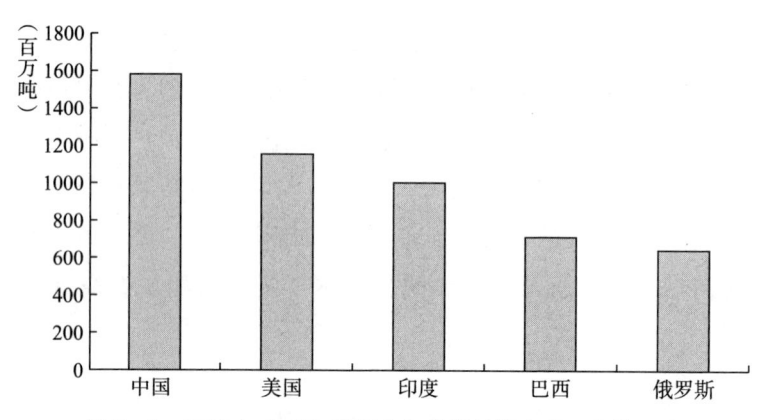

图 5-1　2010 年非 CO_2 类温室气体排放排名前五位的国家

资料来源：EPA，2012。

长、全球增暖潜势大，对地球环境的负面影响较大。如果中国的排放如所预测的趋势，中国面临的国际减排压力也将与日俱增，导致国内环境条件恶化，对经济社会的健康发展造成不利影响。

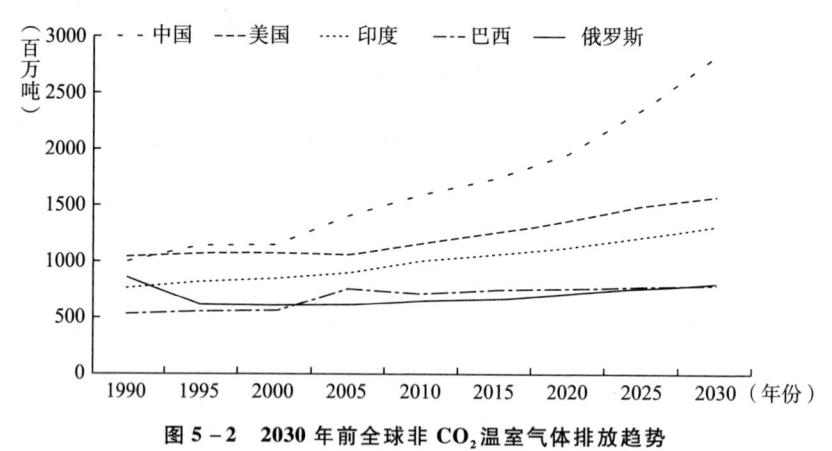

图 5-2　2030 年前全球非 CO_2 温室气体排放趋势

资料来源：EPA，2012。

根据 EPA 数据，到 2030 年前中国的非 CO_2 温室气体排放中，CH_4 排放仍然将在长时间内位居第一，N_2O 排放会有缓慢增加，但含氟气体将呈现急剧加速上升态势，而且在 2030 年前后有可能超过 CH_4 排放而位居第一，见图 5-3。由于含氟气体主要是在工业加工过程中排放的，随着我国汽车工业、新能源工业的兴起，在制造工艺中越来越多地用到含氟气体。因此，如何有效控制含氟气体排放，减少其逸逃和泄漏，无害化处理末端气体，

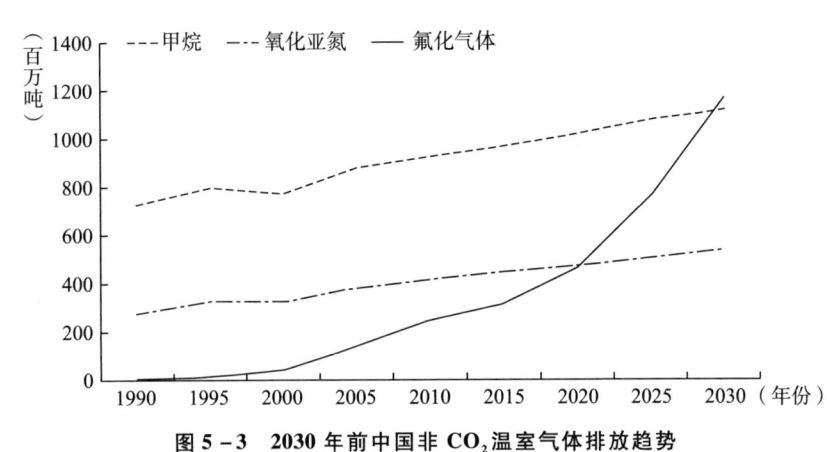

成为未来我国非 CO_2 温室气体减排的重中之重。

图 5-3　2030 年前中国非 CO_2 温室气体排放趋势

资料来源：EPA，2012。

1. 中国的"两非"温室气体占比达非 CO_2 总量的四分之三

2010 年中国 45% 的非 CO_2 温室气体来自农业部门，27% 的排放来自能源部门，12% 的排放来自废弃物处理，16% 的排放来自工业过程。农业部门依然是中国非 CO_2 温室气体排放最多的部门，但所占比例比全球平均比例低，而能源部门和工业过程所排放的非 CO_2 温室气体远高于全球平均比例。"两非"温室气体在当前占全国非 CO_2 温室气体排放总量的 73%，而且这一比例还将快速攀升（见图 5-4）。从全球角度来看，2010 年 54% 的非 CO_2 温室气体来自农业部门，25% 的排放来自能源部门，12% 的排放来自废弃物处理，9% 的排放来自工业过程（见图 5-5）。因此可以说，农业部门是全球非 CO_2 温室气体排放最大的部门。我们将目光转向中国，对比图 5-4 和图 5-5，可以看出在非 CO_2 温室气体排放方面中国和世界的区别。农业部门依然是中国非 CO_2 温室气体排放最多的部门，但所占比例比全球平均比例低，而能源部门和工业过程所排放的非 CO_2 温室气体远高于全球平均比例，尤其是工业过程，这与我国当前在全球价值链中的国际分工和产业结构有关。

2. 中国人为甲烷排放状况

CH_4 是影响地球辐射平衡的主要温室气体之一，在长寿命温室气体总辐射强迫中的贡献率约为 18%，在全球非 CO_2 温室气体中所占的比重是 20.7%。

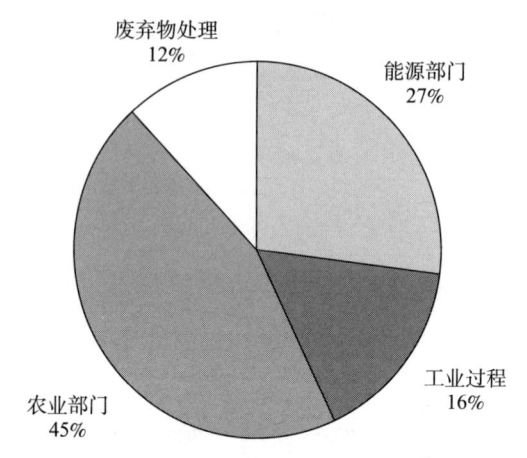

图 5-4　2010 年中国非 CO_2 温室气体排放的部门分配

资料来源：EPA，2012。

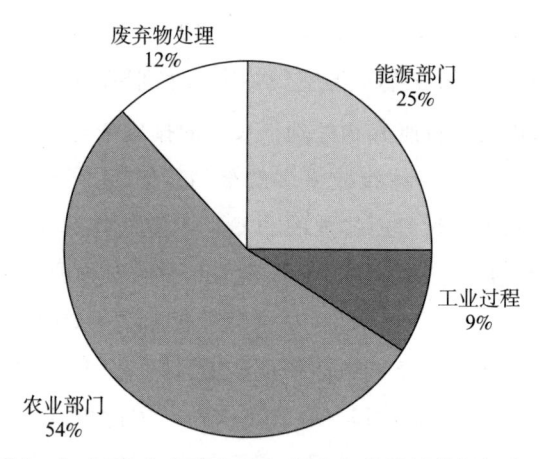

图 5-5　2010 年全球非 CO_2 温室气体排放的部门分配

资料来源：EPA，2012。

以百年计，甲烷的 GWP 是 CO_2 的 25 倍，CH_4 在大气中的生命期为 12 年，足够使排放源排放出来的 CH_4 在全球范围内输送混合。自 1970 年以来，全球 CH_4 排放量增加了 45%。根据受人类活动影响的大小，将大气 CH_4 源分为自然源和人为源。大气中约 40% 的 CH_4 来自自然源，主要包括湿地、高寒草甸植物、白蚁和海洋。全球人为 CH_4 排放的主要来源按比重大小依次为饲养反刍动物、油气系统、垃圾填埋、水稻种植、煤炭开采、废水处理、燃料燃烧、动物粪便等（见图 5-6）。

第五章　实现绿色治理的辅助路径

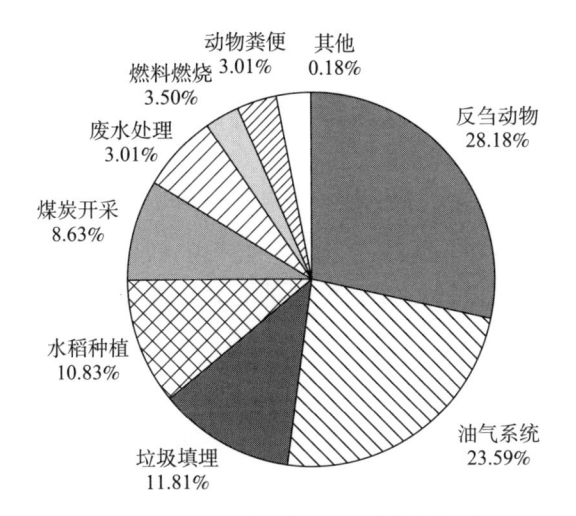

图 5-6　全球人为源 CH_4 排放量构成

资料来源：《1999~2030 年全球人为源非 CO_2 温室气体排放量》，EPA，2011 年。

由图 5-6 可以得知，全球反刍动物年产甲烷约占大气中 CH_4 总量的 28.18%，且年均增长率为 234%。2010 年油气系统排放的 CH_4 比重占全球大气中甲烷的 19.7%。在中国的石油天然气行业中，CH_4 排放量的 39% 来自原油生产，30% 来自天然气生产，16% 来自天然气输送。由此可见，在油气系统的生产过程中 CH_4 的排放量最大，其次是储运、分销、处理及相关设备运作的排放。

中国的人为 CH_4 排放的最大源来自煤炭开采。根据乐群等人的估算，山西、重庆、陕西、贵州、内蒙古、宁夏、黑龙江、辽宁等省份为煤炭排放量为主的地区，其 CH_4 排放量均占本省总排放量的 40% 以上，其中山西煤炭开采 CH_4 排放量占到总排放的 84.5%。北京、天津、上海、浙江等经济发达、人口密集的地区，废弃物处置 CH_4 排放量占该地区总排放量的 43% 以上。江西、湖南、福建、广西、广东等地以水稻种植 CH_4 排放为主，浙江除了废弃物处置排放外，水稻种植排放比例也较大。我国的西部地区甘肃、青海、西藏、新疆等地以牲畜动物肠道发酵 CH_4 排放为主，占该地区总排放量的比例达 56% 以上。[①]

[①] 乐群、张国君、王铮：《中国各省甲烷排放量初步估算及空间分布》，《地理研究》2012 年第 1 期，第 1559-1570 页。

3. 中国人为 N_2O 排放的最大源是农田土壤

N_2O 是大气中最重要的温室气体之一，在长寿命温室气体总辐射强迫中的贡献率为6%。在工业革命前，N_2O 在大气中的体积分数为 0.275×10^{-6}，而目前的体积分数约是 0.312×10^{-6}，每年增加0.25%左右。N_2O 在大气中唯一的汇是在平流层被光解成NOx，进而转化成硝酸或硝酸盐，并通过干、湿沉降过程被清除出大气。由于 N_2O 的光解产物是平流层 NOx 的主要源，因而它对平流层 O_3 的光化学过程极其重要。大气 N_2O 均来源于地面排放，但各种源的强度目前仍很不确定。根据 IPCC（1994）的数据，全球每年 N_2O 源总量约为14.7Tg（百万吨）。其中自然源9Tg，主要包括海洋以及温带、热带的草原和森林生态系统；人为源大约5.7 Tg，主要包括农田生态系统、生物质燃烧和化石燃烧、己二酸以及硝酸的生产过程。根据大气中 N_2O 浓度的增长，可以大致确定大气中 N_2O 的年增加量约为3.9 Tg。

以百年计，N_2O 的 GWP 是 CO_2 的296倍，N_2O 在大气中的生命期为120年，在地球上的存续时间较长，对全球变暖造成的影响更为深远。目前 N_2O 在全球非 CO_2 温室气体中所占的比重是6.9%。大气中 N_2O 的排放源包括自然源和人为源。自然源包括海洋、森林、草地等；人为排放的 N_2O 主要来自包括合成氨工业、硝酸、尿素、麻醉剂、尼龙、气溶胶喷雾剂等工业排放源，农田土壤、动物粪便处理、生物质燃烧等农业排放源以及矿物燃料燃烧、垃圾焚烧等其他排放源。

自1970年以来，全球 N_2O 排放增加了40%，主要是由于农业部门排放的快速增长，其中合成肥料的 N_2O 排放增加了190%，牲畜牧养所排放的 N_2O 增加了50%。农田土壤是 N_2O 的重要排放源头，大约占人为排放 N_2O 的81%~90%。化肥施用量、水稻种植面积、有效灌溉面积和猪的饲养量（中国约占全球二分之一）都对 N_2O 的排放有正相关影响，其中有效灌溉面积对 N_2O 排放的影响最大。农田温室气体 N_2O 排放清单主要包括农田土壤 N_2O 直接排放量和 N_2O 间接排放量，以及焚烧秸秆和动物粪便释放的 N_2O 排放量。

中国工业生产过程中的 N_2O 主要有三大来源：硝酸生产过程、己二酸生产过程和己内酰胺生产过程。目前，硝酸生产过程是大气中 N_2O 的重要来源，也是化学工业过程中 N_2O 排放的主要来源（IPCC，2013）。污水处理过程是 N_2O 的另一个重要产生和释放源，中国现在是世界上污水排放量最大的国家，相应的污水处理量也位居世界前列，因此我国城镇污水处理厂在污水处理过程中释放的 N_2O 不容小觑。根据王少彬等人对中国地区 N_2O 源的分析和估算，其中天然源和人为源各占71%和29%。

4. 中国的含氟气体排放主要产生于工业过程

含氟气体包括氢氟碳化合物（HFCs）、全氟化碳（PFCs）、六氟化硫（SF_6）和三氟化氮（NF_3）。含氟气体约占长寿命温室气体辐射强迫的12%。虽然目前含氟气体占全部温室气体的比重并不大，但是这些气体普遍具有极高的 GWP，是 CO_2 的几百倍甚至上万倍。除少量作为工业过程副产品排放外，该类气体大多具有商业用途，其消费量和排放量将随着经济的发展迅速增长，在全部温室气体中所占的比重预计将日益增大。我国含氟气体主要集中在经济发达的城市群和工业区，包括京津冀地区、长江三角洲、珠江三角洲、香港和台湾地区。

HFCs 作为消耗臭氧层物质的替代品，其生产量和使用量在过去十多年里出现了快速的增长，主要用于制冷剂、气雾剂、灭火剂和发泡剂。目前已经商业化生产和应用的主要有8种物质。HFCs 会在生产和使用过程中排放到大气中，其排放是一个长期的过程，通常会延续到设备或者产品的整个生命周期当中。HFCs 不含有氯或氟，所以它们不破坏臭氧，不包括在蒙特利尔议定书中。但是，HFCs 本身具有很强的温室效应，对辐射强迫产生显著影响。由于它们的寿命较短，一般是几十年，所以，HFCs 被用作替代物，在相同排放速率的条件下，它们在大气中的浓度及其对全球增温的贡献都会小于 CFCs 和 HCFCs。

HFCs 的排放源较为简单，主要来自工业生产，其汇则主要是在对流层与 OH 反应以及在平流层光化分解。二氟一氯甲烷（HCFC-22）生产过程中产生的副产品三氟甲烷（HFC-23），由于其作为产品的用途很少，绝大多数在生产过程中被直接排放到大气中。20世纪90年代以来，HFCs 首先在发达国家得到生产和应用，当时美国的产量最大。2007年后发展中国家的 HFCs 进入快速增长阶段，特别是金融危机后，一些发达国家开始向中国转移HFCs产能，目前中国的HFCs产量已超过美国。随着国内汽车工业的飞速发展，我国部分HFCs产品的产能急剧扩张。哥本哈根修正案规定，将来HCFCs也应逐渐削减，发达国家到2004年、2010年、2015年分别减少35%、65%、90%，到2020年，HCFCs将停止生产，发展中国家到2040年停止生产。

PFCs具有优异的稳定性、低表面张力和防水防油性能，其生产历史已经有50年，广泛应用于化工、纺织、涂料、皮革、合成洗涤剂、炊具制造（如不粘锅）、纸制食品包装材料等领域。由于PFCs具有独特的疏水和疏油特性，可以在动物及人类的血液、肝脏和肾脏等器官内积累。PFCs具有远距离传输能力，因此污染范围十分广泛：全世界范围内被调查的环境和生物样品中都存在典型PFCs的污染踪迹，甚至在人迹罕至的北极地区和我国青藏高原的野生动物体内，都发现了全氟有机化合物。经济合作与发展组织（OECD）及美国环境保护署（EPA）也已将全氟化合物列为"可能使人致癌的物质"。2000年，3M公司宣布停止PFC$_s$的生产，研究表明人体血液中PFCs的浓度水平在此之后出现下降趋势。但是在中国，这类化合物仍然在大量生产或使用。目前在中国关于PFCs的污染水平研究也已经开展，并且研究表明在水体、生物等介质中都存在PFCs污染。

虽然SF_6气体的影响仅占0.1%，但SF_6气体分子对温室效应具有潜在的危害，因为SF_6气体一个分子对温室效应的影响为CO_2分子的25000倍，同时，排放在大气中的SF_6气体寿命很长，约3400年。现今，每年排放到大气中的CO_2气体约210亿吨，而每年排放到大气中的SF_6气体相当于1.25亿吨CO_2气体。SF_6全部是人为排放产物，它可以阻止高温熔化态的铝镁被氧化，因而铸造车间采用SF_6作为保护气来防止高温熔化态的镁被氧化，通常所有用作保护气的SF_6最终将排放到大气中。SF_6的另一用途是做气体绝缘体及高压转换器，用于电力行业。据IPCC有关报告统计：1994年全球年排放5800吨SF_6，其中20%来自镁生产过程，其他80%排放来自绝缘器及高压转换器的消耗。SF_6在大气中非常稳定，它们的寿命相当长，约为3200年，其清除机制是缓慢光解，因此人类活动的排放所造成的SF_6在大气中不可逆的积累和增长，必须引起足够的重视。根据《第二次气候变化国家评估报告》，2020年中国镁生产过程中所排放的SF_6将达到0.03亿~0.33亿吨CO_2当量。

三氟化氮与硅烷（SiH_4）、氨气被称为电子工业领域中应用的三大重要气体。NF_3在微电子制造中作为一种优良的等离子蚀刻气体，在芯片制造、高能激光器方面得到了大量运用。过去，NF_3只是主要在集成电路制造中得到应用，而近年NF_3已开始大量用于液晶显示器和光伏（薄膜太阳能电池）等领域，这也使得NF_3的产销量在近年得到大幅度的扩大。在制造液晶电视、计算机电路和薄膜太阳能电池的过程中使用的NF_3的温室效应是CO_2的1.7万倍，未来可能变成非常严重的威胁。大多数NF_3会在生产过程中遭到破坏，但是，一旦逃逸到大气就能够保留740年。虽然目前在人类活动所产生的温室气体中NF_3只占0.04%，二氧化碳占60%，但NF_3的比例可能呈指数级增长。美国加州大学斯克里普斯海洋研究所的报告认为，NF_3在大气中的比例以每年11%的速度递增。据统计，2005~2011年的七年间，世界NF_3的实际年均增长率为19.4%。我国是一个半导体产业、光伏产业、显示器产业生产及应用的大国，在发展这些新兴产业的同时，三氟化氮的使用量也在急剧上升，势必要引起重视。

（三）非二氧化碳温室气体的减排路径分析

有研究发现在同一减排目标下，CO_2和非CO_2同时减排在短期内明显降低了减排成本。在两者同时减排的情况下，为实现同一减排目标，非CO_2的减排将大幅提高，而CO_2会因为非CO_2的参与而减轻了减排压力，相对于只有CO_2减排少减排10%左右。[①] 含氟气体以及与能源相关的CH_4排放其减排潜力巨大（在2100年待减排90%左右），而与土地有关的CH_4和N_2O则很难实现减排。农业废弃物处置在不同成本下的减排潜力如表5-2所示。因此，如果能够综合统筹考虑非CO_2温室气体减排路径，将对尽早实现减排目标、确保经济发展所需的排放空间提供帮助。

---

① 周亚敏：《非二氧化碳温室气体控制的战略与技术选择》，《气候变化研究进展》2013年7月30日。

表 5-2 不同成本下农业废弃物处置的温室气体减排潜力估计

方式和途径	成本（元/每吨废弃物）	减排潜力（CO_2）
秸秆还田	50	0.11
沼气	120-150	0.15
有机肥	200-500	0.18
生物质碳化	700-	0.25

资料来源：《中国气候与环境演变：2012》第三卷。

2006年中国政府首次在国家"十一五"发展规划中提出了"节能减排"的约束性指标，即到2010年单位国内生产总值能耗降低20%左右，主要污染物排放总量减少10%。尽管《京都议定书》中"共同但有区别的责任"条款，使得中国作为发展中国家暂时还没有承担二氧化碳减排的责任，但是，作为全球第二大排放国，中国正面临着巨大的国际社会压力。2007年中国政府颁布了《中国应对气候变化国家方案》和《节能减排综合性工作方案》，彰显出我国政府在节能减排和发展低碳经济等方面的决心。不过遗憾的是，在这些方案中还未出现专门针对非CO_2温室气体减排的方案。目前有关国际机构公布的温室气体排放，多为注重化石能源燃烧产生排放的统计分析。国内温室气体减排的重点，也放在化石能源燃烧和工业生产过程排放的CO_2。

目前我国还没有专门针对非CO_2温室气体的法规条文，但在一些部门的管理办法中有所涉及。例如，在国家发改委清洁发展机制项目运行管理办法中，第三十六条规定，清洁发展机制项目因转让温室气体减排量所获得的收益归国家和项目实施机构所有，其他机构和个人不得参与减排量转让交易额的分成。国家与项目实施机构减排量转让交易额分配比例如下：（一）氢氟碳化物（HFC）类项目，国家收取温室气体减排量转让交易额的65%；（二）已二酸生产中的氧化亚氮（N_2O）项目，国家收取温室气体减排量转让交易额的10%；（三）硝酸等生产中的氧化亚氮（N_2O）项目，国家收取温室气体减排量转让交易额的10%；（四）全氟碳化（PFC）类项目，国家收取温室气体减排量转让交易额的55%；（五）其他类型项目，国家收取温室气体减排量转让交易额的2%。虽然非二氧化碳温室气体排放的

CDM 项目已有运行，但无论是数量还是规模，都还只占非常小的比例。

客观地讲，中国所处的发展阶段和人口规模，必然有着大量的非 CO_2 温室气体排放。但是由于缺乏基础数据，这些温室气体的统计和监测无从谈起，减排的措施和政策指导难以落实。在《巴黎协定》签署之后，中国作为发展中大国，既要积极履行自主承诺目标，抓住引领全球气候治理的机遇，也要兼顾建设生态文明的长远目标。积极应对气候变化，将减缓和适应气候变化的政策措施落到实处，在努力减少 CO_2 排放的同时，对其他六种非 CO_2 温室气体的监测与控制必须提上日程。首先是因为，这些气体虽然占整个温室气体的比例较小，但其 GWP 巨大，在大气层中停留的时间较长，助推并加剧了全球变暖的趋势；其次是因为无论是在理论上还是在实践中，已经证明通过更新技术、加强循环利用等方式，可以显著控制这些气体的排放量。如果能够充分挖掘并实现这些非 CO_2 温室气体的减排潜力，对处在快速工业化和城市化进程中的中国而言，可以有效缓解国际减排压力，为全球升温不超过 2℃ 做出积极贡献。

第一，要明确非 CO_2 温室气体减排的主管部门。目前我国还没有明确将非 CO_2 温室气体纳入减排目标，但在国内环境质量下滑和国际气候谈判的双重压力下，必须要将非 CO_2 温室气体减排提上日程。鉴于化石能源相关的 CH_4 主要归口于化石能源生产和管理部门，且有相应的统计、监测和规划利用体系，建议直接纳入常规化的能源燃烧的 CO_2 管理。对于"两非"温室气体，与环境污染和控制相关，不论农业面源污染还是工业点源污染，统计、监测和管理均在环境保护部门，因而，建议"两非"温室气体由环保部协调管理，科学有序规范地推动我国非 CO_2 温室气体减排。

第二，要加强数据监测及统计。我国应对气候变化所提出的减缓气候变化的目标，锁定在单位国内生产总值 CO_2 排放的下降。2009 年中国提出的应对气候变化目标，涉及 CO_2、化石能源和碳汇，没有涵盖非化石能源。2010 年的国家应对气候变化报告，几乎没有涵盖非 CO_2 温室气体。国家发展和改革委员会 2012 年 11 月 22 日发布《中国应对气候变化的政策与行动 2012 年度报告》，也没有谈及非 CO_2 温室气体排放和控制。第一、第二次气候变化国家评估报告分别于 2004 年、2011 年出版，气候变化科学评估报告分别于2006年和2012年完成，但是，这些报告中对中国非CO_2温室气体的涵盖和分析十分有限。因此，为了在国际气候谈判进程中掌握主动权，我国必须从现在起对有可能导致气候变化的非CO_2温室气体进行分类监测与数据统计、分析和预测，把握非CO_2温室气体尤其是"两非"温室气体的控制脉络。

第三，制定法规，主抓精细化执法和管理。需要借鉴国际经验采取强制性性能标准、利用经认证的公司展开仪器和设备安装服务、禁止或限制在某些应用中使用特殊的物质和报废管理措施。就强制性性能标准而言，能效执行标准和防渗漏密封性能标准在一些国家的冷藏和制冷应用中已经到位。禁止排放和要求回收的法规在许多国家都已经立法，但执行起来经常很困难。车辆排放标准（例如严格控制车辆的GHGs排放量，包括所有的燃料和移动空调排放）正被考虑之中（例如美国加利福尼亚州）。利用经认证的公司开展仪器和设备安装服务（例如荷兰的"STEK"方案）。禁止和限制在某些应用中使用特殊的物质：HFCs在一些国家实行或提议进行逐步淘汰（例如澳大利亚、丹麦和瑞士）。此外，还有报废管理措施，如强制回收和禁止销售。建议针对不同的情况采取切合实际的精细化管理办法。

第四，发挥金融刺激和市场机制的作用。对于非CO_2温室气体，尤其是"两非"温室气体的减排潜力巨大，协同效益好，成本较低，但需要引入激励手段，以突破市场障碍，推动市场化减排行动。目前非CO_2温室气体中，有相当一部分是由于生产过程中人们环境意识淡薄而导致泄漏或者逃逸的，也有部分是因为技术不成熟无法收集的。针对这种情况，建议有关部门设定排放梯度，通过资金奖励、专项补贴、财政补贴等政策措施，鼓励企业和个人在生产过程中有意识地加强对该类气体的汇集、回收、利用和销毁。根据《蒙特利尔议定书》建立的多边基金提供国际补贴之外（例如全球环境资金），政府还可资助研究和开发项目以及为采用新的低GHG排放技术提供补贴。

第五，积极推动非CO_2温室气体参与国际排放交易。正如美国积极推动CH_4市场化一样，我国也应该早做准备，推动其他非CO_2温室气体排放交易，并参与国际交易。中国的非CO_2温室气体排放将在一段时期内位居世界前列,如果能够充分利用国际市场,可以有效减轻自身减排压力、降低减排成本。《京都议定书》的成果之一就表现在它把其他温室气体减排形式化地归结为 CO_2 减排问题,让温室气体排放权形式化地归结为 CO_2 排放权问题。以 HFC-23 为例,其 GWP 为 1.17 万,也就是说,向大气中排放 1 吨 HFC-23 所产生的对气候变化的长期影响与释放 1.17 万吨 CO_2 相同。因此通过分解 HFC-23 折算成 CO_2 减排量,为经济增长的排放所腾出的空间十分可观。

第六,确定减排优先顺序。三大非 CO_2 温室气体的排放来源不同,减排难度也有差异。由于农业的特殊性,除畜牧业的家畜、家禽排泄物的能源化利用外,要在短时间内实现农业部门的面源减排,力度和效果可能不尽如人意。而工业过程、能源活动中人为排放的非 CO_2 温室气体,通过政策及标准可以引导和改变人们的消费行为,可以实现对该类气体的有效控制。含氟气体的减排成本较低(0.2 美元/吨 CO_2 当量),减排效果相对容易实现(高温焚烧分解),减排收益也较高(折合的 CO_2 量大),可以作为我国非 CO_2 温室气体减排的试验田。尤其是在未来我国氟化气体排放高速增长的背景下,率先减排显得尤为重要。

第七,制定削减非 CO_2 温室气体排放的宏观战略。削减非 CO_2 温室气体排放是一个长期过程,因此需要从宏观战略层面制订减排计划,需要落实如下五个方面:(1)将非 CO_2 温室气体纳入温室气体减排的总体战略,不仅要给予足够重视,而且要放在优先位置。因为非 CO_2 温室气体增温潜势大、减排成本低、减排效率好。(2)由于部分非 CO_2 温室气体对动植物健康有危害,因此非 CO_2 温室气体减排又可纳入环境保护的宏观路线,实现温室气体减排与环境保护的协同效应。(3)针对非 CO_2 温室气体减排,由于其涵盖的气体类型较多,因此应该根据成本高低和技术成熟水平排出优先顺序。那些低成本、具备成熟技术的非 CO_2 温室气体应该实施率先减排。(4)未来非 CO_2 排放的减排进行线路设计。甲烷、氧化亚氮的排放呈刚性、减排难度和不确定性大,因此主要的减排重点应该放在各类含氟气体,然后是对非化石能源 CH_4、N_2O 等的利用。(5)确定非 CO_2 温室气体减排的重点行业,例如制冷剂生产行业、铝镁生产行业、光伏产业等。

二 在全球价值链中重视绿色就业[1]

社会进入工业化时代之后,经济发展和能源需求的增长使得低碳经济和可持续发展成为发展经济学关注的焦点。根据 BP(2012)的预测,全球能源需求到 2030 年有可能增长 45%,能源供给、环保和气候变化压力持续增加,而可持续发展的要求是,当前的经济活动不能危害到子孙后代的基本需求,因而可持续发展压力对现有就业方式提出了巨大挑战,在这种背景下,绿色就业应运而生。世界各国已经逐渐认识到,绿色就业是实现低碳经济和可持续发展的重要途径,特别是自 2008 年国际金融危机以来,为了应对危机影响,包括美国在内的许多国家和地区,如欧盟、日本等都把发展绿色经济、推动绿色就业作为经济复苏的重要手段。同时,推动绿色就业也是减缓和适应气候变化的积极措施。全球价值链涉及不同国家的不同就业岗位,如果能在构建价值链的同时重视绿色就业的嵌入,则在某种程度上为绿化全球价值链提供了基本保障。

(一) 绿色就业的提出

绿色就业术语首次出现是在澳大利亚自然保护基金会和澳大利亚工会理事会共同发布的报告《工业中的绿色就业报告》(1994)中。此后,不断有研究和论文引用该术语。2007 年联合国环境规划署(UNEP)和国际劳工组织(ILO)以及国际工会联盟(ITUC)共同发起了绿色就业协议,通过该协议来评价、分析以及促进就业情况对于气候变化的影响作用。关于绿色就业的定义有一些偏重于与环境相关的职业或技能,例如与环保相关的就业;但也有一些定义重于行业或特定项目的就业,其产品会带来一定的环境收益。UNEP(2008)认为"绿色就业是指在农业、制造业、研发部门、行政和服务部门中的对保护或恢复环境有重要作用的工作。这些就业有助于保护生态系统和生物多样性,通过高效率的手段去减少能源、材料、

---

[1] 周亚敏:《绿色就业:理论涵义与政策效应》,《中国·人口资源与环境》2014 年第 1 期。

水的消耗,使经济去碳化、最小化或者避免各种形式的浪费和污染"。此外,UNEP还认为绿色就业应该是体面的工作,比如可以提供足够收入的好工作,有安全的工作条件、就业保障、合理的职业前景以及工人权益等。如果一项工作有剥削性质并有害健康,无法支付生活工资,使工人过着贫穷的生活这样的工作并不能称之为绿色就业。也有学者认为凡是用于促进清洁环境、应对气候变暖的投资所带来一系列就业,都可归入绿色就业范畴(Pollin,2009)。

与建设资源节约型、环境友好型社会的发展战略相一致,中国的研究者也在尝试定义绿色就业。2009年,人力资源和社会保障部劳动科学研究所将其确定为国民经济中相对于社会平均水平而言,低投入、高产出,低消耗、少排放,能循环、可持续的产业、行业、部门、企业和岗位上的工作。"低投入、高产出"泛指与提高组织管理水平,进而提高生产效率相关的就业。提高生产效率意味着各种生产要素的节约,具有资源节约、环境友好的倾向,是我国从粗放到集约的经济增长模式转变的主要方面,对整个经济都具有基础性的决定性作用,应成为中国绿色就业的要素;"低消耗、少排放"主要指与通过提高技术水平实现通常意义上的能源、资源节约和减少污染物排放相关的就业,是绿色就业的基本要素;"能循环、可持续"既是指总体上生态体系的自我修复和经济、社会发展的可持续的思想,也是指与循环经济、污染治理和生态环境保护相关的就业。

此外,人力资源和社会保障部劳动科学研究所绿色就业发展战略研究课题组(2013)对绿色就业做了狭义和广义之分:狭义的绿色就业是指工作本身,即工作本身符合环保意义和标准,指不直接对环境产生负面影响以及对环境产生有利影响的工作,包括提供的产品和服务、生产使用的工具及生产过程等都应该是绿色的;广义的绿色就业是指符合低碳排放、节约能源、减少污染和保护生态环境四个方面标准的产业、行业、职业、企业,即总体上对环境有正向净效应,对环境的影响低于部门平均水平。

不过,综上研究可以发现,这些对绿色就业的界定主要是从就业分类的视角,按一定的特征标准对就业进行重组,从而导致目前对绿色就业的认识不成体系。与此相关的,虽然对绿色就业的认识都与环境保护及低碳发展有关，但何种程度的环境友好及体面工作才能被认定为绿色就业，还需要进一步阐释。

（二）绿色就业的内涵及外延

对绿色就业的认识，首先应从"绿色"或可持续的本质入手，而非对现有产业简单的二次分类。只有对绿色就业的内涵有了准确理解，才能针对绿色就业的识别或度量制定科学的标准。

1. 绿色就业的内涵

传统的经济增长模型忽视了增长过程中产生的废弃物，或者认为处理废弃物的成本为零。备受推崇的凯恩斯理论也主张扩大需求和增加消费以刺激经济增长，这些占据主流的经济理论和观念导致人们在很长的历史时期内只看到了增长带来的"好处"，而忽视了增长对环境带来的负面影响。包括中国在内的世界各国在大力发展经济的实践中，逐渐认识到片面强调增长对环境所带来的负面影响，在应对全球气候变化的大背景下，正在积极发展绿色就业，逐步实现经济结构转型的历史使命。

从这个意义上说，绿色就业是对传统增长理论的修正和完善。具体而言，绿色就业是对环境具有正向效应，能促进能源节约与污染减少的工作，其单位产出的污染物影响及负荷较小，同时这些绿色岗位能够提供体面的工作[①]。对这一定义的理解需从三个维度入手：环境维度、社会维度和经济维度。在环境维度方面，绿色就业必须是环境友好型的、环境可持续、节约资源的就业；在社会维度方面，绿色就业必须是体面的工作，能够为其劳动力提供有保障有尊严的岗位；在经济维度方面，绿色就业必须是有高附加值的、能够创造收益的就业。

与此紧密相关的是如何识别绿色就业，或者说是绿色就业的度量问题。度量绿色就业需要综合把握如下四个标准：（1）直接度量，即单位产出的污染物负荷低，如生态农业、家政服务等行业中该指标较低，属于绿色就业；（2）从全生命周期角度，判断一个岗位是否属于绿色就业范畴，需要

---

① 本书中体面工作的定义同 UNEP 的定义。UNEP, Fostering Green Jobs and Decent Work Creation in a Green Economy, 2011。

从整个生命周期衡量其单位产出的污染物负荷,而不是只截取某一阶段。如风机制造业的生产过程中,其单位产出的污染物负荷较高,但如果用全生命周期视角衡量,其单位产出的污染物负荷低,有利于促进环境改善和减少碳排放,属于绿色就业;(3)边际度量,有利于降低边际产出的污染物负荷的就业,例如在建筑外添加隔热层、风机余热利用等岗位,也属于绿色就业;(4)性质度量,具备上述定量特征的岗位,必须同时是体面的工作,即收入有保证、不危害身体健康、有尊严、工作条件安全,才能算作绿色就业。"绿色"但并不体面的工作有很多,比如低收入的组装太阳能面板工作、职业安全存在隐患的卸船工作,以及电子废弃物回收利用的工作等。

2. 绿色就业的外延

绿色就业不仅是对工作内容的判定,更是一种对工作性质理解的进步。因此绿色就业并不一定是全新的工作,它既涵盖传统行业中的某些岗位,如制造业和建筑业中需要绿色技术的环节,也包括新兴绿色产业中的岗位,但绿色行业中的所有岗位并不一定全为绿色就业。同一岗位根据其所处的行业不同,有些可认为是绿色就业,而有些不属于绿色就业,如铸造岗位本身不属于绿色就业,但如果是用于脱硫设备的生产、风机设备的生产等,则应归入绿色就业。根据行业属性与发展阶段的不同,可以将绿色就业分为原生绿色就业(Purely Green Job)、过程绿色就业(Processing Green Job)、终端绿色就业(End of Pipe Green Job)。原生绿色就业指的是从事本来对环境有利、节约能源的就业,例如从事传统农业、城市绿化、可再生能源的利用、清洁能源技术等。过程绿色就业指的是在生产过程中,通过提高能效、减少碳排放改善生产过程的就业,涵盖了制造业中的大部分岗位。终端绿色就业指的是废物回收、生态修复等一系列针对环境恶化所采取的补救措施而产生的岗位。

任何行业的绿色就业岗位都可以被分解归类到上述三大类别中。在农业领域,从事有机农业、生态农业、绿色农业的可归入原生绿色就业,但从事设施农业的则应归入过程绿色就业,其生产过程还有很大的变绿空间。建筑业本身属于过程绿色就业,但如果建筑中有利用太阳能的环节,则属于原生绿色就业。因此，天然绿色就业可嫁接到过程绿色就业中，关键取决于这些岗位是否可持续地利用天然能源。在交通领域，从高耗能建设向低耗能建设的转变，从高耗能交通工具向低耗能交通工具的转变，其间产生的就业岗位，都可归入过程绿色就业。在服务业领域，生产性服务业（工业设计等）、中介性服务（法律咨询、金融服务等）、消费性服务（餐饮、住宿等）、公共服务（教育、医疗等）中，存在较大的变绿空间，属于过程绿色就业。垃圾回收、废物处理、生态修复属于终端绿色就业，主要涉及对过程绿色就业中废弃物的终端处理。这三大类之间的关系是，天然绿色就业可嫁接到过程绿色就业中，而终端绿色就业的产品可循环进入过程绿色就业，有些看似属于终端绿色就业的岗位，例如畜牧业粪便利用，实质上属于天然绿色就业范畴。在这一定义框架下，我们就可以考察绿色就业的经济贡献及政策效应。

（三）绿色就业的经济贡献与政策效应

1. 绿色就业的经济贡献

首先，从发达国家的经验来看，绿色就业的经济贡献首先体现在对就业增长的促进作用上，而且就现状而言，绝大部分的就业增长出现在发达国家。2006年世界可再生能源部门提供了超过230万份工作，绿色就业在欧洲占到的比例是1.7%。[1] Ghani-Eneland（2009）的《欧洲低碳就业报告》指出：与可再生能源部门、交通和能源效率相关的直接的绿色就业大约为340万人，间接就业可能增加500万份工作，目前污染行业（煤炭、电力、天然气、水泥、钢铁）的就业人数为280万人，随着这些部门在未来的就业人数下降，新能源部门和从事其他绿色经济活动的人数将会增加。[2] Ghani-Eneland（2009）估算出欧盟在2010年前将净增170万个就业岗位，2020年前净增250万个，涵盖的领域包括：风能、太阳能光伏、太阳能热、生物

---

[1] Bowen A., "Green" Growth, "Green" Jobs and Labor Markets: The World Bank Sustainable Development Network, Policy Research Working Paper, 2012.

[2] Ghani-Eneland M, Renner M., Low Carbon Jobs for Europe: Current Opportunities and Future Prospects: Executive Summary, 2009. http://assets.panda.org/downloads/low_carbon_jobs_summary_final.pdf.

质能、汽车燃油效率、混合电动汽车、公共交通、汽车共享、自行车、铁路、建筑、照明以及热电联产。Pollin（2009）指出，美国对六个能源效率和可再生能源战略的1000亿美元财政刺激将会产生200万份工作，所带来的间接就业和衍生就业意味着新的就业岗位并不仅仅存在于传统的"绿色行业"。① 给定供应链和财政乘数，创造的非直接就业效应比直接就业效应更大，因此由于化石能源密集行业收缩带来的直接就业收缩会被其他新增就业所抵消，政策的改变可能带来结构改变，并引起摩擦性失业。可再生能源相对于传统能源行业而言偏向劳动密集型，特别是在建筑业、制造业和安装阶段。

更重要的是，发达国家已经认识到，为促进绿色就业的发展必须采取相应的对策。首要的是注重与绿色就业相关的绿色技能的培养，使劳动力真正适应可持续发展的需要。特别是在新的能源格局出现后，要实现能够完全填充社会经济需要的就业，必须通过培训和教育的方式来实现这种过渡（Domask，2007）。② 国际劳工组织（ILO，2011）发现向绿色增长的转变从三个方面影响着社会所需要的技能。③ 第一，行业的结构性变化增大了对可再生能源相关技能的需求，减少了与煤炭挖掘有关的技术需求。第二，会出现一些新的就业机会，如光伏钳工或碳足迹评估员。第三，现存行业的既有就业机会也出现了新的要求，譬如强调能效、向可再生能源转变等。尤其是农林部门的技术改进会增加生物质产量并增加林业覆盖率。当然，在这一过程中，与绿色就业相关的投资必然会发挥巨大作用，正如Pollin（2009）所指出的，用于促进清洁环境、应对气候变暖的投资会带来一系列就业，这些就业可归入绿色就业范畴。

就业和投资是经济增长的两大基本要素，同样，绿色就业和绿色投资也是绿色增长的两大基本要素。尽管目前仍缺乏明确的实证研究结论，但是现有研究已经初步表明，绿色就业对GDP的促进作用是非常显著的，比

---

① Pollin R., Response to "Seven Myths about Green Jobs" and "Green Myths", 2009.
② Domask J., "Achieving Goals in Higher Education: an Experiential Approach to Sustainability Studies," *Journal of Sustainability in Higher Education*, Vol. 8, 2007, pp. 53 – 68.
③ ILO and CEDEFOP, Skills for Green Jobs: A Global View, 2011.

如 Gallon（2001）的研究就表明：首先，在 21 世纪初仅在能源部门绿色就业的产出已经占加拿大 GDP 的 2.2%。[①] 其次，对大多数发展中国家而言，发展大型生态系统将带来许多就业机会，例如在本地种植植物、移除蔓延性物种、管理自然保护区、流域管理等都是高度劳动密集型行业，有巨大的潜力以给穷人提供就业。对发展中国家而言，若不对环境等绿色经济领域进行投资，将带来巨大的风险，无论是从规模上，还是从长期性来看，都可能发生不可逆转的损害，这种迹象已经在包括中国在内的许多发展中国家显现。Lieuw-Kie-Song（2010）跟踪了南非始于 1995 年的水利工程，[②] 到 2009 年共清理 856000 亩外部入侵植物，这不仅增加了水流畅通性，同时也提高了土地生产力，在生态敏感地区（通常外部入侵植物取代本地物种）保持了生物多样性，对火灾的适应力提高，为南非增长的旅游业提供了支持。同时该项目促进了公共部门的就业，例如湿地保护部门、防火部门、旅游部门和垃圾处理部门。这至少在一定程度上证明了促进绿色就业政策对发展中国家具有重要意义。同时也要注意到，发展中国家的绿色就业也具备巨大潜力。张莹等（2011）则针对 2005～2020 年中国林业部门的绿色就业潜力做了估计，指出林业部门可累计创造大量直接或间接的绿色就业机会。

以上只是对绿色就业整体经济贡献的分析，实际上，不同的绿色就业部门所产生的就业效应也不尽相同。Weinstein 等（2010）通过建模得出的结论是[③]：（1）可再生能源和低碳部门中每单位能源所创造的就业比化石能源部门多；（2）在所有 RPS（可再生能源投资标准）技术中，太阳能光伏创造的每单位电能产出的就业最多；（3）能源效率和可再生能源可大幅降低 CO_2 排放并显著创造就业；（4）美国的可再生能源、能源效率和低碳政策的一揽子计划到 2030 年将会产生超过 400 万份工作，并且超过 50% 的电

---

① Gallon G., "Green and Growing: Environmental Job Numbers Now Rival Those for the Traditional Sectors Such as Oil, Chemicals and Steel," *Alternatives Journal*, Vol. 27, 2001, pp. 22-23.
② Lieuw-Kie-Song M, Lal R., "Green Gobs for the Poor: Why a Public Employment Approach is Needed Now," *International Policy Centre for Inclusive Growth*, 2010.
③ Weinstein A. L., Partridge M. D., Francis J., "Green Policies, Climate Change, and New Jobs: Separating Fact from Fiction," 2010.

力供应来自非化石能源供给。这种部门的差异性也是政策制定者需要关注的重要问题。

此外,关于绿色就业,也有些学者并不抱乐观态度。Bowen(2012)认为对于劳动力市场分割的发展中国家而言,工资可能介于影子工资和实际工资之间,随着总需求改变的冲击,大型而持久的绿色项目刺激显得尤为必要。[①] 在这种环境下,向绿色就业转型以及创造就业可以相伴而行。但对那些已经建立起基于能源的工业化发展战略的国家而言,还存在不少挑战。因此,对于引致的结构转型以及绿色转型而言,还需要积极的就业政策来协助。

2. 绿色就业的政策效应

世界各国所推行的绿色就业政策,都直接或间接地表达了经济效应和就业效应两个层面的政策预期。从经济效应角度而言,绿色就业能提高能效和降低能耗,可以补偿结构转型带来的成本;从就业效应角度而言,投资可再生能源和清洁能源比投资化石能源创造的就业率更高,可以吸纳更多的劳动力。经济效应和就业效应在不同的绿色就业类型下,其政策表现和政策需求是不同的。

原生绿色就业的本质是高效利用自然资源和对环境无害化,其岗位大部分与可再生能源有关。可再生能源相对于传统能源行业而言偏向劳动密集型,特别是在建筑业、制造业和安装阶段。从目前的可得文献中,可以看出原生绿色就业的就业效应要比经济效应显著。推动原生绿色就业的发展,不仅仅需要财政上的直接刺激,同时也需要就业培训来培养符合岗位要求的劳动力。因为原生绿色就业不仅仅存在于传统行业,也出现在新兴行业中,需要新的技能。行业的结构性变化增大了对可再生能源相关技能的需求,减少了与煤炭挖掘有关的技术需求。Domask(2007)指出,在新的能源格局出现后,要实现能够完全填充社会经济需要的就业,必须通过培训和教育的方式来实现这种过渡。[②]

[①] Bowen A. "Green" Growth, "Green" Jobs and Labor Markets: The World Bank Sustainable Development Network, Policy Research Working Paper, 2012.

[②] Domask J., "Achieving Goals in Higher Education: An Experiential Approach to Sustainability Studies," *Journal of Sustainability in Higher Education*, Vol. 8, 2007, pp. 53 – 68.

过程绿色就业的本质是将已有的就业岗位绿色化，或在加工过程中注入新的绿色就业元素。它既涉及现存行业的既有就业机会的新需求，譬如强调能效、向可再生能源转变等，又代表了一些新的就业机会，如光伏钳工或碳足迹评估员等工作岗位。过程绿色就业既有经济效应，也有就业效应，但目前还没有对其进行评估。对于过程绿色就业，需要积极的就业政策加以引导。

终端绿色就业主要是指将有害健康、污染环境的废弃物进行无害化处理，包括废弃物回收利用、生态修复等。从各国的绿色就业发展经验来看，第一，必须建立起与绿色就业新技能相关的培训与指导，使劳动力能够适应新岗位的要求；第二，加大投资可再生能源开发利用，实现就业效应与经济效应的双丰收；第三，发展中国家在大型生态系统建设方面发展绿色就业还大有可为。

（四）影响绿色技能的因素

随着对绿色就业关注度的提高，绿色技能的需求也会日益增强。人们逐渐意识到几乎所有的工作都需要某种程度上的绿色技能，并且这种技能是可持续发展的。工作岗位之间的很多不同所需要的并不是创新或者特殊技能，而是需要具备更好的一般性能力，比如环境意识、企业家精神、适应能力、战略能力、创新性和营销技能，然而绿色技能的发展需要科学技术工程学和数学技能，这需要以行业水平和公共部门的标准加强培训和技能开发。更多相关配套的政策措施应该保持一致性，以确保绿色技能的发展能够帮助实现经济政策目标和环保政策目标。在向绿色经济转型的过程中，技能缺口主要体现在平均受教育年限、产业结构升级和结构中。

从以下两个方面来看，中国与发达国家相比仍存在较大差距。首先，在平均受教育年限方面，成人平均受教育年限比发达国家平均水平低4~5年，25~64岁人口中大专以上人口比例是发达国家的1/7~1/5，14岁以上人口在学率偏低，这势必对未来劳动力人口素质产生不容忽视的负面影响；自主创新能力明显不足，每百万人从事研究与开发的研究人员数、每百万人申请专利数分别是发达国家的1/4和1/6~1/5。我国现阶段的大学入学率基本相当于20世纪美国60年代、日本70年代以及韩国80年代的水平；从15岁以上人口的平均受教育年限来看，我国约为8.2年，美德日韩则在12年左右。由此导致我国长期处于国际产业分工链低端，经济转型的后劲明显不足。OECD（2012）数据显示，2009年美、法、英诸国教育投资占GDP比重约6%，日本约3.4%，我国仅2.4%，距离4%的目标尚远；[1] 未来我国在加大教育投入、扩大教育范围与层次、培养创新型人才，以及提升教育质量与回报等方面的空间潜力巨大。

其次，在向绿色经济转型过程中，产业结构调整不仅意味着一、二、三产业之间的比例调整，也代表在新能源领域、生物技术领域等新兴产业的转型，这就意味着对新的劳动技能的需求。2010年国务院发出《关于加快培育和发展战略性新兴产业的决定》，提出到2015年，战略性新兴产业增加值占国内生产总值的比重力争达到8%左右，到2020年，比重力争达到15%左右；节能环保、新能源产业成为国民经济的支柱产业和先导产业的发展目标。中国政府大力发展可再生能源和清洁能源，到2015年，中国非化石能源占一次能源比例将从2010年的8.3%提高到11.4%，能耗强度比2010年降低16%，二氧化碳排放强度下降17%，2020年可再生能源的比重将达到15%。这些新行业的崛起，需要相应的技能和技术人员配合，因此蕴含着巨大的技能改进空间。

以光伏发电产业为例，从上游到下游，主要包括的产业链条有多晶硅、硅片、电池片以及电池组件。在产业链中，从多晶硅到电池组件，生产的技术门槛越来越低，相应地，公司数量分布也越来越多。因此，整个光伏产业链的利润主要集中在上游的多晶硅生产环节，上游企业的盈利能力明显优于下游，但相应的技能要求更高。目前我国光伏企业的自主研发实力普遍不强，主要的半导体原材料和设备均靠进口，技术瓶颈已严重制约我国光伏产业的发展。全国1200多所高职院校中，真正开设光伏发电技术应用专业的不超过30家。因为国内缺少专门的高技能人才，一般只好招用电子、化工等专业毕业生，根据需要再培养。光伏产业大部分需要的是复合型

---

[1] OECD, "Education Database: Expenditure by Funding Source and Transaction Type," 2013.

技能人才，巨大的缺口亟待高职毕业生填补，每年的人才缺口约有20万。①

实际上，这些技能缺口普遍存在于各个发展中国家。如何消除这些缺口，迅速提高劳动力的绿色技能，将绿色就业由潜力转变为现实，是发展中国家政策的着力点。根据ILO和CEDEFOP（2011），有几个方面的特殊政策必须实施：（1）对非正式经济部门以及小型企业的雇主进行能力建设以进入绿色市场；（2）对年轻人开展企业家能力培训和商业训练以开展与小额信贷项目相关的绿色商业；（3）加强决策者、商业领袖、行政人员，以及正式或非正式培训体系的环境意识；（4）推动三方的能力建设，加强社会对话机制，并利用这些对话机制推进绿色就业培训；（5）增强正规教育和培训体系，为全民提供基本技能的能力，包括改善与非政府组织的培训合作关系等。

（五）中国的绿色就业政策及建议

中国用四十年时间成为世界第二大经济体，经济的快速增长已经对中国的生态环境造成了重大影响。中国政府已经强调，有必要建立一个环境可持续性发展的、节能的社会，要在第十二个五年计划（2011~2015年）转型过渡到低碳经济和促进绿色就业。2011~2015年，中央政府在环境方面的投资将达到3.1万亿元，几乎是前五年总投入的两倍。政府已在这个方面采取了重要措施，在研究开发方面的支出已经从2004年国民生产总值的1.25%增加到2008年的1.5%；在绿色清洁技术全球化的市场中，中国政府开始重视太阳能产业，2010年的第三季度，中国政府对清洁能源领域的投资达到135亿美元。根据《京都议定书》的低碳排放信用体系，中国通过绿色发展机制从事低碳贸易。中国各地正在积极采取举措，从绿色生长的孵化器转化为生态村，直至发展为绿色城市。目前，中央政府已经强调促进绿色就业的重要性，主要通过宣传活动向人们介绍绿色就业的概念，提高绿色就业的意识；从事绿色就业的战略性研究以指导政策与战略；加强适应绿色就业岗位的技能培训；鼓励绿色清洁部门的创新以刺激绿色就

---

① 北极星太阳能光伏网，http：//guangfu.bjx.com.cn/news/20120614/366489.shtml。

业。政府的目标是：截止到2020年，创造220万个绿色就业岗位，实现绿色产业增加值占GDP的15%。大规模的环境投资将会催生一系列新的绿色服务产业，比如生态系统服务、碳资产管理服务、碳交易、合同能源管理等。

中国在促进绿色就业方面，虽然没有直接的政策出台，但一些致力于节能减排、提高能效的政策间接促进了绿色就业的发展。我们试图通过归纳不同部门的政策措施，对三种不同类型的绿色就业的主要激励政策做出归纳，以期辅助绿色就业专门政策的出台。

从表5-3的主要政策可知，目前政策的主要着力点仍在完善基础性的法律框架。直接促进绿色就业增长的针对性措施并不多，特别是现在政策规定往往过于原则化并缺乏相应的具体落实措施，有可能无法充分释放绿色就业潜力。比如目前光伏发电市场的启动就面临着类似的问题，由于市场准入的限制和价格补贴无法及时到位，使光伏市场启动缓慢，进而导致该产业的绿色就业机会无法有效实现。

表5-3 中国促进绿色就业的主要政策措施

绿色就业类型	主要政策	主要相关内容
原生绿色就业	《中华人民共和国可再生能源法》	第四章"推广与应用"和第五章"价格管理与费用补偿"等
	《应对气候变化国家方案》	建立健全以《中华人民共和国农业法》《中华人民共和国草原法》《中华人民共和国土地管理法》等若干法律为基础的、各种行政法规相配合的、能够改善农业生产力和增加农业生态系统碳储量的法律法规体系
	部门规章或指导文件	《促进风电产业发展实施意见》《关于加强生物燃料乙醇项目建设管理，促进产业健康发展的通知》、财政部等五个部委联合下发的《关于发展生物能源和生物化工财税扶持政策的实施意见》、财政部与建设部联合下发的《可再生能源建筑应用专项资金管理暂行办法》和《可再生能源建筑应用示范项目评审办法》等
	12项配套《可再生能源法》的行政法规和技术标准	《可再生能源产业发展指导目录》《可再生能源发展专项资金》《财政贴息和税收优惠政策》等

续表

绿色就业类型	主要政策	主要相关内容
过程绿色就业	《中华人民共和国循环经济促进法》	对国家生产消费过程中所用到的水、能源、电力、资源等逐一做了详细规定，鼓励企业对环境的负面影响降到最低，关注的重点在于生产加工过程中如何降低能耗、节能节水节材，大部分都属于过程绿色就业范畴，即如何在加工生产过程中实现节能减排以及环境友好
	《应对气候变化国家方案》	制定和颁布实施《中华人民共和国能源法》，对《中华人民共和国煤炭法》《中华人民共和国电力法》等法律法规进行相应修订，进一步强化清洁、低碳能源开发和利用的鼓励政策；严格执行《产业结构调整指导目录》；进一步落实《节能中长期专项规划》提出的十大重点节能工程；进一步贯彻落实《钢铁产业发展政策》；进一步推广包括节约建筑材料的"四节"（节能、节水、节材、节地）建筑 贯彻落实《中华人民共和国固体废物污染环境防治法》和《城市市容和环境卫生管理条例》《城市生活垃圾管理办法》等法律法规，使管理的重点由目前的末端管理过渡到全过程管理。严格执行并进一步修订现行的《城市生活垃圾分类及其评价标准》《生活垃圾卫生填埋技术规范》《生活垃圾填埋无害化评价标准》等行业标准

　　同时，尽管许多政策规定是针对具体产业和领域出台，但是在提高劳动者的绿色技能方面，却缺乏直接的激励措施。一方面，国家层面对于启动国内绿色就业市场缺乏明确的指导方针；另一方面也缺乏促进绿色就业发展的信贷和财政支持等，特别是对于企业旨在提高绿色就业水平的培训项目缺乏针对性的补贴。与此类似的情况是，服务外包行业在人才培训方面享受到国家给予的补贴，从而有力地促进了近年来服务外包行业的迅速发展，而许多绿色就业潜力明显的行业却仍得不到这一优惠政策的扶持。

　　中国经济在迈向可持续发展的低碳经济道路中，发展绿色就业成为必然的选择，因为其所带来的经济效应和就业效应也是中国经济发展所期盼的。追求绿色增长所带来的经济结构转型会在价格、国际贸易、产出等方面带来变化，最终引起就业的变化。中国自制定实施《应对气候变化国家方案》以来，节能减排取得了显著成效，但随着淘汰高能耗、高污染、低效率的落后产能，传统岗位的失业问题也日益凸显。一方面，中国大量的人口在就业领域的转换需要培训和教育的长期支持，难以在短期内升级换代；另一方面，中国快速的城市化进程中，有大量的农村剩余劳动力亟须劳动密集型产业的吸纳。因此，如何实现经济绿色增长与就业的双赢局面，成为中国经济迫切需要解决的问题。

我们认为，政府在我国绿色就业中应发挥主导作用，一方面由于投资与环境的收益无法量化，因而私人投资的兴趣较低；另一方面由于绿色就业可以为贫困人口提供大量就业岗位，可以纳入政府的贫减目标中。刺激绿色就业的普适性政策有激励政策、补贴政策、规定实施标准等，但根据三类绿色就业的特殊性，相应的政策措施应有不同的侧重点。

在我们的分析框架下，原生绿色就业由于其具有较大的正外部性、公益性较强、公共物品的属性明确，政策支持方面应以补贴为主。目前已经实施的退耕还林、风电、上网、电价补贴等都属于此类。过程绿色就业涉及能效提高、节约能源，因此应主要通过价格途径对企业进行引导，一般建议采用征税的方式，如碳税、林业税等。征税的方式对企业干预小，企业可以通过提高能效创建更多的绿色就业岗位，使企业本身更具竞争力。此外，为了培育新技术市场，可以有选择地对过程绿色就业采用补贴方式，尤其是高耗能的幼稚产业（infant industry）[①]，例如光伏产业。对于终端绿色就业，关键在于严格执行既定标准和法规，其执法力度直接决定了终端绿色就业量。不仅要加大对终端废弃物和污染物的处理条款和细则，而且要将其执行落到实处。最后，针对上述三类绿色就业，亟须展开相应的绿色就业培训和指导，为新的岗位输送合格劳动力，为传统岗位注入新内容。当然，我们在强调主动创造绿色就业机会的同时，也要重视绿色消费观念的普及，绿色的消费观念引领绿色的产品和服务，绿色产品和服务的发展推动行业的绿色标准，进而推动国家的绿色政策，最终创造出整个社会的绿色生产消费氛围。

总之，作为世界经济复苏的重要推手，绿色就业必将在未来引领就业市场潮流，但向绿色就业的转型也是一个长期过程。绿色就业转型要考虑

[①] 幼稚产业是指某一产业处于发展初期，基础竞争力弱，但经过适度保护能够发展成为具有潜力的优势产业。

行业特征、岗位属性、所处产业链的阶段、技术培训和消费模式等方方面面的因素。绿色就业不只是一个新概念，而且需要落实到各行各业的行动中，在实践中必须消除认识上的单一理解。中国实现可持续发展目标有赖于全行业的绿色就业。通过就业方式的转型，推动能源结构转型和能效的提高，进而实现中国经济结构转型，促使中国向低碳经济和可持续发展方向稳步迈进。

第六章
绿色金融与全球绿色治理

全球绿色治理所追求的环境升级与经济升级的目标，是绿色经济的基本要素，即要实现环境质量随着经济发展而不断提升。需要指出的是，只有经济发展而没有环境质量的提升，不是绿色经济；而只有环境质量却没有经济的发展，同样也不能称之为绿色经济。纵观全球各经济体，追求经济发展而忽视环境质量的国家被广为诟病，而一味固守环境质量却经济疲软的国家也不在少数。实现经济升级与环境升级双重目标在一国之内都困难重重，遑论在国际和全球领域实现绿色经济。但是鉴于任何一种经济发展都离不开融资问题，因此有必要探讨绿色金融与绿色经济的关系，进而探讨绿色金融对于全球绿色治理的作用。

为绿色经济服务的绿色金融诞生于经济体跨越库兹涅茨曲线顶端的时点，是产业结构从重污染的第二产业向轻污染的第三产业转型过程中，以及环保节能技术迅速发展过程中的融资需求所催生的新的金融服务需求。根据中国人民银行研究局首席经济学家马骏的定义，绿色金融是指支持环境改善与应对气候变化的金融活动，是指通过贷款、私募、债券和股票、保险以及碳金融等金融服务将社会资金引导到环保、节能、清洁能源、清洁交通、清洁建筑等绿色产业发展中的一系列政策和制度安排。建立绿色金融体系的主要目的是提高绿色项目的投资回报率并解决融资问题，同时抑制对污染性项目的投资。[①] 2016年在二十国集团杭州峰会上发布的《G20绿色金融综合报告》对绿色金融的定义是"能产生环境收益以支持可持续

---

① 马骏：《中国绿色金融的发展及前景》，《经济社会体制比较》2016年11月，第25页。

发展的投融资活动",这是国际上接受程度较高的一种定义。

从资金供给角度而言,绿色金融所面临的内生性障碍有三个方面:首先,由于绿色投资项目会产生正外部性,比如改善空气质量、减少污染等,项目收益率往往低于市场预期,因此投资者兴趣不大,需要政策引导将正外部性内部化进而推动私人投资;其次,绿色投资项目由于技术不成熟面临高风险问题,也由于处于创新开发阶段而出现风险高估情况,如何降低绿色投资项目的风险乃至风险预期,需要国家政策给予支持;最后,绿色投资项目的长周期与资金投资的短周期不匹配,因此金融机构对长期的环境与气候项目关注度不足,需要提升其"绿色"分析能力。从绿色融资需求而言,存在企业绿色融资需求不足和消费者绿色消费意愿不足两大障碍。构建绿色金融的基本思路为降低绿色投资成本(价格补贴、减税),提高污染项目投资成本(削减补贴、加税),同时将企业社会责任纳入企业的目标函数和消费者的福利函数。一个完善的绿色金融市场的构建,需要从宏观层面构建绿色金融体系、中观层面构建绿色金融市场增强供需强度、微观层面培育企业和消费者的社会责任观念和绿色消费观念入手,逐步形成"由政府主导"向"由市场主导"的绿色金融发展路径。

一 绿色金融的国别经验

国际社会中绿色金融首先诞生于发达国家,以美国、日本、德国、英国等国家为先锋,这主要是基于其多元化的金融服务体系和绿色经济转型所催生的市场需求。西德于20世纪70年代成立世界第一家环境银行即开始绿色金融实践;美国于20世纪80年代推出"超级基金法案";2003年世界银行在伦敦发起的"赤道原则"具有广泛影响力[①];2007年欧洲投资银行发行全球首个气候相关债券,随后又陆续建立起碳交易市场,如欧洲能源交易所、芝加哥气候交易所、巴黎的碳交易市场、伦敦能源经纪协会、意

---

① 截至2016年3月,全球已有36个国家共82家金融机构接受"赤道原则",涵盖了新兴经济体70%以上的国际贷款项目,亚洲共有四家金融机构采纳"赤道原则",分别是中国的兴业银行、日本的瑞穗实业银行、三井住友银行和三菱东京UFJ银行。

大利电力交易所等，带动了绿色金融的持续发展。根据世界银行的统计，全球仅以二氧化碳排放权为标的的交易额近5年间增长了近200倍。在探索如何平衡政府和市场的关系并促进绿色金融发展方面，不同国家有各自的成熟经验，下文将简要介绍几个有代表性的案例。

（一）德国复兴信贷银行

德国复兴信贷银行的前身是1948年在马歇尔计划资助下成立的，目前是德国第三大银行，它并不是专门的绿色投资银行，也不是德国开展绿色金融业务的唯一政策性银行。但是，该行自20世纪70年代以来一直是德国绿色经济转型发展的最重要的政策性金融机构。2011年德国宣布新的能源转型战略后，德国复兴信贷银行投入绿色经济领域的资金进一步增加。2016年，该行的投资总额为810亿欧元，其中44%流向了气候与环境项目。德国复兴信贷银行由于可凭借德国联邦政府进行信用担保，因此在放贷利率上具有相当大的灵活性，具体表现为为绿色项目提供长期贷款和低息贷款，为长期以来被德国商业银行不重视的环境友好型项目带来了投资机遇。该行通过充当投资先行者、追加投资、为其他绿色项目提供担保等方式，降低了社会对绿色投资的风险预期，极大带动了私人资本的投入。

德国复兴信贷银行借助高素质的金融专业人才与绿色技术专家，其尽职调查和风险评估被视为业界的风向标，因此该行被视为德国绿色投资领域的权威，一旦宣布进入某个项目，就会吸引多家私人投资者进入。该行所开发的尽职调查和风险评估标准程序也逐渐被地方商业银行接受，事实上成为国家标准并扮演规则公共品角色。2012~2015年，德国复兴信贷银行绿色投资的80%以上流向了技术应用型项目，事实上，公共部门资金应该在技术应用与扩散阶段投资，通过"干中学"和"用中学"形成反馈机制，发挥"市场创造"作用，而非简单修补市场失灵，从而更好地促进技术进步。[①] 德国仍然将绿色经济发展视为公共部门的重要职责，并依靠规模

---

① Mariana Mazzucato and Caetano Penna, "Beyond Market Failures: The Market Creating and Shaping Roles of State investment Banks," *Levy Economics Institute of Bard College Working Paper*, 2015, pp. 49 – 50.

庞大的国家开发银行来履行这一职责，大体上仍处于"政府主导＋公私合作"的阶段。

（二）英国绿色投资银行

英国政府于 2012 年成立了英国绿色投资银行，这是世界上第一家专门从事绿色投资的国家级政策性银行，主要支持英国的可再生能源、节能与循环经济方面的基础设施建设。2017 年英国政府实现了对英国绿色投资银行的私有化目标，但同时根据协议通过股份安排确保了该行的政策性金融机构的部分功能，如在未来三年向绿色经济领域的投资不得少于 30 亿英镑。作为专门的绿色投资银行，英国绿色投资银行的投资理念和方式颇具特色，目前基本上实现了该行每投资 1 英镑就能带动 3 英镑的额外投资，极好地发挥了撬动私人资本的杠杆作用。值得一提的是，绿色投资银行在创立之初就确定了"投资双底线"原则，即所有投资项目必须满足"绿色效应"和"投资回报"，也就是必须实现经济收益和环境收益的双丰收。绿色效应原则要求符合五个目标中的一个或多个：（1）保护和改善自然环境；（2）保护和改善生物多样性；（3）提高自然资源使用效率；（4）减少温室气体排放；（5）提高环境可持续性。投资回报则明确了一个营利性机构的重要理念，那就是只有绿色投资银行展现出较好的盈利性后，才可能带动和吸引私人资本的投入。因此该行并不提供一般意义上的优惠贷款，而是以股权投资、商业贷款和项目担保来为目标项目保驾护航。虽然遵循投资回报原则，但该行并没有回避普遍认为风险较大的海上风电项目，事实上，至 2017 年年中，英国海上风电投资的 60% 来自英国绿色投资银行。这种以股权投资的方式极大提振了市场对于绿色项目的信心，吸引了大量的私人资本。

英国绿色投资银行根据上述两个投资原则制定评估标准并在 2015 年出台了《绿色投资手册》，给出了对项目的绿色效应进行预估、跟踪和评估的标准化程序，并且在英国政府推动下很快被翻译成中文和西班牙文，极大提升了英国在绿色金融领域的话语权，并致力于将英国绿色金融标准推广为国际标准，是英国绿色金融软实力的集中体现。事实上，在杭州峰会上英国就担任 G20 绿色金融研究小组的联合主席国，迈出了英国绿色金融体系国际化推广的第一步。英国绿色投资银行的私有化则表明，英国的绿色金融发展开始从"政府引导+公私合作"转向"市场主导"，绿色投资银行以尽可能少的公共部门资金启动绿色金融市场，启动之后就将后续投资任务交给私人部门去完成，充分释放了市场潜力和融资优势。①

（三）美国绿色金融实践

如果追溯美国绿色金融的起源，则要从 1978 年的爱河事件说起。1978 年位于纽约上城尼加拉瓜瀑布附近的爱河是富人区中工薪阶层的聚集地，周围有数百间房屋和一间小学。1942 年胡克电化学公司（Hooker Electro-chemical company）发现爱河巨大的废弃河槽是一个倾倒工业废物的理想地点，于是将运河河槽区域买下，在得到允许后，把爱河的积水排空做必要防护处理，然后把工业废料悉数倾倒于此。截止到 1953 年，胡克公司共计倾倒了 22000 吨工业废料，包括碱性物质、卤代烃类，还有染料生产的废料。同时，当地市政府还有美国军队也一直利用这一地点倾倒垃圾，直到 1948 年才结束。1978 年 11 月，埋藏的工业废料中被发现有超过 200 种化合物，其中有大约 200 吨的废料含有毒性严重的致癌物质二噁英。1980 年，美国国会通过的《超级基金法案》（Comprehensive Environmental Response, Compensation, and Liability Act, CERCLA）。该法案规定：（1）对需要优先治理的存放危险污染物的地点建立全国性清单（National Priorities List）；（2）确认美国环保署在类似事件上的职责；（3）确认相关责任方有义务清除污染，美国环保署可以向有关个人和集体追责，数额最高可到达损失的三倍；（4）相关责任方需要通过"超级基金"偿付清理费用；（5）无论有意还是过失都需要负责。超级基金法案的通过意味着政府在法律层面上明确了污染治理和赔偿、追责方面的责任和义务。之后美国政府对银行制定了严格的环境评估政策，即各类项目贷款首先需要进行环境影响评估，然后根据结果做出决策。根据银行业联合会 1991 年对其 1741 家成员行的调

---

① 孙彦红：《德国与英国政策性银行的绿色金融实践比较及其启示》，《欧洲研究》2018 年第 1 期，第 26－39 页。

查，62.5%的银行已经改变了传统的贷款程序，以避免潜在的环境债务，45.2%的银行曾因为担心将会出现的环境问题而终止贷款。

美国绿色金融的起源在于通过规范金融放贷来规避环境风险引发的金融风险，之后随着绿色经济市场的完善才逐渐出现了针对绿色能源和绿色技术的支持性融资，如今已经发展为成熟的碳市场交易。从美国的绿色金融发展历程来看，有几点重要的经验：第一，先进的环境治理需要立法先行。美国各级政府、环保署在爱河事件最初两年的不作为被爱河居民饱受诟病，但这确实和当时法律缺失有关。爱河事件发生之前，美国应对危险化学物质的法案有颁布于1965年的《固体废料倾倒法案》（Solid Waste Disposal Act），1970年的《资源恢复法案》（Resource Recovery Act）以及1976年的《资源保护与恢复法案》（Resource Conservation and Recovery Act）。但是在处理危险化学品污染、相关责任认定、赔偿、环保署的职权方面，美国当时的立法是一片空白。正因如此，美国环保署才只能测量污染物浓度而不能采取实际行动。退一步讲，就算环保署采取"实际行动"，甚至会因为缺乏法律依据被告上法庭。爱河事件后，《超级基金法案》弥补了相关立法领域的空白，这种"无法可依"的现状也得到了缓解。第二，完善的环境立法体系不会一蹴而就。美国在环境立法领域同样是在摸索和修补中进行完善的。比如，1976年的《资源保护与恢复法案》是在1965年的《固体废料倾倒法案》基础上修订而来的，加入了保护人体和自然环境不受危险化学物质危害等内容。但1976年的《资源保护与恢复法案》在遭遇了爱河事件后也显得不完善，因为没有详细界定赔偿、清理义务、环保署的详细职权，以及清理的标准等，因此1980年的《超级基金法案》得以出炉。第三，法制社会需要健全的法律，更需要执行法律的保障。《超级基金法案》诞生于1980年，但第二年里根政府上台后的8年期间，《超级基金法案》几乎处于停滞状态。美国环保署列出的全国需要优先治理的污染地点一共有799个，只有16个得到了治理。《超级基金法案》的7亿美元款项只有4000万美元得到落实。《超级基金法案》跌跌撞撞走到克林顿执政时期又遭遇不幸，成为民主党和共和党党争的牺牲品。比尔·克林顿（Bill Clinton）意图朝更加环保的方向改革《超级基金法案》。但是由于共和党控制国会，改革法案不仅没有通过,还变得更加偏袒排污企业。美国虽然有健全的环境立法体系,但是各种游说集团增加法律执行的不确定性。此外,美国总统四年一届的任期,给环境法律的执行添加了更多不可控的因素。第四,一个环境立法健全、执法严格的社会,需要事件参与各方,即政府、民众及相关企业理性地参与和表达意见。爱河事件中,美国各级政府在最开始敷衍塞责,遮遮掩掩,相关责任方互相推诿。这无疑让爱河居民更加愤怒,让他们的抗议行动不断升级,直到最后扣留美国环保署人员作为人质,与美国联邦调查局发生正面冲突。人质事件发生后,美国高层态度马上发生了180度大转弯,表示接受爱河居民的请求。这种滞后处理的方式无意间会导致日后民众的抗议行动更加极端化和机会化。美国政府的短期"息事宁人"行为为日后处理类似事件埋下隐患,把政府和民众的博弈引向恶性发展的轨道。

(四) 日本绿色金融实践

与所有发达国家走过的历程一样,日本也在经济快速发展阶段经历了严重的环境污染,加之日本国土面积狭小和资源匮乏两大短板,日本面临的资源环境压力比其他发达国家有过之而无不及。20世纪90年代,日本通过制定环保战略、创建低碳社会并开展环境外交,加速向生态型经济转型。日本在绿色金融方面的举措主要可以分为两个方面:一是国家资金提供支持并灵活运用金融机制,促进投资并且带动市场;二是在建筑物低碳化、低碳城市、双边层面以及低碳研发方面投入大量资金,为打造低碳社会而切实努力。特别是在双边领域,日本2014年出台政策支持亚洲低碳社会,并推进双边环保,将日本的环境技术向海外推广。

日本在构建绿色金融体系过程中,充分发挥政策性银行的协调作用。以日本政策投资银行、日本国际协力银行为代表的政策性银行,开创了一系列金融创新协调机制。比如,日本政策投资银行注册资本超过100亿美元,其投融资方向集中于政府确定的政策性重点项目,2004年该行开始实施促进环境友好经营融资业务,具体包括以减轻环境压力和促进企业环保投资为最终目标的业务。随着日本以环境治理为目的的固定资产投资和末端治理投资高峰的结束,企业的绿色融资需求已从过去的环保设备投入转化为环境管理、减缓和适应全球气候变化、全方位削减环境负荷的新阶段。为了适应这一新阶段的融资需求，日本政策投资银行开始向企业提供综合性的环境保护融资业务，2004年首创了以环境评级手法确定投资对象，为环境友好型企业提供低息贷款，促使企业从先污染、后治理模式转向主动预防环境污染，并建立现代环境管理体系。2006年日本政策投资银行又推出了"促进实现《京都议定书》目标"新评分项，有望通过减排实现削减温室气体8%以上的企业可以得到政策倾斜，享受相应的优惠利率。2007年该行又推出了环境评级贴息贷款业务，承诺在5年内实现削减单位产量二氧化碳排放量5%以上的企业可获得进一步的利率优惠。[①]

与大部分国家商业银行避免为高风险、长周期的环境项目提供融资的状况不同，日本商业银行在日本绿色金融体系构建中也发挥了积极作用。主要原因在于商业银行较好地利用了政策性银行的环境评级系统，为规避风险投资和提高投资效率提供保障。比如日本瑞穗实业银行，作为第一个接受"赤道原则"的亚洲银行，将环境因素率先纳入商业决策中，通过不断优化内部可持续发展原则和流程，该行在世界排名中的地位迅速上升（2003年接受"赤道原则"的当年，排名从第18位上升到第3位），履行"赤道原则"并没有限制其业务发展，反而迅速积累了环境管理经验，形成了绿色治理领域的先发优势。在绿色金融领域进步较快的其他商业银行还有三菱东京UFJ银行（以官民合作融资为特色）和三井住友银行（以社会、环境和政府作为投资核心）。日本商业银行在绿色金融领域的活跃程度，很大程度上是因为与政策性银行共享企业环境评级成果、有效规避投资风险息息相关。因此，政策性银行能否提供环境风险评级这一公共品，对一国绿色融资资金的活跃程度十分关键。

二 亚洲绿色能源项目发展的金融障碍

推动绿色金融在全球内加强国际合作，是中国一直倡导的绿色理念。

[①] 常杪、杨亮、王世汶：《日本政策投资银行的最新绿色金融实践——促进环境友好经营融资业务》，《环境保护》2008年第10期，第67-71页。

首先，绿色投资项目具有跨国外部性，同样是出于外部收益无法内部化的原因，比如一国在绿色投资方面的努力可以降低污染和二氧化碳的排放，从而使邻国受益"搭便车"，进而导致绿色投资不足问题，这种跨国界的正外部性只有通过国际协作才能共同转化为绿色投资的动力。其次，发达国家走在绿色金融发展的前列，对相关经验的分享、传播以及能力建设是发展中国家所急需的，也是缩小南北发展差距的重要领域，从全球可持续发展角度而言意义重大。最后，绿色金融的跨国合作可以为绿色投资寻找更为广阔的市场，因为发达国家有许多偏好绿色投资的机构和资金，而发展中国家的绿色项目急需资金，因此通过国际合作为跨国投资提供便利条件，一方面使难以获得资金的绿色项目融得资金，另一方面也丰富了国际投资者的"绿色"资产类别。

总体而言，亚洲各国对绿色项目特别是可再生能源项目①的融资支持水平较低，虽然原因各有不同，但最主要的原因还在于亚洲以银行为主导的金融体系以及不发达的资本市场，使银行成为绿色融资的主要来源，但往往由于这些绿色项目风险高和投资回报率低两大特点，使可再生能源项目的融资供给严重不足。2017年，全球能源结构中可再生能源占比10.01%，而亚洲能源结构中可再生能源占比为8.11%，低于全球平均水平（BP，2017）。亚洲并不是一个同质化的大陆，而是由各区域（亚洲区域和太平洋区域）以及各次区域（南亚、东南亚和东亚）组成的，在基础设施、科技进步、工业发展、人力资源和财政手段方面均存在显著差异，但制约能源结构向绿色能源转型的最关键因素还是融资问题。亚洲能源结构以化石能源为主，所消耗的化石能源完全涵盖了重要产油国中东的出口量、中亚和高加索地区的产气量（见表6-1）。无论亚洲国家在土地、人口、收入、经济发展水平和技术水平方面的差距多么大，可再生能源（包括污染型和非污染型）都在能源结构中占比很低。比如人口众多而收入较低的印度和巴基斯坦，可再生能源占比分别为6.29%和9.7%，人口众多而收入中等的印度

---

① 可再生能源项目并非清洁能源或绿色能源的同义词，因为它包括无污染能源（如风能、太阳能和地热）和污染能源（生物质能源）。从应对全球气候变化的角度而言，应加大力度增加无污染可再生能源的比重。

尼西亚和土耳其分别为3.3%和14.79%，小而高收入的新加坡为0.23%，大而高收入的伊朗和沙特阿拉伯分别为1.10%和0%，富裕而发达的韩国和日本则分别为1.71%和8.28%，中国近年来对可再生能源加大投资，其占比目前只达到11.43%，越南可再生能源占比最高为21.29%（见表6-2）。高于全球可再生能源平均水平的国家只有三个，分别是中国、土耳其和越南。尽管上述亚洲国家可再生能源发展水平参差不齐，但总体而言，可再生能源发展水平仍然处于较低水平。

表6-1 2016年亚洲能源消耗总量（MTOE）

单位：百万吨石油总量（MTOE）

	石油	天然气	煤炭	核能	水电	生物质	可再生能源总量	能源总消费量	可再生能源占比（%）
亚太地区	1502	609	2709	106	358	137	495	5420	9.13
中亚和高加索	22.7	84.8	36.6	0	4.8	0.1	4.9	148.9	3.2
中东	459	499	47.7	1.4	19.9	5.9	35.8	1033	3.46
整个亚洲	1987	1193	2793	107	383	143	536	6602	8.11

资料来源：BP（2017）The BP Statistical Review of World Energy, p.9。

表6-2 2016年部分亚洲国家的可再生能源占比

单位：%

国家	占比	国家	占比
中国	11.43	沙特阿拉伯	0.0
印度	6.29	新加坡	0.23
印度尼西亚	3.3	韩国	1.71
伊朗	1.1	土耳其	14.79
日本	8.28	越南	21.29
巴基斯坦	9.7		

资料来源：作者计算。BP（2017）The BP Statistical Review of World Energy, p.9。

虽然亚洲可再生能源整体占比水平仍然较低，但不可否认的是，这一地区未来对可再生能源的需求仍将强劲增长，亚太地区是绿色能源的主导区域，2016年在全球可再生能源的增量中亚太地区占比高达60%（BP，2017：

143)。亚洲国家促进可再生能源的努力也离不开区域组织如东盟和亚太经合组织的协调推进，比如亚太经合组织宣布到2030年包括俄罗斯在内的21个国家要将可再生能源占比在2014年目标的基础上翻一番，其中16个成员是亚洲国家。从表6-3可以看出，东亚地区的可再生能源占比最高超过10%。事实上，亚洲各个国家自身所采取的行动在推动可再生能源发展方面更富有成果。中国在短时间内成为世界上最大的风力涡轮机和太阳能电池板生产国，2016年中国超越美国成为世界上最大的可再生能源生产者，2017年中国生产了全球约三分之二的太阳能电池板和约一半的风力涡轮机（Pham and Rivers，2017）。亚洲蕴含着可再生能源和绿色能源项目的巨大需求，将引领世界能源转型趋势。

表6-3　2016年亚洲分区域的可再生能源占比

单位：%

区域	西亚	中亚和高加索	南亚	东南亚	东亚
占比	2.49	3.24	6.42	5.60	10.02

资料来源：BP（2017）The BP Statistical Review of World Energy，p.9。

满足可再生能源转型的一个重要条件就是如何满足融资需求。亚洲金融市场普遍反映出银行系统主导特征（见图6-1），股票和债券的占比较低。即使在日本这样一个金融市场较为发达的亚洲经济体中，"现金和存款的份额也远远大于证券和股票的份额"[①]。总体而言，亚洲资本市场占比仍然很低。银行贷款通常是短期或中期资源（超过5年的存款非常罕见），但大型长期可再生能源项目比如水电项目建设周期长、回收慢，所需要的是长期贷款（通常为10~20年）。此外，可再生能源项目的原始自然输入无法得到保障，因为充足的阳光和风力并不总是可用，使风力涡轮机、太阳能电池板和集中式太阳能项目的发电断断续续。这个缺点使它们不适合每天24小时提供特定数量电力的基础负荷发电。为了解决这一缺点，在并网

[①] Yoshino Naoyuki, Taghizadeh-Hesary Farhad, "Alternatives to bank finance: Role of carbon tax and hometown investment trust funds in developing green energy projects in Asia", *ADBI Working Paper*, No.761, 2017, p.6.

的风能和太阳能项目中增加了备用化石燃料发电机,以弥补已知的每日发电缺口,通常排放温室气体的燃煤或柴油发电机作为最便宜的选项用于间隙填充,也可使用更昂贵的燃气发电机,这些非绿色需求增加了风能和太阳能项目的成本。因此银行方面出于回收周期长、风险大、投资回报率低的预期而有所顾虑。总体而言,亚洲的银行主导型金融市场决定了绿色项目的主要资金提供者是银行,因此是银行来决定绿色项目的增长、规模和类型,比如融资需求为中短期的风电项目得以获得资金迅速扩张。换句话说,亚洲金融市场的这一特征,使亚洲的资金并未完全流向可以在保证避免环境伤害前提下促进经济增长的领域,绿色项目的资金供应受到极大限制。《巴塞尔协议》对金融机构贷款的资本金要求以及银行认为大多数可再生能源项目具有风险,使银行不愿意为它们提供资金。因此,解决绿色能源项目融资问题不能依靠银行贷款,需要寻找新的融资渠道来填补此类项目的融资缺口。事实上,可再生能源中的无污染能源(水电、风电和热能)事实上都属于资本密集型。

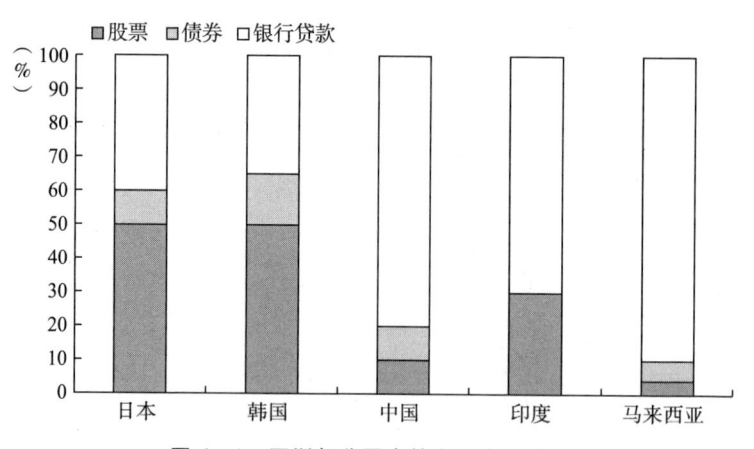

图 6-1 亚洲部分国家的金融市场构成

资料来源:ADB 数据库。

可再生能源项目成本偏高是不争的事实,但每个国家的具体原因又有所不同。除了可再生能源项目如水电、风电、地热都需要前期大量的资本密集投入这一普遍原因之外,还在于技术是否能够本地化生产和运用。亚洲地区只有少数国家可以实现可再生能源设备的本地化生产,比如技术先进的日本、韩国、中国,而其他亚洲国家,包括工业基础良好并取得了一定绿色可再生技术成就的国家,如印度和伊朗,仍然需要从亚洲或西方供应商处进口相关技术。印度国内风能和太阳能制造部门蓬勃发展,但由于该国上马的太阳能和风能项目太多,国内生产部门无法匹配日益增长的需求,印度仍然需要进口绿色可再生技术。毕马威的一项报告认为,"到2030年印度将需要进口420亿美元的太阳能设备,相当于100吉瓦的装机容量"。[①]因此,对于进口技术的不同依赖程度增加了实施绿色能源项目的成本,增大了部分亚洲国家的进口负担,导致的直接后果就是有些国家因负担不起而放弃,有些国家则限制大规模绿色可再生项目的建设。那么,对于拥有先进绿色技术的亚洲国家而言,并非完全没有障碍,这主要体现在当大规模转向绿色可再生能源时成本依然相当高。化石燃料技术在规模上更具有优越性,因为清洁可再生技术的产量相对较低并且不够稳定。中国虽然已经成为世界上最大的风力涡轮机和太阳能电池板生产国,在满足国内需求的同时也增加了国际竞争力,但燃煤和燃气发电机仍然是主力军,用清洁能源发电机全面替换化石燃料发电机的成本障碍和技术障碍仍然十分突出。可再生能源成本过高引发的另一个担忧则不仅辐射亚洲低收入国家,也影响富裕国家的决策。过高的能源成本可能会推高本国生产的商品和服务的价格[②],进而降低整体经济的竞争力,这也是日本和韩国等具有开发和生产绿色技术能力的发达国家仍然依靠以化石燃料为主的能源结构的主要原因。2011年日本福岛事故后关闭核反应堆,相当于事故发生前30%的电力供应被切断,但从2016年日本的能源结构数据中可以看出,相关的电力缺口由化石能源来弥补,可再生能源发电并没有得到大幅提升,这也印证了日本政府对大规模转向绿色能源所带来的能源成本高企、降低经济竞争力这一连锁反应的顾虑。

但事实上,上述关于可再生能源的融资问题、成本问题的考虑,都是

[①] A. C. Sunny, B. Das, P. R. Kasari, A. Sarkar, S. Bhattacharya and A. Chakrabarty, "SVPWM Based Decoupled Control of Active and Reactive Power for Single Stage Grid Connected Solar PV System", 2016 *IEEE 7th Power India International Conference (PIICON)*, 2016, pp. 1 – 6.

[②] 主要是初始成本,因为化石燃料的装机成本和运营成本仍然是最低的。

从经济角度出发算的一笔小账,如果人类能够意识到还有一本大账需要好好盘算,可能就会做出不同的选择。两个多世纪以来,大量使用化石燃料排放的 CO_2 已经形成了诸多环境问题,比如气候变暖引发农业减产、淡水蒸发导致灌溉成本上升、延长害虫生命周期、海平面上升导致海岸地区适应气候变化的成本大幅上升。如果将这些由气候变暖所引发的经济损失通盘纳入考虑,那么就会发现及时实现绿色能源转型不仅十分必要而且十分迫切。总体而言,亚洲以银行为主导的金融体系不能有效支持绿色能源项目、资本市场不够发达、风险投资不足、政府资金有限的现状,使资本密集型的绿色能源项目的融资变得十分困难,因而也限制了绿色能源项目在亚洲的扩展,虽然很多国家都采取了积极有效的措施来推动能源的绿色转型,但化石燃料能源将长期主导能源结构。

三 释放私人投资对绿色金融的促进作用

扩大可再生能源的私人投资对于实现全球经济脱碳、低碳转型和气候弹性增长(climate-resilient growth)非常必要。联合国就曾倡导,各国政府应该为私人投资可再生能源创造公平的竞争环境,并恰当运用财政政策鼓励私营部门参与。根据国际能源署的评估,到 2040 年前为满足全球能源需求需要新增 44 万亿美元的投入,其中流向可再生能源的投资为 9 万亿美元(IEA,2016)。目前私人投资流向化石燃料的份额远远高于可再生能源,因此,作为支持能源供应的政府政策,主要目标之一是吸引私人投资进入可再生能源领域。为了实现应对气候变化的目标,增加可再生能源领域的私人投资是一条前进之路(OECD,2016)。国际能源署预测,如果要实现 2100 年全球气温上升不超过 2℃ 的目标,那么在 2013～2035 年投向能源效率领域和低碳发电领域的投资应分别增加 8 倍和 3 倍,投资金额总计约为 53 万亿美元(EIA,2014)。经合组织认为促进私营部门对可再生能源投资的办法是制定更加强有力和协调一致的气候减缓政策,将投资从化石燃料技术转向可再生能源技术和低碳技术,具体政策工具包括碳定价、投资激励、逐步取消化石燃料补贴、支持低碳研发等。世界各国引入了不同的政策工具来促进可再生能源和减少温室气体排放，包括财政和金融工具、信息和教育政策、各种政策支持、改进规制、为研发量身定做支持政策、自愿行动等。其中，使用范围最广和频率最高的依然是财政和金融政策，包括拨款和补贴、贷款、税收、电价补贴等。

电价补贴旨在鼓励应用可再生能源技术，比如风能、太阳能、水电和地热发电等，设计目标在于通过提供高于市场电价的补贴来加速可再生技术投资，促进可再生能源发展，并降低投资者的风险预期。电价补贴为欧洲的可再生能源蓬勃发展发挥了重要作用，特别是在德国、西班牙和法国。拨款和补贴也在绿色能源推广方面发挥了巨大作用，可再生能源和化石能源、核能都得到了世界范围内的补贴。国际能源署测算认为2015年全球化石燃料补贴额度为3250亿美元，可再生能源补贴额度为1500亿美元。向可再生能源生产商提供低息贷款是促进可再生能源生产分配的另一有效办法。2016年全球范围内银行向可再生能源项目提供的贷款额度相当高，为新装置提供了864亿美元的无追索权项目融资，为资产收购和再融资提供了727亿美元贷款。各国也广泛运用税收减免或税收抵免来促进可再生能源发展。美国广泛使用生产税抵免来促进风能项目，用投资税抵免来推动太阳能项目。公司可以利用这些税收抵免进一步增大对可再生能源的投资。

事实上，有效促进可再生能源发展的另一路径是，私人投资可再生能源基础设施，产生溢出效应，带来税收增加，政府通过将这部分税收返还给私人来促进下一轮投资。很多研究已经表明，绿色能源项目会对其他部门和地区GDP产生溢出效应，政府可以将部分或全部溢金返还给私人投资者。[①] 私人投资难以进入绿色金融领域，一方面与市场失灵、信息不对称、风险预期有关，另一方面也与政府长期以来的化石能源补贴政策有关，因为对化石能源的补贴不仅挤占了公共资金优先支出选项，而且导致化石能源消费价格偏低，鼓励了过度的非绿色能源消费。要大幅提升可再生能源的利用，关键在于私人投资。

---

① Yoshino N., Taghizadeh-Hesary F., Alternatives to Private Finance: Role of Fiscal Policy Reforms and Energy Taxation in Development of Renewable Energy Projects, In Anbumozhi V., Kalirajan K., Kimura F. (eds) *Financing for Low-carbon Energy Transition*, 2018.

四 亚洲绿色金融现状

要使亚洲经济体走上可持续发展的道路，资金流向必须从温室气体高排放、化石燃料和自然资源密集型产业转向更具资源效率的技术和商业模式。金融部门需要在绿色转型中发挥核心作用。绿色金融是考虑到环境影响并加强可持续发展的所有形式的投资，基于环境筛选和风险评估在满足可持续发展要求的前提下，提供涵盖环境风险和气候风险的投资、贷款以及保险服务。对于许多亚洲经济体而言，发展绿色金融的难度不言而喻，因为亚洲经济的长期高速增长正是建立在资源密集型和碳密集型的产业结构基础上的。虽然过去几十年中大多数亚洲发展中国家的经济产出碳密度显著下降，比如老挝、孟加拉国、尼泊尔、泰国和越南等，但依然显著高于区域内外的发达经济体的碳密度水平。与此同时，许多亚洲国家在面对气候变化风险时也非常脆弱，缅甸、菲律宾、孟加拉国、越南和泰国是过去20年中全球受气候变化影响最大的国家。[1] 许多南亚和东南亚国家极易受到气候变化的影响，但在经济、环境和社会治理方面缺乏提高恢复力的准备。亚洲国家既要面对气候变化脆弱性的挑战，又要减少碳排放，整个区域都需要巨额资金投入建设绿色基础设施和气候适应型基础设施。亚洲开发银行估计，2016~2030年，亚洲基础设施建设资金缺口高达26.2万亿美元，其中减缓和适应气候变化的投资缺口为3.6万亿美元。这些资金来自国内和国际层面的私人部门和公共部门。要实现绿色转型，必须使金融体系与可持续发展目标一致或者对接，因为金融部门是做出投资决策的地方。《巴黎协定》也指出，"金融机构需要纳入气候保护和气候复原措施"（第44章）。另外，核算气候风险和其他环境风险也有助于保障金融体系的稳定性。如果不能应对系统性的可持续发展挑战，将会对单个企业和长期经济增长都产生负面影响，对投资于非可持续项目的金融机构产生直接损失。

---

[1] Sumit Vij et al., "Climate Adaptation Approaches and Key Policy Characteristics: Cases from South Asia", *Environmental Science & Policy*, Vol. 78, 2017, pp. 58–65.

亚洲绿色金融的发展现状可以从几个宏观数据中做出初步判断。签署"负责任投资原则"（Principles for Responsible Investment）的1874个签字方中，只有122家来自亚洲，占比6.5%；签署UNEP"可持续发展金融机构承诺声明"（UNEP Statement of Commitment by Financial Institutions on Sustainable Development）的214个签字方中有38个来自亚洲，占比17.8%；签署"赤道原则"的91家金融机构中有12家来自亚洲，占比13%；签署"可持续证券交易倡议"（Sustainable Stock Exchanges Initiative）的66家交易所中有14家来自亚洲，占比21%；签署UNEP"可持续保险F1原则"的57家保险公司中有8家来自亚洲，占比14%。与亚洲人口占世界人口约60%这一数据相比，亚洲绿色金融服务的覆盖面远远低于世界平均水平。

亚洲金融机构参与国际可持续性倡议的程度较低，相应地，亚洲绿色投资和绿色贷款的水平也保持在低位。2016年亚洲国家管理的可持续投资总额约为526亿美元（Global Investment Review, 2017），仅占亚洲投资总额的0.8%，与欧洲、加拿大、美国、澳大利亚等地区和国家相比可谓相去甚远（见表6-4）。新加坡、中国香港、首尔和吉隆坡是亚洲的可持续资产管理的金融中心。但是，2014~2016年该区域可持续投资增长最快的是日本，从70亿美元迅速增加到4736亿美元（见表6-5，图6-2），占日本当年投资总额的3.4%。亚洲可持续投资总额占全球可持续投资总额的2.3%，而日本可持续投资总额就占全球可持续投资总额的2.1%。由此可以看出，日本是亚洲可持续投资的龙头国家。

表6-4 世界部分区域的可持续投资占投资总额的比例

单位：%

地区	2012年	2014年	2016年
欧洲	49.0	58.8	52.6
加拿大	20.2	31.3	37.8
美国	11.2	17.9	21.6
澳大利亚和新西兰	12.5	16.6	50.6
亚洲	0.6	0.8	0.8

续表

地区	2012 年	2014 年	2016 年
日本	—	—	3.4
全球	21.5	30.2	26.3

资料来源：Volz, U. (2018)。①

表 6-5　亚洲部分国家的可持续投资金额

单位：百万美元

地区	2011 年	2013 年	2016 年
中国	1535	1729	7290
中国香港	7382	11329	13538
日本	10000	6507	473570
韩国	6288	8426	7290
马来西亚	9956	15087	15621
亚洲	39987	51443	525640

资料来源：Volz, U. (2018)。

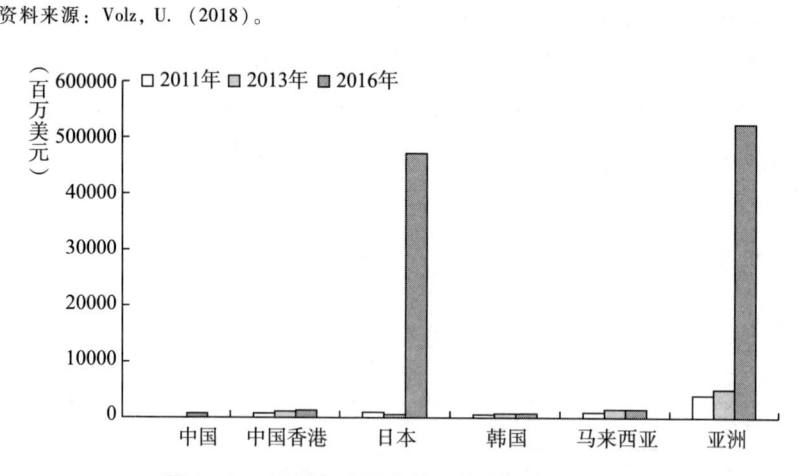

图 6-2　亚洲部分国家的可持续投资金额对比

---

① Volz, U., "Fostering Green Finance for Sustainable Development in Asia", ADBI Working Paper, 2018, p. 5.

五　中国的绿色金融政策与实践

（一）中国绿色金融政策回顾

中国通过金融监管应对环境风险的尝试可以追溯至1995年，时年中国人民银行发布了《环境保护信贷政策公告》，国家环保总局发布了《利用信贷政策促进环境保护的公告》。随着时间的推移，中国又相继颁布了新的绿色金融政策，如2007~2008年推出的绿色信贷、绿色保险和绿色证券相关政策。2012年，中国银监会发布了《绿色信贷指南》，旨在鼓励银行机构以绿色信贷为重点，积极调整信贷结构，有效抵御环境和社会风险，更好地服务于实体经济，促进经济增长方式转变和经济结构调整。2014年银监会引入"绿色信贷监管和评价机制"与"关键绩效指标清单"来补充《绿色信贷指南》。自此，中国的绿色信贷政策已经从2007年的初步秉持原则演变为标准化、指标化的业绩评估。

2014年，中国人民银行启动了绿色金融工作组，制定了14项与披露信息、法律框架、财政刺激和机制设计有关的建议。绿色金融工作组由中国人民银行委任的绿色金融委员会接手，该委员会负责落实绿色金融实践，工作范围涵盖环保资料披露、银行业环境压力测试、绿化海外投资等。2015年12月，中国人民银行发布了《绿色金融债券公告》，其中包含《绿色债券支持项目目录》。国家发改委同步发布了《绿色债券发行指引》，这是全球首个由政府提供的绿色债券指南。中国把绿色债券市场看作为可持续发展筹集私人资本的重要来源。

中国也在全球推广绿色金融理念：2016年1月，中国在G20主席团发起了由中国央行和英国央行联合主持的绿色金融研究小组；2016年8月，中国人民银行联合7个部委推出世界上首个"系统性绿色金融政策框架全面指南"；2017年6月，国务院在浙江、江西、广东、贵州和新疆成立了5个绿色金融试验区，探索不同形式的绿色金融改革和创新体系，为全国范围内推广绿色金融树立示范样本；中国还在绿色保险和环境风险分析两个方面提供政策指导；2013年中国环保部和保监会联合发起了国家强制性污染责任保险制度,到 2017 年底,该体系已经在 30 个省份试行;此外,随着环境信息披露水平和公共数据可获得性的提高,在中国企业和金融机构的投资实践中,越来越看重通过压力测试分析环境风险。

(二) 中国绿色金融实践进展情况

值得一提的是,中国的绿色债券市场近两年快速增长。亚洲开发银行的报告指出,2012 年亚洲开发银行的气候相关债券只占全球 4.1% 的份额,但在 2017 年这一比例上升到 42.2%,与中国过去两年在绿色债券市场的快速发展密切相关。2013 年上海证券交易所(SSE)推出了上证可持续发展指数(SSE)。中国的第一批公司绿色债券是 2015 年 8 月由中国新疆金风科技公司在中国香港发行的。随后,中国农业银行于 2015 年 10 月在伦敦发行绿色债券。根据路透社(2015)报道,中国农业银行发行的 10 亿美元债券中有 94% 出售给了亚洲投资者,这表明亚洲投资者对绿色债券的投资需求早已存在。2015 年 12 月,中国人民银行发布《绿色金融债券公告》后,2016 年 1 月,中国工商银行和上海浦东开发银行在国内首次发行绿色债券。自此之后,中国绿色债券市场迅猛发展,政府开始将绿色债券市场作为满足清洁能源、提高能效和环境保护的资金需求的主要来源。2016 年,中国发行绿色债券 362 亿美元,占全球发行量的 39%,是当年全球最大的绿色债券发行国。2017 年中国绿色债券发行额略有上升,达到 371 亿美元,约占亚洲总量的四分之一。

中国也是亚洲绿色银行改革的先行者,随着金融机构大力发展绿色金融的举措,中国的绿色贷款近年来也大幅增加。2007 年,中国的绿色贷款只有 3410 亿元人民币,但到 2016 年底,已经增加到 7.5 万亿元人民币,占银行资产的比重从 0.6% 增加到 3.2%。根据中国银行业协会的数据,到 2017 年,21 家主要银行向绿色项目提供的贷款超过 8.2 万亿元人民币,约占其未偿还贷款总额的 10%。

第七章
中国对全球绿色治理的贡献

从 2000 年到 2015 年，中国在国际政治经济舞台及全球治理体系中的地位和作用发生了深刻的变化。经济上，中国是世界上最大的发展中国家，并已成为世界第二大经济体、第一大贸易国和最大的外汇储备国；政治上，中国是联合国安理会五大常任理事国之一、二十国集团（G20）重要成员国，也是金砖国家成员国；在国际发展治理领域，中国对外援助迅速增加，中国倡导的南南合作援助方式也开始得到国际社会认同。这推动着中国参与全球治理的能力和意愿持续上升。随着"一带一路"倡议的持续推进①，中国将在国际事务中做出越来越大的贡献。

一 中国绿色发展的全球贡献

中国对世界可持续发展最大的贡献是实现了自身的长足发展。作为世界上人口最多的发展中大国，中国自身的可持续发展就为世界完成千年发展目标贡献了主要的力量。15 年来，在中国政府坚持不懈的努力下，中国在消除贫困与饥饿、普及初等教育、促进性别平等、保障妇幼健康以及疾病防控、环境保护等许多方面取得了巨大进展，千年发展目标落实成绩显著，表现在方方面面。中国基本实现了千年发展目标，贫困人口减少了 4.39 亿，在教育、卫生、妇女等领域取得显著成就。中国发展不仅增进了

---

① "一带一路"（英文：The Belt and Road）是"丝绸之路经济带"和"21 世纪海上丝绸之路"的简称。

13亿多中国人的福祉，也有力促进了全球发展事业。中国的发展给其他南南合作的国家带来发展的窗口机遇期，最重要的是带来了思路：怎样结合自己的优势来发展经济，实现务实地发展、务实地转型。国合会①在生态文明与南南合作、"一带一路"倡议的环境保护战略以及绿色价值链方面都提供了思路。

中国在联合国全球发展议程中最大的变化，是从最初的受援国成为一个重要的援助国。作为一个负责任的发展中大国，中国在力所能及的范围内不断加大对外援助力度，尤其是加大对最不发达国家和其他低收入国家的援助力度。援助方式包括援建成套项目，提供一般物资，开展技术合作和人力资源开发合作，派遣援外医疗队和志愿者，提供紧急人道主义援助，以及减免受援国债务等。2007年，中国在世界银行国际发展协会的会议上宣布，将向世界最贫穷国家提供捐助和贷款。此后，中国不断通过联合国、世界银行、亚洲开发银行等多边机构，向其他发展中国家提供援助资金。对外援助资金包括无偿援助、无息贷款和优惠贷款三种方式。2010~2012年，中国对外援助金额为893.4亿元人民币，其中近80%投入受援国减贫、教育、卫生、体育、文化、交通等民生和基础设施领域。2013年，在没有正式机制向世界银行授予免息贷款的情况下，中国向世界银行提供了10亿美元的"硬贷款"，此后，又向世界银行提供了3亿美元的补助，通过这种方法为世界银行的贷款降低成本。新中国成立70年来，中国共向166个国家和国际组织提供了近4000亿元人民币的援助，派遣了60多万名援助人员，培训了1200多万名受援国各类人才。②中国在提供对外援助时"量力而行，尽力而为"，充分尊重受援国主权和意愿，不干涉受援国内政，不谋求政治特权，真心实意"授之以渔"，提高受援国的自主发展能力。

中国向亚洲、非洲、拉丁美洲、中美洲和大洋洲的69个国家提供的医疗援助，解决了这些国家的燃眉之急。2014年西非地区埃博拉疫情暴发，中国政府向几内亚、利比里亚和塞拉利昂等疫区国家提供4批次紧急人道主

---

① 中国环境与发展国际合作委员会（国合会）于1992年由中国政府批准成立，是一个由中外环境发展领域高层人士与专家组成的、非营利的国际性高级咨询机构。
② 钟声：《消除贫困是人类共同使命》，《人民日报》2015年10月17日。

义援助，其中包括提供防控救治物资、粮食援助、现汇援助，以及派遣医疗专家提供移动生物试验室等，总价值达 7.5 亿元人民币，是此次疫情中全球提供援助批次最多的国家。同时，派出 700 人次的中国专家和医护人员赴疫区工作，是此次疫情中全球派遣专家和医护人员最多的国家。此外，中国还向受援国无偿提供大量药品，包括中国自主创新研发的抗疟中草药青蒿素①和禽流感、甲型流感的疫苗等。中国还向埃塞俄比亚、布隆迪、苏丹等许多非洲国家提供抗疟药品，在疟疾防治以及减轻疟疾给非洲人民带来的伤害方面发挥了重要作用。中国援外医疗队和当地医生密切配合，诊治了大量常见病、多发病，治愈了不少疑难病症，成功地开展了心脏手术、肿瘤摘除、断肢再植等难度较大的技术服务，挽救了许多生命垂危的病人。中国援外医疗队不但利用现代医疗技术，还将针灸、推拿等中国传统医疗技术以及中西医结合的诊疗办法带到非洲。不仅如此，中国援外医疗还改善当地的医疗卫生条件，建立和改善医疗设施，培训当地医疗人员，为当地卫生医疗建设做出积极贡献。

为改善非洲人民的福利，中国与当地私营部门合作，普及新技术特别是信息和通信技术带来的好处。中国企业积极帮助非洲电信发展，参建多国光缆网，不仅促进了非洲电信技术的发展，而且有力推动了非洲经济社会的全面发展。中国公司打破西方电信公司在非洲的垄断地位，降低通信资费，加快落实非洲电信项目，使非洲民众成为直接受益者，为非洲大陆的移动通信事业做出了卓越贡献。截至 2013 年，仅有 6.7% 的非洲家庭拥有宽带接入，但他们同样需要快速可靠且支付得起的宽带接入服务。为此，中国的华为公司利用自身技术有效提升了宽带接入在非洲大陆的普及率，同时也降低了接入成本。越来越多的非洲家庭能够接入高速宽带，享受信息社会的高效和便捷。尼泊尔境内分布着众多海拔 6000 米以上的高山，山区电力供应困难，到了冬季，部分地区每天停电长达 16 小时。当地运营商由于普通基站施工难度大、工期长、建站成本高等原因，无法更好地在当地普及通信。华为在深入了解实际情况后，通过小功率室外基站和太阳能

---

① 华人科学家屠呦呦受中国传统医学知识启发，成功萃取青蒿素，2015 年获得诺贝尔生理学或医学奖，是第一位获得诺贝尔奖项的中国本土科学家。

供电的部署，大大降低了站点的建设成本，有效降低了基站对电力的依赖，快速帮助当地实现信号覆盖。截至 2013 年底，华为已经在尼泊尔西部 3 个偏远山区的中西区、西区、远西区开通 2G 信号，覆盖当地 800 多万人口。①便捷的通信服务，有效提升了尼泊尔人民的生活质量。

在多边舞台上，中国积极支持联合国、世界银行等继续在国际减贫事业中发挥重要作用。刚脱离"最不发达国家"行列的萨摩亚十分感念中国的帮助。该国总理图伊拉埃帕说，感谢中国在促进南南合作方面的巨大贡献，如果没有包括中国在内的发展中国家及其他众多伙伴的支持，萨摩亚不可能取得这样的发展。② 中国一贯高度重视最不发达国家、内陆发展中国家和重债穷国的特殊需要，先后 6 次宣布无条件免除重债穷国和最不发达国家对华到期政府无息贷款债务，累计金额约 300 亿元人民币。中国的对外投资从 2000 年的 2 亿美元迅速增长到 2015 年的 1456 亿美元。2015 年末中国对外直接投资存量的 83.9% 分布在发展中经济体，支持了这些国家和地区的经济发展。中国作为最不发达国家的第一大出口市场，对其近 5000 个税目的产品实行零关税，并多次免除最不发达国家、重债穷国的债务，有力支持了最不发达国家的发展。2015 年 1 月 1 日，中国政府正式给予与中国建交的最不发达国家 97% 税目产品零关税待遇。

中国积极推动南南合作来实现区域的可持续发展。在加强南北合作的同时，将南南合作作为补充。中国在南南合作框架下为小岛国、最不发达国家、非洲国家等应对气候变化提供支持。2012 年 6 月，时任总理温家宝在联合国可持续发展大会上宣布，中国将安排 2 亿元人民币开展为期 3 年的国际合作，帮助小岛屿国家、最不发达国家、非洲国家等应对气候变化。2013 年 6 月，中国国家主席习近平在出访拉美和加勒比地区国家期间，表示中方将在南南合作框架下继续为小岛屿国家应对气候变化提供力所能及的支持，帮助其提高应对气候变化的能力。2014 年 9 月，中国国务院副总理张高丽作为习近平主席特使，在出席联合国气候峰会时宣布，中国将推动建立气候变化南南合作基金，并提供 600 万美元资金支持联合国秘书长推

---

① 华为投资控股有限公司：《华为 2013 可持续发展报告》。
② 钟声：《消除贫困是人类共同使命》，《人民日报》2015 年 10 月 17 日。

动应对气候变化南南合作。习近平主席在2015年的巴黎会议上又宣布，中国将建立一个涉及200亿元人民币的南南合作基金，主要用于和发展中国家开展合作。自2011年以来，中国累计投入2.7亿元人民币用于开展应对气候变化南南合作，向很多发展中国家提供了资金、技术和设备支持，并且已经和12个国家签署了应对气候变化物资赠送的谅解备忘录。中国向有关国家赠送节能灯100多万盏、节能空调2万多台、太阳能路灯4500余套、家用太阳能发电设备6000余套。中国还举办了39期应对气候变化领域南南合作培训班，共培训了来自119个国家总计1193名官员和技术人员。前联合国秘书长潘基文曾说，中国使数亿人脱离极端贫困，在推动南南合作方面也发挥着领导作用，金砖国家新开发银行、亚洲基础设施投资银行、"一带一路"倡议、丝路基金和中国气候变化南南合作基金都是显著例子。联合国各国议会联盟（议联）主席萨比尔·乔杜里说，"中国一直在支持发展中国家，支持最不发达国家。当中国为某个非洲国家或亚洲国家提供支持时，是真心希望这个国家发展起来。中国在全球发展议程中的作用将非常重要。"

中国在当今全球减贫事业中扮演重要角色。中国是第一个实现联合国千年发展目标，使贫困人口比例减半的国家，为全球减贫事业做出了巨大贡献。联合国千年发展目标（MDGs）时期，在国际极端贫困线和中国贫困线都在逐年上升的情况下，中国的贫困人口从1990年的6.89亿下降到了2011年的2.5亿，中国为世界贡献了76%的脱贫人口。中国不但成功大幅削减了本国贫困人口数量，还用自身经验帮助其他发展中国家实现减贫目标。中国同许多发展中国家签署减贫合作谅解备忘录，建立合作减贫中心，共同推动减贫工作。中国政府也积极参与全球减贫合作。2007年开始，中国政府和联合国驻华系统在每年10月17日"国际消除贫困日"联合举办"减贫与发展高层论坛"，开展国际、区域及双边减贫交流与合作。中国与亚非拉等十几个发展中国家签订了减贫合作协议，加强减贫经验与知识共享。2011年，中国科技部与比尔及梅琳达·盖茨基金会在非洲地区开展减贫合作，帮助当地解决贫困问题。在双方策划下，推动了绿色超级稻新品种、动物疫苗、苔麸小型项目在非洲的落地。2014年，中国政府提出了"东亚减贫合作倡议"，与非洲联盟共同发表了《中非减贫合作纲要》，并在中拉合作论坛框架下积极推动中拉减贫交流合作。

中国也为全球生态环境可持续发展做出重要贡献。中国是第一个自主承诺减少碳排放的发展中国家。中国通过产业结构调整、循环经济、减少碳排放、加强重点污染物和重点区域污染治理等方式大力推进低碳发展。20世纪90年代，中国开始实施生态建设工程，森林覆盖率由2000年的16.55%上升到2015年的21.63%。中国万元工业增加值用水量（当年价）由2001年的268立方米下降到2014年的59.5立方米，单位GDP能耗和污染排放持续下降。中国利用完整的产品制造体系和政策调控手段，迅速降低了光伏产品、风电产品、高速铁路系统中利用清洁能源的成本，实现绿色交通的全覆盖，为世界去碳化进程做出了贡献。中国也与全球环境基金（GEF）开展了全方位的合作。截至2014年，GEF向141个中国项目提供了约10.62亿美元的赠款支持。此外，中国还参与了GEF的41个区域和全球项目。

中国在气候变化领域承担一个负责任大国的义务。气候变化是典型的全球性议题，在国际议程中地位突出。过去十年来，作为最大的发展中国家，中国成为全球第二大经济体和温室气体排放大国，在气候变化领域的国际地位日益独特。随着中国综合实力不断增强、生态文明建设持续推进，中国在气候治理领域的国际话语权和影响力持续上升，逐步迈向世界舞台中央，成为全球气候治理不可或缺的重要参与方。2015年12月12日，联合国气候变化巴黎大会成功通过《巴黎协定》，表明国际合作应对全球性挑战不仅必要，而且可行。作为最大的发展中国家，中国采取切实行动应对气候变化，积极、建设性参与全球气候治理，提出中国方案，贡献中国智慧，展现了负责任、有担当的大国风范。《巴黎协定》确立了2020年后国际合作应对气候变化的基本框架，创立了以"国家自主贡献"为核心、"自下而上"、相对宽松灵活的应对气候变化行动，开启了全球气候治理的新阶段。联合国环境规划署执行主任埃里克·索尔海姆表示，感谢中国在推动《巴黎协定》过程中所起的积极作用以及在全球环境治理中发挥的领导性作用。

中国也是连接南北合作的中坚力量。自2013年加州"庄园会晤"以来，中国国家主席习近平和美国总统奥巴马已经举行了十次"习奥会"，中美元首如此频繁的会面实属罕见。中美新型大国关系的构建，不仅关系到中美两国的发展方向，更关系到南北合作的走向，是国际关系的风向标。2016年9月5日，二十国集团领导人第十一次峰会，在中国杭州圆满落幕。杭州峰会共达成创纪录的29项协议，具有里程碑意义。杭州峰会的举行恰逢世界经济增长和二十国集团转型的关键节点，其重大意义在于为世界经济指明了新方向。峰会制定了一系列以科技创新为核心的具体行动计划，从根本上探寻世界经济持续增长之道。两份具有历史意义的文件在此次峰会问世，一份是《二十国集团全球贸易增长战略》，另一份是《二十国集团全球投资指导原则》，后者是世界首个多边投资规则框架，填补了全球投资治理领域的空白。作为主席国的中国不仅将包容和联动式发展列为峰会四大重点议题之一，而且推动G20杭州峰会在发展领域实现了三个"第一次"，即第一次把发展问题置于全球宏观政策框架的突出位置，第一次就落实联合国2030年可持续发展议程制定《G20落实可持续发展议程行动计划》，第一次集体支持非洲和最不发达国家工业化，制定《G20支持非洲和最不发达国家工业化倡议》。这些致力于推动全球包容和联动式发展的举措，是中国对联合国可持续发展议程做出的重大贡献。杭州峰会以实际行动传递出"我们的目标是让增长和发展惠及所有国家和人民，让各国人民特别是发展中国家人民的日子都一天天好起来"。

中国未来参与全球治理的重要形式是"一带一路"倡议。中国与国际社会密切合作，共同维护多边贸易体制和金融体制，完善全球经济治理。2010年以来，中国先后或共同发起成立了金砖国家开发银行和丝路基金，倡议筹建亚洲基础设施投资银行，以弥补现有国际金融体制的不足。2013年9月和10月，中国国家主席习近平在出访中亚和东南亚国家期间，先后提出共建"丝绸之路经济带"和"21世纪海上丝绸之路"的重大倡议。共建"一带一路"顺应世界多极化、经济全球化、文化多样化、社会信息化的潮流，有利于推动沿线国家开展更大范围、更高水平、更深层次的区域合作，是国际合作以及全球治理新模式的积极探索，将为世界和平发展增添新的正能量。联合国开发计划署署长克拉克指出，中国在推动筹建亚洲基础设施投资银行、金砖国家新开发银行以及"一带一路"倡议等方面所做出的努力，都可以作为推动国际社会实现可持续发展目标的工具。

二 中国参与全球绿色治理的历程及理念

中国在世界可持续发展中的角色转变，可以从几次里程碑会议中的地位表现出来。1972年在瑞典斯德哥尔摩召开的人类环境会议，是中国自1971年重返联合国之后参加的第一次具有全球意义的会议，为中国国内的环境保护开阔了视野。虽然当时中国代表团为修改《人类环境宣言》做出了贡献，但当时参加这次会议主要是"取经"。会议后不久，1973年8月国务院召开第一次全国环境保护会议，提出了"全面规划、合理布局、综合利用、化害为利、依靠群众、大家动手，保护环境、造福人民"的32字环保工作方针。1992年在巴西里约热内卢召开的地球首脑会议，中国政府签署了《联合国气候变化框架公约》和《生物多样性公约》。此次会议提出世界环境问题主要是由发达国家不可持续的发展造成的，特别是气候变暖，更是发达国家长期排放温室气体造成的，这种排放量占到80%以上。据此，确定了著名的"共同但有区别的责任"原则，中国与其他发展中国家一起，共同坚定支持"共区原则"。里约环发大会两个月之后，国务院发布《中国关于环境与发展问题的十大对策》，把实施可持续发展确立为国家战略。

2002年在南非约翰内斯堡召开的世界可持续发展首脑会议，重申了"共同但有区别责任"的原则，反映出以中国为代表的发展中国家的呼声得到进一步肯定。中国政府宣布核准《京都议定书》，为推进全球气候治理进程做出了自己的贡献。联合国2015年后发展议程提出的行动方案，超越了工业文明范式下可持续发展的"经济—社会—环境"三大支柱格局，构建了人与自然和谐的5P愿景：以人为本（people）、尊重自然（planet）、经济繁荣（prosperity）、社会和谐（peace）、合作共赢（partnership）。其中，中国生态文明建设的理论和实践对此做出了贡献。发达国家全面主导全球治理话语权的能力已逐渐弱化，发展中国家努力增强自身对发展问题的话语权。

习近平主席多次指出，全球治理体制变革离不开理念的引领。要推动全球治理理念创新发展，就有必要发掘中华文化中积极的处世之道与治理理念同当今时代的共鸣点。2015年11月30日，习近平主席出席气候变化巴黎大会开幕活动，发表题为《携手构建合作共赢、公平合理的气候变化治理机制》的重要讲话，明确提出"各尽所能、合作共赢""奉行法治、公平正义""包容互鉴、共同发展"的全球治理理念，同时倡导和而不同，允许各国寻找最适合本国国情的应对之策。这些主张蕴含中华文化智慧，同广大发展中国家的诉求与呼声形成共鸣。

合作共赢是中国参与全球事务的基本出发点。中国文化的精髓强调"和合"，"和而不同"体现了中国文化的大智慧，即追求合作、融合、和谐、和平。在传统文化的基础上，中国提出构建以合作共赢为核心的新型国际关系。中国主张参与各方通力合作，同舟共济，共商应对，为维护全人类的共同利益而努力。

包容互鉴是中国处理伙伴关系的行为方式。孟子曰："物之不齐，物之情也"。比如，各国在应对气候变化问题上的国情和能力都不同，很难用一个统一标准去规范。再者，鉴于发展阶段不同，即便是相同的规则对不同的国家也意味着不同的要求。因此，中国主张各国间加强对话，尊重各自关切，允许各国寻找最适合本国国情的应对之策。《巴黎协定》最终确立的以"国家自主贡献"为主体、"自下而上"的减排机制，正是这种包容精神的体现。

公平正义是中国处理国际关系时秉持的原则。公平正义一向是中国传统文化所追求的理想准则。孔子曰："有国有家者，不患寡而患不均"。《淮南子》中有"公正无私，一言而万民齐"。就气候变化问题而言，发达国家和发展中国家的历史责任、发展阶段和应对能力不同，中国坚持共同但有区别的责任原则，强调发达国家应兑现承诺，履行自己的义务，向发展中国家提供资金和技术支持，保障发展中国家的正当权益，维护全球气候治理中的公平正义。中国认为出于不同的历史责任和经济水平，发达国家和发展中国家应制定各自的可持续发展目标，发达国家应该在实现自身可持续发展的过程中承担更多的责任和义务。中国认为"共同但有区别的责任"

原则是世界各国开展国际合作的基石，遵循该原则，国际社会才有可能建构新型的全球可持续发展伙伴关系。

绿色发展是围绕中国提出的"人类命运共同体"理念而展开的。在当今这个仍受恐怖主义、公共安全、气候变化、自然灾害、局部战争不断威胁的世界，人类必须共担风险与挑战。"人类命运共同体"的提出，是中国领导人基于对历史和现实的深入思考，也是对全人类的郑重承诺。中国从对国际事务的积极参与，到提出"一带一路"倡议，再到积极筹备亚洲基础设施投资银行，中国正在走一条"授之以鱼"亦"授之以渔"的道路。

三 中国助力全球绿色发展的指导理念

中国助力全球绿色治理，首先在于积极做好自己。从国内看，经过改革开放40年的探索，中国走出了一条有中国特色的发展道路，基本实现了联合国千年发展目标，使13亿多中国人的福祉大幅增加。中国政府批准发布落实2030年可持续发展议程的"国别方案"，决心在2020年实现中国标准下贫困人口的全部脱贫，到2030年进一步完善卫生、教育、住房等领域的保障。在解决好国内绿色发展的问题的同时，中国也一直为全球可持续发展贡献自身力量。从国际看，新中国成立70年来，中国积极参与国际发展合作，共向166个国家和国际组织提供了近4000亿元人民币援助，派遣60多万名援助人员，为发展中国家实现联合国千年发展目标做出了重要贡献。中国通过双边合作、多边合作和区域合作，逐步拓宽和加深参与全球绿色治理的广度和深度，以求全面体现发展中国家的诉求和呼声。

就双边的绿色治理而言，中国在国家规划中首次明确提出对国际援助的承诺。在制定"十三五"规划的过程中，中国提出将完善对外援助方式、扩大对外援助规模，为发展中国家提供更多免费的人力资源、发展规划、经济政策等咨询培训，扩大科技教育、医疗卫生、防灾减灾、环境治理、野生动植物保护、减贫等领域的对外合作和援助，加大人道主义援助。2015年12月，习近平主席在中非合作论坛约翰内斯堡峰会上提出中非合作的"十大合作计划"，其中工业化、农业现代化、基础设施建设、公共卫生、

第七章　中国对全球绿色治理的贡献

和平与安全等都非常契合非洲的发展需要；为推动"十大合作计划"的落实，中国还承诺了 600 亿美元的资金支持——其中包括 50 亿美元的无偿援助和无息贷款，200 个"幸福生活工程"和以妇女儿童为主要受益者的减贫项目等。所有这些，都能有效帮助非洲国家推进落实 2030 年议程目标。这次峰会也使中非合作领域的广度和深度得到极大拓展，体现了中国帮助非洲国家实现自主、可持续发展的诚意。坦桑尼亚总统尼雷尔就曾经说过："无论是在中国给予我国的巨大的经济和技术援助中，还是我们在国际会议的交往中，中国从来没有一丝一毫要左右我们的政策或损害我们国家主权和尊严的企图。"①

从多边层面而言，中国为国际多边进程提供推动力，集中体现在全球气候治理领域。中国充分发挥大国影响力，为推动如期达成《巴黎协定》发挥关键作用。近两年，中国先后同英国、美国、印度、巴西、欧盟、法国等国家和地区发表气候变化联合声明，就加强气候变化合作、推进多边进程达成一系列共识，尤其是中美、中法气候变化联合声明中的有关共识，在《巴黎协定》谈判最后阶段成为各方寻求妥协的基础。巴黎大会期间，中国代表团以负责任和建设性姿态全方位参与各项议题谈判，密集开展穿梭外交，支持配合东道国法国和联合国方面做好相关工作。一方面，中国继续通过"基础四国""立场相近发展中国家""77 国集团+中国"等谈判集团，在发展中国家中发挥建设性引领作用，维护发展中国家的团结和共同利益。另一方面，中国与美国、欧盟等发达国家和地区保持密切沟通，寻求共识。中国提出的方案往往代表了各方利益的"最大公约数"，是切实可行的中间立场。在巴黎大会结束后，美国总统奥巴马和法国总统奥朗德分别给习近平主席打电话，感谢中方为推动巴黎大会取得成功发挥的重要作用，强调如果没有中方的支持和参与，《巴黎协定》不可能达成。

中国大力推进南南合作，也是中国参与多边绿色治理的一个重要方面。针对不少发展中国家经济和基础设施落后、易受气候变化不利影响威胁且

---

① 《坦桑尼亚总统尼雷尔在李先念主席举行的宴会上的讲话》，《人民日报》1985 年 8 月 20 日；转引自周弘：《中国对外援助与改革开放 30 年》，《世界经济与政治》2008 年第 11 期。

217

应对能力薄弱的问题，多年来，中国通过开展气候变化南南合作为非洲国家、小岛屿国家和最不发达国家提高应对气候变化能力提供了积极支持。自2011年以来，中国先后投入4.1亿元人民币帮助数十个国家改善应对气候变化基础设施、加强应对气候变化能力建设。2015年9月，习近平主席宣布中国将设立中国气候变化南南合作基金。巴黎大会上，习近平主席进一步表示，中国将于2016年在发展中国家启动开展10个低碳示范区、100个减缓和适应气候变化项目及1000个应对气候变化培训名额的合作项目。这些合作倡议是中国在气候治理领域提供的公共产品，是无私帮助其他发展中国家的义举。中国在气候变化领域的南南合作政策和措施，体现了中国始终同广大发展中国家站在一起的外交理念，表明了中国坚持合作共赢、共同发展的国际关系主张。

中国积极采取行动参与2030年议程的目标制定。在2030年议程的制定过程中，中国经历了从最初的相对被动应付到积极参与，再到后期的务实推动过程。自2030年议程制定进程启动以来，中国就积极参与和配合联合国的讨论和磋商，广泛听取国内各方意见，为议程制定提出了很多有益的意见。在联合国开发计划署的支持下，2012年11月、12月和2013年3月，中国联合国协会分别在北京、昆明和北京举办了三次国家层面的非正式磋商，以广泛听取各阶层对2015年后议程的意见，其中75%以上的与会者来自社会团体。会议集中关注6个主要领域，即减贫和包容性增长、环境保护和绿色发展政策、全球健康、女性和儿童、教育以及国际合作。为准备2015年9月召开的联合国发展峰会，外交部牵头召开了三次部级协调机制会议。2013年9月22日，中国外交部发布了《2015年后发展议程中方立场文件》，阐述了中国对2015年后发展议程的基本指导原则、重点领域和优先方向、实施机制等的立场和看法；2015年5月13日，中国政府再次发布立场文件，除了重申2013年基本立场之外，还特别突出了全球发展伙伴关系构建、发展融资、全球经济治理以及后续的实施和监管等要素。两份立场文件的公布，清晰地向全世界表明了中国的期待和建议，说明中国已经充分意识到自身实力及国际地位提升的客观事实，并尝试在国际发展治理中发出更多的中国声音。

从区域层面而言,中国参与全球绿色治理的进程将通过"一带一路"倡议展开。"一带一路"将充分依靠中国与有关国家既有的双多边机制,借助已有的区域合作平台。中国多年来在环境治理中所得到的经验能够让许多国家获益。比如,过去中国的环境法规所规定的经济处罚上限远低于企业采取控排措施的成本,因此企业倾向于支付小额罚款然后继续超标排放,造成更多的污染。2016年1月1日生效的中国新环保法正是吸取了上述经验教训。这种经历和基于现实经历的系统性思维,对于"一带一路"沿线国家避免不必要的环境代价非常有价值。再比如,中国对亚太经合组织推动绿色供应链也发挥了积极作用。绿色供应链是一种市场手段,主要是利用采购方的采购力量来"逼迫"供应商改善环境绩效。如果所有"走出去"的中国企业坚持推进绿色供应链,则会转化为各国实现绿色转型的引擎。"一带一路"倡议主张充分尊重沿线各国的历史和现实,坚持"共商、共建、共享"原则,努力将"绿色"真正转化为各国共同的福祉,而非少数国家的私利。"一带一路"是绿色之路,它维护沿线国家的生态利益,有利于增强发展中国家在环境保护和应对气候变化等重大国际问题上的整体谈判能力,进而推动形成更加公正合理的全球绿色治理体系。

四　中国循环经济创新绿色治理模式

循环经济概念虽然始于西方,但成长于中国。中国依据自身国情和资源禀赋,走上了发展循环经济的战略道路,为实现绿色发展和践行生态文明理念探索道路,为处于经济增长和环境保护双重压力的发展中国家提供了新的治理思路,为全球绿色治理贡献了中国智慧和中国方案。位于中国江苏省张家港市的沙钢集团,1975年创立之初是一家规模极小的民营炼钢企业。如今,沙钢已成为同行业的翘楚,跻身世界500强,并在2015年与贝卡尔特[①]签订了全球供应协议。沙钢从一个濒临破产的小企业成功转型为世界知名企业,这要归功于其选择了一条循环经济的道路。沙钢建立的

[①] 贝卡尔特集团成立于1880年,由最初的一个小型制造与贸易公司发展而来。经过100多年的发展,贝卡尔特集团已经成为一个总部设在比利时的大型跨国公司。

"资源—产品—再生资源"的圆周形模式，使96%以上的工业"三废"得以循环再利用。"十二五"规划以来，沙钢累计投入数十亿元，实施重大节能创新项目100多个，实现了蒸汽、炉渣、煤气、工业用水和焦化副产品"五大循环回收利用工程"。通过变废为宝，沙钢每年循环经济效益占总效益的20%以上，成为企业非钢效益的"绿色"增长点。沙钢将废水、废气和废固回收用于发电或循环利用，产生了较好的经济效益和社会效益，在企业内部实现清洁生产方面极具代表性和创造性。2013年周边企业都用上了沙钢价廉、质优、稳定的高热值蒸汽，大幅削减社会用煤的同时减少了污染物和温室气体排放，实现了企业效益与社会效益的有机统一。沙钢的经历是中国循环经济发展的一个缩影，其自身鲜活的经历向世界述说着绿色治理所带来的福利。

（一）中国迈向循环经济是历史的必然要求

中国的地域广阔，但资源并不丰富，人均资源占有量更是与世界平均水平相去甚远。中国最丰富的资源是人，占全世界的18.8%；耕地资源占世界9%，人均却不到1.4亩，是世界平均水平的43%；淡水资源人均占有量仅为世界人均水量的28%，居世界第119位，是全球13个贫水国之一；中国占有的天然气、铁矿石、煤、石油等战略资源的人均占有量只及世界人均水平的7%、17%、55%和7%左右。1970~2015年，中国人均物质消费量从世界平均水平的1/3增长到世界平均水平的1.5倍。中国已成为世界上最大的原材料消费国，其国内物质消费量是美国的4倍，是整个亚太地区增长的2倍。资源紧约束和高消耗迫使中国不得不重新思考发展之路。如何利用有限的资源满足当代人以及后代人的物质需要，实现中华民族和全人类永续发展，在更大范围内提高所有物质资源的利用效率？循环经济实践给出了答案。循环经济不同于工业革命时期"从摇篮到坟墓"的线性模式，后者以高开采、低利用、高排放为特征。循环经济要求实现"从摇篮到摇篮"的闭环过程，即经济过程必须是高环境效率和高资源效率的。循环经济将经济、社会和环境有机整合，实现统筹发展。从可持续发展角度而言，循环经济提供了一种新思路和新模式，是一种历史性的变革。在实践中，循环经济由"动脉产业"[①]和"静脉产业"[②]组成。

循环经济的重要意义在于它可以兼顾可持续发展的三维目标。在解决环境问题方面,循环经济突破了过去开环性质的末端治理模式,开创了闭环的全过程管理模式。循环经济为环保开启了一扇新的大门,即必须认识到线性经济末端治理模式的局限,因为开环模式本身就决定了资源消耗和污染是必然事件。循环经济关注的环境目标,是要在整个流程中从设计上系统节约资源,减少废物,实现经济增长的去物质化。在促进经济发展方面,循环经济不再强调数量性的物质增长,而是关注质量性的服务增长。在循环经济模式下,经济增长不再是以往简单地生产和消费越来越多的短寿命、低质量产品,而是必须提高商品和服务的质量,将资源环境消耗降到最低。循环经济要求使服务质量达到最优,进而实现从产品优先社会向服务优先社会的转变,在此基础上,才有可能构建真正意义上的服务社会。在推进社会就业方面,循环经济不同于工业革命时期机器取代人的模式,而是增加社会就业。传统线性经济随着演化程度的提高,其链条呈缩短趋势,因而社会就业机会越来越少。循环经济通过构建服务型社会,延长了经济链条,从而增加了就业机会。这对一个人口日益增长的世界而言,其社会意义是不言而喻的。

循环经济已经被中国政府明确地确立为科学发展的长期战略。中国的循环经济从2006年纳入"十一五"规划进行体制化推进,到现在已经有了十年的经历。在这十年中,中国不断从微观、中观、宏观三个层面推动资源的循环利用,努力实现"零污染、零排放"。目前中国是世界上唯一动用国家力量推动循环经济建设的国家,标志性的工作是通过"十一五"规划大规模推动循环经济试点。2009年国家级循环经济促进法的实施,意味着中国的循环经济进入制度化全面推进阶段。中国推动循环经济的规模和雄心超过了其他任何国家,不仅实现了日本、丹麦、德国已有的模式[③],还创

[①] "动脉产业"是指开发利用自然资源形成的产业。
[②] "静脉产业"是指围绕废物资源化形成的产业。
[③] 循环经济的经典模式:杜邦模式、丹麦卡伦堡工业园区模式、德国的包装物双元回收体系(DSD)和日本的循环型社会模式。

新推动了"动脉产业"的发展。

　　截至目前，中国已建成了49个国家城市矿产示范基地，28个循环经济教育示范基地，118个循环化改造园区，100个餐厨废弃物资源化利用和无害化处理试点城市，推动了45个再制造试点示范基地和101个循环经济的示范城市建设。此外，中国在清洁生产、矿产资源综合利用、固体废物综合利用、资源再生利用、垃圾资源化、农林废弃物资源化利用等领域开发了一大批具有自主知识产权的先进技术，并迅速实现产业化。目前在中国，发展循环经济取得了显著的经济、环境和社会效益。2015年末，中国循环经济产值已达2万亿元，解决就业人口接近3000万人。

　　2015年中国国家统计局根据四项衡量标准对2005年以来循环经济进展进行分析，这四项指标分别是：资源消耗强度（每GDP单位使用的资源）、废物排放强度（每GDP单位产生的废物排放量）、废物回用率和污染物处置率（见图7-1）。数据显示，到2013年，资源消耗强度和废物排放强度分别改善了34.7%和46.5%。这是一个明确的信号，表明中国经济增长不再意味着对金属、水、能源和生物质等资源的更多消耗。经合组织的统计数据也显示，中国的资源消耗强度从1990年的每GDP单位4.3公斤降到了2011年的每GDP单位2.5公斤，也就是说，中国GDP在变大的同时也在变轻。

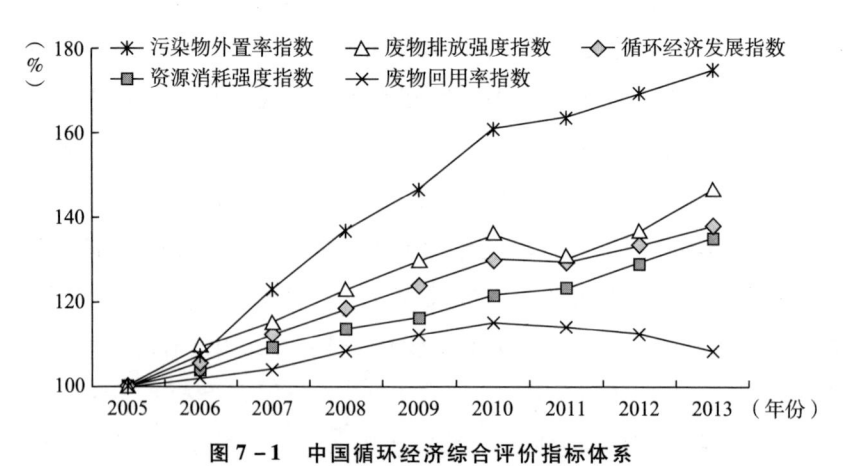

图7-1　中国循环经济综合评价指标体系

资料来源：中国国家统计局。

第七章　中国对全球绿色治理的贡献

2016年3月24日,《自然》杂志发表了一篇名为《来自中国的经验》的评论文章,再度聚焦中国循环经济的政策与实践。文章认为,过去十年里,中国已通过设定目标、实施政策、经济手段和规章制度,在世界范围内领先推动废弃物材料的循环利用,有"最先进的解决方案"①。中国经济发展与污染物排放实现成功脱钩(见图7-2)。

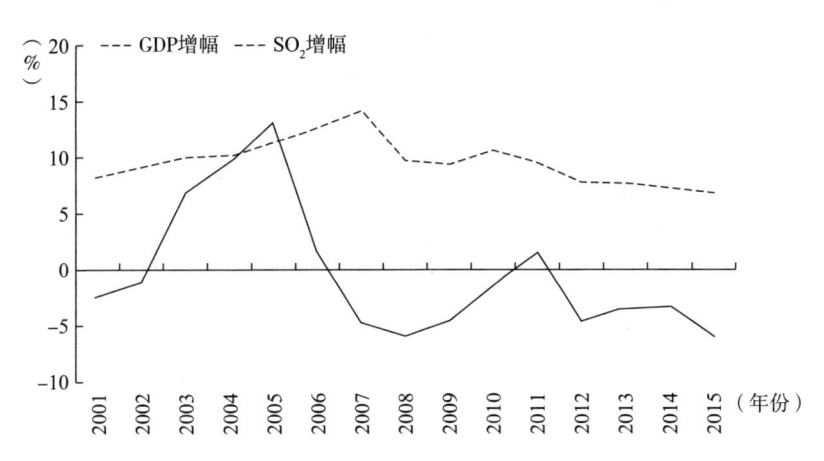

图7-2　中国2001~2015年经济增长与污染物排放脱钩示意

资料来源:GDP数据来自中国国家统计局,SO_2排放数据来自历年《中国环境状况公报》。

中国循环经济的实践主要有企业"小循环"、工业园区"中循环"和区域"大循环"三种模式。企业小循环是在单个企业内部建立起闭环制造流程,通过清洁生产和实现零排放,尽可能减少废弃物排放量。工业园区是把不同的工厂连接起来共享资源和互换副产品,使得这家工厂的废气、废热、废水、废物成为另一家工厂的原料和能源,在更大范围内实现循环利用。区域大循环则是从城市和区域的角度出发,构筑包括生产、生活领域的整个社会的大循环。

在中国,企业"小循环"的例子不胜枚举。本文开头提到的沙钢集团只是无数个"小循环"企业中的一家。把"小循环"的企业根据产业链条进行布局,就会形成各具特色的"中循环"园区。针对国内矿产不足但又

---

① John A. Mathews, Hao Tan: "Lessons from China", Nature, Vol. 531, 24 March 2016, pp. 440-442.

产生大量废弃资源的现状，中国政府推出了"城市矿产"①示范基地建设，深入挖掘资源的再生价值，形成"中循环"园区。2010年5月，国家发改委、财政部联合下发《关于开展城市矿产示范基地建设的通知》，决定用5年时间在全国建成30个城市矿产示范基地，促进废弃资源再生利用规模化发展。②"天津子牙循环经济产业区"是2010年第一批"城市矿产"示范基地之一，也是中国北方最大的循环经济园。在这里，一堆废旧家电经过分解、粉碎、化学提炼等工序，摇身变成铜、铁等再生资源，一条条"吃垃圾、吐黄金"的生产线形成了企业内部的"小循环"，整个过程均实现零排放、零污染。这些上游拆解企业的产品进入下游深加工企业后作为原料进行再加工，产业链条的逐层延伸构建起园区内部企业之间的"中循环"。目前，园区每年可向市场提供再生铜、铝、铁、橡塑材料等150多万吨。2011年中国第一家专业从事城市矿产交易的交易所——武汉城市矿产交易所正式运营，为实现资源循环利用的规模化和市场化开了先河。

"小循环"与"中循环"的实践，最终汇聚在一起，形成"大循环"。就区域"大循环"而言，中国最初是从城市"试点试验"着手的。因太湖得名的湖州，20世纪90年代由于环境恶化，出现了"守着太湖没水喝"的窘态。湖州市意识到生态优势才是最大的优势，坚决推进绿色发展，淘汰上游造纸厂等一大批高污染的企业。湖州市2005年就成为全国首个采用绿色GDP进行考核的地级市，走出了一条"经济生态化、生态经济化"的新路。目前湖州已全面建成42座污水处理厂及1500多公里配套管网，实现建制镇污水处理设施全覆盖；2008年以来投入221亿元资金，开展太湖流域水环境综合治理九大类项目；组织实施渔民上岸工程，对太湖餐饮船只进行拆除补偿，减少面源污染；制定出台了"以奖代补"办法，真正实现了"谁排污、谁出钱，谁保护、谁得益"的原则。正是这样的重视和投入，使得湖州水环境质量常年保持稳定，湖州入太湖河流断面水质已经从2008年

---

① "城市矿产"指的是工业化和城镇化进程中，产生和蕴藏在废旧机电设备、电线电缆、通信工具、汽车、家电、电子产品、金属和塑料包装物以及废料中，可循环利用的钢铁、有色金属、稀贵金属、塑料、橡胶等资源。
② 张勇主编：《中国循环经济年鉴》，冶金工业出版社，2016，第301页。

开始全部保持在Ⅲ类水及以上的标准。农业方面,桑基鱼塘系统是湖州的一大特色,桑树长起来,用桑叶养蚕,蚕吐出的丝做成丝绸,而蚕的排泄物放进鱼塘里喂鱼,塘里的淤泥清理出来又可用来沃田。这种模式充分阐释了低耗、高效的农业生态循环系统,孕育出中国最发达的蚕桑经济和品质最好的丝绸。湖州市所辖的安吉县,初被世人所知,源于电影《卧虎藏龙》登上奥斯卡领奖台,影片中浩瀚的竹海之景就取自安吉。作为中国首个生态县,安吉用不到全国2%的竹产量,创造出了占全国1/4的竹产值。在安吉人的眼里,从竹梢、竹根、竹竿到竹叶,样样都是宝,全县竹产业的循环利用率达到了100%。依靠这枝翠竹,安吉人乐享了"生态红利",2015年全县农民从竹产业上的人均收入达7800元。工业方面,湖州蓄电池产业的循环发展是一个缩影。以整治长兴县蓄电池行业为例,当地政府将企业数量从原来的175家减少到30家,企业数量虽然减少了,但通过优化升级,产值从18亿元增加到220亿元,而且做到了人与铅"零"接触,金属回收率达98%以上,塑料回收率达99%,实现残酸、余热、废水"零排放"。园林式矿山随处可见,是湖州工业循环发展成就的最好佐证。随之而来的,是湖州旅游业从"景点旅游"向"全域旅游"的转变。"游遍江南清丽地,人生只合住湖州",不再只是诗句,而重新成为眼前的现实。

  目前中国的区域"大循环"已经发展到省级"推广示范"阶段。甘肃省是国务院批准的第一个省级国家循环经济示范区。甘肃省资源富集,生态环境脆弱,经济欠发达,发展循环经济是现实选择。经过6年努力,已建立起了覆盖全社会的资源循环利用体系,涵盖七大循环经济基地和16条产业链。循环经济项目投资年均达到600亿元以上,对全省固定资产投资增长的贡献率接近40%;16条循环经济产业链中,有色与精细化工、冶金—资源综合利用—冶金化工—新材料等11条产业链的工业增加值年均增速达到13.6%,11条产业链的工业增加值之和超过全省工业增加值的70%。实现了以年均7.74%的能源消耗增长和0.09%的水耗负增长支撑了11.91%的经济增长。"十二五"规划前三年甘肃省单位GDP能耗累计下降了10.87%,达到整个"十二五"规划节能约束性目标的71%,化学需氧量、二氧化硫、氨氮、氮氧化物4项主要污染物排放指标均控制在国家下达的约束性目标之内，环境质量持续得到改善。甘肃省根据各地资源禀赋建立各有所长的区域性循环经济发展模式。从农业领域而言，既有让荒漠变绿洲的河西模式，也有干旱半干旱区的陇东模式，还有高寒阴湿地区的临夏模式，更有湿润半湿润区的陇南模式。甘肃省推广的全膜双垄沟播技术，不仅最大化利用稀缺的雨水资源显著提高产量，还有效减少了水土流失，为旱作农业区注入前所未有的活力。农村地区更是大力发展沼气循环利用（见图7-3）。在工业领域，甘肃省推广循环经济典型模式和案例，使循环型工业体系趋于完善。比如，金昌这座背靠荒漠的城市，因为富饶的矿产资源而迅速崛起，又恰恰因为资源锐减，必须走上循环经济之路。金昌市依托金昌公司，采用技术创新对有色金属矿产实现深度资源化循环利用，实现从依赖单一资源产业向多产业融合发展转型。甘肃省省会兰州市通过规范回收、分类处理城市餐厨垃圾，通过再生利用，生产出生物柴油、生物燃气、固态和液态有机肥，建成了日无害化处理餐厨垃圾200吨的资源化利用项目。与2008年规划初期相比，甘肃省资源产出效率得到显著提高，且均超额完成规划目标（见表7-1），远超过国家"十二五"规划提出五年间"资源产出率"提高15%的规划目标。

表7-1 甘肃省资源产出指标完成情况

资源产出指标	*初始值	规划目标	2014年实际值	完成情况
资源产出率/元/t^{-1}	1039	13790.1	4551	超目标值2.3倍，在2008年基础上增长238%
能源产出率/万元/t^{-1}	0.50	0.66	0.82	超过目标值24%，在2008年的基础上增长64%
水资源产出率/元/m^{-3}	25.84	46.08	55.87	超目标值21%，在2008年基础上增长116%

*初始值指2008年规划基值。
资料来源：《甘肃发展年鉴》《甘肃年鉴》和《甘肃统计年鉴》。

区域"大循环"的另一个典型代表是柴达木循环经济实验区，是中国系统推进"动脉产业"的最佳诠释。2010年3月15日，国务院批复《柴达木循环经济试验区总体规划》。实验区位于青海省柴达木盆地，占地25.6

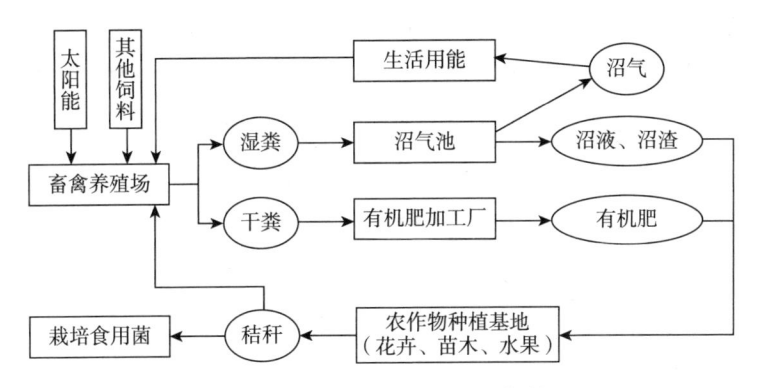

图7-3 中国农村地区利用沼气循环

万平方公里，矿产资源富集，分布有丰富的石油、天然气、煤炭、湖盐、太阳能、风能等资源，是世界上最大的循环经济园区。实验区重点建设"一区四园"，以"综合开发、循环利用"为核心，以资源型、区域型循环经济特色产业发展为特征，以"低度排放、高效利用"为目的。"四园"是指格尔木循环经济工业园，以盐湖化工、石油天然气化工、金属冶金产业融合发展为特色；令哈循环经济工业园，以盐碱化工、新材料、生物医药、硅产业融合发展为特色；大柴旦循环经济工业园，以能源、煤炭综合利用、盐湖化工一体化发展为特色；乌兰循环经济工业园，以配套盐湖资源开发为主导、以煤炭清洁利用、高原特色生物资源开发为特色。柴达木实验区在盐湖地区构筑起主题鲜明、特色突出的循环产业链。

（二）指导中国循环经济发展的理念

循环经济的核心是资源的综合利用，物尽其用。中国对于循环经济的理解和实践，已经远超出了修补性和善后性的工作，而是力图从源头设计上实现资源的充分利用。工业文明走过的线性发展"从摇篮到坟墓"的方式，已经被证明不具有可持续性。如何在有限的资源禀赋条件下，使单位GDP消耗的资源量下降，并将污染排放降至最低水平，即提高物质资源的生态效率，是中国迫切需要解决的问题。循环经济提出的"3R"原则，即减量化、再利用、资源化，要求把经济活动组织成一个"从摇篮到摇篮"的循环发展闭环，所有的物质和能源要能够在这个不间断的循环中得到最合理和最有效的利用，最终使经济增长与资源及环境消耗脱钩。中国发展循环经济依赖的"减量化、再利用、资源化"原则，首先要求减少进入生产和消费流程的物质量，在过程中延长产品和服务的寿命，最后把废弃物资源化以减少终端处理量。中国从小循环、中循环、大循环三个层面践行循环经济模式（见图7-4），力图将"动脉产业"和"静脉产业"组成一个完整的物质流体系。

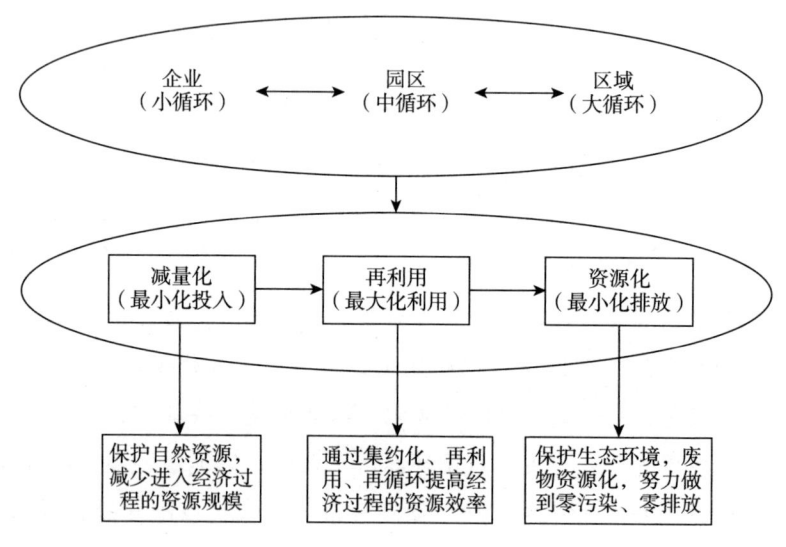

图7-4 中国循环经济实践图示（作者制）

循环经济的生命力在于其生态效率。资源配置的效率自古以来是经济学研究的中心问题，反映出资源和技术满足人类需求的状况。在现代经济增长理论中，生产函数一般完全不考虑自然资源，只将资本和劳动纳入其中，经济增长的效率是由资本生产率和劳动生产率来反映的，这决定了工业文明时代的技术创新的关注点在于节省劳动和成本。随着人们意识到自然资本也是一种稀缺资源后，生态经济学理论要求把自然资本纳入生产函数，即经济增长的效率是由资本生产率、劳动生产率和生态效率共同决定的。一旦建立这样的生产函数，技术创新就会关注节约自然资本，生态效率的大幅提升指日可待。由于循环经济关注物质的输入与输出，因此在中国的统计数据中，已经依据输入端和输出端将生态效率分成两类。输入端的生态效率体现资源生产率，比如单位能耗的 GDP、单位土地的 GDP、单位水耗的 GDP 等；输出端的生态效率体现环境效率，比如单位废水的 GDP、单位废气的 GDP、单位废固的 GDP 等。

五 中国发展循环经济的探索和经验

循环经济理念诞生于美国，成长于中国。① 到目前为止，循环经济在中国的发展大概可以分为两个阶段。1998～2002 年是学术关注的阶段，2003 年以来是走向实践的阶段。2002 年 10 月时任国家主席江泽民在全球环境基金第二届成员国大会开幕式上的讲话中提出"只有走以最有效利用资源和保护环境为基础的循环经济之路，可持续发展才能得到实现"。这是国家领导人首次公开表达中国发展循环经济的重要性和迫切性。2003 年时任国家主席胡锦涛进一步强调循环经济对于中国 21 世纪实施科学发展观的意义。自此以后，有关循环经济的学术文章和报刊文章如雪片般增加，各级政府也通过编制循环经济规划以及建设循环经济项目把新概念推向实践。

中国循环经济势如破竹式的发展，首先得益于良好的顶层设计和整体规划。循环经济是化解经济增长与环境保护、资源供给之间矛盾的新型发展模式，因此需要从产业布局和产业组织结构的优化入手，在国家层面做好顶层设计，在区域和企业层面做好实施方案。2005 年，中国循环经济发展史上第一个纲领性文件——《国务院关于加快发展循环经济的若干意见》出台，首次从国家层面提出循环经济是应对资源过度消耗导致的经济和环境风险的一项重要措施。十年来，中国在顶层规划设计和实施方案方面，共出台了 36 项制度性文件。2012 年，国务院通过《"十二五"循环经济发展规划》（以下简称《规划》），提出要构建循环型工业体系、循环型农业体系、循环型服务业体系，完善财税、金融、产业、投资、价格和收费政策推进循环经济发展。《规划》首次提出资源产出率提高 15% 的循环经济发展目标。同年，国家发改委和财政部要求，到 2015 年，50% 的国家级工业园区和 30% 的省级工业园区要完成向循环经济的转型，以实现接近零排放的

---

① "循环经济"一词最先由美国经济学家肯尼斯·波尔丁（Kenneth Boulding）1966 年在《即将到来的宇宙飞船世界的经济学》中提出。

目标。2013年中国循环经济领域的第一个国家级专项规划暨《循环经济发展战略及近期行动计划》出台。该计划除了明确今后一个时期的循环经济发展任务外，还提出了一个三管齐下的"十百千"战略：建立工业废弃物回收利用、工业园区转型、再制造业、城市矿业和垃圾清理回收系统开发等10个示范工程；在苏州和广州等地创建100个循环经济示范城市；在全国范围内扶持1000个示范企业和工业园区。这些项目全部实施后，每年的资源化利用各类废弃物约3亿吨。《2015年循环经济推进计划》则提出要把循环经济要求贯穿到国家实施的重大区域发展战略中，并提出中国将推动和引导再生资源回收模式创新，探索"互联网回收"的模式及路径，积极支持智能回收、自动回收机等新型回收方式。2016年，国家发改委发布《循环发展引领计划》，明确要初步形成绿色循环低碳产业体系，实现企业循环式生产、产业循环式组合、园区循环式改造。发改委和财政部又在对国家循环经济试点示范单位验收和评估的基础上，总结凝练出9条典型经验向全国推广。实现到2020年主要资源产出率比2015年提高15%，工业固体废物综合利用率达到73%，农作物秸秆综合利用率达到85%，资源循环利用产业产值达到3万亿元，75%的国家级园区和50%的省级园区开展循环化改造。

中国通过试验试点探索循环经济与区域发展的有效融合。中国各地资源条件、经济发展水平、产业机构、环境承载能力差异较大，各行业的技术特征和面临的问题各不相同，发展循环经济要结合当地经济发展的实际，对经济存量进行循环化改造，按照循环经济的理念来构建经济的增量。2006年，中国开始通过"十一五"规划推进循环经济的全国性试点。重点行业、产业园区、重点领域及省市层面选择了178家单位广泛试点，探索形成了60个循环经济典型模式案例。这种试验试点探索发展循环经济与区位、资源、产业相结合的有效模式。比如，把甘肃、青海、柴达木等地作为试点，探索在资源富集、经济相对滞后、生态脆弱地区，实现科学发展的循环经济之路；把浙江、深圳等地作为试点，探索在经济较为发达、资源相对匮乏，但制造业基础良好的地区，实现跨越式发展的循环经济道路。很多地方结合本地的实际，将循环经济的发展理念贯彻到区域发展、城乡建设、产业转型升级之中，探索了循环经济与区域发展相结合的有效实现形式。

中国制度化推进循环经济依赖于高度重视法律法规。早在 2003 年中国就实施了《中华人民共和国清洁生产促进法》，这可以说是推动企业发展循环经济的前身。2009 年《循环经济促进法》正式实施，将减量化、再利用、资源化和减量化优先作为重要原则，提出了建立循环经济规划制度、生产者责任延伸制度、抑制资源浪费和污染物排放总量控制制度等重要制度。要求地方和省级政府将循环经济纳入投资和发展战略计划，并针对煤炭、钢铁、电子、化工和石化行业制定了相应的目标。同年中国还颁布实施了《废弃电器电子回收处理管理条例》，这是循环经济促进法实施后出台的第一个行政法规，在废弃电器电子产品领域建立了生产者责任延伸制度。此外，中国还出台了针对循环经济发展的其他法律文件，比如《静脉产业类生态工业园区标准》《再生资源回收管理办法》等。制定了墙材革新、限塑、防止过度包装等制度政策，发布了 200 多项循环经济相关的国家标准。甘肃、陕西、大连等试点省市也制定了相应的促进条例，初步形成循环经济法律法规体系，循环经济进入法制化轨道。

在推动循环经济发展进程中，具体落实是通过推动产业优化布局与集群发展来实现的。循环经济发展需要按照产业生态学的原理，构建基于物质流合理化的产业链。通过实施园区循环化的改造、建设循环经济的示范城市等工作，开展产业集群内的企业和项目关联配套互补，推动形成企业间共生的生态网络，促进国家工业布局发展逐步向园区聚集，为实现园区循环化发展提供机遇，也为产业协同发展、城市废弃物实现社会化大循环创造条件。

中国循环经济的有效运转也得益于充分发挥市场机制的引擎作用。发展循环经济必须发挥市场配置资源的决定性作用，在重点领域开始推行生产者责任延伸制度。国家设置了废弃电器电子产品回收处理资金，引导行业规范发展。一些地方设立循环经济产业投资基金等，国家也制定鼓励生产和购买使用节能节水专用设备、资源综合利用产品和劳务等税收优惠政策。中央财政设立循环经济发展专项资金，重点支持餐厨废弃物资源化利用和无害化、园区循环化改造、城市矿山示范基地、汽车再制造、以旧换新等工作。

中国政府非常重视科技创新对循环经济的支撑作用。技术创新是资源能循环、产业能生存的关键。科技部设立清洁生产与循环经济关键技术与示范、循环经济决策支持与系统构建等国家科技支撑重大项目。国家发展改革委批准建设了机械产品再制造国家工程研究中心、废弃物资源化利用国家工程研究中心，发布电力、钢铁、有色金属、石化、建材等重点行业循环经济支撑技术，以及国家鼓励的循环经济技术工艺和设备的目录。工业和信息化部、环境保护等部门，也从不同角度加快先进技术装备的推广应用，增强废弃物资源循环利用的技术革新性能。在重点行业、重点领域，从省市、园区、企业等多个层面开展循环经济的示范试点，对难点问题进行制度管理双创新，探索出循环经济模式并在全国推广。

中国在财政和税收两方面对循环经济发展给予有力支持。2007年以来财政部对节能产品的中央财政补贴超过400亿元。对于资源再生利用型企业和行业，国家给予大量税收优惠，比如对在规定范围内的节能节水的外商投资项目和进口设备，免征关税和进口增值税；对境内投资于节能、节水等技术改造的企业，其项目所需国产设备投资的40%可从新增的企业所得税中减免；对资源综合利用的企业行为免征增值税、增值税即征即退、增值税减半征收或减免所得税等。

虽然中国发展循环经济取得了一些成绩和值得推广的经验，但仍面临一些内生性约束。要实现可持续的循环经济，则必须满足两个条件。一是有链接技术确保各个环节实现有效链接，废弃物是放错地方的资源，如何化腐朽为神奇，这对技术创新提出了要求；二是经济政策保证各个环节可获得经济收益，如何将企业串联起来，既解决存量问题又解决增量问题，这对政策创新提出了要求。比如，发展循环经济需要依靠市场机制，前者要解决人类社会面临的资源短缺和环境污染问题，后者则追求利益最大化，二者天然地存在矛盾。因此，必须要出台相关政策进行引导和扶持。再比如，众所周知，要拉长循环经济产业链，链接技术发挥关键作用，对技术创新的要求是既要产生良好的经济效益和社会效益，又不能对环境造成二次污染。因此，世界范围内分享循环经济中的链接技术，对循环经济的可持续发展有重要意义。

经过十余年的努力,中国的循环经济发展已经取得阶段性成果,为中国的经济、生态和社会可持续发展指明了方向,更是中国生态文明建设的重要成就。中国循环经济的经验和成就,也为发展中国家提供了可供借鉴的样本。世界正面临从工业文明迈向生态文明的关键时期,从线性经济向循环经济转换是保证世界资源的唯一道路。可以说,中国的循环经济发展战略在弥合国家经济发展和生态可持续性的矛盾上,已经迈出了稳健的步伐。希望中国经验可以为世界经济转型提供借鉴,更希望能够汇集全球智慧,共同实现地球的可持续发展。

第八章
绿色丝绸之路

习近平主席2013年提出的"一带一路"倡议获得国际社会持续高度关注，因为它折射出当今世界对国际规则与机制的创新诉求，涉及全球治理的不同维度。西方国家特别是欧盟、美国已经形成了成熟的环境战略，表现为将环境与贸易的深度结合，尤其是在自由贸易协定中嵌入环境条款来确保环境法规的执行、环保标准的统一和环保市场的开拓。相形之下，中国的环境战略还有许多需要填补的空白，甚至可以说，中国在全球治理框架下还未形成一个体系化的环境战略。"一带一路"倡议的开放性和发展性导向，为所有参与国家特别是最不发达国家提供价值链终端和消费市场等公共产品，为绿色重塑现有的价值链和绿色开拓新型价值链创造平台。

一 国内外研究动态

（一）公共产品视角

习近平主席提出欢迎周边国家搭中国的"便车"，意味着中国将在未来提供可供区域繁荣的公共物品。国际公共产品，就是具有一定的非竞争性和非排他性而消费群分布在不同国家的产品（黄恒学，2002）。[①]"一带一路"是中国向本地区乃至向世界提供的一项公共产品（李向阳，2016）。[②]

[①] 黄恒学主编：《公共经济学》，北京大学出版社，2002，第48页。
[②] 李向阳：《跨太平洋伙伴关系协定与"一带一路"之比较》，《世界经济与政治》2016年第9期。

公共物品是稀缺资源，中国承担成本的同时，需要考虑建立恰当的环境标准与规则，吸引其他国家享受公共产品福利的同时，于无形中促进亚洲地区环境制度的一体化。① 环境是一种非常纯粹的公共产品②，具有"存量外部性"特征。③ 有学者以中国参与联合国维和行动，倡导和推进上合组织建设为例，分析中国供给国际公共产品的收益和成本。④ 在某种意义上，谁掌握了国际生态的优势，谁就在国际事务中拥有较大发言权。在环保议题上，欧盟一直是引领者。欧盟公共产品的供给逻辑超越了传统的主权国家模式，其治理主体的多元性形成超国家层级、国家层级和次国家层级的三层博弈格局，犹如一个三层蛋糕，错落有致、相互连带。⑤ 但是，这种通过区域内各国政治权力平等让渡的方式来构建超主权国家共同体，并使该共同体成为具有合法性的公共权力中心和公共产品供给者的合作模式，在欧洲以外地区难以复制。⑥ "因为世界政府的理论既不可行又不合理，因此，以问题为导向的跨境网络正成为对跨国治理模式要求的最新回应。"⑦ 对于区域性环境问题来说，由于有跨国的溢出，一个国家的污染不单单只是该国国内经济活动的函数。⑧ 有关国家为了本地区的环境安全而联合起来共同生产和维护环境类区域性国际公共产品，必将成为今后一段时间内国际关系的基本特点。⑨ 但要实现有效的环境治理，就必须认清其核心特征：权威要在治

---

① 张宇燕：《多角度理解"一带一路"战略构想》，《世界经济与政治》2016年第1期。
② United Nations World Commission on Environment and Development, *Our Common Future*, Oxford: Oxford University Press, 1987.
③ William D. Nordhaus, "Global Public Goods and the Problem of Global Warming," Annual Lecture of The Institutd'Economic Industrielle (IDEI), France, June 14, 1999.
④ 吴志成、李金潼：《国际公共产品供给的中国视角与实践》，《政治学研究》2014年第5期。
⑤ Elizabeth Bomberg and John Peterson, "Policy Transfer and Europeanization: Passing the Heineken Test," *Queen's Papers on Europeanization*, No. 2, 2000.
⑥ 高程：《区域合作模式形成的历史根源和政治逻辑》，《世界经济与政治》2010年第10期。
⑦ Kai Schulze & Jale Tosun, "External Dimensions of European Environmental Policy: An Analysis of Environmental Treaty Ratification by Third States," *European Journal of Political Research*, Vol. 52, 2013.
⑧ 黄河、吴雪：《环境与国际关系：一种区域性国际公共产品的视角》，《国际展望》2011年第2期。
⑨ 樊勇明：《区域性国际公共产品》，《世界经济与政治》2008年第1期，第11页。

理的不同层次之间或不同的基础设施之间被重新划分。[①] 日本虽然是东亚地区环境类区域性公共产品的重要贡献者，但由于同时捆绑了政治和经济诉求，并且缺乏对区域共同体的认知，日本未能成为地区真正的环境治理领导者并带领东亚邻国走向区域环境共同体。[②]

（二）环境外交视角

针对"一带一路"倡议中的不同成员方、不同阶段以及不同议题，有学者提出要兼收东方"关系治理"和西方"规则治理"之长（陈伟光，2016）。目前盛行的西方环境治理模式都是通过签署环境协议或在FTA中嵌入环境条款来实现治理目的，属于规则治理范畴。[③] 以环境援助为主要内容的环境外交，属于"关系治理"的范畴，不仅仅包括资金合作，还包括环境治污知识、经验、技术的转移。这种环境援助的外在效果是帮助区域内国家实现环境改善，内在收益是通过推广环境技术，实现区域范围内环境标准的统一，同时外扩了本国的环境产业的覆盖范围。[④] 国际环境援助是日本战后外交的重要手段，通过积极援助解决东北亚地区的环境问题，日本极大地促进区域内国家间对话，通过技术转移缓解减排压力，并获得了经济收益。[⑤] 打着环境援助的公益大旗，日本一边提供全球公共产品，一边参与全球治理，同时追逐国家利益的延伸和国家权力的增值。虽然日本积极推行环境外交，但东北亚地区的环境合作仍缺乏领导国，因为日本不愿意成为多边环境合作的主要出资方，强调参与国共担成本。[⑥] 也就是说，日本的环境外交的指向只在于满足本国利益，未能在更大的视野中从区域公共

[①] Prasenjit Duara, "The Global and Regional Constitution of Nations: The View from East Asia," *Nations and Nationalism*, Vol. 14, No. 2, 2008, pp. 323 – 345.
[②] 黄昌朝：《日本在东亚区域环境公共产品供给中的作用分析》，《日本学刊》2013年第6期。
[③] Paul J. Davidson, "The Role of International Law in the Governance of International Economic Relations in Asia," *Singapore Year Book of International Law and Contributors*, Vol. 12, No. 1, 2008, p. 213.
[④] I. Sakaguchi, "Environmental Diplomacy of Japan: Middle Power, NGOs and Local Governments," *International Relations*, 2011, Vol. 166, pp. 26 – 41.
[⑤] 王晓博：《日本国际环境援助政策分析》，《东北亚学刊》2016年第5期。
[⑥] Wakana Takahashi, "Environmental Cooperation in Northeast Asia," http://enviroscope.iges.or.jp/modules/envirolib/upload/1704/attach/neasia.pdf, Mar. 28, 2013.

产品的角度来布局环境外交。[1]

(三) 价值链视角

贸易数据显示,全球的区块结构正逐渐演变为北美价值链、欧洲价值链和亚洲价值链三大价值链。[2]从北美价值链而言,早在1993年北美自由贸易区(NAFTA)成立之初,美国就率先以附属协议《北美环境合作协定》(NAAEC)的形式首次大篇幅涉及环境问题,开了FTA嵌入环境条款的先河,并在后来诸多自由贸易协定中予以推广。为了与美国签署自由贸易协定,缔约国不得不根据美国的要求事先调整国内环境政策及法律。[3] 从欧洲价值链而言,欧盟一方面采用不同的谈判策略,以集体发声、个体发声或异口异声的方式,在国际多边环境协定(MEAs)的谈判与签订中发挥主导作用,力求体现欧盟环境意志;[4] 另一方面,由于MEAs并不能形成强有力的约束,因而在自由贸易协定这块"大饼"中撒入MEAs"馅料"就成为"出口"欧盟环境标准的最有效路径。[5] 对中国而言,环境治理关键在于战略和路径选择,必须要从被动转向主动,从数量转向质量,从增量转向存量,从外延转向内涵,从行政管理转向全社会治理。[6]

中国所提出的"一带一路"倡议,旨在打造一个共商共建共享的绿色丝绸之路。丝绸之路的绿色实践首先体现在中国国内的绿色转型,再次是推广中国绿色管理经验和治理经验并吸收沿途国家绿色治理成果,促进国内和国外绿色发展成果的相互转化和相互激励,最后是要在亚投行和丝路基金支持下践行国际化绿色投融资一体化,真正将丝绸之路打造为一个多

---

[1] Mirana A. Schreurs, *Environmental Politics in Japan, Germany and the United States*, Cambridge: Cambridge University Press, 2002, p. 72.
[2] 鞠建东、余心玎:《全球价值链研究及国际贸易格局分析》,《经济学报》2014年第2期。
[3] Baccini, "Before Ratification: Understanding the Timing of International Treaty Effects on Domestic Policies," *International Studies Quarterly*, Vol. 58, No. 1, 2014, pp. 29 – 43.
[4] Van Schaik, *EU Effectiveness and Unity in Multilateral Negotiations. More than the Sum of its Parts*? Basingstoke: Palgrave Macmilan, 2013, p. 192.
[5] Kai Schulze & Jale Tosun, "External Dimensions of European Environmental Policy: An Analysis of Environmental Treaty Ratification by Third States," *European Journal of Political Research*, Vol. 52, 2013.
[6] 潘家华:《环境治理攻坚战的战略和路径选择》,《环境保护》2015年第3期。

层次多议题广范围的绿色治理框架。

二 中国国内的绿色转型关键议题

（一）国内关键绿色议题

中国的发展中国家地位和发展阶段都决定了国家内部需要实现绿色、低碳、循环的新经济模式。2℃控温目标与450ppm挂钩后，世界各国将对有限的排放空间展开争夺。目前，世界范围减排的可能性无法支持2℃的控制温升目标，其根本是能源利用与发展空间问题。中国能源结构的转型需要从发展清洁能源的使用及产业、发展节能产品及产业、推动分布式能源的发展、实施节能重点工程、合理控制能源消费总量五个方面着手。此外城镇化将是中国经济增长的发动机，可以增加就业、提高居民收入、促进产业升级、增加人力资本的积累。中国的城镇化率在2015年达到55%，在2020年将达到60%。但中国的城镇化是不完全的，因为大约有27.5%的城镇人口是外来务工人员及其家属，必须实现这些群体的市民化。但市民化的成本是巨大的。同时，中国也面临着资源约束。在快速城镇化和资源紧缺的双重压力下，城市向低碳与可持续的宜居方向转型就显得尤为重要。中国需要实施城市绿色发展战略，对人类需求给予更多关注，改善政府治理结构，提高城市生活质量和福利。随着经济的快速增长，中国能源消耗跃居世界第一，但人均水平仍然很低，中国处在工业化和城镇化进程中，基础设施建设仍然在较低水平。由于能源消耗和煤炭在能源结构中的主导地位，中国的CO_2排放量显著增加。要改变这种局面，中国当前依靠投资和出口的增长方式必须转向以内需为导向的经济结构，通过技术创新增加产品附加值。同时在城镇化进程中要注重提高能效，促进新能源的发展。中国在从工业化进程向生态文明转型过程中，存在巨大的挑战。中国城市发展的不平衡，给宏观经济整体目标的实现带来了困难。贵阳、西宁、呼和浩特、甘肃等中西部省市仍然依赖于高能源密度产业；厦门、宁波、南京、北京、广东等东部省市开始转向低能源发展路径。中国需要在城市规划、资源效率、基础设施服务方面着手加速城市的低碳转型，同时也要注重保护传统文化。中国目前正处在发展的十字路口,中国的成就如此之大,但相应的资源环境问题也不容懈怠。由于没有现成和完善的经济发展模型作为参考,中国作为发展中国家面临的挑战前所未有。在一个人口如此众多的国家,应该把城市放在发展日程的中心。环境问题、CO_2 排放、社会公平、农村地区与城市地区的快速融合,需要协调统一推进。

中国的低碳城市建设正经历"从点到面"到"从面到点"的过程。从最初能够看到鲜有机会的切入点着手,尝试并推出试验性的举措,转向制定低碳城市发展规划和实施方案,从产业、能源和消费等各个方面全面探索城市低碳转型的路径。中小城市不具备大城市的政治优势和历史机遇,只有根据其自身特点、基本能力和资源禀赋才能探索出适合自身发展的低碳发展道路。同大中型城市相比,中小城市的低碳发展面临更多的挑战。

第一,虽然很多中小城市对低碳发展表现出浓厚的兴趣和渴望,但它们经常面临发展有限领域的选择困境,不得不在长期的低碳发展目标和短期的 GDP 增长目标之间做出平衡。中小城市对国家层面的低碳发展战略、规划和目标并不清楚,在制定地方低碳发展规划时,不知如何协调国家低碳发展目标和地方低碳发展目标的关系并做好衔接。

第二,作为政府指导城市管理的重要工具,很多中小城市的城市规划在设计、整合城市功能、基础设施和资源分配方面缺乏强有力的科学基础,没有充分体现地方特色。虽然很多大中城市(尤其是低碳试点城市)已制定宏观层面的低碳城市发展规划,但这些规划方法或样本在中小城市缺乏普适性,针对中小城市的低碳发展规划,应与城市的功能定位、产业定位等协调统筹,突出特色,但目前缺乏引导性文件(应用导则)。

第三,各级地方中小城市政府作为一级利益主体,在区域利益最大化诱导和地方政绩考核的压力下,各地推进城市化进程明显加快。中小城市政府不仅制定经济规划、经济发展战略、经济发展计划等宏观经济政策,而且还制定用于规范企业行为的经济规制等微观经济政策。随着中小城市政府社会职能的扩展,中小城市的政策内容不断扩大,而且政策具有一定的复杂性,政策制定具有动态性。

第四,低碳城市建设实践工作较少关注实际成本和效益。中小城市低碳城市建设工作同时存在较少关注成本和缺乏资金的现象。突出的问题在于一些地方政府热衷开展试点示范，关注试点示范项目的社会曝光度，较少关注实际成本和效益，投资硬件的资金往往占最大的比例，但是又经常出现"政府买单、百姓不买账"的情况，示范项目一结束，相关设施也闲置或荒废，未发挥应有的作用。

第五，促进中小城市低碳发展的有利环境尚未建立起来，中小城市经济发展水平相对较低，用于低碳发展的资本有限，缺乏大规模推广应用低碳清洁技术的经济条件，所以如何吸引投资，争取外部的资金支持是中小城市实现低碳发展需要面临的重大问题。针对清洁技术的创新、转移和扩散的相关融资机制缺乏。融资机制的缺失也使得清洁技术在城市的应用没有得到应有的重视。

第六，国外很多低碳城市建设充分结合了居民和市场的需求，有的甚至是居民在遵循政府政策法规的前提下，自己设计、自己规划、自己建设、自己运营管理。居民充分参与每一个环节的决策，这种自下而上为主导的项目模式使得项目更具有可持续性、可复制性。在我国公众参与城市管理已成为必然的要求，一些中小城市已经率先做出了有益的尝试并取得了一定的进展。但总的说来我国的中小城市管理的"公众参与"还属于较低层次的参与，表现为公众参与管理的普遍性不足、制度缺失、效果不佳等方面。

针对上述问题的建议有如下几点：（1）中小城市普遍资源有限，因此中小城市低碳发展最有效的选择应该是聚焦到某一特定领域，找准切入点。中小城市低碳发展战略的实施应该分步进行。（2）突出特色，根据各自的条件和资源禀赋建立自己独有的低碳品牌，有助于各界的广泛关注，吸引投资。（3）促进经济快速增长，只有通过强有力的经济增长才可能解决城市化进程中面临的各种挑战，改进人类发展水平。（4）吸引尽可能多的公众参与，不管他们的经济、社会和政治地位，使低碳城市发展的规划、政策制定和创新体制机制的建立和实施更加有效。（5）加大针对中小城市低碳发展的国家政策扶持，克服低碳技术和选择方式面临的预算障碍，与此同时加强知识分享和管理能力建设。

（二）不搞大开发，共抓大保护[①]

长江经济带战略是我国的一项重大区域发展战略，也是我国走绿色发展之路的重要示范。习近平同志指出，长江经济带发展必须坚持生态优先、绿色发展，把生态环境保护摆上优先地位，共抓大保护，不搞大开发。这一重要论述意味着长江经济带将走上生态优先、绿色发展之路，是长江经济带发展路径的重大创新。共抓大保护，不搞大开发，这十个字蕴含着新发展理念和丰富的思想内容。

"大保护"和"大开发"两个概念具有鲜明的针对性，前者点明要解决的根本问题，后者则指出造成问题的根源所在。在改革开放后的很长时间内，长江沿线省市曾过度追求经济指标的快速增长，忽视了长江流域生态容量的有限性和环境承载力的脆弱性。经济发展目标与生态发展目标长期不平衡，导致长江流域的生态文明建设严重滞后于物质文明建设，生态"账户"透支严重。长江流域已遭到破坏的生态容量和环境承载力，需要较长时间才能有效恢复。更严峻的是，在长江生态需求与生态供给重新实现平衡之前，长江生态"赤字"仍面临持续恶化的风险。因此，"大开发"带来的后果必须通过"大保护"来弥补，而且刻不容缓。

"不搞大开发"，要求长江流域各省市在生态环境保护上加强自律。自律意味着取舍，背后是对生态价值的充分认可和高度重视。一些地方之所以面临转型困难，本质上是因为没有把生态文明真正纳入发展目标和规划，还在传统的发展路径上一意孤行。对这些地方而言，当务之急是严格以生态红线为标尺，明确什么不能做。减掉一项破坏生态环境的政策，就是增加一项建设生态文明的举措，这种"减法"正是实现"绿水青山"和"金山银山"有机统一的开端。在长江流域水资源开发利用、沿江产业布局、港口岸线资源开发、重大投资项目建设等方面，地方政府在决策时一定要做到心中常念生态保护、脑中常思生态红线，摒弃唯GDP论，切实将生态环境作为实现发展目标的硬约束。

[①] 周亚敏：《长江经济带发展需凸显"绿意"》，《人民日报》2016年3月31日理论版。

"共抓大保护",要求长江流域各省市加强沟通合作,形成保护长江生态的合力。长江经济带涉及 11 个省市,是全世界人口最多、产业规模最大的沿江经济带。沿线省市因长江而构成统一的生态整体,共享长江的生态环境容量。这就决定了任何一个省市都无法在长江生态环境破坏中独善其身,也无力独自承担保护长江流域生态环境的重任。因此,长江流域生态文明建设绝不能以行政区划为壁垒。各省市在加强自律的同时,必须同其他省市实现精诚合作。此外,相关中央部委作为"共抓大保护"的参与者,要为沿线省市的生态环境保护合作提供统筹协调和政策支持等服务,使各省市在生态环境保护的责、权、利方面实现合理公平的分配。

共抓大保护,不搞大开发,既是践行绿色发展理念,也是为"一带一路"建设积累有益经验。比如,我国在国际上推进的大型基础设施项目,屡屡因"环保"之名受阻,其中虽不乏政治因素,但一些国内企业缺乏生态环境保护意识和绿色发展能力也是一个重要原因。生态环境问题日益成为制定国际关系新规则的角力场,无论发达国家还是发展中国家都非常重视生态环境政策在国际合作中的作用。我国在完善生态环境法律制度和政策体系方面应迎头赶上,避免"一带一路"建设面临被动和受制局面。在长江经济带建设中坚持生态优先、绿色发展,对于我国推进生态文明建设、在环境治理国际合作中掌握主动权具有重要意义。

三 "一带一路"构建更具包容性的绿色价值链

"一带一路"建设为构建更具包容性的全球绿色价值链提供了机遇。"一带一路"建设的参与国处于世界经济阶梯的不同层级,单一的环境规则无法解决所有现实问题。这就需要从相互理解并逐步达成共识开始,通过"规则治理"确立多层次的环境标准。在全球价值链上,"一带一路"倡议的参与国既可以贯穿统一的环境"主干线",也可以搭建不同层次的环境"支线",最终形成一个多维立体的包容性环境战略。可以采取与国际可持续标准接轨、发展援助和贸易协定等灵活多样的途径来构建全球绿色价值链。具体操作方法包括建立可持续的商品交易系统、为可持续发展提供绿色融资方案、总结并分享绿色价值链的最佳实践等。构建更具包容性的全球绿色价值链，对于"一带一路"倡议的深入推进至关重要。以往，国际产业转移的主要方式是发达国家将过时的、高污染的产业转移到发展中国家，而发达国家保留研发、知识产权等高附加值环节。"一带一路"倡议所推动的产业转移方式完全不同。中国作为经济大国，以利益分享和共同繁荣为方针，在自身经济转型升级的同时带动其他国家的经济发展。"一带一路"倡议是升级版的绿色全球分工，这种分工将在产业链的每一步创造价值，比如在生产端实现循环经济和近零排放，在消费端通过国际租赁实现分享经济和低碳发展等，最终形成多赢的局面。

（一）世界需要更具包容性的绿色价值链[①]

环境是跨越国界的公共物品，环境保护合作和环境治理是"一带一路"倡议的重要领域之一。加强环境保护和治理既是"一带一路"倡议众多参与国的共同心声，也是全球治理的重要内容。在《推动共建丝绸之路经济带和21世纪海上丝绸之路的愿景与行动》中，中国政府明确表示，在投资贸易中突出生态文明理念，加强生态环境、生物多样性和应对气候变化合作，共建绿色丝绸之路。构建更具包容性的全球绿色价值链，是打造绿色丝绸之路的关键。

目前，国际环境治理中存在北美和欧洲两大环境价值链。就北美价值链而言，美国率先在自由贸易协定中加入环境条款，并在以后诸多自由贸易协定中予以推广。一些国家为了与美国签约，不得不根据美国的要求事先调整国内环境政策及法律。这一做法对全球环境治理格局和发展中国家环境治理体系带来深远影响。就欧洲价值链而言，欧盟一方面在国际多边环境协定的谈判与签订中发挥主导作用，力图体现自己的意志；另一方面努力在自由贸易协定这块"大饼"中撒入多边环境协定的"馅料"，从而输出自己的环境标准。可见，在国际环境治理中，发达国家占据主导地位。其主导建立的环境价值链代表的是发达国家的利益和诉求，这使得发展中

---

① 周亚敏：《共同打造绿色丝绸之路》，《人民日报》2017年5月15日理论版。

国家陷入更加不利的境地。因此，应推动形成一条能够代表广大发展中国家利益和诉求、体现世界各国发展最大公约数的全球绿色价值链。

联合国关于2030年可持续发展目标的设定以及气候变化《巴黎协定》的签署，表明世界已经开启了追求可持续发展的新征程。在深入推进"一带一路"倡议的过程中，中国将积极参与全球环境治理，带头践行绿色发展理念，主动承担大国责任，推动构建绿色、低碳、可持续的全球环境价值链，与各国携手打造绿色丝绸之路。"一带一路"倡议所推动的绿色发展，不仅惠及发展中国家，而且惠及发达国家；不仅惠及参与国，而且惠及整个世界。

（二）经济效益与生态效益并重[①]

"一带一路"倡议是中国与沿线国家实现发展对接、优势互补的重要战略构想，也是中国积极参与国际合作与全球治理、主动承担大国责任的崭新名片。然而，国际上有人不顾客观事实，妄言"一带一路"倡议将使中国掠夺性开发沿线资源，会给沿线国家带来资源枯竭和环境恶化。针对这一"中国威胁论"的新论调，中国以推进生态文明建设的理念和实践给予了有力驳斥。2013年9月，习近平主席在哈萨克斯坦纳扎尔巴耶夫大学发表演讲时提出"既要绿水青山，也要金山银山"，阐明中国生态文明建设尊重自然、顺应自然、保护自然的理念。2015年3月，《推动共建丝绸之路经济带和21世纪海上丝绸之路的愿景与行动》进一步明确指出："在投资贸易中突出生态文明理念，加强生态环境、生物多样性和应对气候变化合作，共建绿色丝绸之路。"

建设生态文明，实现绿色发展，是"一带一路"倡议秉持的重要理念。中国正在走出粗放发展模式，努力克服"先污染后治理"的弊端，对生态文明建设的现实紧迫性有深切体会。2015年3月，中共中央政治局会议明确提出"绿色化"发展要求，将党的十八大提出的"四化同步"充实为"五化协同"，表明中国在生态文明建设上又前进了一步。因此，中国在

[①] 周亚敏：《"一带一路"是绿色发展之路》，《人民日报》2015年8月25日理论版。

"一带一路"倡议中绝不会沿袭发达国家主导的原有国际合作模式,即以低廉的经济利益换取宝贵的资源、环境和生态价值,而是充分考虑各国人民对良好生态环境的期待,与合作伙伴共同探索经济效益与生态效益并重的合作模式。中国与"一带一路"沿线许多国家处在相似发展阶段,通过互学互鉴,必将促进各国在加快经济发展的同时推进生态文明建设。

通过"一带一路"倡议提供巨大的绿色发展空间,以切实维护发展中国家的共同利益。"共建绿色丝绸之路"能够提供实实在在的投资机遇和合作红利。仅就绿色基础设施建设而言,"一带一路"沿线国家的投资需求就十分可观。亚洲基础设施投资银行、丝路基金、金砖国家新开发银行等都把绿色基础设施建设作为重点支持的投资领域。绿色基础设施建设以及各种绿色发展潜力的释放,不仅会带来即期的经济效益,而且能消除制约可持续发展的瓶颈。对绿色发展的追求已经成为将沿线各国结成利益共同体的强大纽带,探索经济效益与生态效益并重的合作模式已经成为符合"一带一路"沿线国家共同利益诉求的努力方向。

"一带一路"是绿色发展之路,对于改革和完善全球治理体系具有积极作用。目前,发达国家越来越倾向于将环境保护和应对气候变化等问题作为维护既得利益的手段,一方面不断向发展中国家转移污染和碳排放;另一方面用不合理的环境和气候保护条款向发展中国家施加压力,限制发展中国家的发展空间。"一带一路"倡议主张充分尊重沿线各国的历史和现实,坚持"共商、共建、共享"原则,努力将"绿色"真正转化为各国共同的福祉,而非少数国家的私利。"一带一路"是绿色之路,它维护沿线国家的生态利益,有利于增强发展中国家在环境保护和应对气候变化等重大国际问题上的整体谈判能力,进而推动形成更加公正合理的全球治理体系。

(三) 积极参与全球绿色治理[①]

绿色治理能力是全球治理能力的重要组成部分。以欧美为代表的西方发达国家通过经济全球化构建的全球价值链,使全球绿色治理能力呈现发

---

① 周亚敏:《积极参与全球绿色治理》,《人民日报》2018年4月9日理论版。

达国家强、发展中国家弱的非均衡性特征。近年来，随着新兴经济体的快速发展，改变不合理的全球绿色治理格局逐渐被提上日程。对中国而言，不断提高绿色治理能力，需要对既有全球绿色治理规则进行建设性接纳与制度性突破，积极参与全球绿色治理体系的重构。在实践层面，提高"一带一路"倡议中的绿色治理能力，是中国参与全球绿色治理的有力抓手。

长期以来，广大发展中国家参与全球绿色治理的基本前提是必须接受西方发达国家所制定的环境规则。但是，随着人类面临的资源环境约束不断趋紧，这些环境规则的不合理性日益凸显。例如，在碳排放约束条件下，资本追求利润最大化的本质会促使排放强度高的产业向发展中国家转移。如果在全球绿色治理中不能很好解决发达国家向发展中国家进行低碳技术转移这一关键问题，那么，通过在国家间分配减排任务来实现全球减排目标的愿望就会落空。这就要求不断改革和完善全球绿色治理体系，为建设一个清洁美丽的世界提供有力保障。

当前，中国在全球绿色治理中发挥着越来越重要的作用，这既由于中国经济实力的快速增长，也由于中国通过贸易关系形成了日益广泛的"朋友圈"。目前，世界上以中国为最大贸易伙伴国的国家超过120个。相比之下，以美国为最大贸易伙伴国的国家不足60个。中国顺应全球发展趋势提出的"一带一路"倡议，覆盖人口超过世界总人口的60%，国民生产总值约占全球的1/3。2013年以来，"一带一路"倡议从倡议走向实践、从愿景变为行动，进展和成果超出预期，合作伙伴越来越多，影响力和号召力日益增强。"一带一路"倡议为中国参与全球绿色治理、推动建立公正合理的环境规则提供了最佳平台，也为改善全球绿色治理提供了广阔的"试验场"。

中国之所以能在全球绿色治理中发挥越来越重要的作用，与党的十八大以来中国大力加强生态文明建设、不断提高绿色治理能力密切相关。中国面临的资源环境形势严峻复杂，但中国并没有走西方发达国家的老路，而是深刻反思工业文明发展的弊端，着力探索新型工业化道路。党的十八大以来，中国的生态文明建设按下"快进键"，绿色发展驶入快车道。党的十九大报告提出"坚持人与自然和谐共生"，并将其作为新时代坚持和发展中国特色社会主义的基本方略之一。如何更好践行绿色发展理念、更好坚持人与自然和谐共生，已成为中国实现高质量发展的必答题。习近平同志指出，良好的生态环境是中国梦的重要内容。为此，中国积极探索资源节约、环境友好的发展路径，寻求经济发展和环境保护双赢，正在走出一条生产发展、生活富裕、生态良好的文明发展道路。这为中国积极参与全球绿色治理奠定了坚实基础。中国大力践行绿色发展理念、推进生态文明建设，是对全球实现绿色转型和可持续发展的重大贡献。同时，中国大力推动构建人类命运共同体，积极参与应对全球气候变化国际行动，有力推动全球绿色治理体系变革。

借助"一带一路"倡议的东风，中国对内深入推进绿色发展、循环发展、低碳发展，对外积极应对全球气候变化、承担大国责任，中国参与全球绿色治理成效显著。"一带一路"倡议在投资贸易中突出生态文明理念，加强生态环境、生物多样性保护和应对全球气候变化合作，共建绿色丝绸之路。同时，中国坚决反对西方国家强行推行自己制定的环境规则的做法，主张在人类命运共同体理念引领下，坚持共商共建共享原则，努力实现各方合作共赢。中国智慧、中国方案不仅在推进绿色丝绸之路建设中发挥着重要作用，而且对构建全球绿色治理体系产生重要影响，必将对建设一个清洁美丽的世界做出更大贡献。

"一带一路"相关国家大部分属于发展中国家，处在全球价值链的中下游并长期为北方市场服务。以亚洲国家为例，根据亚洲开发银行的研究，2011年亚洲国家的出口中本地区提供的最终消费市场份额仅为22.2%，而美日欧提供的最终消费市场占比高达41.9%。[①] "一带一路"倡议的提出，将中国优质产能、技术和价格优势与亚、欧、非国家的市场、劳动力、发展转型需求等结合起来，实现市场经济规律下生产要素在沿线国家间新的流动和分配，有助于形成以中国为核心的新型区域价值链和全球价值链。[②]

---

① Cynyoung Park, "Decoupling Asia Revisited," *ADB Economics Working Paper Series*, No. 506, 2017.
② 王亚军：《"一带一路"倡议的理论创新与典范价值》，《世界经济与政治》2017年第3期，第9页。

目前在"一带一路"政策框架下出台的涉及绿色治理的文件有三个：《推动共建丝绸之路经济带和21世纪海上丝绸之路的愿景与行动》、《关于推进绿色"一带一路"倡议的指导意见》和《"一带一路"生态环境保护合作规划》。2015年3月发布的《愿景与行动》作为总纲要明确指出："强化基础设施绿色低碳化建设和运营管理，在建设中充分考虑气候变化影响"；"促进企业按属地化原则经营管理，积极帮助当地发展经济、增加就业、改善民生，主动承担社会责任，严格保护生物多样性和生态环境"；"在投资贸易中突出生态文明理念，加强生态环境、生物多样性和应对气候变化合作，共建绿色丝绸之路"。2017年5月发布的《指导意见》作为指导原则指出："全面推进'政策沟通''设施联通''贸易畅通''资金融通'和'民心相通'的绿色化进程，用3~5年时间，制定落实一系列生态环境风险防范政策和措施；用5~10年时间，建成较为完善的生态环保服务、支撑、保障体系，实施一批重要生态环保项目"。《指导意见》特别提到绿色技术和知识在"一带一路"价值链的流动，即"建设绿色技术银行，加强绿色、先进、适用技术在'一带一路'沿线发展中国家转移转化"。同月，环境保护部编制《"一带一路"生态环境保护合作规划》，涉及25个重点项目，包括政策沟通类6个，设施联通类4个，贸易畅通类3个，资金融通类2个，民心相通类4个，能力建设类6个，从实践层面全方位构建"一带一路"绿色价值链。中国作为最大的发展中国家，从理论、原则和实践三个层面促进沿线国家和地区共同实现2030可持续发展目标，推动全球绿色治理向更加公平化方向发展。"一带一路"绿色治理思想已经开始产生民间带动效应，2018年11月中英机构携手发布《"一带一路"绿色投资原则》，作为一套鼓励投资企业自愿参加和签署的行为准则，从战略、运营和创新三个层面制定了7条倡议，包括公司治理、战略制定、项目管理、对外沟通，以及绿色金融工具运用等，供参与"一带一路"投资的全球金融机构和企业在自愿基础上采纳和实施。以绿色治理为纽带构建"一带一路"利益共同体、责任共同体和命运共同体的方案正在浮现。

"一带一路"倡议的开放性和包容性助力全球绿色治理，以绿色基础设施为主体的互联互通，将极大促进绿色知识、技术和相关人员的要素流动，有助于全面提升沿线国家的绿色全要素生产率,为各地区内生性的绿色治理创新提供必需要素。"一带一路"有助于全面提升南方国家在全球价值链上的绿色治理权力,主要从两个方面推进:一方面,"一带一路"以"五通"为目标将沿线国家和地区连接起来,以沿线国家的共同利益和诉求为"聚力机制",提升沿线南方国家的凝聚力;另一方面,"一带一路"倡导"共商共建",充分尊重各个国家的治理主权和政策独立性,以自愿参与和自主决策为"保护机制",希望能够释放出各个国家的绿色内生性驱动力。"一带一路"在"聚力机制"和"保护机制"基础上构建的新型绿色治理体系,与北方国家秉持的"分而治之"和"外溢机制"形成鲜明对比,为南方国家共同商议、谋求平等、集体发声、重拾多边框架下的程序性权力提供了平台。

四 将中国绿色治理方案融入全球价值链[①]

当今世界的全球价值链主要分为北美价值链、欧洲价值链和亚洲价值链,出现了价值链区块化特征。北美价值链中美国是核心国家,欧洲价值链中德国是核心国家,而亚洲价值链中的核心国家逐渐由日本转变为中国。但由于北美价值链处于全球价值链的上游地位,因此整个世界经济体系依然是以美国为核心的。

长期以来中国都是全球价值链的参与者和跟随者,嵌入以欧美日为主导的价值链并盘踞在中下游环节。"一带一路"倡议对中国提高全球价值链治理话语权和提升区域价值链主导权提出了新的要求。一方面,中国需要利用 G20 平台实现自身向价值链分工体系上游的移动,提高中国在全球价值链中的话语权;另一方面,中国需在 APEC 框架下继续推进亚太自贸区建设,完善现有的区域生产网络,形成以中国为中心的区域价值链。鉴于印度未能积极表态支持"一带一路"倡议,因此需在金砖国家合作框架下重点解决中印贸易均衡问题,通过价值链关系来控制和影响印度。"一带一

---

① 周亚敏《"一带一路":中国的全球价值链治理方案》,《中国发展观察》2018 年第 3 期。

路"价值链治理需要建立在国际产能合作的基础上构筑以中国为雁首的新雁阵模型,通过输出低碳工业园区等方式绿色地促进沿线产业内贸易和投资水平,提升区域内贸易合作水平。

(一)基于G20平台实现中国的全球价值链跃升

G20成员是全球价值链的主要参与者和利益攸关方,几乎覆盖了全球价值链发展的各个关键环节,借助G20这一平台加强全球价值链务实合作,能够更好地反映各方意见和诉求,取得积极普惠的成效。基于对全球价值链驱动全球贸易和投资流动有重要促进作用这一共识,2012年洛斯卡沃斯峰会首次提出应加强发展中国家对全球价值链的参与。2013年以来,G20将全球价值链作为重要议题纳入,在圣彼得堡峰会决定邀请经合组织(OECD)、世贸组织(WTO)和联合国贸易和发展会议(UNCTAD)继续研究全球价值链的影响,并在2014年向G20提交了"全球价值链对贸易、经济增长、发展、创造就业的影响和价值增值的分布情况"报告。在上述研究基础上,2015年安塔利亚峰会首次提出了"包容性全球价值链"(Inclusive Global Value Chains)概念,以帮助发展中国家和中小企业融入全球价值链。2016年杭州峰会进一步提出要在"基础设施、技术支持、电子商务、供应链连接、农业、创新、技能培训"等领域开展研究并采取行动,以帮助发展中国家和中小企业融入全球价值链,向价值链上游攀升。

中国在G20平台上推动价值链合作做出过很多努力。中国利用G20贸易部长会议等场合,就全球价值链研究合作、全球价值链与发展、中小企业融入全球价值链、发展中国家全球价值链跃升等问题发出"中国声音"。2016年中国在G20杭州峰会上将"促进包容协调的全球价值链"作为投资贸易工作组五大议题之一,推动制定《全球价值链能力建设战略计划》,帮助发展中国家和中小企业融入全球价值链并分享发展利益。UNCTAD数据显示,跨国公司主导的全球价值链占全球贸易的80%左右,2011年全球100家最大跨国公司的海外销售收入和雇员人数的增速都明显高于母公司的业绩增长,因此跨国公司是全球价值链发展的重要推动力量。然而,对发展中经济体而言,中小企业则是其参与全球价值链的关键角色。进一步增加发展中经济体中小企业与发达经济体大型跨国公司之间的互动，通过加强内外资企业配套协作，发挥本土企业与跨国公司在价值链上的协同效应，深度参与国际产业分工协作成为众多发展中经济体嵌入全球价值链的有效途径。

G20作为容纳发达国家和新兴经济体的全球经济治理平台，为中国实现全球价值链跃升、主导价值链规则诉求提供了场合。目前价值链全链条的主动权依然掌握在欧美发达国家手中，发展中国家要实现全球价值链规则突破，必须通过保护高端产业构建有竞争力的新型价值链，重新嵌入全球价值链体系。虽然G20杭州峰会将协调、包容作为重塑全球价值链规则体系的目标方向，但随着美国特朗普政府反全球化、反建制、反自由贸易的立场逐步清晰，未来发展中国家被锁定在价值链低端并被迫开放市场的风险进一步加大。

首先，微观主体必须摒弃以往先参与再升级的传统思维，而应致力于通过本身的技术创新或企业并购直接进入价值链中上游，或者致力于打造面向发展中成员市场的域内价值链，实现从被治理向治理者的转变。新工业革命引爆科技和商业模式创新，大数据、云计算、物流网以及人工智能等产业发展提速，成为全球竞争新的制高点。在这些新领域，掌握尖端技术的企业要更加注重创新的内部化，以便将附加值最高的价值链环节牢牢控制在企业内部。直接介入全球价值链中上游的另一个方法是企业并购，通过并购，中国企业就有机会成为波音、空客以及高端汽车制造业等大型跨国公司的供应商，进而提升中国在全球产业链中的位置。从其他国家的发展经验看，通过嵌入模式进入全球价值链中的企业很难在发达国家主导下实现价值链攀升，但借助自身在价值链中的相对高度优势，通过转型并行地构建根植于域内价值链的企业，则可以通过逐步升级来提升竞争力。在并进模式下，企业必须在发展战略、思路上进行转换，加快构建以本土市场为需求的域内价值链网络体系和治理结构，延长全球价值链在域内的环节。这种导向转变的升级模式，一定程度上可以避免对全球价值链主导企业构成潜在竞争，也可以尽量降低在升级过程中的潜在风险和成本，从而摆脱在全球竞争中的低端锁定状态。处于全球价值链和域内价值链双重嵌套环节的企业，可以依靠前期在全球价值链发展中学习的经验和技术积累，以自主行为完成自我调整，实现从被治理向治理者的转变。企业要针对价值链的不同环节采取合适的战略：在研发环节，需要加强外部合作，加大对上游研发设计环节的投入，实现研发自主化；在生产环节，要依托比较优势推行差异化竞争；在下游销售环节，要通过控制终端来响应市场，降低成本和风险。此外，由于中国占有的依然是劳动密集型产业，短时间内实现整体上移不具现实操作性，但可以提升劳动密集型产业的技术水平。有研究表明，中美之间出口单位价值的差异在价值链下游尤为明显，同样都是劳动密集型部门，但美国实际上是技术工人密集，而中国是廉价劳动力密集。中国应该加强技能培训，加大教育投入等方式，使价值链下游劳动密集型企业从廉价劳动力密集向技术工人密集转变。

其次，国家对内要重视新兴产业的深度垂直一体化，切实提高产业在价值链中的弹性和竞争力，对外要采取"镜像策略"反制贸易摩擦。政府要为不同规模、不同技术、不同所有制结构的企业，特别是中小企业提供接入价值链公平而开放的通道，营造公平竞争、信息畅通的价值链微观生态。价值链可以按照需求者主导型和生产者主导型，比如服装玩具等劳动密集型产业属于前者，拥有品牌和销售网络等要素的企业占据核心地位，而计算机、半导体、汽车制造等资本和技术密集型产业属于后者，其中掌握核心技术的企业主导全球价值链。对于这两种类型的价值链，国家采取的措施也有不同侧重点。对于消费者主导型价值链，国家应该为其在国外市场建立自身品牌和营销网络创造条件，使其占据价值链高端；而对于生产者主导型价值链，对资本和技术的要求更高，国家应该设定条件保护国内高端产业的发展。国家在产业及出口政策方面的扶持，帮助企业在出口贸易中站稳脚跟并打开国际市场，改变人们对"中国制造"廉价低质的固化印象。美国之所以能牢牢掌握全球价值链的制高点，关键在于其一开始就动用国家力量抓住了价值链的要害部位和高附加值环节。对于发达国家出于技术垄断而挑起的贸易摩擦要采取"镜像策略"，即若一国对中国的某行业或某企业实施贸易制裁时，中国也应选取对方的同一行业或相似企业进行对应的反制裁，其基本原则是被动发动和损失对等原则，中国不主动制造摩擦，反制裁的力度应当与中国遭受的损失相当。中国在全球价值链上从事中间品加工与最终品组装，但当中国试图突破原有分工角色，向价值链上游攀升时，不可避免地冲击全球价值链原有的分工秩序，也不可避免地动了发达国家的"蛋糕"。技术垄断企业会阻止新兴企业进入，以保持自身的垄断利润。比如，三星一直是苹果重要的供货商之一，但当三星推出第一款智能手机后，苹果就对三星提起了诉讼，而今两家企业的诉讼蔓延至英澳等国。

再次，辨识 G20 各方对全球价值链治理的关注点，另辟蹊径以能效合作为切入点，以绿色低碳产业作为中国在价值链治理中的制胜点。美国主导引进"边境后"贸易投资规则，试图治理跨越国境的全球价值链，实现国内规则向境外延伸，比如率先在自由贸易协定中加入环境条款并通过贸易惩罚来强制实施。日本注重通过加强价值链治理来应对自然灾害风险的能力，这主要是由于日本在东亚地区的"生态阴影"广受诟病。澳大利亚关注主导服务贸易价值链的规则制定。中国则需要高举气候变化的大旗，以提高能效为切入点，在 G20 低碳合作中由"参与者"向"引领者"转变，进而带动中国绿色价值链向外延伸。2015 年，G20 成员国一次能源消费量占全球的 81.1%，温室气体排放占全球总量的 82.9%，中国、美国、欧盟分居前三。因此，提高能效成为各国最容易达成的少数议题之一，恰逢中国国内全方位推进能源生产和消费革命，在 G20 框架下落实《G20 能效引领计划》，为中国抢占全球绿色低碳价值链的制高点开创局面。提高能效也是落实《巴黎协定》，实现应对全球气候变化长期目标的重要途径。国际能源署研究表明，要想将 2050 年全球温升控制在 2℃ 以内，2030 年前提高能效是最主要的温室气体减排途径，其贡献占 57%，对中国而言，提高能效的贡献占 79%。中国拥有最大的能效市场，而且已经是全球能效领域成绩最为显著的国家，积累了丰富的实践经验。下一步，中国应在 G20 框架下快速建立国内机构参与能效国际合作的实施机制。虽然有中美、中日、中得等双边合作机制，也与联合国、世界银行、APEC 建立多边合作机制，但仍缺乏一个综合的全球性深度合作机制。中国应结合本国各地开展的节能减排活动、循环经济示范区、生态经济示范工程等，鼓励整合价值链，以

全球绿色治理：直面经济增长与环境升级

此为优势领域嵌入 G20 能效合作框架中，在世界经济绿色复苏的进程中为中国低碳价值链占据一席之地。

（二）完善并主导 APEC 区域价值链

APEC 地区代表性成员在世界出口中所占的比重约为 20%，在世界贸易中占据重要位置。但 APEC 地区的全球价值链水平低于世界平均水平。APEC 各经济体参与全球价值链的分工也有所不同，中国和韩国参与程度较深，而俄罗斯、印度尼西亚和澳大利亚参与的程度相对较浅。APEC 各经济体在全球价值链上也处于不同的位置（以需求链来划分，越接近下游离最终需求越近），比如澳大利亚、印度尼西亚和俄罗斯处于较为上游的位置，美国、中国、加拿大和墨西哥处于中游位置，日本和韩国则处于下游位置。在 APEC 已有的 21 个成员之间已经存在 50 多项 FTA，但这些 FTA 协定规则不一、标准各异，既有交叉，也有重叠，使得亚太自贸格局面临着重叠化、碎片化的风险。

在 APEC 工商领导人峰会上，习近平主席在主旨演讲中强调，要建立"共享协调、开放、包容的全球价值链""提高亚太经济在全球供应链中的地位""优化亚太供应链、产业链、价值链，形成亚太规模经济效应和联动效应"。中国也为 APEC 全球价值链合作做出很多努力，比 2014 年中国提出《APEC 推动全球价值链发展合作战略蓝图》和《全球价值链中的 APEC 贸易增加值核算战略框架》两项倡议获得一致通过。中国政府建立全球价值链与贸易增加值核算部际合作机制，推动实现 2018 年建成 APEC 数据库的目标。

中国在 APEC 框架下的创新在于提出建立 APEC 绿色供应链合作网络，并在多个层面开展大量富有成效的工作。APEC 各经济体以推动经济绿色转型和可持续发展、促进区域经济贸易合作与环境保护的"双赢"为目标，逐渐在其议题中增设环境保护和可持续发展的议题，关注区域绿色增长。目前中国已形成绿色供应链天津试点、上海试点、深圳试点、东莞试点，APEC 绿色供应链合作网络建设已经初见雏形。上述成果是中国引领 APEC 价值链的制胜点，是中国在生态文明理念指引下的创新发展。

APEC框架下价值链的整合需借助亚太自贸区（FTAAP）来实现。由于存在政治碎片化和规则碎片化挑战，亚太各经济体间的贸易利益关系仍较为松散，各自在全球价值链上的定位不够准确，亚太贸易投资规则无法控制价值链走向。中国应主动引领亚太地区价值链的制度性建设，反映发展中成员在全球价值链中的合理位置和利益诉求，主导亚太区域生产网络的一体化进程。

第一，建立大数据信息交换平台推动信息共享，升级APEC框架下的供应链关系，使之从传统的合同关系向紧密的合作性关系转变。使供应商从最低限度履行标准转变为控制产品生命周期成本和整个供应链的成本，实现创新和动态的技术演进。信息共享一直被认为是改善绩效的强有力手段，通过对已获得信息的有效利用，可以高效地设计和管理供应链。价值链伙伴间能否进行信息共享已经成为决定价值链成功与否的关键指标之一。研究以广东省珠三角地区162家制造企业为调查对象，表明信息共享不仅可以直接地影响到供应链绩效，还可以以供应链设计和供应链整合为中介间接地对价值链绩效产生重要影响。信息共享也有利于降低价值链合作中的库存成本、生产成本和交易成本。

第二，在APEC绿色供应链基础上，将地方试点经验集成统一的绿色价值链标准体系和中国指数。将APEC绿色供应链的天津试点、上海试点、深圳试点、东莞试点的最佳实践与管理经验，形成行业准则在国内国外推广。一个供应链通常具有较为复杂的结构，可能包括十几级甚至几十级，环境问题一般出现在二级供应商和三级供应商层次。虽然我国目前大多数供应商还不能很好地满足环保要求，但在实施绿色供应链管理时，不能简单地将未满足环保要求的供应商排斥在外，而应致力于建立新型的战略联盟关系。为供应链上的成员提供培训和技术方面的支持，进一步扩大中国绿色供应链管理经验和标准，建立长期合作关系。纵观美日欧，无不把掌握价值链主动权和输出标准作为国际合作的第一要务。中国须通过绿色重塑区域价值链实现弯道超车和主导权的回归。

第三，继续推动亚太自贸区完善以中国为中心的东亚区域生产网络。由于亚太地区的此区域和双边贸易协定井喷式发展，多元化机制并存局面下亚太价值链合作缺少一个能够协调各方利益的机制或平台。以 APEC 为代表的亚太地区最好的贸易自由化归宿依然是亚太自由贸易区。1994 年茂物宣言指出发达成员国与发展中成员国分别于 2010 年和 2029 年达到贸易投资自由化和便利化目标。但之后的 APEC 议程中，合作议题逐渐扩大到金融合作、反对恐怖主义、加强粮食安全和反腐败等议题，议题扩展冲淡了亚太贸易自由化和投资便利化目标。从价值链角度来说，亚太地区涵盖了世界人口总数的 40%，经济总量占全球近 60%，贸易总量占全球 48%，加之这一地区经济发展水平呈现梯级式分布，在构建全球价值链伙伴关系方面具有得天独厚的优势。特朗普政府叫停 TPP 为中国构建亚太价值链提供了一个喘息的机会，中国应积极推动亚太自由贸易区早日进入谈判阶段。虽然美国和日本对推动 FTAAP 并不热心，但对我方而言，它是中国引领亚太地区深度一体化的方向。亚太自由贸易区建设将进一步降低价值链的时间与交易成本，提升亚太成员国商品、服务和人员往来的运作效率，促进本地区价值链各个环节的价值提升，最终实现无缝、全面连接和融合亚太的远景目标。此外，FTAAP 也将重塑 APEC 成员国对亚太价值链合作伙伴关系及地区一体化的理解。构建创新包容和尊重主权的制度优势，鼓励更多国家进入以中国为中心的区域价值链分工体系，通过价值链的梯级分布重构亚太地区生产网络，同时积累制度性话语权。通过自贸区建立价值链伙伴关系，共享价值链增值的成果，让每一个经济体都获得价值增值的机会，进一步推动亚太地区一体化进程。

（三）通过金砖框架带动中印价值链

金砖国家为全球价值链中的南南合作提供了很好的契机和平台，有效促进了彼此间的价值链合作，为各国经贸领域的进一步合作提供了抓手。贸易自由化和便利化、投资与产能合作、标准和规制的融合以及金融合作是非常重要的政策选择和合作优先领域。在金砖国家中，中国的工业技术升级较为显著。中国低技术制造业的增加值比重下降，中低、中高技术制造业增加值比重稳步增加，在高技术制造业方面，中国的增加值比重明显上升，领先其他四国，走在了发展中国家前列。中国应该利用这一领先地位，在金砖国家合作中进行梯级转移，为其他四国创造国外需求的同时，提高中国参与价值链分工的广度和深度。

印度是"一带一路"沿线大国中唯一未公开表态支持的国家，因此金砖合作平台仍然是促进中印对话合作的有效平台。中印双方应该在金砖合作框架下推动印度制造业价值链的升级，转变中印贸易结构；链接中印基础设施领域的价值链来实现产业的转移并扭转中印贸易不均衡问题。借助印度的辐射效应促进南亚经济一体化和价值链网络中国化。中国作为主要买方应主动绿化原材料和铁矿石等大宗商品的价值链。

第一，解决中印贸易不均衡问题的关键在于缩短中印两国在价值链上的距离。中印双方贸易数量迅速增长，但出现了严重的不均衡：一是中国长期处于贸易顺差的状态，并且顺差的额度呈现持续增加的态势；二是印度对中国的出口近年来有所萎缩，2012年之后开始出现下滑的趋势，2015年的贸易额甚至跌落到2008年经济危机时期的水平。2000年，印度对中国的贸易逆差额仅有2.1亿美元，到2015年这个数字已经上升到448.7亿美元，年均增速达43%。目前，中国已位列印度第一贸易逆差来源国。印度对中国出口的产品以资源型产品与原材料等初级产品为主，多为资源密集型或劳动密集型产品，位处价值链的最低端；印度从中国进口的产品以附加值相对较高的劳动密集型工业制成品为主，并且逐渐在向技术密集型产品转变，其需求直接切入价值链的上游。以2016年为例，印度主要向中国出口棉花、铜和有机化学品；而中国主要向印度出口电机、电器、音像设备及其零附件。这种贸易结构很容易使中国对印度的贸易处于顺差，而印度对中国处于逆差。1995~2015年，中国对印度的贸易依存度为0.72，印度对中国的贸易依存度为1.10。这表明中国对印度的贸易越来越松散，而印度对中国市场依赖程度较高，且印度对中国的依赖程度大于中国对其依赖程度。中国政府以及在印度的中国企业应加大对印度的技术转移，推动印度产业结构的优化和升级、培育印度提供价值链中下游产品的能力，提高印度在中印价值链中的地位，从而减少贸易不平衡。

第二，在金砖框架下推动投资协定，为中国利用贸易盈余投资印度国内的基础设施建设提供政策便利，将中印两国的基础设施价值链连接起来，借助印度在南亚的辐射效应促进南亚经济一体化。印度政府预估,未来十年该国用于基础设施的费用将超过 1.5 万亿美元。因为印度的许多铁路和公路已经破旧不堪,需要对这些铁路和公路进行翻新,此外印度还希望通过这些基础设施将全国的 70 万个村庄连接起来。有研究预计 2016~2020 年,印度基建需求占 GDP 的比重达 4.1%。印度国内对基础设施建设需求巨大,但自身缺乏资金和技术,欧美企业的造价成本太高,因此中国企业是印度基建的理想选择。中国将贸易顺差以股权或债权融资方式和人民币计价方式投入印度基础设施建设是一种双赢做法,对中国而言获得高于购买美国国债的回报,对印度而言解决了基础设施建设资金不足问题,对中印关系而言缓解因贸易失衡引发的贸易冲突。

第三,利用中国作为主要买方的地位来影响中印传统价值链的绿化。金砖国家之间的价值链是由大宗商品连接而成的,中国作为主要买方从消费终端影响链条的走向。中国大宗商品 80% 的进口来自巴西、俄罗斯和南非,其中化石燃料是重要组成部分。中国也是其他市场的主导者,比如中国占俄鱼类和海鲜出口的 40%、占俄远东地区木材出口的 81%。中国商品价值链的绿化应该试图解决显性价值链背后的隐性环境破坏链条问题。中国从印度进口的主要是农产品和铁矿石等大宗商品,但大宗商品对地球资源环境有较大影响,并直接体现在出口国。中国政府应该通过绿色采购、敦促国有企业做出可持续采购承诺、建立信息库、加大双边或多边发展援助来绿化传统的价值链。建议发改委、财政部、商务部、环保部等在"金砖国家开发银行"框架下共同创建"全球绿色价值链金砖合作基金",以支持大宗商品的绿色、低碳生产。

(四)"一带一路"价值链治理与国际产能合作相结合

全球价值链分工已成为当今世界各国经贸关系的基础,即每个参与国家都在价值链条上占据一定位置,将产品的生产环节落在不同国家,中间产品经过多次跨境才能形成最终产品。"一带一路"沿线的价值链治理,应该秉持包容开放的宗旨,实现以中国为中心点,以沿线主要国家为其他点形成价值链条,同时汇聚中小企业进行投资和发展经贸关系,形成较宽的价值链带，代工整个欧亚大陆的经济发展和分工深化。具体而言，"一带一路"下的价值链治理必须建立在国际产能合作基础上，通过基础设施建设、创新和新技术的投入来重构全球价值链。以制度性安排保障推进贸易与投资关系的协同发展，引导产业间贸易向产业内贸易转换，使贸易与直接投资和产业转移融合互动，加强对"一带一路"全球价值链合作机制的构建。

首先，促进中国产业转移与产业升级，构筑"一带一路"框架下的新雁阵模式。雁阵模式对拥有众多国家的区域而言是一个不可避免的历史阶段，争夺的关键点在于哪个国家可以当雁首。20世纪80年代的亚洲形成以日本为核心的雁阵模式，其核心是产业转移。日本以先进的工业结构占据雁阵体系的顶层，新兴工业化经济体处于第二梯级，中国及东盟诸国处于第三梯级。三个梯级分别是技术密集型产业、资本密集型产业和劳动密集型产业。"一带一路"沿线国家分处于不同的工业化阶段，因此实现产业转移具有现实基础。特别是"一带一路"沿线国家和地区的经济较不发达，对高端技术的装备需求在中国的供给范围之内，中国如果在提供价格便宜并能满足基本生产需求的产品的同时，配合较好的售后服务并加快技术升级，就能够建立自身主导的产品价值链。随着中国产业结构升级和"一带一路"提供的历史机遇，有望打破以日本为雁首的亚洲产业转移模式，构筑以中国为主导的东亚区域价值链分工体系。

其次，以低碳工业园区为抓手推进中国的新雁阵模型，为构建具有中国特色的产业转移做好基础。中国近年来在应对气候变化实现低碳发展领域，走在了发展中国家前列，也走在了世界前列。中国在低碳发展方面的经验和做法，可以随着产业转移和园区建设一同输出，也为输出中国绿色发展标准奠定物质基础。输出低碳工业园区要比输出单一的绿色产业更有冲击力和主导力。中国一方面可以高举应对气候变化的道义大旗，另一方面可以帮助沿线国家缩短工业化污染进程。虽然产业梯度转移是不可避免的自然规律，但中国做法可以不遵循发达国家老路。中国与周边国家有非常长的陆海边境线，在沿边地区建设工业园区具有现实可操作性，而国家低碳工业园区试点已积累了丰富成效和经验。中国工业领域已具备了输出工业绿色产能的能力，同时也契合沿线国家绿色发展的需求。近年来，工业领域积极贯彻落实中央加快生态文明建设的精神和"中国制造2025"的有关部署，加快推进工业绿色低碳转型发展，加快推动传统制造业绿色化改造，持续优化产业结构，大力推动节能环保、新能源汽车和新能源装备等绿色制造产业发展。"十二五"期间，我国工业领域规模以上企业单位工业增加值能耗累计下降28%，单位工业增加值二氧化碳排放强度降幅明显，对国家碳强度下降目标完成发挥了重要作用，工业化石能源二氧化碳排放快速增长的趋势得到基本遏制。目前，中国不仅是世界领先的风机和太阳能光伏产品制造国，而且在高电解铝、水泥、钢铁、煤电等高耗能产业的节能低碳技术创新与应用上也已经具备世界领先水平。以水泥行业为例，美国、法国等国余热发电技术的最低温度为80℃，而中国的低温余热发电技术已经将发电最低温度降至60℃。低碳工业园区集聚高效的发展模式更为工业领域输出大规模绿色产能提供了必要条件，中国可以借此将完备的工业体系和产业配套能力"打包"输出。

再次，"一带一路"价值链治理最终要提升区域内贸易合作水平。"一带一路"区域内贸易合作仍处于较低水平，与北美、欧盟和东盟在一体化方面取得的实质性进展相比，"一带一路"沿线国家与区域内国家的进出口在外贸中的比重较低，区域内国家的投资贸易都处于初级阶段。这一区域经贸合作水平较低的原因在于未能有一个国家形成主导之势，区域化特征呈现为不同国家模式的复合，而不是某一个国家模式占优。"一带一路"契合了亚洲地区文化多元的地区特征，以开放包容的姿态邀请各国参与，只有各国参与到区域价值链的构建中来，才谈得上区域经贸水平一体化和深入化。因此必须重视价值链在提升区域经贸水平一体化，整合区域生产要素和资源禀赋的作用。对中国而言，对内要实现国内价值链和国际价值链的对接，即中国企业在切入全球价值链的同时，充分利用东西部形成的产业梯度和国内市场，延长全球价值链在国内的环节。从参与全球价值链的环节转变链条与链条的对接，并通过向外延伸价值链环节来构建自身主导的全球价值链。目前中国国内价值链和国际价值链还存在严重割裂，比如中国公民赴国外抢购中国制造的"高端产品"。加深以中国为主导的区域生产网络一体化，加强区域内的产业内贸易、投资水平和贸易往来，首先要从促进国内价值链和国际价值链的协调开始，进一步扩展到沿线国家，最终使东亚区域一体化逐渐可以匹敌其他一体化进程。

五 实现国际绿色投融资多元化

绿色"一带一路"倡议将惠及参与各国，可能成为锁定可持续低碳技术的有力载体。在业已出台的六大经济走廊（中蒙俄经济走廊、中巴经济走廊、孟中印缅经济走廊、中国—中亚—西亚经济走廊、中国—中南半岛经济走廊、新欧亚大陆桥经济走廊）规划中，把许多边远的地区与贸易中心联系到一起，从经济学意义上而言，则意味着降低了供应链的准入壁垒，将产生积极的贸易创造效应。在重要的贸易路线沿线对绿色基础设施、交通运输和可再生能源的需求是巨大的。全球范围内对可持续基础设施的需求出现激增，从2015年到2030年预计将超过90万亿美元，传统的绿色金融市场往往因为缺乏机构投资者所需要的规模而陷入困境，而"一带一路"所激发的规模为绿色金融带来了机遇。实施"一带一路"绿色项目将带来多样性绿色投资需求，为国际金融机构投融资一体化提供更广阔的市场。

亚洲基础设施投资银行（AIIB）是由中国发起的为亚洲基础设施建设投融资的第一家银行，投融资对象附带印度、印度尼西亚、中东地区、菲律宾以及中亚国家，于2016年1月启动运作。截至2018年6月，亚投行成员国增至86个国家和地区，未加入的发达国家只有美国和日本，共批准25个项目，共计44亿美元，其中三分之二是与世界银行等其他国际金融机构进行的联合融资，融资审查非常谨慎。目前亚投行只采用自己的资本进行融资，但未来将会发行债券，推进拓宽集资渠道。2017年亚投行获得了3家国际评级机构的最高信用评级。亚投行也与非洲开发银行和美洲开发银行展开合作，将业务扩展到非洲和拉美地区。亚投行未来的项目投资将首先侧重清洁能源、可持续性城市等。亚投行采用高环境标准，即国际金融公司的环境社会标准和政策来评审投资项目，为推动落实绿色丝绸之路把好绿色融资关口。

六　绿色基础设施是建设丝绸之路的核心节点

"一带一路"旨在促进参与国相互之间的互联互通,绿色基础设施建设是绿色丝绸之路的起点所在。已有文献表明,绿色基础设施对于使城市适应气候变化、保护生物多样性、提升健康水平等都有帮助。"一带一路"沿线国家既有绿色治理经验丰富的发达国家,也有资源环境约束紧张的发展中国家和不发达地区,不同地区对绿色基础设施的期望和定位也都存在差异。在城市地区引入植被和绿地可以带来多重福利,是一种资产,可以发挥生态功能、提供休闲场所和保护生态遗产。绿色基础设施规划为最大化利用绿地的资产属性提供了基础。

(一) 绿色基础设施的定义及内涵

目前还没有关于绿色基础设施 (Green Infrastructure, GI) 的统一定义,但大部分定义都关注城市的绿色和蓝色空间及其福利。2009 年,英国自然环境组织编写了《绿色基础设施指南》(*Green Infrastructure Guidance*),对绿色基础设施的定义如下:"绿色基础设施是一个战略规划网络,包括最广泛的高质量绿色空间和其他环境特征。在设计和管理上都应作为一种多功能资源来考虑,提供社区所需的生态服务并提升生活质量以支持可持续发展。"[①] 其设计和管理还应尊重和强化一个地区在环境和景观方面的独特性。绿色基础设施包括建立新绿地、贯穿已有环境、将城市与广阔的腹地连接起来。因此需要在所有空间层面提供绿色基础设施,包括社区内的自然绿地,以及城市边缘和广大农村地区的绿地。"(《绿色基础设施指南》,2009a, p. 7) 也有一些定义着重于绿色基础设施的绿色和蓝色空间。有些学者强调绿色基础设施的目标是保护生物多样性,而澳大利亚景观建筑师协会在《绿色基础设施报告》中强调不同类型的绿色基础设施及其福利。

绿色基础设施这一概念起源于北美,当时人们日益认识到城市扩张和

---

① Natural England, Green Infrastructure Guidance (NE176), 2009, http:∥publications. natura-lengland. org. uk/publication/35033? category = 49002.

第八章 绿色丝绸之路

道路建设对自然区域的消失和景观的破坏导致对生命系统产生威胁。因此，与人类活动所依赖的灰色基础设施相对应，绿色基础设施被定义为"连接生态保护区域和水资源的网络，为当地物种提供庇护，维持自然生态进程，保护空气和水资源，为社区和人民的健康与生活质量做出贡献"。因此绿色基础设施主要是出于生态效益考虑，比如改善新社区的雨水管理等。在英国，绿色基础设施的概念要更为广泛，主要是作为景观管理工具。但目前绿色基础设施的重点已经从以生态为中心转移到潜在的社会和经济福利。这一思维创新在欧洲和北美得以传播，强调绿色基础设施规划要以生态为中心和以人类为中心并列考虑的前提下进行。比如在英国，绿色基础设施战略既可以为了改善生态条件和水管理而发生，也可以为新社区改善生存条件最终能谋求经济增长而执行。此外，大多数绿色基础设施战略并不是与单个目标挂钩，而是致力于实现多个目标和多重功能。

绿色基础设施概念在如此短的时间内能不断演变，关键在于其前身就涉及多学科。北美所尝试的第一个绿色基础设施规划蕴含了生态保护目标，因此得到了保护生物学、景观生态学和通道设计方面的建议。比如保护生物学为绿色基础设施规划提供了如何理解土地利用变化对不同物种的影响。景观生态学有助于理解土地利用模式对生态过程、野生动物迁徙甚至对人类社区的各种影响。通道设计则为野生动物迁徙留出足够的生存通道。类似的，绿地规划理念也影响绿色基础设施规划，在确保交通顺畅的前提下尽可能提高生态福利。

基于生态系统的空间规划方法重新界定了城市生态系统的生物（人、动物、植物）和非生物（土壤、空气、水）、文化要素和人工要素（建筑、道路、基础设施），以及城市生态系统的功能，以促进自然环境和人工环境（灰色基础设施）的可持续共生。基于这一理念之上的最为广泛使用的规划工具是绿色基础设施概念，采用恢复生态系统服务的方法来适应气候变化（城市热岛效应）。根据《自然英国绿色基础设施指南》，GI 这一概念涵盖所有空间尺度的环境资产，无论是公共的还是私有的，无论是现有的还是新出现的。GI 规划则是在尊重地区的本土特征进行设计和管理的。环境资产包括街道树木、绿色屋顶和墙壁、私人花园、行人和自行车路线、公路和铁路网络、口袋公园、城市公园、国家公园、学校场地、单位休憩用地、游乐区、当地自然保护区、运动场、闲置土地、农田和河流等。

在空间规划中第一次将城市与生态系统服务联系起来的是霍华德于1902年在专著《明日花园城市》中提出的花园城市设想，可看作绿色GI概念的起源。[①] 将GI设计付诸实践则可以追溯到20世纪70年代末的英国，同一时期在德国也出现了类似的实践，不过取名为"景观设计"。"绿色基础设施"一词首次出现于20世纪90年代的美国，随后被欧洲接受。但总体上认为它是一个相对较新的欧盟政策工具。许多绿色基础设施倡议如雨后春笋，但最初并没有这样命名。在欧盟，绿色基础设施一词最早出现于2009年欧盟委员会白皮书《适应气候变化》章节中。几乎所有的欧盟立法文件在涉及景观设计和生态连通性方面用"绿色基础设施"涵盖。相比之下，欧洲环境署（EEA）和其他欧洲方案在提及城市环境或相关议题时采用"绿地""绿色系统"或"绿色结构"来表述。绿色基础设施被英国立法机构广泛使用，也在相关研究中得以广泛使用。值得注意的是，绿色基础设施在美国和欧洲的定义存在差异。在美国，GI更多强调雨水管理，与灰色基础设施的联系，强调保护生态和自然系统的必要性。以生态系统为基础、重视生物多样性，强调通过制定综合规划来促进智慧型可持续增长。欧盟的定义则更为宽泛，强调绿色基础设施资产和生态服务的多功能网络。绿色基础设施资产则包括陆地和海洋生态系统、自然系统、城市和农村地区。欧盟定义也更强调绿色基础设施与应对气候变化和减缓气候变化的关系，强调在所有规划尺度上进行规划。在对绿色基础设施资产的划分上，有些项目还区分了绿色基础设施和蓝色基础设施，前者指城市植被（花园、公园、绿地、绿色屋顶和墙壁），后者指水资源（河流、溪流、泄洪区、可持续排水系统和一般性水生生态系统）。

（二）绿色基础设施的路径与福利

Ely等人总结了三种实现绿色基础设施的路径：（1）生态服务路径，强

[①] Howard E., *Garden Cities of Tomorrow*, London: S. Sonnenschein & Co., Ltd, 1902.

调自然循环为本土社会和全球社会服务带来的福利；（2）绿地连通路径，强调在城市中保护和连通绿地与自然通道来改进生态系统功能，与传统的基础设施连通城市功能相似；（3）绿色工程路径，认为绿色基础设施是传统工程类基础设施的一个补充，为其加入绿色元素来提供生态服务，如安装绿色屋顶和墙壁来降温等。[1]

绿色基础设施可以提供社会、经济和环境三方面的福利。社会福利包括人类健康、文化传承和视觉美学。环境福利则主要体现在对气候的重塑作用。绿色基础设施可以通过减缓热岛效应、减少能源使用和排放以及截留大气污染等来重塑城市气候。与毗邻的农村地区相比，城市微气候的特点是温度高、风速高、净降雨量低。[2] 绿色基础设施的一个重要环境福利是改善城市微气候，主要是通过树木和城市森林实现的。树木可以改善城市气候，植树对于改善城市气候是最具成本效益的方法，树木和城市森林提供的气候福利主要有：改善街区舒适度、为老年人提供健康福利、减少能源使用和碳排放、协助减缓和适应气候变化。树木和其他植被减少城市"热岛效应"并改变城市微气候主要是通过两种自然机制：通过遮阳来降低对城市的直接太阳辐射；保留土壤水，蒸气冷却和加湿城市空气。英国曼彻斯特的模拟实验表明，绿色覆盖率增加10%，可使密集住宅区和城市中心的最高地表温度低于1961～1990年的平均水平，并可以一直持续到2080年。[3] 虽然这一模拟是在曼彻斯特做的，但其结论对其他城市有借鉴意义。根据美国环保署的研究，非绿色城市中心和覆盖植被地区的温差高达4℃（US EPA）。城市植被也可以改变高层建筑所创造的"风洞效应"来改善人类舒适感。树木可以通过降低气温并对建筑物遮阳来减少对空调的需求，从而降低能源消耗；还能通过提供遮阳场地减少紫外线辐射来降低皮肤癌的发病率。

---

[1] Ely, M., & Pitman, S., Green Infrastructure: Life Support for Human Habitats, Adelade: Botanic Gardens of Adelaide, Department of Environment, Water and Natural Resources, 2014.

[2] Santamouris, M., "Using Cool Pavements as a Mitigation Strategy to Fight Urban Heat Island—A Review of the Actual Developments", *Renewable and Sustainable Energy Reviews*, Vol. 26, 2013, pp. 224-240.

[3] Gartland, L., Heat Islands: Understanding and Mitigating Heat in Urban Areas, London: Routledge, 2011.

但绿色基础设施最重要的作用显现在应对气候变化方面。城市树木可以通过碳封存实现大气 CO_2 的净减少,从而有助于减缓气候变化。比如,木材约50%的重量由碳组成,树干和树根可以封存碳长达几个世纪。此外,树木带来的遮阳降温效应可以减少化石燃料发电厂的二氧化碳排放。绿色基础设施还能带来建筑物和房屋的冷却以及室外环境的冷却,有助于人们适应已经变化的气候。

(三)绿色基础设施与复原力

复原力(resilience)建设是气候变化政策和规划的一个重要方面。了解不断变化的气候风险何时何地超过临界阈值是管理和维持复原力的一项基本要求。最重要的是要在临界值来临之前辨识信号并采取行动。复原力对不同人意味着不同事情,因而并没有统一的定义。北极理事会最近公布的关于复原力的定义是"社会—生态系统应对危险事件或者干扰的能力,同时保持适应、学习和转变的能力,以维持其基本功能、特性和结构"。Tyler 和 Moench 等人则指出复原力是为了保持原状而改变的能力。复原力也被视为是社会契约治理的结果,根据挪威、新西兰和加拿大的比较,可以认为复原力确实来源于现有的社会契约结构。因此,从这个角度而言,可能需要做出新的安排来实现气候变化的复原力目标。

Leichenko(2011)等人确定了城市复原力的四种类型:(1)城市生态复原力;(2)城市减灾;(3)城市及区域的经济复原;(4)城市治理和体制。前两种类型与绿色基础设施直接相关。[1] 虽然并没有就如何界定和衡量复原力达成共识,但普遍认为:(1)城市必须对气候变化所引起的各种冲击和压力具有抵御能力;(2)提高气候变化复原力的努力必须与鼓励城市可持续发展的努力同时进行。城市生态复原力文献均涉及绿色基础设施,是建立在传统生态复原力概念上扩展得到的。从早期关注城市生态系统转而关注城市中人与环境的互动,所有这些都关注绿色基础设施在城市环境中的作用。进入21世纪,发达国家的许多基础设施需要更新或重建,发展

---

[1] RobinLeichenko, "Climate Change and Urban Resilience", *Current Opinion in Environmental Sustainability*, Vol. 3, No. 3, 2011, pp. 164–168.

中国家则需要兴建更多的基础设施来为增长服务。这意味着重塑城镇化的机会，使其朝着更加可持续和更具复原力的方向发展。有研究指出绿色基础设施是复原力建设的关键所在，需要了解如何利用科学和社会内部对自然—社会相互作用的知识来建设复原力，为社会提供一条更可持续的道路。[①] 因此，可持续性和复原力的解决方案更有可能来自跨学科知识的发展。未来城镇化的方向势必要提升复原力即更加"气候化"。亚洲城市气候变化复原力网络正在将复原力规划应用其中。"一带一路"沿线国家和地区面临的城镇化需求不同于传统城镇化，而是要将可持续发展和城市复原力建设纳入其中的新型城镇化。

（四）绿色基础设施的经济福利及评估工具

由于许多不同形式的绿色基础设施的功能不同，不同的功能需要不同的衡量形式，因此将绿色基础设施的经济福利进行量化是较为困难的（EC，2012）。但近几十年涌现诸多方法来衡量绿色基础设施的货币价值，从而能够进入决策函数。但是，生态系统服务带来的价值用货币量化依然十分困难，尤其是文化价值和美学价值往往无法货币化，只能用定性的方式表达。

总经济价值方法（TEV）是一个广泛使用的用来检验生态系统全部价值的框架。TVE旨在获取不同自然资源的全部价值，具体而言包括以下内容：使用价值和存在价值，使用价值包括直接使用价值比如水和农作物等初级服务的直接价值，间接使用价值比如气候调节等二级服务带来的价值，以及选择价值比如保留资源供未来使用带来的价值；存在价值则指只要某种资源存在便意味着价值，比如青山绿水。

评估方法是通过初步研究或价值转移来确定绿色基础设施的经济价值。初步研究需要定性数据、定量数据和经济数据，而价值转移取决于将现有研究方法应用于另一种场景。定性数据如专家判断、案例证据或定性社会研究可以用来证明生态系统服务带来的价值。定量数据比如空气质量、环境温度、噪声水平、鸟类数量、公园游客人数、迁往某一地区的企业数量

---

① Sara Meerow, Joshua P. Newell, "Spatial Planning for Multifunctional Green Infrastructure: Growing Resilience in Detroit", *Landscape and Urban Planning*, Vol. 159, 2017, pp. 62 – 75.

和雇工数量等数据来确定生态服务的经济价值。当初步研究不可行的情况下，可以采用价值转移方法，即从现有文献中选择价值数据并将其适用于生态服务系统中。还有一种更复杂的方法是传递函数方法，将一项研究的结果经过调整和修改，使之适合于另一种情况。

西欧城镇化水平每年增加0.2%，估计会从2010年的79.5%增加到2050年的89.1%（UN，2010）。城镇化快速增长对土地利用造成巨大压力，特别是绿地的萎缩，因为要建设新的办公场所、住房、社区等。但是绿色空间对人群的健康有多重福利，比如休闲场所、儿童玩耍场所、社交场所等，可以让人心情放松、减轻压力等。更重要的是，绿色空间还能带来健康福利和环境福利，比如自行车路线不仅可以提高公民的体力活动水平，还能降低化石燃料对环境的影响。James（2009）等人指出，绿色空间的多重功能得到了广泛研究，比如其消亡对自然和环境的影响等，但对它的相关社会功能并未能充分认识[1]，导致在区域发展、城市规划和空间规划中缺乏应用，原因在于绿色基础设施的作用在社会领域中是间接的、不显著的。为了使决策者认识到在规划中纳入绿色决策的好处，有必要正确、简易地评估绿色基础设施的价值。事实证明，绿色基础设施不仅直接有利于利益攸关方，也有利于提升整个地区的福利。通过经济估值的方式可以简化复杂问题，使投资于绿色基础设施的成本为区域经济做出贡献，即投资成本可以转化成收益。这种模型评估方式不仅关注绿色基础设施项目的本地成本和收益，也通过乘数效应反映其对区域的经济辐射收益。

经济估值即成本收益方法最初应用于特定成本和特定收益的案例中，比如评估购买设备的成本和收益。近年来开始出现对复杂社会问题进行经济估值的讨论，而这些问题在地理、时机、利益相关方等方面具有不同特点。在考虑了可持续发展目标的绿色基础设施投资后，人们也试图将成本收益估值方法纳入其中。事实上，无论投资方还是决策者，都更关心这些绿色投资能否在社区和地区层面获得可观的经济回报。

---

[1] P. James et al., "Towards an Integrated Understanding of Green Space in the European Built Environment", *Urban Forestry & Urban Greening*, Vol. 8, No. 2, 2009, pp. 65–75.

(五)"一带一路"规划中的绿色基础设施

2015年3月发布的《推动共建丝绸之路经济带和21世纪海上丝绸之路的愿景与行动》指出，基础设施互联互通是"一带一路"倡议的优先领域，要逐步形成连接亚洲各次区域以及亚、欧、非之间的基础设施网络，强化基础设施绿色低碳化建设和运营管理，在建设中充分考虑气候变化影响。2015年6月《亚洲基础设施投资银行协定》指出其宗旨之一是"通过在基础设施及其他生产性领域的投资，促进亚洲经济可持续发展"。2017年5月发布的《关于推进绿色"一带一路"的指导意见》指出要"推进绿色基础设施建设，强化生态环境质量保障。制定基础设施建设的环保标准和规范，加大对'一带一路'沿线重大基础设施建设项目的生态环保服务与支持，推广绿色交通、绿色建筑、清洁能源等行业的节能环保标准和实践，推动水、大气、土壤、生物多样性等领域环境保护，促进环境基础设施建设，提升绿色化、低碳化建设和运营水平"。紧接着环保部发布的《"一带一路"生态环境保护合作规划》指出要"推动基础设施绿色低碳化建设和运营管理。落实基础设施建设标准规范的生态环保要求，推广绿色交通、绿色建筑、绿色能源等行业的环保标准和实践，提升基础设施运营、管理和维护过程中的绿色化、低碳化水平"。

"一带一路"倡议的绿色治理内容体现了中国在国内和国际层面并行推进绿色发展的决心。目前，世界能源的地缘政治图景发生巨大转变，美国特朗普政府公开反对绿色能源并重新大力推广化石能源，将奥巴马时期致力于确保美国在绿色技术竞赛中保持领先地位的愿望抛诸脑后。中国逐渐成为全球可再生能源竞赛的重要参赛方。中国国内电力系统绿化速度在10年内超过了10%，2016年电力对化石燃料的依赖度为64%，而10年前这一指标为78%。在国际层面人们总有这样一种疑问，中国的能源出口变得更绿还是更黑了？中国的外部绿色进程是否如同国内进程一样？中国是否"外包污染"或"国内降污而国外增污"？为了回答上述问题，我们需要论证中国是在国内和国际两个层面同步推进绿色化进程。

中国在国内的绿色化进程是毋庸置疑的，与同期世界其他国家相比，中国绿色化的节奏和规模都是最佳的。虽然中国的能源消耗量和碳排放量仍然在增加，但与10年前相比增速显著下降，从2000年左右的每年8%下降到目前的1%左右。这要归结于经济增速下滑、经济结构转向服务业和高附加值制造业等因素，提高能效并减少煤炭使用。特别是自2013年以来中国的煤炭使用量开始下降，中国碳排放峰值可能要早于预期实现。但最重要的改变是中国可再生能源的增加，2016年中国发电总量的34%来自水能、风能和太阳能（WWS），与2007年相比中国电力部门对WWS的依赖度从20%增加到34%，10年内增加了14个百分点。"一带一路"倡议对高速公路、高速铁路、港口、大坝、天然气管线、光缆、发电厂的基础设施投资旨在将中亚、南亚、东南亚、俄罗斯和欧洲的主要国家同中国连接起来。这一大战略旨在构建一个一体化的欧亚大陆，将中国与欧洲通过多渠道连接起来，同时促进区域内所有国家的发展，这一倡议同时也为中国出口能源体系和能源产品提供了机遇。"一带一路"倡议具备绿色发展导向，而非黑色或者灰色发展导向。

（六）传统多边开发银行与绿色基础设施缺口

长期以来，国际发展金融架构一直以多边开发银行的连锁体系为基础，多边开发银行被认为是资金从发达国家流向发展中国家的主要渠道之一。随着时间推移，这些多边开发银行对发展中国家的经济政策选择方面产生重大影响，同时对发展中世界的需求更为敏感。多边开发银行能够在多大程度上催化针对气候变化敏感型基础设施的私人投资，目前尚未可知。过去几十年中，世界银行、亚洲开发银行、非洲开发银行和其他发展型金融机构（DFIs）一直是全球发展融资的支柱。随着全球可持续发展要求的深入，这些多边发展银行通过给予发展中国家更大的发言权来进行治理改革。多边发展银行直接向发展中国家的公共部门发放贷款用于指定的项目，但是公共投资本身也存在固有的问题，比如国际货币基金组织估计，公共投资进程中"平均低效率"高达30%。[①] 事实上，这一结果有悖于国际货币基金组织成立的初衷。战后美国财政部部长亨利·莫根索（Henry Morgen-

---

[①] International Monetary Fund, "Making Public Investment More Efficient", June 2015, http://www.imf.org/external/np/pp/eng/2015/061115.pdf.

thau）认为"这样一个机构的首要目标应该是鼓励私人资本通过分担大型项目中的风险进行生产性投资"。因此，多边发展银行的主要作用应该是为贷款提供担保，以便投资者在海外投资时有安全保障。但是，事实并非如此，2013 年 DFIs 批准的贷款中仅有 1.7% 采取了担保贷款的形式。① 因此，一个日益紧迫的问题是，多边开发银行的优惠贷款形式过于自由和低效。多边开发银行面临的第二个问题是，它们没有履行其最初为基础设施建设提供资金的承诺。多边开发银行每年承诺的资金总额约为1160 亿美元，其中基础设施资金额度仅为 450 亿美元，而同时私人资本投资基础设施的资金逐渐下滑。② 世界银行关于私人资本参建基础设施的年度报告指出，2016 年进入基础设施项目的私人资本量为十年最低。③ 进入基础设施项目的私人资本2012 年为 2100 亿美元，到 2016 年下滑为 710 亿美元。换句话说，基础设施的私人投资过去和现在都在减少，但多边开发银行过去和现在都无法填补这些缺口，多边开发银行被期望发挥的金融危机后反周期作用也未能持续。

　　传统多边银行侧重于公共投资和缺位于基础设施投资的缺点，在面对发展中国家快速发展所需的基础设施建设方面无能为力。发展中国家要实现经济增长，最大的约束在于缺乏世界一流的基础设施。面对每年 1 万亿~1.5 万亿美元的基础设施投资需求，多边发展银行和其他发展金融机构显然都资本不足。比如，亚洲开发银行每年仅可以支持 130 亿美元的新增贷款。现有多边发展银行的大股东很少愿意增加资本，尤其是美国作为最大的出资方面临国内压力，因增长和就业问题必须向国内昂贵的基础设施扩张做出倾斜。

　　现有的多边开发银行模式无法适应 21 世纪的需求，对气候变化的日益关注使绿色基础设施被提上日程。气候变化的迫切性要求跨境基础设施融资不仅要考虑到传统的限制因素，比如汇率波动、主权风险、合同执行等，

---

① Humphrey Chris and Prizzon Annalisa, "Guarantees for Development", December 2014, https：//www. odi. org/sites/odi. org. uk/files/odi-assets/publications-opinion-files/9398. pdf.
② Lee Nancy, "Billions to Trillions? Issues on the Role of Development Banks in Mobilizing Private Finance", November 17, 2017, https：//www. cgdev. org/sites/default/files/billions-trillions-issues-role-development-banks-mobilizing-private-finance. pdf.
③ World Bank Group, "Private Participation in Infrastructure", 2017, https：//ppi. worldbank. org/~/media/GIAWB/PPI/Documents/Global-Notes/2016-PPI-Update. pdf.

还要审查相关资产的可持续性以及能否为控制和应对全球变暖做出贡献。因此 21 世纪的多边开发银行必须要在处理传统的多重甚至矛盾的目标函数下，再加入气候变化目标。在应对气候变化的过程中，碳排放是核心议题。减少碳排放的全球共识必须要纳入决策过程，意味着多边开发银行的信贷必须要创造出"协同效应"。

AIIB 为弥补传统多边发展银行的基础设施资金赤字而诞生。G20 下的全球基础设施中心（Global Infrastructure Hub）本应发挥重大作用，但事实并非如此，发展中国家并没有人员能够参与该中心的实际工作。多边发展银行必须考虑到本地应对气候变化行动的优先事项。虽然全球各个国家都意识到控制碳排放的重要性，但发展资金的运作方式不仅威胁多边发展银行自身的目标，而且也有悖于《巴黎协定》可持续发展目标。比如，2017 年 12 月世界银行宣布将从 2019 年开始停止资助一切与石油和天然气勘探和开采有关的项目。这是一个糟糕的决策，使得气候议程实质上在多边发展银行行动中发挥了消极的作用。世界银行并没有选择采取直接有效措施刺激世界范围内可再生能源项目的融资，而是对不符合北方国家所设定的排放标准的项目进行限制融资。虽然世界银行声称这是帮助各国实现《巴黎协定》，但罔顾南方国家的发展需求和公平权力。《巴黎协定》的基本精神非常明确：允许主权国家规划和实施控制碳排放的自身道路，同时尊重其人民在过渡期间的能源需求。单方面终止供资而强加的削弱主权行动显然违反了"巴黎精神"。气候行动的重点是审查各个国家的自主贡献（INDCs）并助其一臂之力。传统多边发展银行忽视发展中国家真实需求，不考虑南方国家发展阶段的融资立场，决定了发展中国家的基础设施项目融资必须转向新的发展对象，AIIB 正是在这一背景下应运而生的。对象国的国内优先发展事项和发展关切是多边发展银行必须考虑的，也就是说，必须要将国情问题纳入资助决策范畴。

要建设气候韧性基础设施，实现 2030 年可持续发展目标，支持各国努力遵守《巴黎协定》的时间表，那么发展型融资的结构必须改变。如果多边金融机构的承诺依然一如既往，那么当前和未来的融资供给是远远不够的。相反，必须明确专注于在私人资本和发展中国家的"优质"基础设施方面搭建起一座桥梁。

（七）亚洲基础设施投资银行为绿色基础设施投放资源

"一带一路"倡议（BRI）致力于扩大亚太地区、中亚和欧洲的相互连接，大量投资于欧亚地区的交通、物流和能源方面的基础设施，而且尤其重视建设绿色基础设施。"一带一路"建设将触及一些环境和社会双脆弱的地区，该倡议的跨国属性增加了实施的复杂性，首先，很多贯通性基础设施需要跨国性一体化规划；其次，许多 BRI 项目都需要在公众参与较低和环境意识薄弱的地区展开。因此一体化包容化的绿色基础设施规划就尤为重要。在这一过程中，项目资助机构将能发挥重要作用，通过设定社会—环境门槛来审批项目和发放贷款不失为一种最为有效的方式。事实上，国际金融组织历来通过能力建设和知识共享，在受援国建立环境和社会评估标准。[1]

亚洲基础设施投资银行（AIIB）是 2015 年在中国倡导下成立的多边金融机构，目前有 57 个成员国，拥有 900 亿美元资本金，中国是主要股东，资金贡献为 32.4%，投票份额为 27.8%。AIIB 将在 BRI 建设中发挥重要作用，正如习近平所指出的，AIIB 将要致力于促进整个地区的经济合作。2016 年 2 月，AIIB 批准了"环境和社会框架"（ESF），为投资项目打造社会和环境标准，致力于设定标准而非跟随国际标准，为投资 BRI 项目的其他金融机构树立了范本。作为一个多边发展银行，AIIB 是一个在受援国推行社会—环境标准的绝佳平台，正如世界银行和亚洲开发银行在 20 世纪 90 年代扮演的角色类似。

ESF 的一个重要目标是"在环境和社会风险及其影响方面为银行的运行管理和声誉风险以及项目股东提供一个强有力的结构"，这一目标可以归类为工具性准则。在整个项目周期考虑环境—社会问题，对项目的顺利实施至关重要。尤其是对大型基础设施项目而言，因为相关社会或环境问题

---

[1] Estevens P., Zoccal Gomes G. & Torres G., The New Multilateral Development Banks and the Socio-environmental Safeguards, BRICS Policy Center, 2017, http://bricspolicycenter.org/homolog/uploads/trabalhos/7197/doc/1912915104.pdf.

通常会使项目中断。这种工具性准则是在考虑可持续发展前提下做出决策的。事实上，ESF 采纳了一体化规划的内在逻辑，致力于通过一系列过程和程序完成共同全面发展，包含了可持续发展的不同维度（AIIB，2016）。ESF 对于整体发展目标的考量不仅体现在本地层面，也体现在应对全球挑战，特别是气候变化层面。实质性准则则体现为在公众参与和股东加盟的条款中纳入可持续性考虑。ESF 要求建立有意义的咨询形式，融合包容性、可获得性、及时性和开放性，并传达"充分信息"（AIIB，2016）。

ESF 的范围划分基于以下三个方面：（1）空间覆盖；（2）项目周期的不同阶段；（3）纳入社会和环境可持续发展准则。在空间上而言，ESF 将其影响范围扩展到项目所能涉及的整个区域，"可能受到项目影响的，包括所有的附带影响……也包括由于项目引发的未规划性影响"。对于项目的不同阶段而言，ESF 适用于项目的规划、执行和管理运营各个环节。贷款方必须评估预期的环境和社会影响，并制定相对应的减缓和管理措施，在项目申请阶段即需提供《环境和社会管理规划》或《环境和社会管理规划框架》，其执行情况将由 AIIB 进行指导和监督。ESF 要求客户在如下几个方面提供评估和减缓措施来落实可持续发展目标：土地和水资源、生态系统和生境完整性、生物多样性、生态功能和温室气体排放。ESF 并没有提供具体的指标或度量，但推荐了一些影响评估方法。考虑到重新安置问题和对本地人民的影响，ESF 制定了具体的条款，在自愿重新安置条款中包括经济和物质补偿，贷款方应尽可能评估和减轻项目对搬迁方造成的住宅损失的负面影响，并避免因搬迁而被限制收入和影响获取自然资源的机会。ESF 要求客户"改进，至少是恢复"因项目实施而搬迁人员的生存环境，提升技能促进就业并保护文化资源。所有获得亚投行资助的国家都制定了"环境影响评估"（Environmental Impact Assessment，EIA）条例。

EIA 于 20 世纪 70 年代首次被西方国家引入，并且在 90 年代和 21 世纪初在亚太地区和中亚地区获得认可。虽然 EIA 条款各有不同，但其依据的准则是一致的：（1）EIA 是评估私人和公众项目对环境造成伤害的主要工具；（2）根据 EIA 评估结果对申请者批准许可。此外，ESF 也非常重视公众参与 EIA 过程。在威权国家和半威权国家，公众参与都是 EIA 重视的内容。在中国 EIA 公众参与是公共决策过程中最重要的制度化参与形式之一，同样，在越南，EIA 严格立法要求在 EIA 过程中要咨询公众意见。战略性环境评估（Strategic Environmental Assessment，SEA）是影响亚投行活动的另一个因素。SEA 不同于 EIA 之处在于它所评估环境后果是针对政策、规划和方案而非具体项目，因此其范围更广，而且发生于决策过程的先期阶段。SEA 在各个地区的执行情况也参差不齐，但多边开发银行在建立 SEA 实践方面发挥了重要作用。但并不是说 SEA 缺乏国家经验，事实上，中国、越南和印度尼西亚的 SEA 体系相当发达，马来西亚、泰国、菲律宾、老挝和柬埔寨也广泛试验了 SEA。在国际组织的支持下很多中亚国家也开始试行 SEA。但是关于跨界影响，该区域严重缺乏共同监管。在 AIIB 的对象国家中，只有哈萨克斯坦、吉尔吉斯斯坦、阿塞拜疆和亚美尼亚批准了欧洲经委会的《埃斯波跨境环境影响公约》。因此，总体而言，亚投行将在以下背景下运作环境战略：（1）广泛运用环境影响评估的监管框架；（2）越来越多地采用政策和规划的战略性评估框架。

AIIB 在项目申请阶段根据环境影响将其分成三个类型（AIIB，2019）：类型 A——此类项目将会产生明显负面影响，其不可逆性、累积性、多元性或超预期性将可能对项目所在地之外的更大区域产生影响；类型 B——此类项目的潜在负面影响有限，是可预期的，并非不可逆转的，且局限于项目所在地区域的；类型 C——此类项目几乎没有负面影响。A 类项目必须进行全面的环境与社会影响评估（ESIA）并且制定环境和社会管理规划（ESMP）。C 类项目直接进入谈判环节，因为项目资料将会介绍其环境和社会影响。B 类项目则具有较高不确定性，评估影响和减缓措施的恰当程序取决于客户与银行的磋商结果。一旦举行了磋商，银行将决定一项环境评估或其他类似工具是否是恰当的，因此评估范围因项目而异。对于自愿重新安置项目和对本地民众产生不利影响的项目，客户需要准备相关评估和管理规划交由 AIIB 审查。ESF 规定公众必须参与到咨询磋商中，不仅参与评估过程，还要共同界定减缓和管理措施。

AIIB 在促进可持续发展方面的潜力一直受到不同的评估。怀疑论者认为，这将复制其主要股东——中国的发展缺陷，以高昂的环境和社会成本实现增长。① 支持论者认为，欧亚地区的经济—社会发展迫切需要 AIIB 这样的多边金融机构（UN，2015）。虽然有一些批评是出于对中国日益增长的地缘政治影响力的担忧，但大规模的基础设施项目在环境影响方面确实存在争议和不确定性。一些学者认为多边开发银行历来具有支持发展的偏见，往往造成严重的环境破坏（Richard，1985）。但是，多边开发银行不应该作为替罪羊，因为资助项目是由借款国提出的，因此在项目规划、执行和管理方面都扮演实际操盘者的角色。多边开发银行、政府、公司和社区之间将由此形成复杂互动关系。近年来关于如何确保多边开发银行追求符合环境和社会需要的发展目标的辩论越来越激烈，辩论的结果是对多边开发银行的环境保障措施进行修订。2009 年，亚洲开发银行颁布新的"保障政策声明"（ADB，2009），2012 年，世界银行启动了政策审查进程，涉及大约 8000 名利益相关方，最终制定了一个新的环境和社会框架，并于 2016 年 8 月执行。亚投行的 ESF 就是在这种背景下产生的。不应忽视的是，AIIB 的活动经常与其他国际组织协调开展：在 2017 年初批准的 9 个项目中有 4 个项目与世界银行共同出资，有 2 个与亚洲开发银行合作，有 1 个项目与欧洲银行合作重建。AIIB 和中国都已经认识到，必须制定共同的游戏规则，至少是共同的原则。ESF 在准则、范围、合法性来源、决策过程方面符合国际惯例。ESF 框架认可在国际实践中广泛运用的核心原则——综合领土规划。综合规划的逻辑涵盖可持续发展的不同维度，这一逻辑在 ESF 中得以体现，涉及空间影响和类别影响。

AIIB 的环境保障措施的主要特点与国际惯例一致。为了取得符合可持续发展方针的成果，亚投行面临的挑战与其他多边开发银行类似。这些挑战与大型基础设施项目的内在妥协逻辑一脉相承，即在不同利益、价值体系、对发展方式是否可取的判断，以及对可持续发展的理解等存在差异的地区，大型基建项目的环境影响本身就是多种观点的碰撞。ESF 决策过程为亚投行提供了判断基准，该框架能使平衡偏向于环境和社会考量。亚投

---

① Elena F. Tracy, Evgeny Shvarts, Eugene Simonov & Mikhail Babenko, "China's New Eurasian Ambitions: The Environmental Risks of the Silk Road Economic Belt", *Eurasian Geography and Economics*, Vol. 58, No. 1, 2017, pp. 56 – 88.

行能否促进可持续发展取决于其对机构改革的政治承诺，以及与对象国机构的互动。"一带一路"倡议的社会—环境影响不应被看作是中国发展制约的翻版，恰恰相反，相关评估应该以项目落地国家的体制机制背景为出发点。到目前为止，关于"一带一路"倡议的辩论实质上都是以中国中心主义为出发点的，诚然，这一倡议是由中国领导人提出的。但是，关于相应的环境和社会后果，应努力更加具体地侧重于供资机构、对象国和地方社区之间的互动，这才是考验"一带一路"倡议协调可持续发展能力的关键点。

七 丝绸之路与 2030 年可持续发展目标

习近平主席 2018 年 4 月 11 日集体会见博鳌亚洲论坛现任和候任理事时指出，"一带一路"倡议不像国际上有些人所称是中国的一个阴谋，它既不是二战之后的马歇尔计划，也不是什么中国的图谋，要有也是"阳谋"，我们秉持的是共商共建共享，把政策沟通、设施联通、贸易畅通、资金融通、民心相通落到实处，打造国际合作新平台，增添共同发展新动力，使"一带一路"倡议惠及更多的国家和人民。

中国的"一带一路"倡议（BRI）如何既弥补全球"基础设施缺口"，又帮助沿线国家实现 2030 年可持续发展目标，成为一个新的研究议题。BRI 致力于通过建设更加紧密和强大的海运和陆运通道，加强中国与国际市场的联系，其重点在于通过基础设施建设，特别是运输、通信和能源等优先部门。公私伙伴关系也将发挥重要作用，为项目执行所需的资金提供协助。截至 2018 年 8 月，BRI 实施五年以来，高效畅通的国际大通道加快建设：中老铁路、中泰铁路、匈塞铁路建设稳步推进，雅万高铁全面开工建设。斯里兰卡汉班托塔港二期工程竣工，科伦坡港口城项目施工进度过半；希腊比雷埃夫斯港建成重要中转枢纽。中缅原油管道投入使用，实现了原油通过管道从印度洋进入中国；中俄原油管道复线正式投入使用，中俄东线天然气管道建设按计划推进。中欧班列累计开行数量已经超过 9000 列，班列到达了欧洲 14 个国家 42 个城市。

BRI是帮助实现可持续发展国际（SDGs）的潜在重要工具，因为它关注基础设施能力和提高连通性，提供了一个具备全球范围影响力的实践框架。BRI在国内和国际层面都面临着经济、环境、企业、社会、文化、政治治理的统筹协调挑战，因此其透明度、问责制需要与国际环境和社会要求相一致，要最大限度发挥BRI的潜力，就必须要解决上述挑战。此外，中国、BRI伙伴和"传统"资助国家之间需要进行更加密切和持续的对话，有助于促进低收入国家展开基础设施建设合作，同时有助于在BRI沿线传播SDGs，对于正处在建设关键期的BRI而言，建立有意义的对话和交流是十分紧迫的。最后，对于一些欧洲国家，特别是英国而言，BRI为"脱欧"后的英国提供新的合作和发展机遇，英国在金融服务、交通和通信方面具有相对优势，中英可以在BRI新增基础设施建设中合作，使BRI项目更加符合国际标准。

世界面临巨大的基础设施投资缺口，据估计，2016～2040年间全球基础设施投资需求将达到94万亿美元，平均每年为3.7万亿美元。为了满足该投资需求，全球需要将对基础设施投资占GDP的比例提高到3.5%，而目前投资趋势下这一比例为3%。① 麦肯锡全球机构报告认为全球需要每年平均向基础设施投资3.3万亿美元才能支持当前的增长速度持续到2030年，新增基础设施需求的60%都来自新兴经济体。麦肯锡研究报告认为如果持续当前的低投资路径，那么全球GDP将减少3500亿美元，约合11%。该研究还指出，如果将实现可持续发展目标考虑在内，那么投资于基础设施的资金缺口还将增加约三分之一。②

BRI是实现2030年可持续发展议程的潜在实践工具。联合国副秘书长刘振民2018年4月10日在博鳌亚洲论坛上表示，"一带一路"倡议为国际发展合作打造开放包容平台，可以帮助世界更好地实现2030年可持续发展议程和联合国可持续发展目标。"一带一路"倡议下主要的发展领域和联合

---

① 《全球基础设施展望——2040年基础设施投资需求：50个国家7个部门》，全球基础设施研究中心，2017年。
② Woetzel J., Garemo N., Mischke J., Hjerpe M. & Palter, "Bridging Global Infrastructure Gaps", *McKinsey Global Institute*, 2016. http://www.mckinsey.com/industries/capital-projects-and-infrastructure/our-insights/bridging-global-infrastructure-gaps.

国可持续发展目标有着密切联系,该倡议提出在交通、卫生、农业、通信和能源等方面的互联互通,正是达成联合国可持续发展目标的基础。此外,这种互联互通在促成贫困地区经济结构性转变、培育可持续的生产模式,以及对抗气候变化方面发挥着关键作用。据联合国官网2018年6月13日报道,在联合国纽约总部召开的"'一带一路'倡议和2030年可持续发展议程"高级别研讨会上,联大主席莱恰克表示,中国经济增长带来的益处并不局限于其国界。作为一个奉行多边主义的国家,中国正在通过"一带一路"倡议的落地分享财富和最佳实践经验,从而促进可持续发展目标的落实。"一带一路"倡议为可持续发展目标带来所需的伙伴关系。从黑山到肯尼亚,"一带一路"倡议覆盖100多个国家和国际组织。亚洲基础设施投资银行通过其贷款计划提供资金,在成立后的第一年就贷出了17.3亿美元,支持可持续基础设施和其他项目,这无疑有助于弥补全球在为可持续发展目标融资方面面临的5万亿~7万亿美元的资金缺口。可持续发展目标与"一带一路"倡议在愿景和基本原则方面有许多共通之处。两者都符合《联合国宪章》的目标和准则,都意在推动双赢合作、共享发展繁荣、加强和平与协作、开放与包容、互谅与互信。"一带一路"倡议的五大合作重点——政策沟通、设施联通、贸易畅通、资金融通和民心相通,也与2030年可持续发展议程的17个具体发展目标紧密相连,息息相关,能够相互促进,彼此推动。

"一带一路"倡议通过基础设施建设能力,在各个市场和国家之间创造更广泛的连接,对2030年可持续发展目标发挥促进作用。"一带一路"倡议得到了国际发展界的广泛支持,比如联合国安全理事会、世界银行、联合国开发计划署、国际货币基金组织、世界气象组织都与中国签订了BRI合作协议。习近平主席指出,过去五年绘就了"一带一路""大写意",今后要描绘"工笔画"。"一带一路"倡议是实现2030年可持续发展议程的重要工具,通过强调基础设施建设和增加市场连通性,"一带一路"倡议可以提供一个可行的机制实现SDGs目标。"一带一路"倡议的优点在于,它已经启动并运行良好,在政策和业务方面取得良好进展,开始具备全球影响力,逐渐成为全球可持续发展和包容性增长的全球体制结构中的一个突出中心。德国墨卡托中国研究中心（MERIC）[①] BRI 数据库目前记录在案的 BRI 相关项目超过 1000 个，项目价值超过 2500 万美元。肯尼亚和埃塞俄比亚的案例表明，中国的基础设施建设正在提升这些国家的生产力。BRI 的规模之大、涉及面之广注定它将在经济、金融、环境、治理、文化等方面产生更为复杂的互动，为了真正实现可持续发展目标，BRI 的绿色治理机制与标准需要向国际通行体系靠拢，在实现对接的同时充分调动私人资本的参与，才能在更广范围和更深程度上促进可持续发展。

绿色"一带一路"的建设，需要从三个层面进行考量。第一，在国际体系层面，由于美国将"一带一路"倡议看作全球性权力变迁的一个象征，是中国作为崛起中的大国所发起建立的一个国际合作平台，因此，如何绿色化丝绸之路不仅仅是一个技术和环境问题，更是一个平衡地缘政治的重要议题。第二，"一带一路"建设中接触的大部分是发展中国家，其治理体系、法律以及政治稳定性都存在某种程度的不足，中国作为国际援助开发领域的后来者，要充分做好前期调研，对发展中国家在早期与其他国家之间的纠葛要做充分的案例研究，特别是由于绿色议题对于大型基建项目具有"一票否决"的潜在影响，要做到规避风险，顺利渡过挑战。第三，在企业层面，中外企业在面临基础设施建设时并无本质差别，关键还在于要通过创新思维和方法规避环境风险，保持良好口碑，绿色可持续地推进"一带一路"倡议。

[①] 德国墨卡托中国研究中心（MERICS）成立于 2013 年 11 月，位于柏林。目前，MERICS 已成为欧洲最大的当代中国研究和知识传播机构，其宗旨是加深德国和欧洲对中国的认识和了解。运行五年后，其研究成果被普遍认为"缺乏从历史角度看待中国的立场"，并于 2018 年更换领导层。

参考文献

中文文献

〔美〕布热津斯基:《战略远见——美国与全球权力危机》,洪漫等译,新华出版社,2012年。

〔美〕戴维·布朗、桑杰夫·凯哈格拉姆、马克·摩尔、彼得·弗鲁姆金:《全球化、非政府组织和多部门关系》,《马克思主义与现实》2002年第3期。

〔美〕格雷姆·泰勒:《地球危机》,赵娟娟译,海南出版社,2010年,第15页。

〔美〕蕾切尔·卡森:《寂静的春天》,吕瑞兰等译,上海译文出版社,2008年。

〔美〕约翰·贝拉米·福斯特:《生态危机与资本主义》,耿建新、宋兴无译,上海译文出版社,2006年。

〔挪威〕乔根·兰德斯:《2052:未来四十年的中国与世界》,秦雪征等译,译林出版社,2016年。

柴麒敏、傅莎、徐华清等:《特朗普政府宣布退出〈巴黎协定〉的分析及对策建议》,《中国发展观察》2017年第12期。

常杪、杨亮、王世汶:《日本政策投资银行的最新绿色金融实践——促进环境友好经营融资业务》,《环境保护》2008年第10期。

陈伟光、王燕:《共建"一带一路":基于关系治理与规则治理的分析框架》,《世界经济与政治》2016年第6期。

陈咏梅：《美国 FTA 中的环境条款范式论析》，《国际经济法学刊》2013 年第 1 期。

东艳：《全球贸易规则的发展趋势与中国的机遇》，《国际经济评论》2014 年第 1 期。

樊勇明、沈陈：《TPP 与新一轮全球贸易规则制定》，《国际关系研究》2013 年第 5 期，第 14 页。

樊勇明：《区域性国际公共产品》，《世界经济与政治》2008 年第 1 期。

傅聪：《试论欧盟环境法律与政策机制的演变》，《欧洲研究》2007 年第 4 期。

高程：《区域合作模式形成的历史根源和政治逻辑》，《世界经济与政治》2010 年第 10 期。

管传靖：《全球价值链扩展与多边贸易体制的变革》，《外交评论》2018 年第 6 期。

黄昌朝：《日本在东亚区域环境公共产品供给中的作用分析》，《日本学刊》2013 年第 6 期。

黄河、吴雪：《环境与国际关系：一种区域性国际公共产品的视角》，《国际展望》2011 年第 2 期。

黄恒学主编《公共经济学》，北京大学出版社，2002 年。

蒋蔚：《欧盟环境政策的有效性分析：目标演进与制度因素》，《欧洲研究》2011 年第 5 期。

鞠建东、余心玎：《全球价值链研究及国际贸易格局分析》，《经济学报》2014 年第 2 期。

乐群、张国君、王诤：《中国各省甲烷排放量初步估算及空间分布》，《环境与生态》2012 年第 9 期。

李丽平、张彬、原庆丹：《自由贸易协定中的环境议题研究》，中国环境出版社，2015 年。

李淑俊：《气候变化与美国贸易保护主义》，《世界经济与政治》2010 年第 7 期，第 83 页。

李向阳：《"一带一路"：区域主义还是多边主义？》，《世界经济与政治》

2018 年第 3 期。

李向阳：《跨太平洋伙伴关系协定与"一带一路"之比较》，《世界经济与政治》2016 年第 9 期。

李向阳：《亚洲区域经济一体化的"缺位"与"一带一路"的发展导向》，《中国社会科学》2018 年第 8 期。

林迎娟：《TPP 环境条款的监管框架与外溢效应》，《当代亚太》2016 年第 6 期。

柳思思：《欧盟"环境友好型"北极战略的解读》，《国际论坛》2016 年第 3 期。

陆旸：《从开放宏观的视角看环境污染问题——一个综述》，《经济研究》2012 年第 2 期。

罗尔斯：《正义论》，何怀宏等译，中国社会科学出版社，1988 年。

马骏：《中国绿色金融的发展及前景》，《经济社会体制比较》，2016 年第 11 期，第 25 页。

莫莎：《美国的双边自由贸易协定与环境问题》，《国际贸易问题》2005 年第 1 期，第 47 页。

潘家华、陈迎：《碳预算方案：一个公平、可持续的国际气候制度框架》，《中国社会科学》2009 年第 5 期。

潘家华、陈孜著：《2030 可持续发展的转型议程——全球视野与中国经验》，社会科学文献出版社，2016 年。

潘家华：《气候变化经济学》（上、下卷），中国社会科学出版社，2018 年。

潘家华、郑艳：《适应气候变化的分析框架及政策涵义》，《中国人口·资源与环境》2010 年第 10 期。

潘家华：《环境治理攻坚战的战略和路径选择》，《环境保护》2015 年第 3 期。

潘忠岐：《例外论与中美战略思维的差异性》，《美国研究》2017 年第 2 期。

潘忠岐：《中国人与美国人思维方式的差异及其对构建"中美新型大国关系"的寓意》，《当代亚太》2017 年第 4 期。

蒲俜：《欧盟全球战略中的环境政策及其影响》，《国际论坛》2003 年第

6 期。

孙彦红：《德国与英国政策性银行的绿色金融实践比较及其启示》，《欧洲研究》2018 年第 1 期。

王明进：《浅析欧盟对外环境政策及其实践》，《欧洲研究》2008 年第 5 期。

王文举、向其凤：《国际贸易中的隐含碳排放核算及责任分配》，《中国工业经济》2011 年第 10 期。

王晓博：《日本国际环境援助政策分析》，《东北亚学刊》2016 年第 5 期。

王亚军：《"一带一路"倡议的理论创新与典范价值》，《世界经济与政治》2017 年第 3 期。

吴志成、李金潼：《国际公共产品供给的中国视角与实践》，《政治学研究》2014 年第 5 期。

习近平：《共同构建人类命运共同体》，人民网，2017 年 1 月 19 日。

习近平：《习近平谈治国理政》（第一卷），外文出版社，2014 年。

夏正伟：《试析尼克松政府的环境外交》，《世界历史》2009 年第 1 期，第 52 页。

谢来辉：《APEC 框架下的绿色供应链议题：进展与展望》，《国际经济评论》2015 年第 6 期。

谢来辉：《全球价值链视角下的市场转向与新兴经济体的环境升级》，《国外理论动态》2014 年第 12 期。

徐秀军：《规则内化与规则外溢——中美参与全球治理的内在逻辑》，《世界经济与政治》2017 年第 9 期。

薛晓芃、张海滨：《东北亚地区环境治理的模式选择》，《国际政治研究》2013 年第 3 期。

杨伯江：《东北亚地区如何实现与历史的"共生"》，《东北亚论坛》2016 年第 4 期。

杨洁篪：《推动构建人类命运共同体》，《人民日报》2017 年 11 月 18 日。

于宏源：《体制与能力：试析美国气候外交的二元影响因素》，《当代亚太》2012 年第 4 期。

张勇：《中国循环经济年鉴》，冶金工业出版社，2016 年。

张宇燕:《全球治理的中国视角》,《世界经济与政治》2016 年第 9 期,第 5 页。

中国海关总署:《中国—瑞士自由贸易协定文本》。

钟声:《消除贫困是人类共同使命》,《人民日报》2015 年 10 月 17 日。

周弘:《中国对外援助与改革开放 30 年》,《世界经济与政治》2008 年第 11 期。

英文文献

A. C. Sunny, B. Das, P. R. Kasari, A. Sarkar, S. Bhattacharya and A. Chakrabarty, "SVPWM Based Decoupled Control of Active and Reactive Power for Single Stage Grid Connected Solar PV System", 2016 IEEE 7th Power India International Conference (PIICON), 2016, pp. 1 – 6.

A. Watts, "The International Rule of Law", German Yearbook of International Law, 1993.

Alessandro Olper, "The Political Economy of Trade-Related Regulatory Policy: Environment and Global Value Chain", *Bio-based and Applied Economics*, Vol. 5, No. 3, 2016.

Anna Borshchevskaya, "North East Asia: Environmental Reform Needed", *SAIS Review*, Vol. 28, No. 2, 2008.

Antweiler W., Copeland B. R. & Taylor M. S, Is Free Trade Good for the Environment? NBER Working Papers, 1998.

Asian Development Bank, Emerging Asia: Changes and Challenges, 1997.

Asian Development Bank, Meeting Asia's Infrastructure Needs, 2017.

Assem Prakash, Matthew Potoski, "The EU Effect: Does Trade with the EU Reduce CO_2 Emissions in the Developing World?", *Environmental Politics*, Vol. 26, No. 1, 2017.

Astrid Fritz Carrapatoso, "Environmental Aspects in Free Trade Agreements in the Asia-Pacific region", *Asia Europe Journal*, Vol. 6, No. 2, 2008.

Baccini, "Before Ratification: Understanding the Timing of International Treaty Effects on Domestic Policies." *International Studies Quarterly*, Vol. 58, 2014.

Barroso, "State of the Union 2010", Speech, Strasbourg, 7 September, 2010.

Beckerman, W., "Economic Growth and the Environment: Whose Growth? Whose Environment?" *World Development*, No. 20, 1992.

Bowen A., "Green" Growth, "Green" Jobs and Labor Markets: The World Bank Sustainable Development Network, Policy Research Working Paper, 2012.

Buck M. & Hamilton C., "The Nagoya Protocol on Access to Genetic Resources and the Fair and Equitable Sharing of Benefits Arising from their Utilization to the Convention on Biological Diversity," *Review of European Community &International Environmental Law*, Vol. 20, 2011.

Charnovitz, "Trade Measures and the Design of International Regimes," *The Journal of Environment & Development*, Vol. 5, No. 2, 1996.

Charnovitz S., "Trade Measures and the Design of International Regimes," *Journal of Environment & Development*, Vol. 5, No. 2, 1996.

Che, Yeon-Koo, and Tai-Yeong Chung, "Contract Damages and Cooperative Investments." *The RAND Journal of Economics*, vol. 30, No. 1, 1999.

Cole, M. A., R. J. R. Elliott, and T. Okubo, "International Environmental Outsourcing," *Review of World Economics* Vol. 4, 2014.

Cynyoung Park, "Decoupling Asia Revisited," *ADB Economics Working Paper Series*, No. 506, 2017.

D'Arge, Kneese, "Environmental Quality and International Trade," *International Organization*, Vol. 26, No. 2, 1972.

David A. Gantz, *Regional Trade Agreement: Law, Policy and Practice*, Durham: Carolina Academic Press, 2009.

David E. Bloom, "7 Billion and Counting," *Science*, Vol. 333, 2011.

David Victor, "Toward Effective International Cooperation on Climate Change: Numbers, Interests and Institutions," *Global Environmental Politics*, Vol. 6, No. 3, 2006.

Desombre, *Domestic Sources of International Environmental Policy*, Cambridge:

MIT Press, 2000.

Domask J., "Achieving Goals in Higher Education: An Experiential Approach to Sustainability Studies," *Journal of Sustainability in Higher Education*, Vol. 8, 2007.

Drezner, D. W., "Globalization and Policy Convergence," *International Studies Review* Vol. 3, 2001.

Elena F. Tracy, Evgeny Shvarts, Eugene Simonov and Mikhail Babenko, "China's New Eurasian Ambitions: the Environmental Risks of the Silk Road Economic Belt," *Eurasian Geography and Economics*, Vol. 58, No. 1, 2017.

Elizabeth Bomberg and John Peterson, "Policy Transfer and Europeanization: Passing the Heineken Test," *Queen's Papers on Europeanization*, No. 2, 2000.

Ely, M., & Pitman, S., "Green Infrastructure; Life Support for Human Habitats, Adelade: Botanic Gardens of Adelaide," Department of Environment, Water and Natural Resources, 2014.

Eric Neumayer, "In Defence of Historical Accountability for Greenhouse Gas Emissions," *Ecological Economics*, Vol. 33, 2000.

European Parliament, European Parliament Resolution on the EU Strategy for the Arctic, Strasbourg, March 10, 2015.

Fans Berkhout et al., "Avoiding Environmental Convergence: A Possible Role for Sustainability Experiments in Latecomer Countries?" *International Journal of Institutions and Economies*, Vol. 3, No. 2, 2011.

Freeland C., "Address by Foreign Affairs Minister on the Modernization of the North American Free Trade Agreement," 2017.

G. Marín-Durán and E. Morgera, "Environmental Integration in the EU's External Relations: Beyond Multilateral Dimensions," *American Journal of Epidemiology*, Vol. 175, No. 1, 2011.

G. Whittell, "Albright Attacks US Foreign Policy as Schizophrenic," *The Times*, May 2002.

Gallon G., "Green and Growing: Environmental Job Numbers Now Rival Those for the Traditional Sectors Such as Oil, Chemicals and Steel," *Alternatives Journal*, Vol. 27, 2001.

Gart land, L., *Heat Islands: Understanding and Mitigating Heat in Urban Areas*, New York: Routledge, 2011.

Garrett Hardin, "The Tragedy of the Commons," *Sciences*, Vol. 162, 1968.

Gerda Van Roozendaal, "The Inclusion of Environmental Concerns in US Trade Agreements," *Environmental Politics*, Vol. 18 No. 3, 2009.

Gereffi Gary, Korzeniewicz Miguel, *Commodity Chains and Global Capitalism*, London: Praeger Press, 1994.

Ghani-Eneland M., Renner M., "Low Carbon Jobs for Europe: Current Opportunities and Future Prospects," *Executive Summary*, 2009.

Gisela Grieger, "EU-China Summit-Building New Connections," European Parliament Think Tank, 2015.

Global Environment Facility, "Joint Summary of the Chairs Annex Iii, Statement by Council Member from Germany on the Resource Allocation Framework," Special Meeting of the Council, 2005.

Gracia Marĭn Durán, *Environmental Integration in the EU's External Relations: Beyond Multilateral Dimensions*, London: Bloomsbury Publishing, 2012.

Grossman, G., and A. Krueger, "Environmental Impacts of a North American Free Trade Agreement," *NBER Working Paper*, No. 3914, Cambridge, MA: National Bureau of Economic Research, 1993.

Grossmann et. al, "Environmental Impacts of a North American Free Trade Agreement," The Mexico-US Free Trade Agreement, MIT, Cambridge, Massachusetts, 1993.

Group of 77 and China, "Communication to GEF CEO/Chairman from Group of 77 and China," GEF, Washington, D. C., November 21, 2003.

Gupta J., Ahlers R., Ahmed L., "The Human Right to Water: Moving Towards Consensus in a Fragmented World," *Review of European Community and International Environmental Law*, Vol. 19, No. 3, 2010.

Harris（Ed.）, *International Environmental Cooperation: Politics and Diplomacy in Pacific Asia*, Colorado: University Press of Colorado, 2002.

Howard, E., *Garden Cities of Tomorrow*, London: S. Sonnenschein & Co., Ltd, 1902.

HSBC, The World in 2050: Quantifying the Shift in the Global Economy, 2011.

Hufbauer GC, "Lessons from NAFTA," in Schott JJ (ed). Free Trade Agreements: U. S. Strategies and Priorities, Institute for International Economics, Washington, DC, 2004.

Hughes et al., "Global Production Networks, Ethical Campaigning, and the Embeddedness of Responsible Governance," *Journal of Economic Geography*, Vol. 8, No. 3, 2008.

I Sakaguchi, "Environmental Diplomacy of Japan: Middle Power, NGOs and Local Governments," *International Relations*, 2011, Vol. 166.

I. M. Destler, "American Trade Politics," Washington D. C, Institute for International Economics, 2005.

Ian F. Fergusson, "Trade Promotion Authority and the Role of Congress in Trade Policy," CRS Report for Congress, No. RL33743, Congressional Research Service, 2015.

Ian Manners, "Normative Power Europe: A Contradiction in Terms?," *Journal of Common Market Studies*, Vol. 40, No. 2, 2002.

Ida Bastiaens and Evgeny Postnikov, "Greening Up: The Effects of Environmental Standards in EU and US Trade Agreements," *Environmental Politics*, Vol. 26, No. 5, 2017.

IPCC, Working Group Ⅰ Contribution to the IPCC Fifth Assessment Report, "Climate Change 2013: The Physical Science Basis: Summary for Policy Makers," 2013.

Institute of Public & Environmental Affairs, "The Other Side of Apple: Pollution Spreads through Apple's Supply Chain," 2011.

J. Henderson, "China and Global Development: Towards a Global-Asian Era?"

Contemporary Politics, Vol. 14, No. 4, 2008.

J. Sauvage, "The Stringency of Environmental Regulations and Trade in Environmental Goods," *OECD Trade and Environment Working Papers*, 2014.

Jake Schmidt, "U. S. Trade Agreement with Asia-Pacific Countries must have Strong Environmental Provisions," 2014.

James Gustave Speth and Peter M. Haas, *Global Environmental Governance*, Washington: Island Press, 2006.

Jan Fagerberg et al., "Global Value Chains, National Innovation Systems and Economic Development," *Papers in Innovation Studies*, No. 15, 2017.

Jänicke, M. and Jörgens, H., "Strategic Environmental Planning and Uncertainty: A Cross-national Comparison of Green Plans in Industrialised Countries," *Policy Studies Journal*, Vol. 28, No. 3, 2000.

Janicke, M., M. Binder, and H. Monch, "Dirty Industries: Patterns of Change in Industrial Countries," *Environmental and Resource Economics*, Vol. 9, 1997.

Jean Tirole, *Economics for the Common Good*, New York: Princeton University Press, 2017.

Jean-Frédéric Morin & Sikina Jinnah, "The Untapped Potential of Preferential Trade Agreements for Climate Governance," *Environmental Politics*, Vol. 27, No. 3, 2018.

Jeff Tollefson and Quirin Schiermeier, "How Scientists Reacted to the US Leaving the Paris Climate Agreement," June 02, 2017.

Jeffrey Neilson et al., "Global Value Chains and Global Production Networks in the Changing International Political Economy: An Introduction," *Review of International Political Economy*, Vol. 21, No. 1, 2014.

Jen Morin, Joost Pauwelyn, James Hollway, "The Trade Regime as a Complex Adaptive System: Exploration and Exploitation of Environmental Norms in Trade Agreements," *Journal of International Economic Law*, Vol. 27, 2017.

Jennifer Bair, "Global Capitalism and Commodity Chains: Looking Back, Going Forward," *Competition and Change*, Vol. 9, No. 2, 2005.

Jing Meng and Dabo Guan, "The Rise of South-South Trade and Its Effects on Global CO2 Emissions," *Nature Communications*, Vol. 9, No. 1871, 2018.

Jinnah Sikina, "Marketing Linkages: Secretariat Governance of the Climate-Biodiversity Interface," *Global Environmental Politics*, Vol. 11, No. 3, 2011.

John A. Mathews, Hao Tan: "Lessons from China", Nature, Vol. 531, 2016.

John Ravenhill, "Global Value Chains and Development," *Review of International Political Economy*, Vol. 21, No. 1, 2014.

Jose-Antonio Monteiro, "Typology of Environment-Related Provisions in Regional Trade Agreements," *World Trade Organization Working Paper* ERSD-2016-13, 2016.

Joshua Meltzer, "Trade and Climate Change: A Mutually Supportive Policy," *Harvard International Review*, 2011.

K. Horta, R. Round, and Z. Young, "The Global Environment Facility: The First Ten Years—Growing Pains or Inherent Flaws?" *Environmental Defense Fund*, 2002.

K. Raustiaia, "NGOs and International Environmental Institutions," *International Studies Quarterly*, Vol. 41, No. 4, 1997.

Kai Schulze & Jale Tosun, "External Dimensions of European Environmental Policy: An Analysis of Environmental Treaty Ratification by Third States," *European Journal of Political Research*, Vol. 52, 2013.

Kai Schulze & Jale Tosun, "External Dimensions of European Environmental policy: An Analysis of Environmental Treaty Ratification by Third States," *European Journal of Political Research*, Vol. 52, 2013.

Kate Ervine, "The Greying of Green Governance: Power Politics and the Global Environment Facility," *Capitalism Nature Socialism*, Vol. 18, No. 4, 2007.

Keohane R. O., Victor D. G., "The Regime Complex for Climate Change," *Perspectives on Politics*, Vol. 9, No. 1, 2011.

Khalid Nadvi, "Global Standards, Global Governance and the Organization of Global Value Chains," *Journal of Economic Geography*, Vol. 8, No. 3, 2008.

Lewis. J. I. , "The Rise of Renewable Energy Protectionism: Emerging Trade Conflicts and Implications for Low Carbon Development," *Global Environmental Politics*, Vol. 14, No. 4, 2014.

Lieuw-Kie-Song M, Lal R. , "Green Gobs for the Poor: Why a Public Employment Approach is Needed Now," *International Policy Centre for Inclusive Growth*, 2010.

M. Leann Brown, "European Union Environmental Governance in Transition-Effective? Legitimate? Ecologically Rational?" *Journal of International Organization Studies*, Vol. 4, No. 1, 2013.

M. Salomon, "Poverty, Privilege and International Law: The Millennium Development Goals and the Guise of Humanitarianism," *German Yearbook of International Law*, 2008.

Madison Condon, "The Integration of Environmental Law into International Investment Treaties and Trade Agreements: Negotiation Process and the Legalization of Commitments," *Virginia Environmental Law Journal*, Vol. 33, No. 102, 2015.

Madison Condon, "The Integration of Environmental Law Into International Investment Treaties and Trade Agreements: Negotiation Process and the Legalization of Commitments," *Virginia Environmental Law Journal*, Vol. 33, No. 102, 2015.

Mancur Olson Jr. , *The Logic of Collective Action*, New York: Harvard University Press, 1965.

Mariana Mazzucato and Caetano Penna, "Beyond Market Failures: The Market Creating and Shaping Roles of State investment Banks," Levy Economics Institute of Bard College Working Paper, 2015.

McGuire, M. C. , "Regulation, Factor Rewards, and International Trade," *Journal of Public Economics*, Vol. 17, No. 3, 1982.

McGuire, M. C. , "Regulation, Factor Rewards, and International Trade," *Journal of Public Economics*, Vol. 17, 1982.

Meadows, D. H. , D. L. Meadows, J. Randers, and W. W. Behrens, *The Limits to Growth*, Universe Books, New York, 1972.

Michael M. Bechtel, Jale Tosun, "Changing Economic Openess for Environmental Policy Convergence: When Can Bilateral Trade Agreements Induce Convergence of Environmental Regulation," *International Studies Quaterly*, No. 3, 2009.

Miguel Cárdenas Rodríguez, Martin Souchier, 2016, "Environmentally Adjusted Multifactor Productivity: Methodology and Empirical results for OECD and G20 countries," *OECD Green Growth Papers*, 2016.

Min Gyo Koo and Seo Young Kim, "East Asian Way of Linking the Environment to Trade in Free Trade Agreements," *Journal of Environment & Development*, 2018.

Mirana A. Schreurs, *Environmental Politics in Japan, Germany and the United States*, Cambridge: Cambridge University Press, 2002.

Morin, J. F., Pauwelyn, J., & Hollway, "The Trade Regime as a Complex Adaptive System: Exploration and Exploitation of Environmental Norms in Trade Agreements," *Journal of International Economic Law*, Vol. 20, No. 2, 2017.

N. Alexander, "Judge and Jury: The World Bank's Scorecard for Borrowing Governments," *Citizens' Network on Essential Services*, 2004.

Natural England, Green Infrastructure Guidance (NE176), 2009.

Neumayer, E., "Trade and the Environment: A Critical Assessment and Some Suggestions for Reconciliation," *The Journal of Environment & Development*, Vol. 9, No. 2, 2000.

OECD, "Eco-labeling: Actual Effects of Selected Programmes," 1997.

OECD, "Education Database: Expenditure by Funding Source and Transaction Type," 2013.

OECD, Regional Trade Agreements and Environment, document number COM/ENV/TD (2006) 47/FINAL, 12 March, 2007.

Oran R. Young, "Governance for Sustainable Development in a World of Rising Interdependencies," in Magali A. Delmas and Oran R. Young, eds., *Governance for the Environment: New Perspectives*, Cambridge: Cambridge University Press, 2009.

P. Gleick and J. Lane, "Large International Water Meetings: Time for a Reappraisal," *Water International* Vol. 30, No. 3, 2005.

P. Gowan, *The Global Gamble: Washington's Faustian Bid for World Dominance*, New York: Verso, 1999.

P. James et al. , "Towards an Integrated Understanding of Green Space in the European Built Environment," *Urban Forestry & Urban Greening*, Vol. 8, No. 2, 2009.

Panayotou, T. , "Empirical Tests and Policy Analysis of Environmental Degradation at Different Stages of Economic Development," *ILO, Technology and Employment Programe*, Geneva, 1993.

Pan-Long Tsai, "Is Trade Liberalization Harmful to the Environment? An alternative view," *Journal of Economic Studies*, Vol. 26, No. 3, 1999.

Paul J. Davidson, "The Role of International Law in the Governance of International Economic Relations in Asia," *Singapore Year Book of International Law and Contributors*, Vol. 12, No. 1, 2008.

Pearce, D. W. , Markandya, A. , & Barbier, E. (Eds.), *Blueprint for a Green Economy*. New York: Earthscan, 1989.

Pethig, R. , "Pollution, Welfare, and Environmental Policy in the Theory of Comparative Advantage," *Journal of Environmental Economics and Management*, 1976, Vol. 2, No. 3.

Pethig, Rüdiger, "Pollution, Welfare, and Environmental Policy in the Theory of Comparative Advantage," *Journal of Environmental Economics and Management*, 1976.

Philippe C. Baveye et. al, "Proposed Trade Agreements Would Make Policy Implications of Environmental Research Entirely Irrelevant," *Environmental Science & Technology*, Vol. 48, 2014.

Porter, M. E. , and C. van der Linde, "Toward a New Conception of the Environment-Competitiveness Relationship," *Journal of Economic Perspectives* Vol. 9, No. 4, 1995.

Prasenjit Duara, "The Global and Regional Constitution of Nations: The View from East Asia," *Nations and Nationalism*, Vol. 14, No. 2, 2008, pp. 323 - 345.

Richard Baldwin, "The World Trade Organization and the Future of Multilateralism", *Journal of Economic Perspectives*, Vol. 30, No. 1, 2016.

Robert O. Keohane, *Power and Governance in a Partially Globalized World*, London: Routledge, 2004.

RobinLeichenko, "Climate change and Urban Resilience," *Current Opinion in Environmental Sustainability*, Vol. 3, No. 3, 2011.

Rory Horner, "A New Economic Geography of Trade and Investment? Governing South-South Trade, Value Chains and Production Networks," *Territory, Politics, Governance*, Vol. 4, No. 4, 2016.

S. Harrop and D. Pritchard, "A Hard Instrument Goes Soft: The Implications of the Convention on Biological Diversity's Current Tra- jectory," *Global Environmental Change*, Vol. 21, No. 2, 2011.

S. Soederberg, "American Empire and 'Excluded States': The Millennium Challenge Account and the Shift to Pre-Emptive Development", *Third World Quarterly*, Vol. 25, No. 2, 2004.

Santamouris, M., "Using Cool Pavements as a Mitigation Strategy to Fight Urban Heat Island—A Review of the Actual Developments," *Renewable and Sustainable Energy Reviews*, Vol. 26, 2013, pp. 224 - 240.

SaraMeerow, Joshua, P. Newell, "Spatial Planning for Multifunctional Green infrastructure: Growing Resilience in Detroit," *Landscape and Urban Planning*, Vol. 159, 2017.

Sebastian Oberthur & Florian Rabitz, "On the EU's Performance and Leadership in Global Environmental Governance: the Case of the Nagoya Protocol," *Journal of European Public Policy*, Vol. 21, No. 1, 2014.

Selin H., *The European Union and Environmental Governance*, New York: Routledge, 2015.

Siebert, H., "Environmental Quality and the Gains from Trade," *Kyklos*, Vol. 30,

No. 4, 1977.

Siebert, Horst, "Environmental Quality and the Gains from Trade," *Kyklos*, Vol. 30, No. 4, 1977.

Sikina Jinnah and Elisa Morgera, "Environmental Provisions in American and EU Free Trade Agreements: a Preliminary Comparison and Research Agenda," *Review of European Community and International Environmental Law*, Vol. 22, No. 3, 2013.

Sikina Jinnah and Julia Kenedy, "A New Era of Trade-Environment Politics: Learning from US Leadership and its Consequences Abroad," *Whitehead Journal of Diplomacy and International Relations*, Vol. 12, No. 1, 2011.

Sikina Jinnah, Abby Lindsay, "Diffusion through Issue Linkage: Environmental Norms in US Trade Agreements," *Global Environmental Politics*, Vol. 16, No. 3, 2016.

Sommerer, T. and Lim, S., "The Environmental State as a Model for the World? An Analysis of Policy Repertoires in 37 Countries," *Environmental Politics*, Vol. 25, No. 1, 2016.

Stephen Woolcock, "European Union Policy towards Free Trade Agreements," *ECIPE Working Paper*, No. 3, 2007.

SumitVij et al., "Climate Adaptation Approaches and Key Policy Characteristics: Cases from South Asia," *Environmental Science & Policy*, Vol. 78, 2017.

T. H. Huxley, "Inaugural Address" at the London Fisheries Exhibition of 1883, http://aleph0.clarku.edu/huxley/SM5/fish.html

Tae Yoo and Inkyoung Kim, "Free Trade Agreements for the Environment? Regional Economic Integration and Environmental Cooperation in East Asia," *International Environmental Agreements Politics Law & Economics*, Vol. 16, 2016.

Tana Johnson, "Information Revelation and Structural Supremacy: The World Trade Organization Incorporation of Environmental Policy," *Review of International Organizations*, Vol. 10, No. 2, 2015.

Terence K. Hopkins, Immanuel Wallerstein, "Commodity Chains in the World-Economy Prior to 1800," *Review*, Vol. 10, No. 1, 1986.

Thomas Clarke and Martijn Boersma, "The Governance of Global Value Chains: Unresolved Human Rights, Environmental and Ethical Dilemmas in the Apple Supply Chain," *Journal of Business Ethics*, Vol. 143, No. 1, 2017.

Thomas Sommerer, Sijeong Lim, "The Environmental State as a Model for the World? An Analysis of Policy Repertoires in 37 Countries," *Environmental Politics*, Vol. 25, No. 1, 2016.

Tom Delreux, "EU Actorness, Cohesiveness and Effectiveness in Environmental affairs," *Journal of European Public Policy*, Vol. 21, No. 7, 2014.

Tran C., "Using GATT, Art XX to Justify Climate Change Measures in Claims Under the WTO Agreements," *Social Science Electronic Publishing*, Vol. 27, No. 5, 2010.

Tsai, P. L., "Is Trade Liberalization Harmful to the Environment? An Alternative View," *Journal of Economic Studies*, Vol. 26, No. 3, 1999.

U. S. Environmental Protection Agency (EPA), "Inventory of U. S. Greenhouse Gas Emissions and Sinks: 1990~2015," 2017.

UN, A More Secure World: Our Shared Responsibility, Report of the High-level Panel on Threats, Challenges and Change, 2004.

UN, Transorming Our World: 2030 Agenda for Sustainable Development, 2015.

UNEP, Fostering Green Jobs and Decent Work Creation in a Green Economy, 2011.

UNFCCC, Paris Agreement, 2015.

United Nations Development Programme (UNDP), Human Development Report, Sustainability and Equity: A Better Future for All, 2011.

United Nations Environment Programme (UNEP), Towards a Green Economy: Pathways to Sustainable Development and Poverty Eradication. Report, United Nations Environment Programme, 2011.

United Nations World Commission on Environment and Development, Our Common Future, Oxford University Press, 1987.

United States Government Accountability Office, "U. S. Trade Representative Should

Continue to Improve Its Monitoring of Environmental Commitments," 2014.

US National Intelligence Council, "Global Trends 2030: Alternative Worlds", 2012.

USTR, Free Trade Agreements.

V. K. Aggarwal (Ed.), *Institutional Designs for a Complex World: Bargaining, Linkages, and Nesting, Ithaca*, New York: Cornell University Press, 1998.

Van Schaik, *EU Effectiveness and Unity in Multilateral Negotiations: More than the Sum of its Parts?* Basingstoke: Palgrave Macmillan, 2013.

Vogler and Stephan, "The European Union in Global Environmental Governance: Leadership in the making?" *International Environmental Agreements*, Vol. 7, No. 4, 2007.

Voigt D, "The Maquiladora Problem in the Age of NAFTA: Where will We Find Solutions?" *Minnesota Journal of Global Trade*, Vol. 2, No. 2, 1993.

Volz, U., "Fostering Green Finance for Sustainable Development in Asia", ADBI Working Paper, 2018.

W. Antweiler, B. R. Copeland, M. S. Taylor, "Is Free Trade Good for the Environment?" *American Economic Review*, Vol. 91, 2001.

Wakana Takahashi, "Environmental Cooperation in Northeast Asia," 2013.

Wang, Z., B. Zhang, and H. Zen, "The Effect of Environmental Regulation on External Trade: Empirical Evidences from Chinese Economy," *Journal of Cleaner Production* Vol. 114, 2016.

Weale, A., *The New Politics of Pollution, Manchester*, New York: Manchester University Press, 1992.

Weinstein A. L., Partridge M D, Francis J., "Green Policies, Climate Change, and New Jobs: Separating Fact from Fiction", 2010.

William D. Nordhaus, "Global Public Goods and the Problem of Global Warming," Annual Lecture of the Institut d'Economic Industrielle (IDEI), France, June 14, 1999.

Woetzel, J., Garemo, N., Mischke, J., Hjerpe, M., & Palter, "Bridging Global Infrastructure Gaps," McKinsey Global Institute, 2016.

World Bank, "Global Value Chain Development Report: Measuring and Analyzing the Impact of GVCs on Economic Development," 2017.

WTO, Regional Trade Agreements, 2013.

Xuemei Jiang and Christopher Green, "The Impact on Global Greenhouse Gas Emissions of Geographic Shifts in Global Supply Chains," *Ecological Economics*, Vol. 139, 2017.

Yifan Yang, "How Do EU norms Diffuse? Rule of Law Promotion in EU-China Cooperation on Environmental Governance," *Journal of European Integration*, Vol. 39, No. 1, 2017.

Yoshino N., Taghizadeh-Hesary F., "Alternatives to Private Finance: Role of Fiscal Policy Reforms and Energy Taxation in Development of Renewable Energy Projects," In Anbumozhi V., Kalirajan K., Kimura F. (eds) *Financing for Low-carbon Energy Transition*, 2018.

Young Park, "Decoupling Asia Revisited," *ADB Economics Working Paper Series*, No. 506, 2017.

Yuval Atsmon et al., "Winning the $30 Trillion Decathlon: Going for Gold in Emerging Markets," *McKinsey Quarterly*, August, 2012.

后　记

　　本书是对笔者近年来研究成果的一个梳理与总结。笔者在中国人民大学经济学院国际贸易专业本硕博连读期间，在各位老师的严格训练下，在经济学分析框架和国际贸易学文献中得以畅游。彼时，与国际贸易相关的跨学科研究在国内已经初现端倪，比如国际贸易与金融危机的关系、国际贸易战略与国家发展的关系以及国际贸易与环境问题等。笔者出于兴趣，开始关注贸易与污染相关的问题。2009～2010年笔者在德国波恩大学实验经济学实验室访学期间，更切身地体会到欧洲对于环境与气候问题的强烈关注。2011年博士毕业后笔者有幸在中国社会科学院城市发展与环境研究所潘家华教授指导下从事博士后研究工作，接触气候变化研究领域的前沿课题与知识，这一经历可以说成为笔者研究生涯的转折点。进入工作岗位后，笔者结合自身的国际贸易学背景和环境经济学知识，开始关注全球价值链中的绿色治理问题，试图在全球治理的视角下理解环境问题，因为这一问题必须要在结合国际政治、国际经济和国际关系的背景下才能有全景视图。这本书能与读者见面，更大程度上得益于众多前辈、同仁的指导、帮助和启发。

　　感谢博士后导师潘家华研究员。如果没有潘老师的启发、指导和支持，笔者不可能接触国际和国内气候变化研究领域的一流专家和前沿题目，并激发自身的独立思考。潘老师1988～1993年在剑桥大学攻读经济学博士学位，他视野开阔、学识渊博、思维前瞻，每每进行学术讨论，都能引发笔者的深入思考。2011年底笔者随团参加联合国气候变化大会第十八次缔约方大会时，更是领略到潘老师在国际场合为发展中国家积极发声的风采和气势，潘老师流利自如的英语、掷地有声的辩论、不卑不亢的态度都给我留下了极深的印象。潘老师用言传身教激励着学生为争取中国应有的世界地位做出自身的贡献。此外，城环所的庄贵阳研究员、陈迎研究员、郑艳副研究员、王谋副研究员以及张莹、禹湘等都对笔者的成长给予关心与帮助。

感谢国务院发展研究中心的张永生研究员。如果没有张老师返回母校人大筹建经济研究中心，笔者不可能如此幸运地得到国家留学基金委的联合培养博士项目的机会，并进入诺贝尔经济学奖获得者泽尔腾主持的德国波恩大学实验经济学实验室，与实验室的各位同仁进行学术上的切磋和交流。也正是在张老师的推荐下，笔者得以进入潘老师门下从事博士后研究，为后来的交叉学科研究开启了一扇新的大门。

感谢博士导师韩玉军教授。韩老师作为早期在美国攻读博士学位的归国人员，具有扎实的学识涵养和认真的治学精神。博士学习期间，在韩老师的影响下，年轻人难免的浮躁之风并未波及我们，同门的师兄师姐都在各自领域做出了扎实而又可喜的成绩。

感谢硕士导师程大为教授。程老师结合自己在多哈回合、乌拉圭谈判中的观察，为我们设计具体场景进行学术性辩论。国际贸易摩擦中的经典案例"虾和海龟"一案在课堂上多次博弈。一方面，大家意识到必须要掌握娴熟的英语口语和文本功底；另一方面，对国际贸易领域的摩擦以及争端解决困局有了更为深入的感触。对于笔者而言，学术道路的启蒙之火星在彼时被悄悄点燃。

学业的进步离不开众多师长、朋友的帮助和关心，每篇学术论文的发表都离不开各位审稿人的提携和帮助。感谢陈志瑞老师、吴兴佐老师、李琪老师、庄立老师积极中肯的意见和批评。

本书的成稿也离不开所里同事的指正和鼓励，笔者对王玉主、高程、钟飞腾、沈铭辉、王金波、谢来辉等学者的建议表示感谢。同时，笔者也感谢李向阳院长对本书出版的关心。朴光姬、郭婧、邢伟等人也为本书的出版付出诸多辛劳，特此致谢。

本书的出版还得益于社会科学文献出版社经管分社的恽薇社长，感谢她的热情回应和高效工作。

最后要感谢我的家人。父母的养育、呵护和鼓励，尤其是父亲作为一名医务工作者的孜孜好学精神，为我树立了极好的榜样；母亲则常年起早贪黑以鲜美丰盛的饭菜为我提供营养支持。感谢公婆帮忙照顾孩子使我腾出时间用以工作。丈夫冯永晟也是一名社会科学领域的科研工作者，本书的面世与饭桌上的学术讨论是分不开的，如果书稿的吸引力有所增强的话，应该归功于他。

图书在版编目(CIP)数据

全球绿色治理:直面经济增长与环境升级/周亚敏著. -- 北京:社会科学文献出版社,2019.9
ISBN 978 - 7 - 5201 - 4822 - 1

Ⅰ.①全… Ⅱ.①周… Ⅲ.①世界经济-经济治理-研究②全球环境-环境保护-研究 Ⅳ.①F113②X21

中国版本图书馆 CIP 数据核字(2019)第 085903 号

全球绿色治理:直面经济增长与环境升级

著　　者 / 周亚敏

出 版 人 / 谢寿光
责任编辑 / 恽　薇　刘琳琳
文稿编辑 / 刘琳琳

出　　版	/ 社会科学文献出版社·经济与管理分社(010)59367226
	地址:北京市北三环中路甲 29 号院华龙大厦　邮编:100029
	网址:www.ssap.com.cn
发　　行	/ 市场营销中心 (010) 59367081　59367083
印　　装	/ 三河市龙林印务有限公司
规　　格	/ 开本:787mm × 1092mm　1/16
	印　张:20　字　数:305 千字
版　　次	/ 2019 年 9 月第 1 版　2019 年 9 月第 1 次印刷
书　　号	/ ISBN 978 - 7 - 5201 - 4822 - 1
定　　价	/ 98.00 元

本书如有印装质量问题,请与读者服务中心(010 - 59367028)联系

版权所有 翻印必究